AF617833

PROCESO PENAL DE MENORES POR VIOLENCIA DE GÉNERO

PROCESO PENAL DE MENORES POR VIOLENCIA DE GÉNERO

Esther Pillado González
Catedrática de Derecho Procesal de la Universidad de Vigo
Pablo Grande Seara
Profesor Titular de Derecho Procesal de la Universidad de Vigo

La obra está financiada dentro del proyecto de investigación financiado por el Ministerio de Ciencia e Innovación, bajo el título «Respuesta jurídica y socioeducativa a la violencia de género ejercida por menores. Protección de la víctima e intervención con el menor agresor» (PID2019-106700RB-I00/AEI/10.13039/501100011033).

ARANZADI LA LEY, S.A.U.
C/ Collado Mediano, 9
28231 Las Rozas (Madrid)
e-mail: clienteslaley@aranzadilaley.es
Acceso a Soporte: https://areacliente.aranzadilaley.es/solicitud_alta_area_cliente
https://www.aranzadilaley.es

Primera edición: 2025

Depósito Legal: M-1053-2025
ISBN versión impresa: 978-84-10296-69-5
ISBN versión impresa con complemento electrónico: 978-84-10296-78-7

Diseño, Preimpresión e Impresión: ARANZADI LA LEY, S.A.U.
Printed in Spain

A Marta.
A Guille.
Por lo que nos enseñan cada día.

Índice General

Página

Abreviaturas

AAP	Auto de la Audiencia Provincial
AAVV	Autores Varios
apdo.	Apartado
art./arts.	Artículo/Artículos
ATC	Auto del Tribunal Constitucional
APLECrim	Anteproyecto de Ley de Enjuiciamiento Criminal
CC	Real Decreto de 24 de julio de 1889 por el que se publica el Código Civil
CDN	Convención sobre los Derechos del Niño
CE	Constitución Española
CEDH	Convenio Europeo de Derecho Humanos
CGPJ	Consejo General del Poder Judicial
Coord./Coords	Coordinador/Coordinadores
CP	Ley Orgánica 10/1995, de 23 de noviembre, del Código Penal
Dir./Dirs.	Director/Directores
Disp. adic.	Disposición adicional
Disp. final	Disposición final
EE.UU.	Estados Unidos de América
EOMF	Ley 50/1981, de 30 de diciembre, por la que se regula el Estatuto Orgánico del Ministerio Fiscal
EVD	Ley 4/2015, de 27 de abril, del Estatuto de la víctima del delito
FGE	Fiscalía General del Estado
GEMME	Grupo Europeo de Magistrados por la Mediación
JVM	Juzgados de Violencia sobre la Mujer
LEC	Ley 1/2000, de 7 de enero, de Enjuiciamiento Civil
LECrim	Real Decreto de 14 de septiembre de 1882 por el que se aprueba la Ley de Enjuiciamiento Criminal
LO	Ley Orgánica
LODD	Ley Orgánica 5/2024, de 11 de noviembre, del Derecho de Defensa

LOMPIVG	Ley Orgánica 1/2004, de 28 de diciembre, de Medidas de Protección Integral contra la Violencia de Género
LOPIVI	Ley Orgánica 8/2021, de 4 de junio, de protección integral a la infancia y la adolescencia frente a la violencia
LOPJ	Ley Orgánica 6/1985, de 1 de julio, del Poder Judicial
LOPJM	Ley Orgánica 1/1996, de 15 de enero, de Protección Jurídica del Menor, de modificación parcial del Código Civil y de la Ley de Enjuiciamiento Civil
LORPM	Ley Orgánica 5/2000, de 12 de enero, reguladora de la responsabilidad penal de los menores
op. cit.	Obra citada
Polít. Crim.	Política Criminal: Revista Electrónica Semestral de Políticas Públicas en Materias Penales
pág./págs.	Página/Páginas
RD	Real Decreto
SAP	Sentencia de la Audiencia Provincial
ss.	Siguientes.
SSTC	Sentencias del Tribunal Constitucional
SSTS	Sentencias del Tribunal Supremo
STEDH	Sentencia del Tribunal Europeo de Derechos Humanos
STC	Sentencia del Tribunal Constitucional
STJCE	Sentencia del Tribunal de Justicia de las Comunidades Europeas
STS	Sentencia del Tribunal Supremo
t.	Tomo
TC	Tribunal Constitucional
TEDH	Tribunal Europeo de Derechos Humanos
TIC	Tecnologías de la Información y la Comunicación
TJCE	Tribunal de Justicia de las Comunidades Europeas
TS	Tribunal Supremo
UE	Unión Europea
Vid.	Véase
vol.	Volumen

Presentación

La obra que el lector tiene en sus manos pone fin a los trabajos de investigación desarrollados desde el año 2020 en el marco del proyecto de investigación financiado por el Ministerio de Ciencia e Innovación «Respuesta jurídica y socioeducativa a la violencia de género ejercida por menores. Protección de la víctima e intervención con el menor agresor» (PID2019-106700RB-I00/AEI/ 10.13039/501100011033). En este proyecto, han participado profesores/as e investigadores/as de distintas áreas de conocimiento, fundamentalmente, de las áreas de Derecho Procesal y de Trabajo Social; y su objeto era, como su título indica, estudiar el modo en que se debe actuar frente a los episodios de violencia de género protagonizados por menores de edad desde una doble perspectiva: proporcionando a la víctima la atención y protección necesarias, pero, sin perder de vista que el infractor también es menor, lo que exige responder a su conducta, no con las medidas diseñadas para los adultos, sino con medidas de carácter socioeducativo, guiadas por el espíritu y principios que informan la LORPM.

En este sentido, al margen de otras publicaciones más específicas, los principales resultados de las investigaciones centradas en la figura de la víctima, y especialmente, en su tratamiento e intervención en el proceso penal de menores, se recogieron en una obra colectiva publicada por la editorial Dykinson, en el año 2021, bajo el título *La víctima en el proceso penal de menores. Tratamiento procesal e intervención socioeducativa*. Mientras que las investigaciones relativas al tratamiento e intervención con los menores agresores se plasmaron, esencialmente, en dos trabajos: uno publicado en el año 2024, en el que se analiza cómo se aborda esta problemática en el contexto iberoamericano (*Violencia de género en el ámbito de la justicia penal juvenil. Una visión iberomericana*); y, otro, el que ahora se presenta, en el que se estudian las particularidades de nuestro proceso penal de menores por violencia de género.

No es pretensión de los autores desarrollar en las páginas siguientes un análisis detallado de todo el proceso penal de menores, sino que parece más interesante ceñirse al estudio de aquellos aspectos de la LORPM que pueden ser más relevantes y efectivos a la hora de abordar desde la justicia penal juvenil la violencia de género en las parejas adolescentes. En coherencia con ello, y siguiendo la estructura de la propia LORPM, esta obra se divide en ocho capítulos, en los que se van desgranando las particularidades y posibilidades que ofrece nuestro proceso penal de menores para reaccionar ante la violencia de género ejercida por sujetos incluidos en su ámbito de aplicación.

Los dos primeros capítulos tienen carácter introductorio. El primero de ellos se dedica a evaluar el alcance que está teniendo en España la problemática de la violencia de género en las parejas adolescentes. En él, se destaca que, pese a las dudas suscitadas inicialmente por un sector jurisprudencial minoritario, sobre la posibilidad de apreciar violencia de género en estas parejas por entender que no concurre en ellas una «relación de afectividad similar al matrimonio», hoy por hoy, existe consenso doctrinal y jurisprudencial en que un menor de edad puede cometer este tipo de violencia en los términos definidos por el art. 1 LOMPIVG; y así se refleja en las estadísticas oficiales. En este sentido, a partir del análisis de fuentes fiables y solventes, como son, entre otras, la estadística del CGPJ o los informes de la Fundación ANAR, se pone de manifiesto que, si bien por el momento este fenómeno no alcanza tintes alarmantes, sí ha experimentado un considerable y progresivo incremento en los últimos años, en particular, a partir de 2017, con repuntes significativos en 2019 y 2023. Asimismo, se destaca la especial incidencia que tiene en estas edades la llamada violencia de género digital o ciberviolencia de género. A su vez, en el capítulo II, se analiza la ley aplicable y la competencia para la investigación y enjuiciamiento de esta violencia de género ejercida por menores, concluyéndose que se debe regir por las previsiones de la LORPM. Pero ello no implica la exclusión absoluta en estos casos del régimen de protección integral de la víctima diseñado por la LOMPIVG, ya que el art. 17 LOMPIVG garantiza la protección integral que otorga esta ley a toda mujer víctima de violencia de género con independencia de su «origen, condición o cualquier otra circunstancia personal o social». No obstante, la forma de materializarse dicha protección debe matizarse cuando el agresor sea un menor de edad, por cuanto deberá ajustarse a las peculiaridades del sistema de justicia penal juvenil, informado por el principio del superior interés del menor. Y, en este sentido, se estudian los derechos y garantías procesales de los que gozan en este proceso tanto el menor investigado como la víctima.

Los capítulos siguientes ya se dedican al estudio de los aspectos más destacables de las distintas fases y actuaciones del proceso penal de menores por violencia de género, desde sus posibles formas de incoación, particularidades de las diligencias de investigación o de la prueba, las medidas cautelares o la operatividad del principio de oportunidad, hasta las medidas sancionadora-educativas que se han revelado más eficaces para responder a este tipo de violencia.

Así, el capítulo III versa sobre las distintas vías a través de las cuales la Fiscalía de Menores puede recibir la *notitia criminis* por hechos delictivos de esta naturaleza y que permiten poner en marcha el proceso, prestando especial atención a la denuncia y a la viabilidad, en su caso, de la formulación de querella. Asimismo, se analizan las actuaciones que puede desarrollar el Fiscal en el marco de las diligencias preliminares a fin de decidir sobre la procedencia o no de incoar el expediente contra el menor.

Los capítulos IV a VI se dedican a la fase de investigación, a la posible adopción de medidas cautelares y/o de protección de la víctima y a la fase de audiencia o enjuiciamiento, respectivamente. En el primero de ellos, se centra la atención en la declaración de la víctima, dada la relevancia que adquiere en este tipo de procesos, en los que es habitual que la *conducta delictiv*a se haya cometido en un ámbito de intimidad o privacidad, por lo que es relativamente frecuente que la declaración de la víctima constituya la única o principal prueba de cargo directa de la que se dispone para acreditar la comisión del hecho y su autoría. Por ello, se analizan las garantías que han de rodear esta declaración, así como la posibilidad y condicionantes de la preconstitución probatoria de la testifical de la víctima y el nuevo régimen jurídico de la exención del deber de declarar por razón de parentesco, implementado tras la aprobación de la LOPIVI.

Por lo que respecta a las medidas cautelares susceptibles de ser adoptadas ante hechos de esta naturaleza, se destaca la necesidad de equilibrar la protección a la víctima y el interés del menor agresor, lo que se evidencia especialmente en el estudio de la viabilidad o no en el ámbito de la jurisdicción de menores de la orden de protección en los términos del art. 544 *ter* LECrim.

A su vez, por lo que se refiere a la prueba de la violencia de género, se incide en el estudio del posicionamiento jurisprudencial más reciente, tanto del TS como del TC, sobre el valor probatorio del testimonio de la víctima, es decir, sobre su idoneidad y suficiencia para desvirtuar la presunción de inocencia. Asimismo, se dedica un extenso apartado a la problemática particular de la prueba de la violencia de género digital, por las dudas que se suscitan en torno a la licitud de la obtención de estas fuentes de prueba, a la forma de aportarlas al proceso y a su valoración probatoria, especialmente, cuando la parte a la que perjudica impugna su autenticidad o integridad.

Continúa el trabajo con un capítulo VII dedicado a la vigencia y manifestaciones más relevantes del principio de oportunidad en este tipo de procesos, en particular de aquellas que suelen ir precedidas de un intento de mediación entre el menor infractor y la víctima, y su compatibilidad con la prohibición genérica de mediación contemplada en el art. 44.5 LOMPIVG.

Finalmente, se dedica un último capítulo a las medidas sancionadora-educativas que se muestran como más adecuadas y eficaces para la reeducación de los menores autores de violencia de género. Tales medidas deben estar orientadas a incidir en aquellos factores determinantes de tal conducta, de modo que permitan su corrección, y eviten la reiteración por parte del menor de actos violentos en las relaciones de pareja. Así resultan particularmente interesantes los programas específicos de educación en la igualdad entre hombre y mujer, en los que se adquieran habilidades que permitan la resolución de los conflictos que surgen en el contexto de las relaciones afectivas de pareja, de una forma no violenta y respetuosa con la mujer.

Capítulo I

Alcance de la violencia de género en la adolescencia en España

SUMARIO: I. DELIMITACIÓN DEL CONCEPTO «LEGAL» DE VIOLENCIA DE GÉNERO. ¿PUEDE COMETER VIOLENCIA DE GÉNERO UN MENOR DE EDAD?. *1. Requisitos subjetivos: la víctima y el agresor.* 1.1. La víctima. 1.2. El agresor. *2. Requisito objetivo: el acto de violencia física y/o psicológica. 3. Elemento intencional. 4. ¿Pueden cometer violencia de género los menores de edad?.* II. APROXIMACIÓN ESTADÍSTICA A LA VIOLENCIA DE GÉNERO EJERCIDA POR MENORES EN ESPAÑA. III. ESPECIAL INCIDENCIA EN LA ADOLESCENCIA DE LA VIOLENCIA DE GÉNERO DIGITAL (O CIBERVIOLENCIA DE GÉNERO).

I. DELIMITACIÓN DEL CONCEPTO «LEGAL» DE VIOLENCIA DE GÉNERO. ¿PUEDE COMETER VIOLENCIA DE GÉNERO UN MENOR DE EDAD?

A los efectos de establecer su ámbito de aplicación, la LOMPIVG no parte de un concepto amplio o genérico de violencia de género, entendida como aquella que una persona ejerce contra otra por razón de su género o sexo, sino que se decanta por un concepto restrictivo de la misma. Así, en su art. 1.1, la conceptúa como «la violencia que, como manifestación de la discriminación, la situación de desigualdad y las relaciones de poder de los hombres sobre las mujeres, se ejerce sobre éstas por parte de quienes sean o hayan sido sus cónyuges o de quienes estén o hayan estado ligados a ellas por relaciones similares de afectividad, aun sin convivencia». Y, en el apdos. 3 y 4 de este mismo art. 1, matiza, respectivamente, que tal violencia de género «comprende todo acto de violencia física y psicológica, incluidas las agresiones a la libertad sexual, las amenazas, las coacciones o la privación arbitraria de libertad»; y que también incluye la llamada violencia vicaria, es decir, «la violencia que con el objetivo de causar perjuicio o daño a las mujeres se ejerza sobre sus familiares o allegados menores de edad»[1].

Como se puede constatar, esta definición legal de violencia de género exige la concurrencia de varios condicionantes o requisitos tanto subjetivos, relativos al agresor y a la víctima, como objetivos, referidos al tipo de agresión cometida; a los que parece añadirse también un elemento intencional en la actuación del agresor.

En cualquier caso, no es pretensión de este trabajo acometer un análisis detenido del alcance y consecuencias prácticas de cada uno de estos requisitos legales de la violencia de género, sino que se analizarán de forma somera, únicamente, al objeto de determinar si, conforme a los mismos, es posible o no la comisión de un acto de violencia de género, en los términos legales, por un menor de edad.

1. REQUISITOS SUBJETIVOS: LA VÍCTIMA Y EL AGRESOR

1.1. La víctima

El art. 1.1 LOMPIVG deja claro que la víctima de los actos de violencia de género debe ser una mujer, al definirla como «la violencia que se ejerce sobre éstas». Pero, además, requiere que exista o haya existido una determinada relación de afectividad entre la víctima y el agresor, por cuanto éste debe ser o haber sido su cónyuge o tener o haber tenido una relación similar de afectividad, aún sin convivencia, con la víctima[2]. Es decir, se requiere que la víctima hubiese contraído matrimonio con el autor de delito, aunque el vínculo matrimonial ya no existiese en el momento de la comisión de los hechos, y con independencia del tiempo transcurrido desde la ruptura; o bien, que hubiese estado ligada al agresor por una relación de afectividad similar al matrimonio, aún en el caso de que no hubiese convivencia, y siendo también irrelevante que hubiese terminado esa relación y el tiempo transcurrido desde el fin de la misma.

La inclusión legal en el concepto de la violencia de género de las «relaciones similares de afectividad (al matrimonio), aun sin convivencia», permite extender la especial protección de la LOMPIVG, no solo a las parejas de hecho propiamente dichas, sino también a las relaciones de noviazgo en

---

1. Esta última previsión ha sido introducida por la disposición final décima de la LOPIVI.
2. En los mismos términos, el art. 87 ter.1.a) LOPJ, al delimitar el ámbito de competencia de los Juzgados de Violencia sobre la Mujer, exige que los delitos constitutivos de esta violencia «se hubiesen cometido contra quien sea o haya sido su esposa, o mujer que esté o haya estado ligada al autor por análoga relación de afectividad, aun sin convivencia».

las que los miembros de la pareja no conviven, lo cual es determinante a la hora de incluir en el ámbito de esta protección a las parejas adolescentes.

Ahora bien, la interpretación y aplicación en el caso concreto de esta fórmula legal ha generado discrepancias en la jurisprudencia; y así, encontramos sentencias que se decantan por un criterio muy restrictivo, de modo que, para apreciar la concurrencia de tal relación de afectividad a fin de aplicar los tipos penales agravados, exigen que se den todos los elementos que caracterizan a la relación matrimonial, salvo la convivencia, haciendo especial hincapié en la necesaria existencia de un proyecto de vida compartido[3]. En cambio, otras sentencias sostienen que lo decisivo para que se pueda equiparar a estos efectos la relación de afectividad a la relación matrimonial «es que exista un cierto grado de compromiso o estabilidad, aun cuando no haya fidelidad ni se compartan expectativas de futuro»[4].

Por ello, los propios tribunales han destacado la dificultad y también la inconveniencia de establecer pautas generales excesivamente abstractas a la hora de determinar qué debe entenderse por una relación de afectividad asimilable al matrimonio, aún sin convivencia, a los efectos de aplicar los tipos agravados previstos para los actos de violencia de género[5]; y existe

3. Es clara en este sentido la SAP de Tarragona 106/2008, de 17 de marzo (JUR 2008, 142329) cuando declara que «No basta la existencia de una relación de afectividad, sino que ésta ha de ser precisamente análoga a la matrimonial. La asimilación del matrimonio y las relaciones afectivas análogas, a los efectos típicos contemplados en el artículo 153 CP, reclama que, en éstas, aun cuando ya hayan cesado en el momento de los hechos, se identifiquen durante su desarrollo las necesarias notas de la continuidad y de la estabilidad. Por continuidad debe entenderse la habitualidad en el modo de desarrollar una vida en común, que viene a exteriorizar un proyecto de vida compartido, que es compatible con rupturas más o menos breves que no lleguen a oscurecer o desdibujar la existencia de un proyecto finalístico de vida en común; y, por otro lado, la estabilidad exige una cierta perdurabilidad en el tiempo». Y añade que «No basta con identificar una relación de «noviazgo», para sin otra consideración otorgarle el mismo valor normativo que legalmente se atribuye al matrimonio. Incluso en los supuestos de relación de afectividad más estrecha se debe identificar la presencia de un proyecto de vida en común, aun cuando no se reclame la convivencia». En la misma línea se pronuncian, entre otras, la SAP de Alicante 99/2007, de 2 de febrero (JUR 2007, 250505) o la SAP de Asturias 108/2007, de 15 mayo (JUR 2007, 288400).

4. *Vid.*, STS 510/2009, de 12 de mayo (RJ 2009, 4861). En igual sentido, la STS 1376/2011, de 23 de diciembre (RJ 2012, 1932) señala que «el grado de asimilación al matrimonio de la relación afectiva no matrimonial no ha de medirse tanto por la existencia de un proyecto de vida en común, con todas las manifestaciones que cabe esperar de éste, como precisamente por la comprobación de que comparte con aquel la naturaleza de la afectividad en lo que la redacción legal pone el acento, la propia de una relación personal e íntima que traspase con nitidez los límites de una simple relación de amistad, por intensa que esta sea».

5. *Vid.* STS 510/2009, de 12 de mayo (RJ 2009, 4861).

consenso en que, en todo caso, deben excluirse las relaciones puramente esporádicas o coyunturales y de simple amistad, requiriéndose cierta vocación de permanencia en la relación[6].

En otro orden de cosas, además de la violencia que se ejerce directamente sobre la mujer en los términos que acabamos de exponer, también tiene la consideración de violencia de género la que se ejerce «sobre los descendientes, propios o de la esposa o conviviente, o sobre los menores o personas con la capacidad modificada judicialmente que con él convivan o que se hallen sujetos a la potestad, tutela, curatela, acogimiento o guarda de hecho de la esposa o conviviente, cuando también se haya producido un acto de violencia de género» [arts. 87 ter.1.a) LOPJ y 14.5 LECrim]. Es decir, pueden existir otras víctimas de la violencia de género, además de la mujer, pero se exige que, en todo caso, también se haya cometido un acto de violencia contra la mujer, por lo que ésta debe estar siempre ocupando el papel de víctima[7].

Finalmente, tras la aprobación de la LOPIVI, se ha introducido un nuevo apdo. 4, en el art. 1 LOMPIVG, para incluir dentro del concepto de violencia de género la llamada «violencia vicaria», entendida como «la violencia que con el objetivo de causar perjuicio o daño a las mujeres se ejerza sobre sus familiares o allegados menores de edad». Por tanto, se amplía el ámbito de las posibles víctimas de violencia de género, haciéndola extensiva a los «familiares o allegados» de la mujer que sean menores de edad; y sin que sea necesario que dicha violencia concurra con otro acto de violencia directa sobre la mujer, porque el objetivo de esa violencia contra los familiares o allegados de la mujer ya es, precisamente, causarle un daño a ésta[8]. Es decir,

---

6. *Vid.* STS 1348/2011, de 14 de diciembre (RJ 2012, 3357).
7. Una interpretación restrictiva de esta exigencia nos llevaría a considerar la necesidad de que ambas agresiones se produzcan en una misma secuencia temporal. Sin embargo, una interpretación amplia, requeriría el análisis de las circunstancias de todo tipo que concurran en el caso concreto, y no sólo la unidad de acto, ya que en situaciones de violencia habitual, bastará con que los actos dirigidos contra los menores, etc., se enmarquen en el contexto de maltrato contra la mujer, aunque no coincidan en el tiempo, siempre que se mantengan dentro del marco temporal al que se circunscribe la situación de violencia de género, en la línea defendida por la FISCALÍA GENERAL DEL ESTADO en su *Circular 4/2005, de 19 de julio, relativa a los criterios de aplicación de la Ley de Medidas de Protección Integral contra la violencia de género* (apdo. III.A).
8. Según datos de Amnistía Internacional, desde 2013 hasta el 10 de abril de 2024, han sido asesinados en España 57 niños y niñas como causa directa de la violencia de género, siendo el asesino el padre biológico en la mayoría de los casos (https://www.es.amnesty.org/en-que-estamos/blog/historia/articulo/que-es-la-violencia-vicaria/).

en los casos de violencia vicaria, los menores o allegados de la mujer son utilizados como instrumento de la violencia que se ejerce contra ésta.

1.2. El agresor

De conformidad con el art. 1.1 LOMPIVG, violencia de género es la que se ejerce sobre las mujeres «por parte de quienes sean o hayan sido sus cónyuges o de quienes estén o hayan estado ligados a ellas por relaciones similares de afectividad, aún sin convivencia». En consecuencia, el autor de esta violencia sólo puede ser un hombre, de tal forma que quedan fuera de la especial protección de esta Ley las agresiones que se cometan entre los miembros de parejas del mismo sexo o de una mujer contra su marido, pareja o expareja[9]. En estos casos, se tratará de actos de violencia doméstica, que deberán ser instruidos por el órgano de instrucción competente y tramitados de acuerdo con las normas generales de la LECrim. Por el contrario, sí se aplicarán las medidas de protección de la LOMPIVG cuando se trate de parejas de distinto sexo formadas por transexuales, si el agresor es el varón y la víctima la mujer[10], pero siempre que tales actos de violencia se cometan tras la inscripción en el Registro Civil de la rectificación de la mención registral relativa al sexo[11].

Por lo que aquí interesa, cabe destacar que la LOMPIVG no establece ningún límite ni exclusión por razón de la edad del agresor para que el hecho delictivo sea constitutivo de violencia de género. Además, conforme al art. 46 CC, los menores de más de 16 años, si están emancipados, pueden contraer matrimonio; y, por supuesto, los menores de edad pueden mantener relaciones de noviazgo y afectividad, lo que, *a priori*, permitirá que,

9. Se trata de una clara manifestación del principio de discriminación positiva en favor de la mujer que ha sido declarado ajustado al texto constitucional por la STC 59/2008, de 14 de mayo (RTC 2008, 59).

10. *Vid.*, FISCALÍA GENERAL DEL ESTADO, *Circular 4/2005* (apdo. III.A). En el mismo sentido, SAP de Vizcaya 199/2010, de 8 de marzo (JUR 2010, 399278).

11. A este respecto, conviene recordar las siguientes previsiones del art. 46 de la Ley 4/2023, de 28 de febrero, para la igualdad real y efectiva de las personas trans y para la garantía de los derechos de las personas LGTBI: «1. La resolución que acuerde la rectificación de la mención registral del sexo tendrá efectos constitutivos a partir de su inscripción en el Registro Civil. 2. La rectificación registral permitirá a la persona ejercer todos los derechos inherentes a su nueva condición. 3. La rectificación de la mención registral relativa al sexo y, en su caso, el cambio de nombre, no alterarán el régimen jurídico que, con anterioridad a la inscripción del cambio registral, fuera aplicable a la persona a los efectos de la Ley Orgánica 1/2004, de 28 de diciembre, de Medidas de Protección Integral contra la Violencia de Género». *Vid.*, PONTE GARCÍA, V., «Impacto en la violencia de género de la Ley 7/2023, de 28 de febrero, para la igualdad real y efectiva de las personas trans y para la garantía de los derechos de las personas LGTBI», *Lex Criminalis*, núm. 4, 2023, págs. 24 a 26.

aun siendo el agresor menor de edad, se cumpla el requisito de la relación matrimonial o de afectividad entre víctima y agresor que exige el art. 1.1 LOMPIVG para conceptuar el hecho como violencia de género. Por ello, como veremos, hoy por hoy, ha quedado totalmente superada la posición mantenida, en los inicios de la vigencia de la LOMPIVG, por un sector jurisprudencial minoritario que entendía que este requisito no podía cumplirse en el caso de parejas adolescentes, por las características peculiares que tienen las relaciones de afectividad a estas edades.

2. REQUISITO OBJETIVO: EL ACTO DE VIOLENCIA FÍSICA Y/O PSICOLÓGICA

El art. 1.3 LOMPIVG dispone que la violencia de género «comprende todo acto de violencia física y psicológica, incluyendo las agresiones a la libertad sexual, las amenazas, las coacciones o la privación arbitraria de libertad»[12]. A su vez, los arts. 87 ter.1 LOPJ y 14.5 LECrim precisan el alcance de esta violencia física y psicológica que puede constituir violencia de género, incluyendo en la misma los delitos de homicidio, aborto, lesiones, lesiones al feto, delitos contra la libertad, delitos contra la integridad moral, contra la libertad e indemnidad sexuales o cualquier otro delito cometido con violencia o intimidación (arts. 87 ter.1.a) LOPJ y 14.5.a) LECrim)[13]. A éstos se añaden los delitos contra los derechos y deberes familiares (arts. 87.ter.1.b) LOPJ y 14.5.b) LECrim), así como los delitos de amenazas leves

12. A este respecto, la FISCALÍA GENERAL DEL ESTADO, en su *Circular 4/2005* (apdo. III.B) señala que «cabría afirmar, sin ánimo exhaustivo, que las distintas manifestaciones de violencia contra la mujer que tienen cabida en esta Ley pueden reconducirse a las siguientes:

    - Violencia física: relativa a cualquier acto de fuerza contra el cuerpo de la mujer, con resultado o riesgo de producir lesión física o daño en la víctima.
    - Violencia sexual: referida a la imposición por la fuerza de relaciones o prácticas sexuales que atenten contra su libertad sexual.
    - Violencia psicológica: comprensiva de toda conducta que produzca en la víctima desvalorización o sufrimiento, sea a través de insultos, amenazas, control, aislamiento, anulación, humillaciones o vejaciones, limitación de la libertad, exigencia de obediencia o sumisión. La violencia psicológica, entendida en un sentido amplio, comprende también aquellas manifestaciones de la violencia contra la mujer que, en algunas clasificaciones son objeto de conceptuación autónoma, tales como las llamadas violencia económica —entendida como abuso económico o la privación o discriminación intencionada y no justificada de recursos— o espiritual, comprensiva de aquellas conductas dirigidas a obligar a aceptar un sistema de creencias cultural o religioso determinado o destruir las creencias de otro».

13. Tal previsión supone una remisión a los delitos tipificados en los siguientes Títulos del Libro II del Código Penal: Título I («Del homicidio y sus formas»), Título II («Del aborto»), Título III («De las lesiones»), Título IV («De las lesiones al feto»), Título VI («Delitos contra la libertad»), Título VII («De las torturas y otros delitos contra la

(art. 171.7.II CP), coacciones leves (art. 172.3.II CP) e injurias y vejaciones injustas de carácter leve (art. 173.4 CP) (arts. 87 ter.1.d) LOPJ y 14.5.d) LECrim), siempre que la víctima sea alguna de las personas a las que nos hemos referido anteriormente.

Merece una mención especial la cláusula de cierre con que concluye la enumeración del art. 87 ter.1.a) LOPJ: «cualquier otro delito cometido con violencia o intimidación». Esta cláusula residual fue introducida con la finalidad de que ningún acto de violencia de género escape de la competencia de los Juzgados de Violencia sobre la Mujer, que deberá extenderse a todos aquellos tipos penales cuya ejecución se acompañe de actos de violencia o intimidación, aunque no estén incluidos en los Títulos reseñados del CP, y siempre que guarden relación con el objeto de la LOMPIVG. Tal sería el caso, por ejemplo, del allanamiento de morada con violencia o intimidación (art. 202.2 CP), del robo con violencia o intimidación (art. 242 CP), o de la extorsión (art. 243 CP)[14].

Ni que decir tiene que todas estas infracciones pueden ser cometidas por menores de entre 14 y 18 años, ya que la LORPM establece para ellos un proceso y una respuesta penal diferente a la prevista en la LECrim y en el CP para los adultos; pero se remite al CP y a las leyes penales especiales para determinar cuándo estos menores incurren en responsabilidad penal. Es decir, la LORPM no tipifica hechos delictivos, sino que el proceso penal juvenil se pondrá en marcha cuando el menor cometa alguna de las infracciones penales previstas en el CP. En consecuencia, el menor podrá ser autor de cualquiera de los delitos que se conceptúan como violencia de género en los términos que hemos visto.

integridad moral»), Título VII bis («De la trata de seres humanos»), Título VIII («Delitos contra la libertad sexual»). No obstante, no todos los tipos delictivos contenidos en estos Títulos tienen encaje en el concepto de violencia de género, ya que no se adecúan al objeto y finalidad de la LOMPIVG. Así lo destaca la FISCALÍA GENERAL DEL ESTADO en su *Circular 4/2005*, corroborada por la *Circular 6/2011*, al señalar que no tendrán cabida las infracciones penales cuya configuración típica excluye *ab initio* toda posibilidad de relación con el objeto de la Ley tal y como ocurre con los delitos imprudentes (arts. 142, 146, 152 y 158 CP), el aborto causado por la propia mujer (art. 154.2 CP), las amenazas a grupos de población (art. 170 CP) o los atentados contra la integridad moral realizados por autoridad o funcionario público (art. 175 CP). Asimismo, pone en tela de juicio la inclusión de otras conductas como el aborto con el consentimiento de la mujer (art. 145.1 CP), salvo que se trate de un supuesto de inducción por parte de su pareja masculina en el seno de una relación de dominio (*vid.*, FISCALÍA GENERAL DEL ESTADO, *Circular 4/2005* (apdo. VI.A.1.a) y *Circular 6/2011, de 2 de noviembre, sobre criterios para la unidad de actuación especializada del Ministerio Fiscal en relación a la violencia sobre la mujer* (apdo. III.1.1.1).

14. *Vid.*, FISCALÍA GENERAL DEL ESTADO, *Circular 4/2005* (apdo. VI.A.1.a) y *Circular 6/2011* (apdo. III.1.1.1).

3. ELEMENTO INTENCIONAL

El art. 1.1 LOMPIVG, al delimitar su objeto, no lo refiere de modo genérico a la violencia que el hombre ejerce sobre la mujer con la que tiene o ha tenido una relación de afectividad, sino que matiza que se trata de «actuar contra la violencia que, como manifestación de la discriminación, la situación de desigualdad y las relaciones de poder de los hombres sobre las mujeres, se ejerce sobre éstas [...].».

En los primeros momentos, tras la aprobación de la ley, la interpretación de la fórmula transcrita dio lugar, tanto a nivel doctrinal como jurisprudencial, a dos orientaciones sobre la extensión del concepto de violencia de género[15]. La primera de ellas, avalada por la STC 59/2008, de 14 de mayo, sostenía la plena constitucionalidad del art. 153.1 CP, entendiendo que la pena agravada prevista en el mismo exigía, únicamente, la realización de la acción típica (a saber, causar el menoscabo psíquico o una lesión no definidos como delito en el Código Penal, o golpear o maltratar de obra a otro sin causarle lesión) y una relación de afectividad presente o pasada entre el autor y la víctima, sin que fuese necesaria, además, la concurrencia de un ánimo o intencionalidad determinado por parte del agresor. Es decir, procede la aplicación automática de la respuesta penal contenida en el art. 153.1 CP ante el cumplimiento de los requisitos objetivos (acción) y subjetivos (agresor y víctima) del tipo, sin necesidad de atender a la intencionalidad con que actuó el autor.

Este mismo criterio se mantiene por la FGE en su Circular 4/2005, cuando sostiene que «la Ley opta por una definición de la violencia de género que parte de entender, como dato objetivo, que los actos de violencia que ejerce el hombre sobre la mujer con ocasión de una relación afectiva de pareja constituyen actos de poder y superioridad frente a ella, con independencia de cuál sea la motivación o la intencionalidad del agresor»[16].

---

15. Obsérvese que esta polémica debe situarse en el ámbito del derecho sustantivo, esto es, en el de la respuesta penal, agravada o no, ante la comisión de la infracción, pero no en el ámbito procesal a la hora de determinar si la competencia para instruir la debe asumir el Juzgado de Violencia sobre la Mujer o el Juzgado de Instrucción, por cuanto la intención vejatoria con la que actúa el infractor sólo podrá determinarse al final del proceso, una vez practicada la prueba.

16. FISCALÍA GENERAL DEL ESTADO, *Circular 4/2005* (apdo. III.D). En cuanto a la jurisprudencia, *vid.*, entre otras, SSTS 703/2010, de 15 de julio (RJ 2010, 7352) y 807/2010, de 30 de septiembre (RJ 2010, 7656). Esta posición es mantenida también, entre otros, por MANJÓN-CABEZA OLMEDA, A., «Violencia de género: discriminación positiva, perspectiva de género y Derecho Penal. Algunas cuestiones para la competencia de los nuevos Jugados de Violencia sobre la Mujer», en *Tutela penal y tutela judicial frente a la violencia de género* (AA.VV), Colex, Madrid, 2006, pág. 18;

Por el contrario, otra orientación jurisprudencial exigía, para la aplicación de la pena agravada prevista en el art. 153.1 CP, no sólo la concurrencia de los elementos objetivo y subjetivo del tipo de malos tratos previstos en el citado precepto, sino también la constatación de que el agresor actuaba desde una posición de dominación y de superioridad hacia la mujer. Esto implica que no toda agresión física o psíquica en el seno de la pareja es violencia de género de forma necesaria y automática, sino que es indispensable que el agresor actúe movido por ese concreto ánimo o motivación[17].

Pues bien, siendo este un tema controvertido en el derecho penal de adultos, por la necesidad de determinar de modo claro cuándo deben aplicarse los tipos agravados previstos para las infracciones calificadas como violencia de género, tal controversia se diluye en buena medida en el ámbito de la justicia juvenil, por cuanto la LORPM parte del principio de flexibilidad en la aplicación de las medidas que contempla, debiendo atenderse a tal efecto, no solo al tipo de hecho y a su gravedad, sino también a las particulares circunstancias del menor infractor. Es decir, en el proceso penal de menores no existe una correlación estricta entre las infracciones y las medidas previstas en el art. 7 LORPM, sino que el Juez de Menores, auxiliado por el Equipo Técnico, deberá imponer en cada caso la medida que mejor se adecue al interés del menor y a su necesaria reeducación, por lo que el debate apuntado, sobre el ánimo con el que ha de actuar el agresor, pasa a un segundo plano.

4. ¿PUEDEN COMETER VIOLENCIA DE GÉNERO LOS MENORES DE EDAD?

De acuerdo con lo expuesto, *a priori*, no existe óbice jurídico alguno para que un menor de entre 14 y 18 años pueda cometer un acto de violencia de género contra una víctima menor o mayor de edad. Sin embargo, en su momento, un sector jurisprudencial minoritario sostuvo que, salvo en los casos excepcionales en los que exista o haya existido matrimonio o la constitución formal de una pareja de hecho, en las parejas adolescentes no es posible apreciar la violencia de género por no concurrir uno de los requisitos

---

MAQUEDA ABREU, M.L., «La violencia contra las mujeres: una visión crítica de la ley Integral», *Revista Penal*, núm. 18, 2006, pág. 179.

17. *Vid.*, SSTS 58/2008, de 25 de enero (RJ 2008, 1563) y 1177/2009, de 24 de noviembre (RJ 2010, 124), entre otras. Por parte de la doctrina, pueden citarse, POLAINO-ORTS, M., «La legitimación constitucional de un Derecho penal *sui generis* del enemigo frente a la agresión a la mujer. Comentario a la STC 59/2008, de 14 de mayo», *Indret*, núm. 3, 2008, págs. 22 y 23 (www.indret.com); o VILLACAMPA ESTIARTE, C., «El maltrato singular cualificado por razón de género: Debate acerca de su constitucionalidad», *Revista Electrónica de Ciencia Penal y Criminología*, núm. 9, 2007, págs. 14 a 17.

exigidos para ello por el art. 1.1 LOMPIVG, a saber, la relación de afectividad similar al matrimonio, aun sin convivencia.

Un buen exponente de este sector jurisprudencial minoritario lo encontramos en la SAP de Cantabria 280/2009, de 5 de noviembre, que no considera como acto de violencia de género la actuación de un acusado menor de 18 años, frente a la víctima de 15 años, producida como consecuencia de la ruptura de la relación afectiva que ambos mantenían. De acuerdo con el relato de hechos probados de la sentencia de instancia, el acusado trató de influir en el ánimo de la víctima para que retomasen la relación con llamadas intimidatorias, presentándose en el centro de estudios de la víctima dando gritos, o personándose en las inmediaciones de su domicilio, llegando a arrebatarle el teléfono móvil para ver sus llamadas y finalmente tirarlo a la basura.

En relación con estos hechos, la Audiencia Provincial de Cantabria señala que «es posible que la relación haya sido larga (dicen que 2 años), pero de este dato no cabe inducir que se trataba de una relación afectiva susceptible de ser calificada como de pareja a los fines previstos en la norma examinada». Y añade que, «es difícil imaginar que a estas edades con el grado de madurez que se les supone se pueda tener una vocación de pareja con idea de proyecto común y compartido. Ambos estudian y viven con sus padres, de quienes dependen hasta tal punto que cuando surgieron los problemas (así lo ha relatado Lourdes) ha sido su padre quien ha intervenido y a quien la menor rápidamente trató de llamar cuando ocurrió el incidente enjuiciado. [...]. De proyecto de futuro no cabe ni pensar. De vinculaciones tampoco. Lo que había entre ambos era la típica relación de enamoramiento propia de adolescentes que puede prolongarse más o menos en el tiempo, pero en la que no se puede predicar que concurran las notas características de una pareja a los fines previstos en la norma»[18].

No obstante, frente a este criterio jurisprudencial reaccionó de modo contundente la FGE, en su Circular 6/2011, señalando que, «aunque la plena capacidad se concede con la mayoría de edad, las mujeres que no la han alcanzado gozan de capacidad para decidir el inicio de una relación sentimental que las sitúa, sin duda alguna bajo la esfera de tutela penal que se otorga a las mujeres víctimas de violencia de género [...]. No parecen criterios asumibles aquellos que niegan la tutela penal a las adolescentes víctimas de violencia de género, por carecer de proyecto de vida en común con su pareja; o por convivir con los padres y depender económicamente de

18. SAP de Cantabria 280/2009, de 5 de noviembre (JUR 2009, 482819).

ellos, o por haber existido una ruptura transitoria en la relación, o por cualquier otra causa que la norma no requiere»[19].

En esta misma línea, se pronunció la SAP de Cáceres 265/2010, de 16 de septiembre, confirmando la sentencia del Juzgado de Menores de Cáceres, por la que se condena a un menor por un «delito de violencia de género de lesiones» ejercido contra la víctima, también menor de edad, con la que había mantenido una relación de «afectividad o amorosa especial»[20].

También la SAP de Cádiz 327/2011, de 19 de octubre, se decantó por esta interpretación, al afirmar que «la realidad demuestra que la violencia pueda instaurarse en las relaciones de pareja desde sus inicios y los especialistas indican que la normalización de la violencia de género en la adolescencia es mayor si cabe que en otras edades, ya que determinados comportamientos, que están en la base y el inicio del problema, como son los celos o el control exagerado se pueden confundir por los adolescentes como síntomas de amor y de preocupación por la pareja»[21].

En resumen, a nuestro juicio, resultan plenamente acertados y convincentes los argumentos expuestos por la FGE para rebatir la tesis jurisprudencial apuntada inicialmente, la cual resulta excesivamente rigorista y un tanto artificial, por cuanto se asienta en que la carencia de un proyecto de vida en común o de independencia económica y familiar respecto de los padres, que resulta habitual en las parejas adolescentes, impide apreciar en éstas la existencia de una relación de afectividad análoga a la conyugal y, con ello, de un presupuesto indispensable para que una conducta violenta del varón sobre la mujer pueda ser constitutiva de violencia de género. No parece que haya sido ésta la intención del legislador al articular el sistema de protección integral de las víctimas de violencia de género que recoge la LOMPIVG, en la que expresamente se declara su aplicabilidad a cualquier mujer víctima de violencia de género, con independencia de su «origen, condición o cualquier otra circunstancia personal o social». Y, de hecho, hoy por hoy, dicha tesis ha quedado totalmente superada y, como veremos al

19. FISCALÍA GENERAL DEL ESTADO, *Circular 6/2011* (apdo. II.1.1.2). Tal posición se reitera en el *Dictamen 7/2012, sobre criterios de actuación en supuestos de violencia de género,* en cuya Conclusión 2.ª se declara que «Los tipos penales de violencia de género no admiten restricciones por razón de edad, precisando únicamente la previa existencia de una relación sentimental o de noviazgo, que trascienda más allá de los meros lazos de amistad, afecto, confianza, o de las relaciones puramente ocasionales u esporádicas, de conformidad con la Circular 6/2011 de la FGE».
20. SAP de Cáceres 265/2010, de 16 de septiembre (JUR 2010, 342941).
21. SAP de Cádiz 327/2011, de 19 de octubre (JUR 2012, 32732). *Vid.*, asimismo, SAP de Madrid 124/2009, de 24 de junio (JUR 2010, 292888); o SAP de Segovia 1/2011, de 20 de enero (JUR 2011, 118732).

analizar los datos estadísticos sobre la violencia de género ejercida por menores, nuestros tribunales la tratan técnicamente como tal.

II. APROXIMACIÓN ESTADÍSTICA A LA VIOLENCIA DE GÉNERO EJERCIDA POR MENORES EN ESPAÑA

Hasta fechas relativamente recientes, no era fácil hacer un balance de la situación real en España de la violencia de género ejercida por menores debido a la dificultad, cuando no imposibilidad, de obtener cifras reales, exactas y actualizadas sobre los hechos delictivos constitutivos de violencia de género cometidos en todo el territorio nacional por menores que hubiesen sido enjuiciados y sentenciados en firme.

Tal situación se podía explicar por distintas razones concurrentes. La primera era la escasa atención que merecía por parte de la doctrina jurídica el fenómeno de la violencia de género en las parejas adolescentes y el tratamiento que ha de dispensarse a esta modalidad delictiva desde la justicia juvenil; y ello porque los supuestos de violencia de género protagonizados por menores eran, y siguen siendo, afortunadamente, muy inferiores, tanto en términos cuantitativos como en gravedad de sus resultados, a los cometidos por los adultos[22].

Otra razón de la situación apuntada se hallaba en que los escasos episodios de violencia de género ejercida por adolescentes quedaban eclipsados por el fenómeno de la violencia doméstica intrafamiliar ejercida por estos contra sus progenitores o quienes ejercen como tales (violencia filioparental) o contra sus hermanos, que sí había adquirido en los últimos años tintes más preocupantes y era objeto de un amplio tratamiento mediático y científico, tanto desde la perspectiva jurídica como psicológica y sociológica[23]. Ello determinaba que las pocas fuentes estadísticas existentes sobre esta materia recogían y trataban conjuntamente los datos relativos a la violencia de género e intrafamiliar, habitualmente bajo el epígrafe «violencia doméstica», sin desglosar los relativos a una y otra, y limitándose a insistir

22. *Vid.*, GARCÍA INGELMO, F.M., «Violencia de género en parejas adolescentes. Respuestas desde la jurisdicción de menores», *II Congreso para el estudio de la violencia contra las mujeres*. Sevilla 28 a 29 de noviembre de 2011, págs. 1 y 2 (http://www.congresoestudioviolencia.com/2011/ponencias/francisco_manuel_garcia_ingelmo.pdf.).

23. A este respecto, cabe destacar la aprobación por la FISCALÍA GENERAL DEL ESTADO de la *Circular 1/2010 sobre el tratamiento desde el sistema de justicia juvenil de los malos tratos de los menores contra sus ascendientes*, en la que expresamente se advierte que la misma no se aplica a los casos de violencia de género ejercida por menores porque su incidencia en la jurisdicción de menores es muy escasa y presenta perfiles que aconsejan un tratamiento diferenciado.

en la escasa incidencia cuantitativa que tenía la violencia de género dentro de la jurisdicción de menores[24].

Finalmente, también cabe destacar a este respecto la deficiente metodología seguida en la recogida de datos estadísticos sobre la criminalidad juvenil, al tomarse como referencia las diligencias preliminares incoadas por infracciones imputadas a menores, ya que el número de estas diligencias no coincide con el número de infracciones cometidas ni con el de menores infractores, así como la escasa fiabilidad estadística de las aplicaciones informáticas de las que se tomaban los datos, por lo que las cifras que se manejaban eran muy relativas.

Hoy por hoy, estas deficiencias se han superado con la Estadística Judicial publicada por el Consejo General del Poder Judicial[25], cuya principal fuente de información son los boletines estadísticos que deben cumplimentar trimestralmente cada uno de los órganos judiciales, en este caso, los Juzgados de Menores. Dicha Estadística proporciona cifras actualizadas sobre la violencia de género ejercida por menores, y además de modo muy detallado, por cuanto recoge los datos desde el año 2010 y los desglosa por Comunidad Autónoma y en función de los procedimientos incoados, los menores enjuiciados (por delitos y faltas/delitos leves) y las sentencias dictadas. No obstante, a modo de resumen, y centrándonos en el número de menores enjuiciados en estos años por actos de violencia de género (delitos y faltas/delitos leves), los datos referidos a todo el territorio nacional se recogen en la siguiente tabla y gráfico.

Años	**Con imposición de medidas por conductas tipificadas como *delito***					**Con imposición de medidas por conductas tipificadas como *falta/delito leve***					**Sin imposición de medidas**				
	Total menores enjuiciados	**Edad 14 — 15 años**		**Edad 16 — 17 años**		**Total menores enjuiciados**	**Edad 14 — 15 años**		**Edad 16 — 17 años**		**Total menores enjuiciados**	**Edad 14 — 15 años**		**Edad 16 — 17 años**	
		Esp.	**Extr.**	**Esp.**	**Extr.**		**Esp.**	**Extr.**	**Esp.**	**Extr.**		**Esp.**	**Extr.**	**Esp.**	**Extr.**
2010	**129**	**15**	**6**	**83**	**25**	**8**	**0**	**1**	**4**	**3**	**10**	**2**	**1**	**6**	**1**
2011	**146**	**13**	**10**	**79**	**44**	**7**	**2**	**0**	**5**	**0**	**19**	**1**	**0**	**15**	**3**
2012	**123**	**10**	**3**	**82**	**28**	**7**	**3**	**0**	**3**	**1**	**14**	**0**	**0**	**12**	**2**

24. Buena muestra de ello son, por ejemplo, las *Memorias de la Fiscalía General del Estado*, ya que, hasta la Memoria de 2012, aparecían englobados en un único apartado referido a «violencia doméstica», tanto la violencia de género como la violencia doméstica hacia ascendientes y hermanos.
25. Puede consultarse en: https://www.poderjudicial.es/cgpj/es/Temas/Estadistica-Judicial/.

Años	Con imposición de medidas por conductas tipificadas como *delito*					Con imposición de medidas por conductas tipificadas como *falta/delito leve*					Sin imposición de medidas				
	Total menores enjuiciados	Edad 14 – 15 años		Edad 16 – 17 años		Total menores enjuiciados	Edad 14 – 15 años		Edad 16 – 17 años		Total menores enjuiciados	Edad 14 – 15 años		Edad 16 – 17 años	
		Esp.	Extr.	Esp.	Extr.		Esp.	Extr.	Esp.	Extr.		Esp.	Extr.	Esp.	Extr.
2013	133	14	7	80	32	7	0	0	2	5	18	0	0	13	5
2014	131	16	5	84	26	4	0	0	3	1	19	1	2	13	3
2015	146	16	6	98	26	9	3	0	4	2	16	2	0	11	3
2016	164	20	6	112	26	3	1	0	2	0	15	0	0	15	0
2017	249	35	7	175	32	5	1	0	4	0	17	3	2	11	1
2018	230	33	3	157	37	11	2	1	6	2	19	4	0	12	3
2019	292	36	6	211	39	9	3	0	6	0	20	0	1	17	2
2020	240	39	7	160	34	6	2	0	4	0	16	2	2	10	2
2021	225	27	4	167	27	20	5	1	9	5	32	10	0	19	3
2022	278	38	6	191	43	12	1	0	10	1	27	5	0	21	1
2023	315	44	14	224	33	28	1	0	26	1	27	8	2	14	3

Fuente: Observatorio Contra la Violencia Doméstica y de Género (CGPJ). Datos estadísticos (https://www.poderjudicial.es/cgpj/es/Temas/Violencia-domestica-y-de-genero/Actividad-del-Observatorio/Datos-estadisticos/).

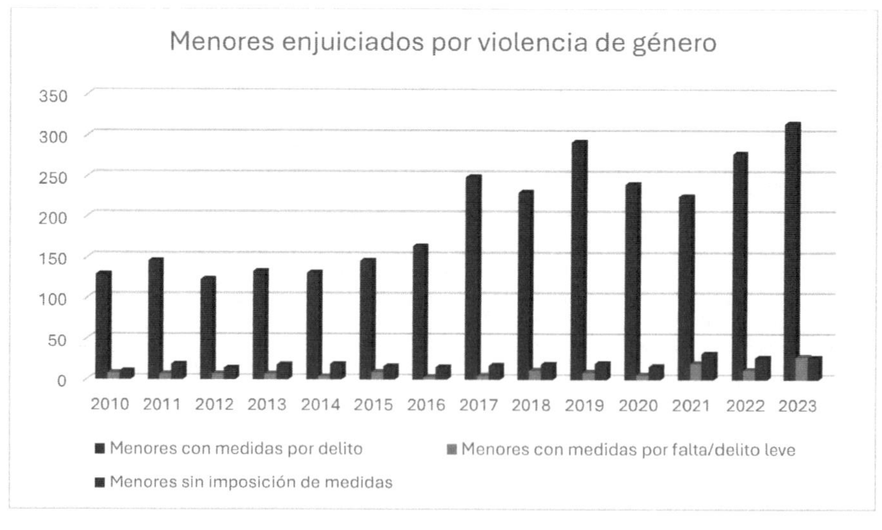

Fuente: Elaboración propia.

A la vista de los datos que reflejan estas estadísticas, podemos concluir que, en España, el fenómeno de la violencia de género en parejas adolescentes se venía manteniendo estable en términos cuantitativos, aunque con pequeñas oscilaciones al alza y a la baja, entre los años 2010 y 2016. No obstante, a partir del año 2017, ha experimentado un notable incremento que se consolidó en los años posteriores, incluso con repuntes importantes en los años 2019 y 2023, en los que se contabilizaron, respectivamente, 292 y 315 casos de menores enjuiciados con imposición de medidas por delito. Como es natural, la gran mayoría de estos hechos delictivos se cometen por sujetos de 16 y 17 años, por ser estas parejas adolescentes las que pueden llegar a contraer matrimonio o constituir una relación de afectividad similar en los términos que exige la ley.

Por tanto, podemos concluir que, por el momento, el fenómeno de la violencia de género en parejas adolescentes no ha adquirido tintes alarmantes en nuestro país, pero sí que resulta cada vez más preocupante por el progresivo incremento de las cifras, que se han duplicado con respecto al año 2010. Y más aún, si este aspecto cuantitativo del fenómeno lo ponemos en relación con otros aspectos relevantes, como el perfil sociodemográfico de las víctimas o los efectos de su exposición a esta violencia, que se han puesto de manifiesto en otros estudios realizados recientemente sobre esta problemática.

Resulta muy ilustrativo a este respecto el estudio desarrollado por la Fundación de Ayuda a Niños/as y Adolescentes en Riesgo (ANAR), bajo el título *Evolución de la violencia contras las mujeres en la infancia y adolescencia en España (2018-2022), según su propio testimonio*[26]. Se trata del primer estudio llevado a cabo en España desde la perspectiva del Convenio de Estambul, que recoge toda forma de violencia hacia las mujeres, a partir de las consultas que los niños, niñas, adolescentes y personas adultas de su entorno han realizado a través de las Líneas de Ayuda de ANAR, en el período comprendido entre octubre de 2018 y octubre de 2022 (en total, 20.515 niños, niñas y adolescentes víctimas de violencia contra las mujeres)[27].

En él, se analizaron cuatro tipos de violencia: la violencia de género, la violencia doméstica, la violencia sexual y otro tipo de violencia física y/o

26. Puede consultarse en el siguiente enlace: https://www.anar.org/fundacion-anar-presenta-un-estudio-sobre-la-evolucion-de-la-violencia-contra-las-mujeres-en-la-infancia-y-adolescencia/.

27. Entre otros estudios interesantes a este respecto, cabe citar el de DÍAZ-AGUADO, M.ª J., MARTÍNEZ ARIAS, R., MARTÍN BARBERO, J. y FALCÓN, L., *La situación de la violencia contra las mujeres en la adolescencia en España*, Delegación del Gobierno contra la Violencia de Género, Madrid, 2021, págs. 274 y 275 (https://violenciagenero.igualdad.gob.es/wp-content/uploads/Estudio_ViolenciaEnAdolescencia.pdf). Se trata de

psicológica. Y, en el caso de la violencia de género, se distinguen dos subgrupos: la «violencia de género en el entorno», que incluye situaciones en las que el/la menor de edad se encuentra en el entorno de las mujeres víctimas de violencia de género y es también víctima de esa violencia; y la «violencia de género adolescente», en la que la víctima directa es una mujer menor de edad, siendo esta la más relevante al objeto de nuestro estudio por cuanto, muy frecuentemente, cuando la víctima es menor de edad, el agresor también lo es.

Pues bien, los datos más destacables que arroja este estudio sobre la violencia de género son los siguientes:

1.º La violencia de género fue el primer motivo de llamada dentro de la violencia contra las mujeres, suponiendo un 53,8% del total. De ellas, un 86,7% fueron por «violencia de género en el entorno», y un 13,3% por «violencia de género adolescente».

2.º La violencia de género también ha sido el tipo de violencia que más creció en el período objeto de estudio: un 87,7%, en el caso de la «violencia de género en el entorno»; y un 87,2%, en el caso de la «violencia de género adolescente», siendo particularmente destacable su significativo incremento en el período posterior a la pandemia (entre noviembre de 2021 y octubre de 2022), que fue del 76,4%.

3.º En relación con la «violencia de género adolescente», el estudio revela otros datos muy interesantes:

a. El perfil sociodemográfico de las víctimas presenta las siguientes características:

un estudio llevado a cabo en 2020, cuyo objetivo principal es conocer la situación actual en nuestro país de la violencia contra las mujeres en la adolescencia, así como las condiciones de riesgo y de protección frente a dicha violencia y la evolución detectada, al comparar los resultados obtenidos en 2020 con los de estudios anteriores desarrollados en 2010 y 2013. Algunos datos relevantes que refleja este estudio son los siguientes: el 62,8% de las chicas participantes en el mismo (4134) reconoce que no ha vivido situaciones de maltrato en la pareja; mientras que el 31,7% (2089) reconoce que ha vivido a veces situaciones de abuso psicológico y de control; y el 5,5% (361) reconoce que ha vivido frecuentemente violencia de género de distinto tipo (abuso psicológico, de control, a través de las TIC, agresiones físicas y sexuales). A su vez, por lo que se refiere a los chicos, el 83,1% de los participantes en el estudio (5070) sostiene que no ha ejercido nunca violencia de género en el ámbito de la pareja; mientras que el 14,2% (867) reconoce haber ejercido a veces conductas de maltrato psicológico y de control con su pareja; y el 2,7% (166) reconoce haber ejercido con frecuencia situaciones de maltrato de distinto tipo con su pareja (psicológico, de control, físico, sexual y a través de las TIC).

- Tienen una media de 16 años de edad y, en su mayoría, son de origen español (68,8%).
- Viven con la familia (95,2%) y, mayoritariamente, con ambos progenitores (56,4%).
- Su nivel educativo mayoritario es el de educación secundaria (46,1%) o bachiller (31,4%). Su rendimiento escolar es bajo (49,8%) y su satisfacción escolar también es baja (47,7%).

b. El 47,1% de las adolescentes no son conscientes de estar siendo víctimas de violencia de género, cifra que se incrementa al 63,7% en el último año del estudio.

c. El 70,3% de las víctimas no denuncia ni tiene intención de hacerlo, incrementándose este porcentaje al 78,4% en el último año del período de estudio.

d. En el 79,7% de los casos, las TIC están implicadas en las conductas violentas, amentando al 82% en el período postpandemia.

e. En la mayoría de las ocasiones el agresor es el novio (57%), el cual es mayor de edad en 3 de cada 10 casos.

f. En el 48,8% de los casos, esta violencia de género lleva asociados problemas de salud mental: conductas suicidas (ideación o intento de suicidio), problemas de conducta, autolesiones, depresión, ...; y el 69,1% de las víctimas no recibe ningún tratamiento psicológico.

Fuente: Fundación ANAR https://www.anar.org/fundacion-anar-presenta-un-estudio-sobre-la-evolucion-de-la-violencia-contra-las-mujeres-en-la-infancia-y-adolescencia/.

En definitiva, si los datos meramente cuantitativos que revela la Estadística Judicial ya ponen de manifiesto el progresivo incremento de los casos de violencia de género ejercida por adolescentes, el conocimiento de estos otros aspectos cualitativos de la misma nos permite formarnos una idea más aproximada y real del verdadero alcance e impacto social de esta problemática. Por ello, se hace indispensable que los operadores implicados en su prevención y tratamiento desde los diferentes ámbitos no bajen la guardia con el fin de poder planificar e implementar medidas tempranas, fundamentalmente de carácter educativo, tendentes a evitar su progresión y, en la medida de lo posible, erradicarla.

III. ESPECIAL INCIDENCIA EN LA ADOLESCENCIA DE LA VIOLENCIA DE GÉNERO DIGITAL (O CIBERVIOLENCIA DE GÉNERO)

Como se ha indicado, en un porcentaje muy elevado de los casos de «violencia de género adolescente» está implicado el uso de las TIC. Es lo que se conoce como «violencia de género digital», «violencia de género en línea» o «ciberviolencia de género», que, si bien no es exclusiva de estas franjas de edad, si tiene particular incidencia en la adolescencia por el uso que se hace de las TIC a estas edades, y, en especial, de las aplicaciones de mensajería instantánea y de las redes sociales.

Aunque ya existen, tanto en el ámbito nacional como internacional, algunos estudios sobre estas nuevas formas de ejercer la violencia de género[28], la investigación sobre la misma todavía es incipiente y, de hecho, ni siquiera existe consenso sobre el concepto ni sobre la tipología de conductas incluidas en el mismo[29].

No obstante, en los últimos años, se han ido produciendo avances significativos en este ámbito en el plano legislativo, y algunas leyes autonómicas en materia de violencia de género se han modificado para incorporar expresamente la digital como una tipología de violencia de género. Buena muestra de ello es, por ejemplo, la aprobación por el Parlamento gallego de la Ley 15/2021, de 3 de diciembre, por la que se modifica la Ley 11/2007, de 27 de julio, gallega para la prevención y el tratamiento integral de la violencia de género. En su exposición de motivos, se destaca que «la violencia de género digital engloba todas estas conductas de violencia de género que se ejercen a través de las nuevas tecnologías, de las redes sociales o de Internet pero también la grabación y difusión de imágenes tomadas sin

---

28. Pueden citarse, entre otros, DELEGACIÓN DEL GOBIERNO PARA LA VIOLENCIA DE GÉNERO, *El ciberacoso como forma de ejercer la Violencia de Género en la Juventud: un riesgo en la sociedad de la información y del conocimiento*, Madrid, 2014, (https://violenciagenero.igualdad.gob.es/wp-content/uploads/Libro_18_Ciberacoso.pdf); OBSERVATORIO NACIONAL DE TECNOLOGÍA Y SOCIEDAD, *Violencia digital de género: una realidad invisible*, Ministerio de Asuntos Económicos y Transformación Digital, 2022, (https://portal.mineco.gob.es/RecursosNoticia/mineco/prensa/noticias/2022/220429_i_InformeONTSI.pdf); FUNDACIÓN FERNANDO POMBO, *Violencia de género por medios digitales en la adolescencia. Dudas legales más frecuentes*, Madrid, 2021 (https://proyectosluzcasanova.org/wp-content/uploads/2022/01/Guia-Violencia-de-genero-por-medios-digitales-en-la-adolescencia.pdf); SECRETARÍA GENERAL DE LA ORGANIZACIÓN DE LOS ESTADOS AMERICANOS, *La violencia de género en línea contra las mujeres y niñas: Guía de conceptos básicos, herramientas de seguridad digital y estrategias de respuesta*, (https://www.oas.org/es/sms/cicte/docs/Guia-conceptos-basicos-La-violencia-de-genero-en-linea-contra-las-mujeres-y-ninas.pdf).
29. Distintos conceptos que se han dado sobre «violencia de género en línea contra las mujeres» pueden verse en SECRETARÍA GENERAL DE LA ORGANIZACIÓN DE LOS ESTADOS AMERICANOS, La *violencia de género en línea contra las mujeres y niñas..., op. cit.*, págs. 9 y 10. Se pone de relieve que es un concepto en constante cambio que viene condicionada por las rápidas transformaciones tecnológicas. Entre estos conceptos, cabe destacar el ofrecido por la Relatora Especial sobre la Violencia contra las Mujeres de la ONU, que definió en 2018 la violencia en línea contra las mujeres como «todo acto de violencia por razón de género contra la mujer cometido, con la asistencia, en parte o en su totalidad, del uso de las TIC, o agravado por este, como los teléfonos móviles y los teléfonos inteligentes, Internet, plataformas de medios sociales o correo electrónico, dirigida contra una mujer porque es mujer o que la afecta en forma desproporcionada».

consentimiento, sea en el ámbito público o en el privado, que supongan una humillación o vejación de las mujeres, así como la distribución en la red de imágenes o datos comprometidos de contenido sexual, usurpación de la identidad de la víctima o creación de perfiles falsos para desprestigiar a la víctima, dar de alta el correo electrónico de la víctima en sitios web para estigmatizarla o ridiculizarla, acceder digitalmente al ordenador de la víctima para controlar sus comunicaciones con terceros, control del dispositivo móvil y sus comunicaciones, que son ejemplos de la facilidad que tiene Internet para alcanzar a una mujer víctima de violencia de género sin necesidad de tener contacto físico con ella». Y se recuerda que estas nuevas formas de violencia de género se han incrementado notablemente desde 2009, fecha en que Internet pasó a ser un contexto vital, y que están afectando, fundamentalmente, a las mujeres más jóvenes, siendo la adolescencia la edad de mayor vulnerabilidad.

Por todo ello, en coherencia con las previsiones del Convenio de Estambul y del Pacto de Estado contra la Violencia de Género, y al objeto de extender el ámbito de protección de la ley al mayor número posible de víctimas, el legislador gallego se decanta por un concepto amplio de violencia de género, prescindiendo de la exigencia de que exista o haya existido relación matrimonial o de afectividad análoga entre el agresor y la víctima[30]. Así, en el art. 3 de la Ley 11/2007, de 27 de julio, que lleva por rúbrica «Formas de violencia de género», se introduce un nuevo apdo. h) relativo a la violencia de género digital o violencia en línea contra la mujer, «que incluye todo acto o conducta de violencia de género cometido, instigado o agravado, en parte o en su totalidad, por el uso de las nuevas tecnologías de la información y la comunicación (TIC), como Internet, plataformas de redes sociales, sistemas de mensajería y correo electrónico o servicios de geolocalización, con la finalidad de discriminar, humillar, chantajear, acosar o ejercer dominio, control o intromisión sin consentimiento en la privacidad de la víctima; con independencia de que el agresor guarde o no relación conyugal, de pareja o análoga de afectividad en el presente o en el pasado, o de parentesco con la víctima».

Otras leyes autonómicas en las que, tras las correspondientes reformas, se conceptúa la violencia de género digital en términos similares son, por ejemplo, la ley andaluza 13/2007, de 26 de noviembre, de medidas de pre-

30. En este sentido, el legislador gallego utiliza como sinónimos los términos «violencia de género digital», «violencia digital contra la mujer» o «violencia en línea contra la mujer»; e incluye expresamente entre ellos «los ejercidos por hombres de su entorno familiar, social, profesional o académico», aunque exceptúa las herramientas de control parental que cumplan con la legislación vigente destinadas a la protección y seguridad de las personas menores de edad.

vención y protección integral contra la violencia de género[31], y la ley catalana 5/2008, de 24 de abril, del derecho de las mujeres a erradicar la violencia machista[32].

Pues bien, a partir de estas consideraciones, y desde una perspectiva estrictamente penal, la llamada violencia de género digital o ciberviolencia

---

31. A los efectos esta ley, se entiende por violencia de género «aquella que, como consecuencia de una cultura machista y como manifestación de la discriminación, la situación de desigualdad y las relaciones de poder de los hombres sobre las mujeres, se ejerce sobre estas por el hecho de serlo» (art. 3.1); y añade que «comprende cualquier acto de violencia basada en el género que implique o pueda implicar para las mujeres perjuicios o sufrimientos de naturaleza física, psicológica, sexual o económica. Comprende, asimismo, las amenazas de realizar dichos actos, la coerción o las privaciones arbitrarias de su libertad, tanto si se producen en la vida pública como privada». En coherencia con ello, el art. 3.4.m) incluye como una de las manifestaciones de esta violencia de género la ciberviolencia contra las mujeres, definiéndola como «aquella violencia de género en la que se utilizan las redes sociales y las tecnologías de la información como medio para ejercer daño o dominio, entre las que figuran el ciberacoso, ciberamenazas, ciberdifamación, la pornografía no consentida, los insultos y el acoso por motivos de género, la extorsión sexual, la difusión de imágenes de la víctima y las amenazas de violación y de muerte».

32. Esta ley parte del concepto amplio de «violencia machista», conceptuándola como «violación de los derechos humanos a través de la violencia que se ejerce contra las mujeres como manifestación de la discriminación y de la situación de desigualdad en el marco de un sistema de relaciones de poder de los hombres sobre las mujeres y que, producida por medios físicos, económicos o psicológicos, incluidas las amenazas, las intimidaciones y las coacciones, tiene como resultado un daño o sufrimiento físico, sexual o psicológico, tanto si se produce en el ámbito público como en el privado» (art. 3.a); e incluye como una de las manifestaciones de la misma lo que entendemos como violencia de género en sentido estricto, y que denomina «violencia en el ámbito de la pareja», que consiste en «la violencia física, psicológica, digital, sexual o económica ejercida contra una mujer y perpetrada por el hombre que es o ha sido su cónyuge o por la persona que tiene o ha tenido relaciones similares de afectividad con ella» (art. 5.Primero). A su vez, en su art. 4.2.f) contempla como una de las formas en las que puede ejercerse, de manera puntual o reiterada, esta violencia machista la violencia digital, que consiste en aquellos «actos de violencia machista y misoginia en línea cometidos, instigados, amplificados o agravados, en parte o totalmente, mediante el uso de tecnologías de la información y de la comunicación, plataformas de redes sociales, webs o foros, correo electrónico y sistemas de mensajería instantánea y otros medios similares que afecten a la dignidad y los derechos de las mujeres»; y, entre otras prácticas, «incluye el ciberacoso, la vigilancia y el seguimiento, la calumnia, los insultos o las expresiones discriminatorias o denigrantes, las amenazas, el acceso no autorizado a los equipos y cuentas de redes sociales, la vulneración de la privacidad, la manipulación de datos privados, la suplantación de identidad, la divulgación no consentida de información personal o de contenidos íntimos, el daño a los equipos o canales de expresión de las mujeres y de los colectivos de mujeres, los discursos de incitación a la discriminación hacia las mujeres, el chantaje de carácter sexual por canales digitales y la publicación de información personal con la intención de que otras personas agredan, localicen o acosen a una mujer» (art. 5.Quinto).

de género se puede definir como la violencia psicológica ejercida sobre la mujer por quien sea o haya sido su cónyuge o pareja de hecho, aún sin convivencia, a través de cualquier medio tecnológico o digital, mediante conductas en el plano virtual consistentes en injurias, coacciones, amenazas, humillaciones o vejaciones, exigencia de obediencia o sumisión, o limitaciones de su ámbito de libertad[33].

Por ello, y sin ánimo de exhaustividad, en este tipo de violencia de género se pueden incluir, entre otras, las siguientes conductas[34]:

a. *Hacking* o intrusismo informático, es decir, el espionaje dentro de la pareja. Implica acceder al teléfono móvil u otro dispositivo digital de la pareja para conocer el contenido o los destinatarios de sus conversaciones o mensajes, ejerciendo así un control o monitoreo sobre ella.

b. *Sexting*, que consiste en la creación, difusión o intercambio de imágenes (fotos o vídeos) de carácter erótico o sexual, tomadas por el agresor con o sin consentimiento de la víctima, grabadas por la propia víctima, o incluso creadas y editadas con fotomontaje (ej., videos *deepfake*) para dañar el honor, la reputación o la imagen de ésta.

c. *Sextorsión* o extorsión sexual, consistente en el chantaje a la víctima para que realice una determinada acción (ej., envío de imágenes de contenido sexual explícito, mantener relaciones sexuales o envío de dinero), bajo amenaza de publicar o compartir imágenes íntimas que el extorsionador tiene de ella.

d. *Doxxing*, que supone la extracción y la publicación no autorizadas de información personal (ej., nombre completo, dirección, números

33. La DELEGACIÓN DEL GOBIERNO CONTRA LA VIOLENCIA DE GÉNERO, (https://violenciagenero.igualdad.gob.es/informacionUtil/comoDetectarla/VG_Digital/home.htm), destaca diez signos que podrían indicar que se está produciendo violencia digital: «acosar o controlar a tu pareja usando el móvil; interferir en relaciones de tu pareja en Internet con otras personas; espiar el móvil de tu pareja; censurar fotos que tu pareja publica y comparte en redes sociales; controlar lo que hace tu pareja en las redes sociales; exigir a tu pareja que demuestre dónde está con su geolocalización; obligar a tu pareja a que te envíe imágenes íntimas; comprometer a tu pareja para que te facilite sus claves personales; obligar a tu pareja a que te muestre un chat con otra persona; mostrar enfado por no tener siempre una respuesta inmediata online».

34. *Vid.*, FUNDACIÓN FERNANDO POMBO, *Violencia de género por medios digitales en la adolescencia..., op. cit.*, págs. 6 a 10; SECRETARÍA GENERAL DE LA ORGANIZACIÓN DE LOS ESTADOS AMERICANOS, *La violencia de género en línea contra las mujeres y niñas...*, págs. 26 a 45.

de teléfono, correos electrónicos, nombre del cónyuge, familiares e hijos, detalles financieros o laborales) como una forma de intimidación o con la intención de localizar a la persona en «el mundo real» para acosarla. En ocasiones, esta información personal se publica en sitios pornográficos junto con el anuncio de que la víctima está ofreciendo servicios sexuales.

e. *Ciberstalking* o ciberacoso, que es el acoso a través de medios telemáticos o redes sociales. El acosador, de forma insistente y reiterada, e incluso intimidatoria, intenta establecer contacto telemático con la víctima contra su voluntad, limitando así su capacidad de obrar o generándole sentimiento de inseguridad. Implica un patrón de conducta y la reiteración de incidentes a lo largo de un tiempo con el objetivo de hostigar, molestar, humillar, amenazar, asustar u ofender a una persona. Por separado, pueden constituir actos inofensivos, pero en conjunto, integran un patrón de conducta amenazante que socava la sensación de seguridad de una persona y le provoca miedo, angustia o alarma. Por ejemplo, enviar constantemente solicitudes de amistad en redes sociales, unirse a todos los grupos en línea de los que la víctima forma parte, ver constantemente su perfil para que ella lo note, etc.

f. *Ciberbullying* o ciberintimidación, que presenta la particularidad de que, habitualmente, tanto el agresor como la víctima son menores de edad. Supone una situación de hostigamiento y vejación a la víctima, de forma sostenida y repetida a lo largo del tiempo, en la que se usan las tecnologías para humillar, molestar, alarmar, insultar o difundir información falsa o rumores sobre ella, así como para amenazarla, aislarla, excluirla o marginarla. Puede adoptar formas muy heterogéneas, como, por ejemplo, enviar mensajes amenazantes a la víctima; crear un perfil falso de la víctima a través del que demanda contactos sexuales; seguir a la víctima en lugares de internet a los que accede habitualmente; dar de alta el mail de la víctima en determinados lugares de internet para que reciba spam; difundir rumores sobre la conducta de la víctima para que otras personas le acosen; etc.

El OBSERVATORIO NACIONAL DE TECNOLOGÍA Y SOCIEDAD, en su informe *Violencia digital de género: una realidad invisible*, pone de relieve que el primer problema a la hora de analizar y abordar esta violencia de género digital en España, y en la UE, es la escasez de estadísticas, por lo que, en consecuencia, se sabe muy poco sobre el porcentaje real de las víctimas y de la prevalencia de los daños causados. Y añade que esta escasez de estadísticas «deriva de la dificultad de medir y cuantificar un fenómeno tan complejo, principalmente porque en la mayoría de los países no están tipificados como delito todas las formas de ejercer violencia digital contra las mujeres, de ahí que los datos policiales o de los organismos judiciales sean muy limitados»[35].

Con todo, en este informe, se reflejan algunos datos que ponen de manifiesto la dimensión del problema entre las jóvenes. Se destaca que la edad es un factor determinante que incrementa las posibilidades de experimentar acoso en internet porque las más jóvenes también son las que más utilizan los servicios digitales. Así se puede constatar en los siguientes datos:

a. Más de un 25% de las mujeres entre 16 y 25 años en España han recibido insinuaciones no apropiadas a través de redes.

b. Más del 20% de las jóvenes entre 16 y 20 años ha recibido correos electrónicos, mensajes de texto o fotografías sexualmente explícitas que les hicieron sentirse ofendidas, humilladas o intimidadas.

c. En menos de una década, se han multiplicado por cinco en España los delitos de contacto mediante tecnología con menores de 16 años con fines sexuales.

d. De las niñas y jóvenes que han sufrido acoso online, el 42% mostraron estrés emocional, baja autoestima y pérdida de confianza; el 24% se sintieron inseguras físicamente; y el 19% tuvo problemas con las amistades y la familia, y el 18%, en el colegio o instituto[36].

A modo de conclusión, podemos destacar que, aunque por los motivos apuntados, el fenómeno de la violencia de género digital no se refleja en toda su magnitud en las estadísticas oficiales, se pueden sentar dos conclusiones principales: la primera, es que se trata de un fenómeno que va en aumento por el progresivo e imparable desarrollo y uso de las TIC en nuestra vida diaria; y, la segunda, que, aunque afecta a todas las mujeres, incide particularmente en las más jóvenes. Y, aunque no hay estudios que la apoyen, la principal hipótesis detrás de esta segunda conclusión se halla en la forma en que los adolescentes y jóvenes interactúan en el universo digital, tanto desde el punto de vista cuantitativo como cualitativo, lo que determina que, en muchas ocasiones, ni siquiera sean conscientes de estar cometiendo o estar siendo víctimas de violencia de género. En cualquier caso, se

---

35. *Vid.*, OBSERVATORIO NACIONAL DE TECNOLOGÍA Y SOCIEDAD, *Violencia digital de género...*, *op. cit.*, pág. 8.
36. *Vid.*, OBSERVATORIO NACIONAL DE TECNOLOGÍA Y SOCIEDAD, *Violencia digital de género...*, *op. cit.*, págs. 9 a 13.

trata de un problema de primer orden que afecta a amplios extractos de la sociedad, y especialmente a mujeres adolescentes y jóvenes, y con consecuencias muy graves, llegando a dificultarles o impedirles el uso y disfrute de las tecnologías digitales en una época en la que son esenciales para el desarrollo personal y profesional[37].

37. *Vid.*, OBSERVATORIO NACIONAL DE TECNOLOGÍA Y SOCIEDAD, *Violencia digital de género...*, *op. cit.*, pág. 11.

Capítulo II

Respuesta jurídica a la violencia de género ejercida por menores. Ley aplicable y garantías procesales

I. LEY APLICABLE ANTE LA VIOLENCIA DE GÉNERO EJERCIDA POR MENORES

Tras constatar que la LOMPIVG no establece condicionante alguno de edad en relación con el agresor ni con la víctima a fin de calificar una infracción como violencia de género, la duda que surge cuando tal infracción la comete una persona de edad comprendida entre los 14 y los 18 años es la determinación de qué régimen jurídico se debe aplicar, si el diseñado por la LORPM o el de la LOMPIVG.

De conformidad con el art. 1 LORPM, ante la presunta comisión de un acto de violencia de género por un menor de más de 14 años, parece que debería ponerse en marcha el proceso penal juvenil regulado en esta ley, puesto que, a tenor de dicho precepto, la LORPM «se aplicará para exigir la responsabilidad de las personas mayores de catorce años y menores de dieciocho por la comisión de hechos tipificados como delitos o faltas en el Código Penal o las leyes penales especiales», sin establecer ningún tipo de limitación ni exclusión.

Ahora bien, como ya se indicó, el art. 1.1 LOMPIVG dispone que la misma tiene por objeto «actuar contra la violencia que, como manifestación de la discriminación, la situación de desigualdad y las relaciones de poder de los hombres sobre las mujeres, se ejerce sobre éstas por parte de quienes sean o hayan sido sus cónyuges o de quienes estén o hayan estado ligados a ellas por relaciones similares de afectividad, aun sin convivencia», sin que exista ningún condicionante o exclusión por razón de la edad del agresor. A esto se añade que el art. 17 LOMPIVG garantiza los derechos y medidas de protección previstas en esta ley a todas las mujeres víctimas de violencia de género, sin que puedas existir discriminación en el acceso a las mismas por ningún motivo, tampoco por la edad de la víctima.

Por tanto, se evidencia aquí la existencia de un conflicto entre dos normas, la LORPM y la LOMPIVG, cuyo ámbito de aplicación abarca, en ambos casos, los actos de violencia de género cometidos por menores entre 14 y 18 años.

Ante este tipo de conflictos entre dos leyes, para la determinación de la norma aplicable se acude al criterio «*lex specialis derogat generali*», que supone que la ley especial prevalece sobre la ley general. Pero, en el caso que nos ocupa, tal criterio no resulta decisivo porque tanto la LORPM como la LOMPIVG son leyes especiales, que tratan de dar una respuesta legal diferenciada a la delincuencia juvenil y a la violencia de género, respectivamente.

Con todo, a la vista de la propia razón de ser del sistema de justicia penal juvenil, entendemos que, en tales situaciones, debe prevalecer la aplicación de la LORPM. La necesidad de que el ordenamiento jurídico regule un sistema de justicia especialmente pensado para los menores de edad, obedece a que el desarrollo intelectual, emocional y físico de un menor es distinto al de un adulto, por cuanto su personalidad está en proceso de formación y, si comete un hecho delictivo, debe seguirse un proceso y aplicarse una respuesta penal que está orientada a su educación y a su reinserción social con el objeto de que, una vez alcanzada la mayoría de edad, se integre en la sociedad como un adulto responsable.

Por ese motivo, el proceso penal de menores actualmente vigente en nuestro país, en consonancia con la normativa internacional sobre la materia, está informado por una serie de principios específicos que le dotan de una particular configuración y le distinguen del proceso penal de adultos. Estos principios se manifiestan a lo largo del articulado de la LORPM, pero ya se proclaman de forma genérica en su propia Exposición de Motivos, al señalar que «la ley está conscientemente guiada por los siguientes principios generales: naturaleza formalmente penal pero materialmente sancionadora-educativa del procedimiento y de las medidas aplicables a los menores infractores, reconocimiento expreso de todas las garantías que se derivan del respeto de los derechos constitucionales y de las especiales exigencias del interés del menor, diferenciación de diversos tramos de edad a efectos procesales y sancionadores en la categoría de infractores menores de edad y flexibilidad en la adopción y ejecución de las medidas aconsejadas por las circunstancias del caso concreto, competencia de las entidades autonómicas relacionadas con la reforma y protección de los menores para la ejecución de las medidas impuestas en la sentencia y control judicial de esta ejecución». Y añade además que «en el Derecho Penal de Menores ha de primar, como elemento determinante del procedimiento y de las medidas que se adopten, el superior interés del menor»[1]. Esto significa que todo el sistema penal de menores debe estar orientado a buscar lo que es mejor para el menor, para su reeducación o resocialización, lo que exige incorporar al proceso penal juvenil una serie de adaptaciones o especialidades procesales que permitan que la respuesta penal ante la delincuencia juvenil se adapte a lo que aconseja el interés del menor en cada caso, es decir, que permitan adoptar las decisiones y medidas más beneficiosas para la reeducación del menor en atención a sus circunstancias personales, educativas y sociales. Por todo ello, debe entenderse aplicable la LORPM en aquellos supuestos en que un menor de más 14 y menos 18 años cometa un acto de violencia de género.

Ahora bien, esto no implica que el régimen de protección integral de la víctima diseñado en la LOMPIVG se excluya en estos casos. Efectivamente, como ya se ha adelantado, el art. 17 LOMPIVG garantiza la protección integral de esta ley a toda mujer víctima de violencia de género con independencia de su «origen, condición o cualquier otra circunstancia personal o social», pero la forma de materializarse dicha protección debe matizarse

1. Debe tenerse en cuenta que el interés superior del menor es un concepto jurídico indeterminado que ha sido objeto de múltiples interpretaciones doctrinales y jurisprudenciales. Actualmente, con el objeto de dotar de contenido a este concepto, el nuevo art. 2 LOPJM, introducido por la LO 8/2015, de 22 de julio, de modificación del sistema de protección a la infancia y a la adolescencia, incorpora la última jurisprudencia del TS y los criterios del COMITÉ DE DERECHOS DEL NIÑO (*Observación general núm. 24, de 18 de septiembre de 2019, relativa a los derechos del niño en el sistema de justicia juvenil*).

cuando el agresor sea un menor de edad, por cuanto deberá ajustarse a las peculiaridades del sistema de justicia penal juvenil, informado por el principio del superior interés del menor. Así, por ejemplo, como veremos, no es posible adoptar en el ámbito de la jurisdicción de menores una orden de protección en los términos del art. 544 *ter* LECrim.

II. COMPETENCIA PARA CONOCER DEL PROCESO POR VIOLENCIA DE GÉNERO EJERCIDA POR MENORES DE EDAD

La primera cuestión que suscita la comisión de un acto de violencia de género por un menor de más de 14 y menos de 18 años es la relativa a la competencia para instruir y, en su caso enjuiciar, tal infracción penal.

En principio, tratándose de un acto de violencia de género, en los términos del art. 87 *ter* LOPJ, la competencia debería ser asumida por el JVM , ya sea para instruir el delito grave o menos grave, o para enjuiciar el delito leve. La creación de estos órganos judiciales fue, precisamente, una de las novedades más relevantes de la LOMPIVG, con el objeto de garantizar un tratamiento adecuado y eficaz a las víctimas de violencia de género. Para ello, el legislador optó por la creación de un órgano especializado, eminentemente instructor, pero al que también se atribuyen competencias civiles, a fin de que un mismo órgano, que conoce la situación en que se encuentra la víctima de violencia de género, tramite, de forma exclusiva, toda la problemática civil y penal en la que se ve inmersa no sólo ella, sino también su familia y las personas que con ella conviven.

Es obvio que el enjuiciamiento conjunto de todas las controversias civiles y penales que afectan a la víctima de violencia de género trae consigo considerables ventajas. Entre ellas, se evita la dispersión de denuncias de la misma mujer por hechos violentos cometidos por su pareja; se mejora la coordinación institucional entre los distintos agentes que trabajan en el ámbito de la violencia de género (jueces, fiscales, fuerzas y cuerpos de seguridad, servicios sanitarios, asistenciales y de atención a la víctima); y se fomenta la formación específica del juez en esta materia, así como de los restantes profesionales que intervienen en estas situaciones.

Por tanto, de conformidad con el art. 87 *ter* LOPJ, la competencia para instruir y, en su caso, enjuiciar las infracciones a las que nos referimos le correspondería al JVM, pues tal precepto no establece excepción alguna en su aplicación por razón de la minoría de edad del agresor o de la víctima. Ahora bien, con el mismo argumento, y a tenor de los arts. 2, 6 y 23 LORPM, que no contemplan exclusión alguna para el caso de que el delito imputado al menor sea de violencia de género, el órgano competente para la instrucción de estas infracciones debe ser el Ministerio Fiscal (arts. 6 y 23 LORPM), mientras que su enjuiciamiento le corresponde al Juez de Menores (art. 2 LORPM).

Nos encontramos nuevamente, por tanto, ante la confrontación de dos normas competenciales distintas que, a pesar de las dudas que puede suscitar[2], debe ser resuelta a favor de la atribución de competencia a los Fiscales de Menores, como órganos instructores de los delitos cometidos por menores de edad, y a los Jueces de Menores como órganos enjuiciadores, por cuanto las especiales características del menor aconsejan un tratamiento más adecuado a su interés, y por personal especializado, tendente a su futura reinserción y resocialización[3]. A este respecto, la normativa internacional en materia de delincuencia juvenil obliga a los Estados a la adopción de las medidas oportunas para que los operadores jurídicos tengan formación especializada en derecho de la infancia y adolescencia y que, además, estén asistidos por técnicos con conocimientos en ciencias sociales y del comportamiento de niños, niñas y adolescentes; todo ello para facilitar que la respuesta penal se adapte a las especiales características del menor (personales, familiares o sociales) al objeto de lograr su adecuado desarrollo personal y social, así como su integración en la sociedad[4]. En coherencia con ello, se han creado órganos judiciales dedicados exclusivamente a la justicia de niños, niñas y adolescentes, los juzgados de menores, previstos en los arts. 96 y 97 LOPJ; y, en cuanto a la fiscalía, aunque no existen realmente, con esa nomenclatura, fiscales de menores, la disposición final 4.ª LORPM señala que «en todas las Fiscalías existirá una Sección de Menores, compuesta por miembros de la Carrera Fiscal, especialistas...».

2. Como señala GÓMEZ COLOMER (*Violencia de género y proceso*, Tirant lo Blanch, Valencia, 2007, http://tirantonline.com) esta colisión entre los dos fueros competenciales no es fácil de resolver en cuanto «si optamos por el Juez de Menores, la lucha judicial contra la violencia de género tiene un agujero importante, porque el deseo del legislador de que un solo juez instruya y conozca respectivamente de los hechos punibles (delitos y faltas) de violencia de género, ya no se cumple. Si optamos por el Juez de violencia sobre la mujer, el espíritu de la LRPM queda gravemente dañado porque a un menor se le aplicará la LECRrim».
3. En el mismo sentido, ARROM LOSCOS, R., «La protección de las víctimas de violencia de género y de violencia doméstica "ex" art. 544 ter de la LECrim. Especialidades en el caso de víctimas menores de edad», *Revista Aranzadi de Derecho y Proceso Penal*, núm. 28/2012, (BIB 2012, 1020) (http://www.aranzadidigital.es/).
4. En las Reglas mínimas de las Naciones Unidas para la Administración de Justicia a menores (Reglas de Beijing) aprobadas por la asamblea Nacional de la ONU el 29 de noviembre de 1985, se alude expresamente a la especialización de quienes intervienen a lo largo del proceso penal de menores (reglas 12 y 22).

III. DERECHOS Y GARANTÍAS PROCESALES

1. DEL MENOR INVESTIGADO

Como es bien conocido, en nuestro ordenamiento jurídico se ha pasado de un modelo tutelar que ha imperado a lo largo de gran parte del siglo XX, cuyo paradigma fue la creación de los Tribunales Tutelares de Menores[5], a un modelo de responsabilidad que empieza a vislumbrarse en 1992[6], pero que aparece plasmado de forma clara en la LORPM. Esta norma configura un proceso penal con una serie de especialidades que persiguen adaptar la respuesta ante el delito a las necesidades educativas y resocializadoras del menor infractor; esto es, se diseña un proceso contradictorio y garantista en el que jueces especializados podrán imponer medidas sancionadora-educativas, en todos aquellos casos en que no sea posible una solución alternativa que evite la estigmatización que para los menores supone enfrentarse a un proceso penal. Ahora bien, la inclusión de las especialidades procesales requeridas por el interés del menor debe compatibilizarse con el pleno reconocimiento de los derechos y garantías del menor presunto infractor, en cuanto sujeto de derechos al que se considera responsable de sus actos. En esta evolución ha sido esencial el impulso de las previsiones contenidas en la CDN, donde se reconoce de forma expresa a los niños, niñas y adolescentes como sujetos de derecho en evolución progresiva.

El nuevo modelo de justicia incorpora a la LORPM la doctrina mantenida por el TC que señala que los menores deben gozar de los mismos derechos que los adultos[7]. Ya en su Exposición de Motivos deja claros cuáles son sus principios básicos, que guardan perfecta coherencia con la CDN y las restantes disposiciones aprobadas por Naciones Unidas en materia de delincuencia juvenil[8], destacándose el «reconocimiento de las garantías procesales derivadas del respeto de los derechos constitucionales y de las especiales exigencias del interés del menor». En coherencia con ello, el art. 1.2 LORPM reconoce a los menores sometidos a un proceso penal, los mis-

5. La primera ley que reguló en España los tribunales de niños fue la Ley de bases sobre organización y atribuciones de tribunales para niños publicada el 15 de agosto de 1918, que fue objeto de sucesivas reformas hasta el Texto refundido de la legislación sobre Tribunales Tutelares de Menores y el Reglamento para su aplicación de 11 de junio de 1948.
6. Ley Orgánica 4/10992, de 5 de junio, reguladora de la competencia y el procedimiento en los juzgados de menores.
7. SSTC 36/1991, de 14 de febrero (RTC 1991, 36) y 60/1995, de 17 de marzo (RTC 1995, 60).
8. Especialmente, las Reglas de Beijing; Reglas de las Naciones Unidas para la protección de los menores privados de libertad (Reglas de La Habana), aprobadas por la Resolución 45/113, de 14 de diciembre de 1990, de la Asamblea General de las Naciones Unidas; Directrices de las Naciones Unidas para la prevención de la delincuencia

mos derechos y garantías previstos en la Constitución y el resto del ordenamiento jurídico, particularmente la LOPJM, la CDN y todas las normas de protección de menores contenidas en Tratados válidamente celebrados por España. En este sentido, también se debe tener muy en cuenta la Ley Orgánica 5/2024, de 11 de noviembre, del Derecho de Defensa, cuyo objeto es, según su art. 1, «regular el derecho de defensa, reconocido en el artículo 24 de la Constitución como derecho fundamental indisponible».

También la normativa de la Unión Europea, aunque bastante posterior en el tiempo a la emanada por la ONU, ha tenido incidencia en esta evolución de nuestro modelo de justicia juvenil. Debe partirse del art. 24 Carta de Derechos Fundamentales de la Unión Europea que alude expresamente al derecho de los menores a la «protección y a los cuidados necesarios para su bienestar», a expresar su opinión libremente y que ésta sea tenida en cuenta en relación con los asuntos que les afecten, en función de su edad y de su madurez, y a que el interés superior del menor se tenga en consideración primordial en cualquier actuación realizada por autoridades públicas o instituciones privadas. Esa previsión general llevó a las instituciones europeas a la adopción de distintas medidas y acciones tendentes a conseguir que todos los Estados miembros contasen con un modelo de justicia adaptada a los niños, niñas y adolescentes. Para ello, se partió de las Directrices del Comité de Ministros del Consejo de Europa para una justicia adaptada a los niños[9], referidas al lugar y el papel, las opiniones, los derechos y las necesidades del menor en los procesos judiciales, así como en procedimientos alternativos a la vía judicial.

En este contexto, es de especial importancia la Directiva (UE) 2016/800, de 11 de mayo, relativa a las garantías procesales de los menores sospechosos o acusados en los procesos penales[10], cuyo objeto principal es el esta-

---

juvenil (Directrices de Riad), aprobadas por la Asamblea General en su Resolución 45/112, de 14 de diciembre de 1990; Reglas mínimas de las Naciones Unidas sobre medidas no privativas de libertad (Reglas de Tokio), adoptadas por la Asamblea General en Resolución 45/110, de 14 de diciembre de 1990.

9. Adoptadas por el Comité de Ministros del Consejo de Europa el 17 de noviembre de 2010.

10. La Directiva 2016/800 da respuesta a la medida E) del Plan de trabajo para reforzar los derechos procesales de los sospechosos y acusados en los procesos penales, aprobado por la Resolución del Consejo Europeo de 30 de noviembre de 2009, centrada en dar una protección especial a los «acusados y sospechosos vulnerables» a este respecto, la Comisión Europea en su Recomendación de 27 de noviembre de 2013, relativa a las garantías procesales para las personas vulnerables sospechosas o acusadas en procesos penales, consideraba como personas vulnerables a «los sospechosos o acusados que no puedan comprender y participar eficazmente en un proceso penal debido a su edad, su condición mental o física o sus discapacidades» (considerando 1), instando a los Estados miembros a fortalecer sus garantías (art. 1).

blecimiento de garantías procesales para que los menores sospechosos o acusados en procesos penales «puedan comprender y seguir dichos procesos, a fin de permitirles ejercer su derecho a un juicio justo, prevenir su reincidencia y fomentar su inserción social» (considerando 1 Directiva 2016/800). Se trata, de uniformar el derecho de los Estados miembros estableciendo un estándar mínimo de protección de los menores que ha de regir en todos ellos, pudiendo ser ampliado para ofrecerles un mayor nivel de protección (considerando 67 Directiva 2016/800). Se destaca que los Estados miembros deben velar porque el interés superior del menor constituya un principio esencial en todas las actuaciones relativas a los menores sospechosos o acusados en un proceso penal, en coherencia con el art. 24.2 Carta de Derechos Fundamentales de la Unión Europea (considerando 8 Directiva 2016/800); y que los derechos previstos en la Directiva 2016/800 se apliquen «sin discriminación alguna por motivo alguno, como la raza, el color, sexo, orientación sexual, idioma, religión, opinión política o de otra índole, nacionalidad, origen étnico o social, patrimonio, discapacidad o nacimiento»[11] (considerando 65 Directiva 2016/800).

Partiendo del reconocimiento general de los derechos y garantías a los menores que se prevé en el art. 1.2 LORPM, la LORPM, al igual que la Directiva 2016/800, no prevén de forma exhaustiva todos y cada uno de los derechos y garantías que corresponden a los menores, sino que incluyen aquellas previsiones que son necesarias en cuanto suponen un plus de protección a la vista de la falta de madurez del presunto autor del delito, quien se encuentra todavía en proceso de desarrollo físico, psíquico y emocional. Así, hay derechos de aplicación general al proceso penal, tanto de adultos como de menores, que no tienen una expresa previsión en la LORPM, lo que no significa que no tengan una aplicación plena en el mismo, tal como ocurre con carácter general para los mayores de edad.

No procede en este momento un análisis de los derechos y garantías procesales que se reconocen al menor presunto autor de un acto de violencia de género, pues no existen previsiones especiales al respecto; no obstante, sí parece conveniente hacer algunas observaciones generales que se exponen en los apartados siguientes.

1.1. Catálogo de derechos y garantías del menor presunto autor de delito

En primer lugar, es necesario aludir al catálogo de garantías que se reconocen al menor y que se contiene en el art. 22 LORPM pues ese listado requiere dos matizaciones: de un lado, porque el contenido del citado pre-

11. Considerando 65 Directiva 2016/800.

cepto no es exhaustivo, puesto que se incluyen solamente el derecho a la información, a designar abogado, a intervenir a lo largo del proceso y a solicitar la práctica de diligencias, a la audiencia, a la asistencia afectiva y psicológica con la presencia de los padres o de otra persona que designe el menor y a la asistencia del Equipo Técnico adscrito al Juzgado de menores. En esta enumeración, se echan en falta otros derechos imprescindibles para garantizar una adecuada protección del menor sospechoso o acusado. En concreto, el derecho a la información del titular de la patria potestad, a estar acompañado en todas las vistas por el titular de la patria potestad o por otro adulto responsable, al reconocimiento médico, a la privacidad y a la evaluación individual, tal como se expondrá seguidamente.

De otro lado, porque el art. 22.1 LORPM fija la incoación del expediente como el momento a partir del cual surgen los derechos y garantías procesales del menor; no obstante, debe tenerse en cuenta que, con carácter previo a esa incoación, cuando se atribuye presuntamente al menor la comisión de un delito y se practican diligencias de investigación o cuando esté detenido, deben garantizarse todos sus derechos procesales porque, en otro caso, se estaría limitando su derecho de defensa. Así está siendo interpretado el tenor literal del art. 22.1 LORPM[12], en coherencia con el art. 118 LECrim, pero sería conveniente una modificación del precepto con una indicación clara del momento a partir del cual se reconocen al menor todas las garantías procesales[13].

1.2. Derecho del menor a ser oído

El derecho del menor a ser escuchado integra, junto con la no discriminación, el interés superior del menor y el derecho a la vida, la supervivencia y el desarrollo, uno de los cuatro principios generales que se contienen en la CDN. Tal como se refleja en el citado texto internacional, la persona menor de edad debe ser escuchada en todos aquellos asuntos que le afecten, lo que incluye su audiencia en los procesos judiciales, en cuanto la sentencia que se dicte le va a repercutir de forma directa.

---

12. En este sentido, la FISCALÍA GENERAL DEL ESTADO (*Consulta 4/2005, de 7 de diciembre, sobre determinadas cuestiones en torno al derecho de asistencia letrada en el proceso penal de menores)* señala que «debe seguirse la línea exegética que entiende que cuando el art. 22.1 se refiere a la incoación del expediente, lo hace en sentido amplio» (apdo. II.2).

13. *Vid.* PILLADO GONZÁLEZ, E., «Garantías procesales de los menores infractores: ajustes necesarios desde la normativa internacional y europea» en *Hacia un derecho procesal europeo* (Dirs. Aragüena Fanego y De Hoyos Sancho), Atelier, Barcelona, 2024, pág. 69.

En coherencia con la CDN, el art. 9.1 LOPJM señala, con carácter general, que «El menor tiene derecho a ser oído y escuchado sin discriminación alguna por edad, discapacidad o cualquier otra circunstancia, tanto en el ámbito familiar como en cualquier procedimiento administrativo, judicial o de mediación en que esté afectado y que conduzca a una decisión que incida en su esfera personal, familiar o social, teniéndose debidamente en cuenta sus opiniones, en función de su edad y madurez». Ya en el ámbito del proceso penal de menores, el art. 22.1 d) LORPM, como ya se apuntó, incluye en el catálogo de derechos reconocidos al menor, el de ser escuchado antes de la adopción de cualquier resolución que le concierna de forma personal. Además de esa previsión genérica, la propia LORPM alude de forma expresa a esa necesaria audiencia del menor en diversos momentos a lo largo del proceso, entre ellos, en la determinación de la medida a imponer de las previstas en el art. 7 LORPM o cuando se pretenda su modificación, sustitución (art. 13 LORPM) o suspensión (art. 40 LORPM), o antes de la adopción de una medida cautelar (art. 28 LORPM).

En cualquier caso, el derecho a ser oído no supone ninguna obligación para el menor, sino únicamente una opción, pudiendo renunciar a su derecho en cualquier momento.

Llama la atención que no se contenga en la LORPM ninguna prohibición expresa de la celebración del juicio en ausencia del menor acusado; únicamente se incluye al menor entre las personas que van a ser citadas a la audiencia en el art. 35.1 LORPM que añade que «podrá estar acompañado de sus representantes legales, salvo que el Juez, oídos los citados Ministerio Fiscal, letrado del menor y representante del equipo técnico, acuerde lo contrario»; este silencio del legislador ha generado dudas sobre la procedencia de la aplicación supletoria de las normas reguladoras del procedimiento abreviado que permiten celebrar el juicio sin la presencia del acusado cuando se cumplan determinados requisitos.

Para un sector de la jurisprudencia, sobre la base del art. 35 LORPM, debe entenderse que la presencia del menor en el acto del juicio constituye una respuesta educativa a su participación en la comisión de los hechos[14]; en esta misma línea, la FGE en su Circular 1/2000 apeló a que la audiencia, cuando se estime procedente su celebración, es «uno de los instrumentos educativos puestos al servicio del desarrollo integral del menor infractor»,

14. SSAP de Guipúzcoa 254/2014, de 17 de octubre (JUR 2015, 15094); de Cuenca 50/2005, de 25 de mayo (JUR 2005, 133672); de Madrid 104/2004, de 18 mayo (JUR 2004, 236679); de Madrid 96/2004, de 11 mayo (JUR 2004, 227820).

por lo que su asistencia a la misma «constituye, por regla general, un ideal para el más adecuado tratamiento jurisdiccional de la acción del menor». Con todo, se admitía que, de modo absolutamente excepcional, se pudiese llevar a cabo un enjuiciamiento en ausencia del menor imputado cuando tal ausencia venga impuesta por la propia realidad de los hechos, citando como ejemplo paradigmático de ello el caso de que la infracción se haya cometido en el esporádico lugar de vacaciones del menor situado a una considerable distancia de su lugar de residencia, al objeto de evitar los efectos nocivos que puede conllevar el traslado forzoso del menor al lugar en que el juicio ha de celebrarse[15].

La posición inicial de la FGE es matizada posteriormente en su Circular 1/2007 señalando que, aun sin desconocer el posible efecto pedagógico derivado de la asistencia del menor infractor a la audiencia, «el contenido educativo por excelencia se contiene en la medida a imponer, mucho más que en cualquier acto procesal, ontológicamente instrumental»; por ello, debe entenderse aplicable supletoriamente la LECrim y, por tanto, permitir el juicio en ausencia del menor siempre que asista el Ministerio Fiscal, el letrado del menor y las demás personas mencionadas en el art. 35 LORPM[16]. Será necesario, en todo caso, «que el menor sea advertido personalmente de la posibilidad de su enjuiciamiento en ausencia si no comparece, que el Fiscal lo solicite expresamente y que existan, a criterio del Juez, elementos suficientes para el enjuiciamiento, debiendo en todo caso ser oída la defensa. La medida que se solicita no deberá sobrepasar en ningún caso los dos años cuando sea privativa de libertad o los seis años, cuando sea de distinta naturaleza, según la redacción del art. 786.1 LECrim»[17]. Para la FGE, la celebración del juicio en ausencia sería excepcional, siempre a la vista del interés del menor, «para evitar dilaciones indebidas y retrasos en el inicio del tratamiento educativo y socializador del infractor, para prescindir en algunos casos de la adopción de medidas cautelares, para neutralizar la revictimización de los ofendidos generada por continuas suspensiones, y para eludir el posible daño a la Justicia deri-

15. FISCALÍA GENERAL DEL ESTADO, *Circular 1/2000, de 18 de diciembre, relativa a los criterios de aplicación de la Ley Orgánica 5/2000, de 12 de enero, por la que se regula la responsabilidad penal de los menores* (apdo. VIII.1).

16. FISCALÍA GENERAL DEL ESTADO, *Circular 1/2007, de 23 de noviembre, sobre criterios interpretativos tras la reforma de la Legislación Penal de Menores de 2006* (apdo. IX.1).

17. A estos efectos, el Fiscal deberá proceder de la manera que prevé el art. 775 LECrim, requiriendo al menor para que designe un domicilio en España en el que se harán las notificaciones, o una persona que las reciba en su nombre, con la advertencia de que la citación realizada en dicho domicilio o a la persona designada permitirá la celebración del juicio en su ausencia.

vado de un decaimiento de las fuentes de prueba»[18]. Esta posición es mantenida también por algunos tribunales sólo con relación a delitos leves y cuando concurra alguna causa justificada. Así, cuando el menor resida en un lugar geográficamente distante de la sede del Juzgado de Menores que conoce del asunto, y desde luego cuando lo pida el menor, con el asesoramiento de su defensa letrada, por otra causa justificada y, en general, cuando la defensa del menor no se oponga a la celebración de la audiencia sin su presencia.

También cabe admitir la celebración de la audiencia sin la presencia del menor cuando constando su citación y que ha sido informado con claridad de las consecuencias adversas que para su derecho de defensa puedan derivarse de su incomparecencia injustificada, la oposición del letrado del menor a la celebración sea meramente retórica y constituya un manifiesto abuso de derecho, es decir, dirigido solo a impedir, perjudicar o dilatar injustificadamente el enjuiciamiento, y siempre que el menor haya sido oído anteriormente en la fase de instrucción y entrevistado por el Equipo Técnico a fin de posibilitar una evaluación rigurosa de sus circunstancias personales, familiares y sociales[19].

En conclusión, y a la vista del interés superior del menor[20], podría permitirse la celebración del juicio en ausencia, siempre de forma excepcional para aquellos supuestos en que se trate de delitos leves y la medida a imponer no sea privativa de libertad y así evitar los inconvenientes que genera la necesaria presencia del menor en el juicio que llevarían a dilatar su terminación, además de obligar a la adopción de medidas cautelares privativas de libertad para obligarle a asistir al juicio. Como señala la SAP de Madrid 56/2019, de 21 de enero, la norma general debe ser la presencia del menor en el juicio y, sólo como excepción puede celebrarse en ausencia, pero «Tal excepción, sin embargo, no puede avalar prácticas que conviertan objetivamente al proceso penal juvenil en una maquinaria donde el menor expedientado pierda el protagonismo procesal que las normas jurídicas antes citadas le reconocen, donde se imponga la celeridad como valor prioritario y la eficiencia del sistema, entendida en términos de número de sentencias declarativas de la responsabilidad del menor»[21].

18. FISCALÍA GENERAL DEL ESTADO, *Circular 1/2007* (apdo. IX.1). En este mismo sentido, permitiendo la celebración del juicio en ausencia, SSAP de Alicante 378/2013, de 13 de mayo de 2014 (JUR 2014, 73368); de Ciudad Real 20/2007, de 21 de diciembre (JUR 2008, 80997).
19. SAP de Madrid 56/2019, de 21 de febrero (JUR 2019, 332564).
20. Ambas interpretaciones del art. 35 LORPM se ajustarían a la previsión contenida en el art. 16 Directiva 2016/800.
21. SAP de Madrid 56/2019, de 21 de febrero (JUR 2019, 332564).

1.3. Derecho de información al menor y al titular de la patria potestad

En segundo término, procede aludir al derecho a la información al menor y al titular de la patria potestad, de enorme relevancia para un adecuado y completo ejercicio del derecho de defensa, requiriéndose un plus de garantía a la vista de la vulnerabilidad del menor (considerando 19 Directiva 2016/800). En concreto, las previsiones generales del derecho de información debe complementarse en tres aspectos; de un lado, en la forma de dar esa información, a efectos de facilitar que el menor conozca y comprenda las razones que le han llevado a estar sometido a un proceso penal, cuáles son sus fases y los derechos que le asisten a lo largo de su tramitación. En nuestro ordenamiento jurídico, el derecho a la información está previsto en diversos preceptos de la LORPM (arts. 22.1 a), 17.1, 36, 56 y 58), pero sólo en el art. 17 LORPM se obliga a las autoridades que han participado en la detención del menor a utilizar un «lenguaje claro y comprensible» y, en el art. 58 LORPM, se requiere que la información se facilite por escrito al menor que ingresa en un centro de privación de libertad.

En contraste con nuestra LORPM, el art. 4.2 Directiva 2016/800 exige que la información al menor se facilite en un lenguaje sencillo y accesible y con el suficiente grado de detalle para salvaguardar la equidad del proceso y el ejercicio del derecho de defensa; podrá hacerse por escrito o verbalmente, o de ambos modos, pero en todo caso debe quedar constancia de que se le ha facilitado la información de acuerdo con el procedimiento que establece el derecho nacional.

De otro lado, en lo que respecta al contenido del derecho a la información, el art. 22.1 a) LORPM establece que el menor deberá ser informado de los derechos que el mismo precepto enumera. Como ya se ha adelantado, es necesario completar el listado de derechos contenidos en el citado precepto en los términos expuestos y, además, hacerlo desde el momento en que se atribuya al menor la presunta comisión de un hecho delictivo, correspondiendo esa obligación de información al Juez de Menores, al Ministerio Fiscal o al agente de policía, dependiendo del momento procesal de que se trate.

Además de la previsión general contenida en el art. 22 LORPM, el art. 17 LORPM obliga a las autoridades que han participado en la detención del menor a «informarle, en un lenguaje claro y comprensible y de forma inmediata, de los hechos que se le imputan, de las razones de su detención y de los derechos que le asisten, especialmente los reconocidos en el art. 520 LECrim». Por su parte, el art. 36 LORPM establece la obligación del Letrado de la Administración de Justicia de informar al menor expedientado, al inicio de la fase de audiencia, de las medidas de responsabilidad civil solicitadas por el Ministerio Fiscal y, en su caso, la acusación particular y el actor civil, así como de los hechos y de la causa en que se funden. Ya en relación con los menores internados en centros específicos, ya sea para el cumplimiento de una medida cautelar o definitiva, deberán ser informados, de forma personal y actualizada, «de sus derechos y obligaciones, de su situación personal y judicial, de las normas de funcionamiento interno de los centros que los acojan, así como de los procedimientos concretos para hacer efectivos tales derechos, en especial para formular peticiones, quejas o recursos» (art. 56 l) LORPM). Además, el art. 58.1 LORPM añade que «Los menores recibirán, a su ingreso en el centro, información escrita sobre sus derechos y obligaciones, el régimen de internamiento en el que se encuentran, las cuestiones de organización general, las normas de funcionamiento del centro, las normas disciplinarias y los medios para formular peticiones, quejas o recursos. La información se les facilitará en un idioma que entiendan. A los que tengan cualquier género de dificultad para comprender el contenido de esta información se les explicará por otro medio adecuado».

Y, finalmente, es de enorme relevancia que la información se facilite no sólo al menor investigado sino, también a los titulares de la patria potestad y hacerlo también en un lenguaje que entiendan pues, en ocasiones, tienen dificultades para la adecuada comprensión de los derechos que le corresponden al menor. Sólo de esta forma se garantiza el derecho de defensa del menor, en cuanto podrá comprender el verdadero alcance del procedimiento en que se encuentra incurso y el significado real de los derechos que le asisten.

El derecho a la información del titular de la patria potestad aparece recogido de forma muy general en diversos preceptos (arts. 17, 35, 48.2, 50, 56 o 64); frente a esta escueta regulación, el art. 5 Directiva 2016/800 contine una regulación muy detallada e incluye la posibilidad de que este derecho le corresponda a otro adulto adecuado designado por el menor y aceptado por la autoridad competente, cuando el hecho de facilitar esa información al titular de la patria potestad sea contrario al interés superior del menor, o no sea posible porque, tras haberse realizado esfuerzos razonables, no se pueda localizar a ningún titular de la patria potestad o se desconozca su identidad o bien porque, habida cuenta de circunstancias objetivas y fácticas, pueda comprometer seriamente el proceso penal. Ante la falta de designación de ese adulto por el menor o cuando el designado no sea aceptado por la autoridad judicial, ella misma elegirá e informará a otra persona, persona dependiente de una autoridad o de alguna institución responsable de la protección o del bienestar de los menores (art. 5.2 Directiva 2016/800)[22].

1.4. Derecho a estar acompañado por el titular de la patria potestad u otro adulto responsable

En nuestro ordenamiento jurídico, el derecho a estar acompañado por el titular de la patria potestad, aunque está previsto en diversos preceptos de la LORPM (arts. 17.2, 22.1 e) y 35), no se configura como un derecho general que corresponde al menor, lo que exigirá una necesaria reforma del art. 22.1 LORPM que incluya un nuevo apartado en el que se establezca este derecho de acompañamiento por el titular de la patria potestad, tal como se apuntó.

Por otra parte, la LORPM sólo prevé el acompañamiento del menor por persona distinta al titular de la patria potestad en dos supuestos concretos. De un lado, en caso de detención del menor, «cuando las circunstancia así lo aconsejen», indicando que su declaración se hará en presencia del Ministerio Fiscal, representado por persona distinta a la que instruye el expediente (art. 17.2); y, de otro, en el art. 22.1 e) LORPM se alude a la asistencia afectiva y psicológica del menor, por otra persona que designe, siempre que el Juez de Menores lo autorice.

Lo expuesto contrasta con la Directiva 2016/800 que parte, como norma general, del acompañamiento por el titular de la patria potestad, pero, en el apdo. 2 de su art. 15, permite que el menor esté acompañado por otro adulto designado por el mismo y aceptado por la autoridad competente, cuando la presencia del titular de la patria potestad sea contraria al interés superior del menor o no sea posible porque, tras haberse hecho esfuerzos razonables, se desconozca su identidad, o no se le pueda localizar, o se comprometa seriamente el proceso penal habida cuenta de circunstancias objetivas y fácticas. Cuando el menor no ha designado a otro adulto adecuado, o el designado no resulta aceptable para la autoridad competente, esta designará a otra persona teniendo en cuenta el interés superior del menor. Dicha persona también podrá ser alguien dependiente de una auto-

22. Debe advertirse que, con fecha 23 de marzo del 2024, la Comisión Europea, dentro del paquete de procedimientos de infracción de marzo, insta a España a que transponga la Directiva 2016/800, al detectar «problemas de exhaustividad, por ejemplo, en relación con el derecho a la información del menor y el derecho a un reconocimiento médico». En coherencia con ello, ha decidido remitir una carta de emplazamiento a efectos de que, en el plazo de dos meses, se proceda a la subsanación de las deficiencias constatadas por la Comisión; en ausencia de una respuesta satisfactoria, la Comisión podría decidir enviar un dictamen motivado (INFR(2023)2176).

ridad o de alguna institución responsable de la protección o del bienestar de los menores[23].

Ante la falta de inclusión de una previsión en nuestra LORPM, los arts. 2.5 c) y 10.1 e) LOPJM permiten el nombramiento de un defensor judicial en todos aquellos casos en que exista un conflicto de intereses o discrepancia entre el menor y sus progenitores, tutores o representantes legales o Ministerio Fiscal en defensa de sus intereses. A estos efectos, de conformidad con el citado art. 2.5 c) LOPJM «se presumirá que existe un conflicto de interés cuando la opinión de la persona menor de edad sea contraria a la medida que se adopte sobre ella o suponga una restricción de sus derechos».

1.5. Derecho a la asistencia letrada

Dado que los menores se consideran vulnerables y no siempre son capaces de comprender y seguir plenamente un proceso penal, a efectos de garantizar su defensa, el art. 22.1 b) LORPM y, más específicamente en relación con el menor detenido, el art. 17.2 LORPM regulan el derecho de asistencia letrada[24], que debe ser interpretado en los términos previstos en los arts. 4, 5, 8, 13 y 16 LODD, que incluyen el «derecho a la calidad de la asistencia jurídica». De acuerdo con su configuración en la LORPM, se trata de un derecho irrenunciable para los menores. Así, la FGE entiende que no cabe la renuncia de la asistencia de abogado al menor detenido en ningún caso, no siendo de aplicación la previsión que se contiene en el art. 520.8 LECrim[25].

---

23. Sería necesario un ajuste de la LORPM a la previsión contenida en el art. 15.2 Directiva 2016/800 que permita que el menor esté acompañado por otro adulto designado por el mismo y aceptado por la autoridad competente, cuando la presencia del titular de la patria potestad sea contraria al interés superior del menor o no sea posible porque, tras haberse hecho esfuerzos razonables, se desconozca su identidad, o no se le pueda localizar, o se comprometa seriamente el proceso penal habida cuenta de circunstancias objetivas y fácticas. Cuando el menor no ha designado a otro adulto adecuado, o el designado no resulta aceptable para la autoridad competente, esta designará a otra persona teniendo en cuenta el interés superior del menor. Dicha persona también podrá ser alguien dependiente de una autoridad o de alguna institución responsable de la protección o del bienestar de los menores. *Vid.* PILLADO GONZÁLEZ, E., «Garantías procesales de los menores infractores...», *op. cit.*, págs. 76 y ss.

24. Se mantiene así la doble proyección del derecho que ya se recoge en la Constitución en los arts. 17.3 y 24.2, tal como ha mantenido el TC en su jurisprudencia; así, la STC 196/1987, de 11 de diciembre (RTC 1987, 196) señala que «el artículo 17.3 reconoce ese derecho al detenido en las diligencias policiales y judiciales como una de las garantías del derecho a la libertad protegido por el número 1 del propio artículo, mientras que el artículo 24.2 de la Constitución lo hace en el marco a la tutela judicial efectiva con el significado de garantía del proceso debido».

25. FISCALÍA GENERAL DEL ESTADO, *Circular 9/2011, sobre criterios para la unidad de actuación especializada del Ministerio Fiscal en materia de reforma de menores* (apdo. IV.1.1).

Más dudas genera la asistencia de abogado ante la presunta comisión por el menor de un delito leve, cuestión que no se regula en la LORPM y sí en el art. 967.1 LECrim que no la considera perceptiva para los adultos. Esta cuestión fue resuelta por la FGE que consideró que la asistencia letrada, en todo caso, es preceptiva una vez incoado el expediente de reforma, pero no lo será, en cambio, cuando a un menor se le impute una falta (ahora delito leve) y sea llamado a declarar por la policía o por el fiscal sin estar detenido y sin que se haya incoado formalmente aún expediente de reforma[26]. En este caso podrá, asistido de sus representantes legales, renunciar al derecho a designar abogado que le defienda, o a que le sea designado de oficio. Sin duda, esta cuestión debería regularse expresamente en la LORPM, con una indicación clara del carácter preceptivo del derecho del menor a la asistencia letrada en todas las instancias del proceso, a salvo en las declaraciones ante la policía o el fiscal, previas a la incoación del expediente de reforma, cuando se le imputa un delito leve y no está detenido. Además, en estos casos, deberá preverse expresamente en la LORPM la grabación del interrogatorio policial por medios audiovisuales, de acuerdo con el art. 9.1 Directiva 2016/800 que establece su obligatoriedad cuando sea proporcionado a la vista de las circunstancias del caso y, en particular, si está presente o no su letrado y si el menor está privado de libertad[27].

1.6. Derecho a la evaluación individualizada

En la Directiva 2016/800, al enumerar el catálogo de derechos que corresponden al menor de edad, se incluye el derecho a una evaluación individualizada que determine «sus necesidades específicas en cuanto a protección, educación, formación profesional e inserción social, para determinar si necesitan medidas especiales durante el proceso penal y en qué medida, así como para determinar su grado de responsabilidad penal y la idoneidad de una sanción o medida educativa concreta» (considerando 35)[28].

26. FISCALÍA GENERAL DEL ESTADO, *Consulta 4/2005 de 7 de diciembre, sobre determinadas cuestiones en torno al derecho de asistencia letrada en el proceso penal de menores*.
27. Art. 9.1 Directiva 2016/800: «Los Estados miembros velarán por que el interrogatorio a que se someta a un menor por parte de la policía u otras autoridades policiales durante el proceso penal sea grabado por medios audiovisuales, cuando ello sea proporcionado en las circunstancias del caso, habida cuenta, entre otras, de si está presente o no un letrado y de si el menor está privado de libertad o no, a condición de que el interés superior del menor siempre constituya la consideración primordial».
28. Como señala el art. 7.4 Directiva 2016/800, la evaluación individual servirá para determinar y hacer constar la información relativa a las características individuales y circunstancias del menor que puedan ser de utilidad a las autoridades competentes para determinar si procede adoptar alguna medida específica en favor del menor, evaluar

En nuestra LORPM, pese a no incluirse expresamente el derecho a la evaluación individualizada en su art. 22, el informe que debe emitir, de forma imperativa, el Equipo Técnico cumple una función similar a la perseguida por la evaluación individualizada a la que alude la norma europea, pues trata de facilitar al Juez de Menores y al fiscal toda la información sobre la situación psicológica, educativa y familiar del menor y de su entorno social y, en general cualquier otra circunstancia relevante a efectos de la adopción de la decisión que más se ajuste al interés superior del menor (art. 27 LORPM); además, el Equipo Técnico, encargado de redactar el informe, está formado por personal especializado y multidisciplinar.

Es la propia configuración del proceso penal de menores, inspirada en el interés superior del menor, la que lleva a la configuración legal de este informe como un trámite preceptivo pero no vinculante[29]; el fiscal tiene un amplio margen de discrecionalidad para decidir sobre la conveniencia de la continuación del proceso hasta la fase de audiencia y, en caso de considerarlo necesario, de incluir en su escrito de alegaciones una petición de medida de las incluidas en el catálogo del art. 7 LORPM. Otro tanto ocurre con el juez que, dentro del respeto al principio acusatorio, podrá no sólo decidir qué medida es más idónea para el menor, sino también acordar, una vez impuesta, si procede su suspensión, sustitución o modificación; también, cuando se insta la adopción de una medida cautelar por la acusación, el juez de menores deberá decidir si la misma responde al interés del menor. En todos los casos, la exigencia de motivación de la resolución dictada, al objeto de evitar cualquier atisbo de arbitrariedad, requiere contar con una completa información sobre las circunstancias psicológicas, sociales y educativas del menor y de su entorno social, que serán tenidas en cuenta junto con otros informes aportados, en su caso, por las partes al proceso.

2. DE LA VÍCTIMA

Los principios inspiradores del proceso penal de menores, orientados a la reeducación y resocialización del infractor han llevado a que, en la redacción originaria de la LORPM, se dejara en un segundo plano a las víctimas de delitos, quienes no podían ejercer gran parte de los derechos que sí tenían reconocidos en la justicia penal de adultos; esa limitación se consideró conforme con el interés superior del menor que debía prevalecer en este pro-

la adecuación y efectividad de las medidas cautelares en relación con el menor y adoptar decisiones o medidas en el proceso penal, incluida la imposición de la condena.

29. HERNÁNDEZ GALILEA, J.M., «Análisis procesal del informe del equipo técnico», *Congreso Justicia Juvenil. Nuevos retos, nuevas propuestas*, Generalitat de Catalunya. Departament de Justícia, Barcelona, 2002, pág. 5.

ceso, entendiendo que era coherente la exclusión de otros intereses como el de las víctimas o perjudicados que, aunque dignos de tutela y protección jurídica, podían enturbiarlo por ser incompatibles con la finalidad preventivo especial que inspira esta jurisdicción[30]. No obstante, este posicionamiento inicial ha ido variando, pues se ha pretendido buscar un equilibrio entre los intereses y necesidades del menor infractor y los de la víctima. Así, en la redacción originaria del art. 25 LORPM se disponía expresamente que «En este procedimiento no cabe en ningún caso el ejercicio de acciones por particulares (...)». Sin embargo, seguidamente, se permitía al perjudicado personarse en el procedimiento, tanto en la fase de instrucción como en la de audiencia, cuando concurriesen tres requisitos: a) que se tratase de hechos calificados como delito; b) que se atribuyesen a personas que hubiesen cumplido 16 años en el momento de la comisión de los hechos; y, c) que se hubieran realizado con violencia o intimidación, o generasen grave riesgo para la vida o la integridad física de las personas. Aunque dicha personación permitía una intervención muy limitada en las actuaciones procesales[31]. La propia Exposición de Motivos LORPM justificaba la limitación de las facultades de la víctima señalando que «respecto de los menores no cabe reconocer a los particulares el derecho a constituirse propiamente en parte acusadora con plenitud de derechos y cargas procesales...porque en estos casos el interés prioritario para la sociedad y el Estado coincide con el interés del menor»[32]. De lo expuesto, se deriva que se trataba de una participación muy singular que se calificó por la FGE como de «mero coadyuvante en el esclarecimiento de los hechos» dada su limitada capacidad de postulación y su carácter subordinado en relación con el Fiscal[33].

Posteriormente, la Disp. adic. segunda LO 15/2003, de 25 de noviembre, por la que se modifica la LO 10/1995, de 23 de noviembre, del Código Penal, da una nueva redacción al art. 25 LORPM, permitiendo que se personen en el procedimiento como acusadores particulares, a salvo de las acciones previstas por el art. 61 LORPM, las personas directamente ofendidas por el

30. GARCÍA PÉREZ, O., «La posición del menor y el perjudicado en el Derecho Penal de menores», *Estudios Jurídicos. Ministerio Fiscal*, núm. 1, 2002, págs. 735 y 736.
31. En concreto, según el art. 25 LORPM en su redacción inicial, una vez personada en el procedimiento, la víctima tenía las siguientes facultades: «Tener vista de lo actuado, siendo notificado de las diligencias que se soliciten y acuerden; Proponer pruebas que versen sobre el hecho delictivo y las circunstancias de su comisión, salvo en lo referente a la situación psicológica, educativa, familiar y social del menor; Participar en la práctica de las pruebas, ya sea en fase de instrucción, ya sea en fase de audiencia; a estos efectos el órgano actuante podrá denegar la práctica de la prueba de careo, si ésta fuera solicitada, cuando no resulte fundamental para la averiguación de los hechos o la participación del menor en los mismos».
32. Apdo. II.8 Exposición de Motivos LORPM.
33. FISCALÍA GENERAL DEL ESTADO, *Circular 1/2000* (apdo. VI.2).

delito, sus padres, sus herederos o sus representantes legales si fueran menores de edad o incapaces. Aunque con la nueva redacción de este precepto se pretendía afianzar la posición de la víctima en el proceso, las deficiencias del texto y la falta de coordinación con otros preceptos de la LORPM, que no fueron modificados, generó dudas de interpretación y aplicación[34].

Con la aprobación de la LO 8/2006, de 4 de diciembre, por la que se modifica la LO 5/2000, reguladora de la responsabilidad penal de los menores, «se refuerza especialmente la atención y reconocimiento de los derechos de las víctimas y los perjudicados»[35/36]. Entre ellos, el derecho a recibir información en todo momento de aquellas resoluciones que afecten a sus intereses, independientemente de que se haya personado o no en el proceso penal de menores; el establecimiento del enjuiciamiento conjunto de las pretensiones penales y civiles; la inclusión del riesgo de atentar contra los bienes jurídicos de la víctima como presupuesto para acordar una medida cautelar; y la previsión de la «prohibición de aproximarse o comunicarse con la víctima o su entorno» como medida cautelar.

Finalmente, la LOPIVI trata de consolidar la posición de la víctima en el proceso penal de menores, reformando el art. 4 LORPM en dos aspectos concretos: de un lado, establece la notificación por escrito a la víctimas de un delito de violencia de género de las medidas cautelares de protección adoptadas; así como su comunicación a las administraciones públicas competentes para la adopción de medidas de protección, tanto de seguridad o de asistencia social, jurídica, sanitaria, psicológica como de cualquier otra índole. De otro lado, se prevé el derecho de las víctimas de delitos violentos a estar informadas permanentemente de la situación procesal del presunto agresor; en particular, en el caso de una medida, cautelar o definitiva, de internamiento, la víctima será informada en todo momento de los permisos y salidas del centro del presunto agresor, salvo en aquellos casos en los que manifieste su deseo de no recibir notificaciones.

34. GARCÍA-ROSTÁN CALVÍN, G., *El proceso Penal de Menores (Funciones del Ministerio Fiscal y del Juez de la instrucción, el período intermedio y las medidas cautelares)*, Thomson-Aranzadi, Pamplona, 2007, pág. 70.

35. Exposición de Motivos LO 8/2006.

36. Debe tenerse en cuenta que el art. 25 LORPM permite únicamente la personación de víctimas en los expedientes, por lo que deberá rechazarse cualquier intento de personación de asociaciones de víctimas o personas jurídicas que no sean ofendidas por el delito. *Vid.* FISCALÍA GENERAL DEL ESTADO. Dictamen 1/2016, *sobre adaptación de la Ley 4/20165, del Estatuto de la Víctima del delito, al ámbito de la justicia juveni*l (apdo. VII).

En la evolución de los derechos de la víctima ,ha sido especialmente relevante la aprobación del EVD, de aplicación a todas las víctimas por así disponerlo su art. 3 que señala expresamente que «Toda víctima tiene derecho a la protección, información, apoyo, asistencia, atención y reparación, así como a la participación activa en el proceso penal y a recibir un trato respetuoso, profesional, individualizado y no discriminatorio desde su primer contacto con las autoridades o funcionarios, durante la actuación de los servicios de asistencia y apoyo a las víctimas y, en su caso, de justicia restaurativa, a lo largo de todo el proceso penal y por un período de tiempo adecuado después de su conclusión, con independencia de que se conozca o no la identidad del infractor y del resultado del proceso». Tampoco podemos olvidar, en el supuesto concreto de la víctima de violencia de género, el régimen de protección integral diseñado en la LOMPIVG, que, como ya se ha adelantado, por imperativo de su art. 17, será también de aplicación cuando el autor del delito sea un menor de edad. En ambos casos, la aplicación tanto de la EVD como de la LOMPIVG debe ajustarse a las peculiaridades del sistema de justicia penal juvenil, informado por el principio del superior interés del menor[37]. Y, por supuesto, en el contexto de este proceso, tras la aprobación de la LODD, la víctima también goza de todos los derechos y garantías inherentes al derecho de defensa en los términos definidos por esta ley.

En las páginas siguientes, se expondrán los derechos procesales que, de modo general, se reconocen a todas las víctimas de violencia de género ejercida por un menor de edad en el proceso penal de menores, sin entrar en el análisis de las medidas de otro carácter, entre ellas las asistenciales y económicas, previstas en la legislación vigente[38].

2.1. Derechos básicos de la víctima

Los arts. 4 a 10 EVD recogen los derechos básicos que corresponden a todas las víctimas; el primero de ellos es el derecho a entender y ser entendida en todas y cada una de las actuaciones que se desarrollen desde su primer contacto con el proceso, lo que requerirá la utilización de un lenguaje claro y accesible, adaptado a la edad de la víctima y a las circunstancias del delito; directamente vinculado a este derecho y con el objeto de facilitar el ejercicio de todos los que le corresponden en el proceso penal de menores,

37. Tal como señala la FISCALÍA GENERAL DEL ESTADO (*Dictamen 1/2016*, apdo. IX), las previsiones del EVD sólo son extensibles al ámbito de la justicia juvenil como derecho supletorio, siempre que no contradigan sus principios rectores.
38. *Vid.* a este respecto DELEGACIÓN DEL GOBIERNO CONTRA LA VIOLENCIA DE GENERO, Guía de derechos para las mujeres víctimas de violencia de género, 2022, https://violenciagenero.igualdad.gob.es

la víctima debe ser debidamente informada del catálogo de derechos previstos legalmente.

En concreto, de acuerdo con las previsiones contenidas en la LECrim y, sobre todo, en la LOMPIVG (art. 18) y en el EVD (arts. 4 y 5), la víctima tendrá el derecho ser informada desde el primer contacto con las autoridades competentes, incluyendo el momento previo a la presentación de la denuncia, de los siguientes derechos: a) derecho a denunciar y, en su caso, el procedimiento para interponer la denuncia y derecho a facilitar elementos de prueba a las autoridades encargadas de la investigación; b) derecho a personarse y mostrarse parte en el proceso en curso, indicándole expresamente sus posibilidades y la forma de hacerlo; c) derecho a solicitar la restitución de la cosa, la reparación del daño e indemnización de los perjuicios. Además, se le informará que, aún en el supuesto de que decida no personarse en el proceso penal, ello no implica la renuncia a sus derechos patrimoniales, pues el Ministerio Fiscal ejercitará la acción para exigir la responsabilidad civil en el proceso penal de menores; d) derecho de asistencia jurídica gratuita; e) derecho a instar medidas de protección y el procedimiento para hacerlo; f) derecho a percibir ayudas públicas de diverso carácter; g) derecho a que se le comuniquen aquellos actos procesales que puedan afectar a su seguridad[39]; h) derecho a estar acompañado por una persona de su elección desde el primer contacto con las actuaciones policiales o judiciales; i) derecho a que se le informe de los servicios de traducción e interpretación existentes; j) derecho a ser notificada de todas las resoluciones que se dicten por el Juez de Menores o por el Ministerio fiscal que puedan afectar a sus intereses, aunque no esté personada. A este respecto, el art. 16.2 LORPM reconoce su derecho a ser notificadas de la resolución que recaiga sobre la admisión o inadmisión de la denuncia formulada como consecuencia del delito que ha sufrido. También se le notificará la sentencia que se dicte, el auto de sobreseimiento y el decreto de desistimiento de la incoación del expediente, así como las medidas cautelares que se adopten.

Toda esta información será facilitada en un lenguaje sencillo y claro por las Oficinas de Asistencia a las Víctimas, las Fuerzas y Cuerpos de Seguridad del Estado, el Letrado de la Administración de Justicia y el Ministerio fiscal, dependiendo del momento procesal de que se trate y teniendo en cuenta la forma concreta en que se ha transmitido la *notitia criminis* a la autoridad competente.

La víctima también tendrá derecho a recibir información sobre la causa penal, con independencia de que se haya personado en el proceso; esa

39. Así, será informada de la situación procesal del presunto agresor.

información se refiere a los siguientes aspectos: a) fecha, hora y lugar de la celebración del juicio y el contenido del escrito de alegaciones donde se incluya la correspondiente acusación. No obstante, esa comunicación y las demás que se realicen deberán respetar el derecho a la intimidad del menor infractor, de acuerdo con los arts. 1.2 y 35.3 LORPM, en consecuencia, la información que se facilite sobre la acusación deberá ser restringida para evitar que se conculque el derecho a la intimidad[40]. b) Además, como se ha apuntado, se le notificarán las resoluciones que se dicten por el Juez de Menores o por el Ministerio Fiscal que puedan afectar a sus intereses; de forma especial, el decreto de desistimiento de la incoación del expediente, haciéndole saber su derecho a ejercitar las acciones civiles (art. 4 LORPM). También ser les notificarán las resoluciones que pongan fin al proceso, como el auto de sobreseimiento, que podrá ser recurrido por la víctima, aunque no esté personada[41]; y la sentencia dictada ya sea en primera instancia como posteriormente.

La importancia de esta información a la víctima es fundamental pues la permite conocer la marcha del proceso y, en su caso, recurrir las decisiones que sean susceptibles de recurso.

Finalmente, tendrá derecho a conocer la situación del presunto infractor; en el caso de delitos violentos, deberá conocer, si se ha impuesto una medida, cautelar o definitiva, de internamiento, los permisos y salidas del centro del presunto agresor, salvo en aquellos casos en los que manifieste su deseo de no recibir notificaciones. Y en supuestos de violencia de género, se le notificarán las medidas cautelares adoptadas (art. 4 LORPM).

2.2. Derecho de participación de la víctima en el proceso penal de menores

En aquellos casos en que la víctima ha presentado querella o se ha personado por la vía del ofrecimiento de acciones[42], se constituye como parte en el proceso y, en consecuencia, tomará conocimiento de todas las actuaciones que se hayan llevado a cabo o que se estén practicando en ese momento; podrá solicitar la práctica de las diligencias de investigación que

40. FISCALÍA GENERAL DEL ESTADO, *Dictamen 1/2016 (apdo. IX).*

41. Como señala la FISCALÍA GENERAL DEL ESTADO (*Dictamen 1/2016*, apdo. IX), en el caso de sobreseimiento acordado de conformidad con el art. 30.4 LORPM, si la víctima no personada decide recurrir el archivo instado por el Ministerio Fiscal, el Juez de Menores deberá requerir al recurrente para que se persone en la causa al amparo del art. 25 LORPM a efectos de que dé impulso al proceso y advirtiéndole de que, en otro caso, decaerá en su derecho y archivará el asunto definitivamente.

42. Al ofrecimiento de acciones se refiere de forma expresa el art. 4 LORPM que se remite a los arts. 109 y 110 LECrim.

estime oportunas; y, podrá intervenir en todas las diligencias del procedimiento, ya sean acordadas de oficio o a instancia de parte. Esto es, desde su posición de parte, y tal como se expondrá en los capítulos siguientes, podrá ejercer todas las facultades que procedan en defensa de sus intereses en cada uno de los momentos del proceso. Además, tendrá derecho a que se adopten todas las medidas de protección que sean procedentes tanto para sí misma como para sus familiares, instando la adopción de la medida cautelar, personal o patrimonial, que resulte más adecuada, pero sin perder de vista el interés del menor autor de delito.

En caso contrario, si la víctima decide no personarse en el proceso, no puede quedar al margen del mismo, sino que tendrá derecho a comparecer ante la autoridad encargada de la investigación para aportar pruebas o cualquier información sobre el esclarecimiento de los hechos, y todo ello, con independencia de su papel como testigo. De esta forma, la víctima podrá colaborar en la investigación del delito, aunque no sea parte en el proceso.

2.3. Protección de las víctimas

En los arts. 19 y ss. EVD se recogen una serie de derechos de carácter tuitivo que tienen por objeto proteger a las víctimas durante el desarrollo del proceso; se trata de un conjunto de medidas que persiguen evitar o reducir su revictimización, esto es, los perjuicios derivados de su relación con el proceso, desde el momento en que deben enfrentarse a las actuaciones procesales necesarias para la investigación y posterior enjuiciamiento del delito presuntamente cometido.

El art. 19 EVD, bajo la rúbrica «Derecho de las víctimas a la protección», establece el deber de las autoridades encargadas de la investigación, persecución y enjuiciamiento de los delitos de adoptar las medidas necesarias, conforme a lo previsto en la LECrim, para garantizar la vida de la víctima y de sus familiares, su integridad física y psíquica, libertad, seguridad, libertad e indemnidad sexuales, así como para proteger su intimidad y su dignidad, «particularmente cuando se les reciba declaración o deban testificar en juicio». Tal previsión denota que el legislador es plenamente consciente de los riesgos, especialmente el de revictimización, que comporta para la víctima el momento de prestar declaración en el proceso, y por ello gran parte de las medidas de protección contenidas en el EVD se refieren a las concretas condiciones en que ésta se debe prestar.

A este respecto, conviene destacar que, aunque el EVD tiene un carácter generalizador, dada su vocación de catálogo general de los derechos de todas las víctimas de delitos, asume la existencia de diversas tipologías de víctimas en función de sus necesidades específicas de protección, que deben ser evaluadas individualmente conforme a lo previsto en los arts. 23 y 24 EVD. Esta evaluación individual implica, como señala SERRANO MASIP, que la protección no recae sobre estereotipos de víctimas, sino sobre personas concretas con problemas y necesidades específicos[43].

Los factores a tomar en consideración en esta evaluación individual son, especialmente, las características y circunstancias personales de la víctima (en particular, su edad, la existencia de alguna discapacidad, la posible relación de dependencia con el investigado, o su especial vulnerabilidad); la naturaleza y circunstancias del delito, en particular, si se trata de delitos violentos; la gravedad de los perjuicios causados a la víctima; y el riesgo de reiteración delictiva (art. 23.2 EVD)[44].

A su vez, la competencia para evaluar a la víctima a fin de determinar sus necesidades de protección depende de la fase del proceso en la que nos encontremos. Así, durante la fase de investigación en el proceso penal de menores, la competencia le corresponde al Fiscal, y a los funcionarios de policía que actúen en la fase inicial de las investigaciones (arts. 24.1.a) EVD y 30.1 RD 1109/2015). Y si la víctima acude a las Oficinas de Asistencia a las Víctimas, éstas también realizarán una evaluación individualizada (arts. 28.2 EVD y 30.2 RD 1109/2015), tras la cual podrán emitir un informe con el consentimiento previo e informado de la víctima, que será remitido con carácter reservado a la autoridad judicial o fiscal competente para adoptar las medidas de protección que procedan.

La resolución que se adopte sobre las necesidades de protección de la víctima ha de estar debidamente motivada y debe reflejar las circunstancias que han sido valoradas para su adopción. Y tal evaluación ha de mantenerse actualizada durante todo el proceso, de modo que, cualquier modificación relevante de las circunstancias en que se hubiera basado determinará su revisión y, en su caso, la modificación de las medidas de protección que se hubiesen acordado para adaptarlas a las nuevas necesidades de protección (art. 24.5 EVD).

---

43. SERRANO MASIP, M., «Medidas de protección de las víctimas», *La Víctima del Delito y las Últimas Reformas Procesales Penales* (Dir. De Hoyos Sancho, M.), Thomson Reuters Aranzadi, Cizur Menor, 2017, pág. 140.

44. Sobre estos criterios de evaluación individual de las necesidades de protección de las víctimas, *vid.*, ampliamente, LUACES GUTIÉRREZ, A. I., «Los derechos en la Ley 4/2015, de 27 de abril, del Estatuto de la víctima del delito: especial consideración a la participación de la víctima en la ejecución penal», *Revista de Derecho Penal y Criminología*, UNED, 2016, 3.ª época, núm. 15, págs. 146 a 151.

Pues bien, a partir del resultado de esta evaluación individual, que permite identificar y cuantificar los perjuicios que para una concreta víctima pueden derivarse del proceso, se aplicarán unas medidas de protección u otras, sistematizándose éstas en tres niveles diseñados tanto en función de la vulnerabilidad de las víctimas como de la potencialidad de las medidas para restringir los derechos procesales del investigado o acusado[45].

Así, en un primer nivel básico, se incluyen derechos y medidas de protección que le corresponden a cualquier víctima con independencia de su grado de vulnerabilidad. En el segundo nivel, se incluyen medidas que protegen más intensamente a la víctima, y correlativamente tienen mayor incidencia en los derechos procesales del encausado, por lo que solo se adoptan cuando se advierta que la víctima tiene necesidades especiales de protección. Y, finalmente, en el tercer nivel, se incluyen las medidas previstas para las víctimas menores de edad, las víctimas con discapacidad necesitadas de especial protección y las víctimas de violencias sexuales; se trata de medidas que limitan todavía más los derechos procesales del encausado, pero que responden a la mayor predisposición de estas víctimas a sufrir perjuicios derivados de su participación en el proceso. Por tanto, todas las víctimas deben ser objeto de esta evaluación individualizada, pero la adopción de las medidas del segundo y tercer nivel queda condicionada por el resultado de tal evaluación, ya que sólo se aplicarán cuando estén justificadas por las necesidades especiales de protección de las víctimas[46].

Como se ha adelantado, gran parte de las medidas de protección contenidas en el EVD se refieren a las concretas condiciones en que se le debe tomar declaración; además, debe aludirse a la dispensa del deber de declarar de la víctima por razones de parentesco prevista en los arts. 416 y 707 LECrim, puesto que, pese a que su fundamento es evitar al testigo el conflicto que se produciría entre su deber de declarar diciendo la verdad y el de solidaridad para con sus parientes coherente con la protección de las relaciones familiares que se contiene en el art. 39 CE, cuando se trata de una víctima del delito presuntamente cometido, también constituye un mecanismo para evitar la victimización secundaria. Todas estas medidas de protección relativas a la declaración de la víctima serán tratadas con detalle Capítulo IV, al que se hace una remisión general.

45. *Vid.*, SERRANO MASIP, M., «Medidas de protección de las víctimas...», *op. cit.*, págs. 140 y 141.

46. *Vid.*, TINOCO PASTRANA, A., «El Estatuto español de la víctima del delito y el derecho a la protección», *Processo penale e giustizia*, núm. 6, 2015, pág. 3 (https://core.ac.uk/download/pdf/132454509.pdf).

Al margen de las medidas de protección relativas a la declaración de la víctima, con carácter general, la víctima tiene derecho a que se evite el contacto con el infractor durante el desarrollo del proceso, lo que va más allá de los espacios que estén cubiertos por una posible orden de alejamiento; también a que se preserve su intimidad, especialmente con la adopción de medidas que eviten la difusión de cualquier tipo de información que permita su identificación, sobre todo si se trata de víctimas menores de edad o con algún tipo de discapacidad.

Finalmente, la víctima tendrá derecho al nombramiento de un defensor judicial para que le represente y defienda en tres casos concretos, primero cuando se valore que los representantes legales de la víctima menor de edad o con capacidad judicialmente modificada tienen con ella un conflicto de intereses, derivado o no del hecho investigado, que no permite confiar en una gestión adecuada de sus intereses en el proceso penal; en segundo término, cuando el conflicto de intereses que se acaba de exponer exista con uno de los progenitores y el otro no se encuentre en condiciones de ejercer adecuadamente sus funciones de representación y asistencia de la víctima menor o con capacidad judicialmente modificada; finalmente, cuando la víctima menor de edad o con capacidad judicialmente modificada no esté acompañada o se encuentre separada de quienes ejerzan la patria potestad o cargos tutelares (art. 26 EVD).

Capítulo III

Recepción de la notitia criminis e incoación del proceso

SUMARIO: I. CONSIDERACIONES PREVIAS. II. RECEPCIÓN DE LA *NOTITIA CRIMINIS*. 1. *Incoación del proceso mediante denuncia*. 2. *Posibilidad de incoación del proceso mediante querella*. III. DILIGENCIAS PRELIMINARES Y DECISIÓN SOBRE LA INCOACIÓN DEL EXPEDIENTE.

I. CONSIDERACIONES PREVIAS

El Título III de la LORPM («De la instrucción del procedimiento») se encabeza con el art. 16 LORPM, que, bajo la rúbrica «Incoación del expediente», atribuye al Ministerio Fiscal la instrucción de los procesos por las infracciones penales incluidas en el ámbito de aplicación de esta Ley; y regula, básicamente, cómo debe actuar el Ministerio Fiscal al recibir la *notitia criminis* referida a una de estas infracciones.

Conforme a esta regulación, no toda noticia delictiva que llega a conocimiento del Fiscal sobre hechos delictivos imputados a menores determina la incoación necesaria y automática del expediente de reforma, sino que tal incoación debe ser acordada por el propio Fiscal; y tal decisión, se ha de fundamentar en un doble juicio de valor: de un lado, que los hechos puestos en su conocimiento resultan verosímiles, tienen relevancia penal e incriminan a una o varias personas menores de edad; y, de otro, que el interés de tales menores no aconseja evitar la incoación del proceso y su potencial efecto estigmatizador sobre el menor, remitiendo la corrección de éste al ámbito de la propia familia o a las instituciones de protección en los términos del art. 18 LOPRM[1].

Por ello, si bien es posible que estos extremos resulten suficientemente claros a partir de la propia *notitia criminis*, que habitualmente llega al Fiscal a través de una denuncia o un atestado, lo más frecuente es que el Fiscal se vea obligado a practicar ciertas diligencias para comprobar su concurrencia y así poder decidir con fundamento si procede o no incoar el expediente de reforma. Tales diligencias son las llamadas diligencias preliminares[2], que, aun no estando expresamente reguladas en la LORPM, encontramos referencias a ellas en su art. 16.2 y 3, al disponer que el Ministerio Fiscal «practicará, en su caso, las diligencias que estime pertinentes para la comprobación del hecho y de la responsabilidad del menor en su comisión, pudiendo resolver el archivo de las actuaciones cuando los hechos no constituyan delito o no tengan autor conocido»; y añade que «una vez efectuadas las actuaciones indicadas en el apartado anterior, el Ministerio Fiscal dará cuenta de la incoación del expediente al Juez de Menores». Además, tales diligencias también tienen cobertura legal en el art. 773.2 LECrim y en el art. 5 EOMF.

Pues bien, a continuación, nos referiremos a algunas particularidades que pueden presentar tanto la recepción de la *notitia criminis* como las diligencias preliminares a practicar por el Fiscal cuando los hechos imputados al menor sean constitutivos de violencia de género.

II. RECEPCIÓN DE LA *NOTITIA CRIMINIS*

El presupuesto para que el Fiscal pueda decidir sobre la incoación o no de un expediente de reforma por un acto de violencia de género imputado a un menor es que reciba la *notitia criminis* por alguna de las vías legalmente previstas.

En este sentido, el art. 16 LORPM alude únicamente a dos de ellas, a saber, la denuncia (art. 16.2 LORPM) y el testimonio de particulares remi-

1. *Vid.*, FISCALÍA GENERAL DEL ESTADO, *Circular 1/2000, de 18 de diciembre, relativa a los criterios de aplicación de la Ley Orgánica 5/2000, de 12 de enero, por la que se regula la responsabilidad penal de los menores* (apdo. VI.2).
2. Esta terminología, que es la que se utiliza en la práctica, ha sido introducida por la FISCALÍA GENERAL DEL ESTADO, en su *Circular 1/2000* (apdos. VI.2.A y B). No obstante, algún autor, como DOLZ LAGO («La instrucción penal del fiscal en el nuevo proceso de menores: contenido y límites», *Justicia Penal de menores y jóvenes (Análisis sustantivo y procesal de la nueva regulación)* (Coords., González Cussac, Tamarit Sumalla; y Gómez Colomer), Tirant lo Blanch, Valencia, 2002, pág. 272, nota 26) se muestra partidario de denominarlas *diligencias informativas*, ya que la LORPM reserva el término investigación preliminar para el expediente de reforma.

tido al Fiscal por un Juez de Instrucción que advierte la posibilidad de que los hechos sobre los que instruye hayan sido cometidos conjuntamente por mayores y menores de edad (art. 16.5 LORPM). Pese a ello, la doctrina procesalista conviene en que, junto a los citados, también son medios aptos para transmitir la noticia delictiva al Fiscal otros como el atestado policial, la querella, el conocimiento directo por el propio Fiscal, especialmente, si se trata de hechos notorios, o el oficio remisorio de una autoridad o funcionario que en el ejercicio de sus funciones detecta un acto de violencia de género cometido por un menor (como pueden ser los profesores, médicos, trabajadores sociales, etc.)[3].

No obstante, tratándose de un proceso penal de menores, conviene precisar ciertos aspectos en relación con la denuncia y la querella.

1. INCOACIÓN DEL PROCESO MEDIANTE DENUNCIA

Puesto que la denuncia carece de una regulación expresa en el proceso penal de menores, salvo en lo relativo al trámite de su admisión, se rige por las normas generales de la LECrim (arts. 259 a 269) en cuanto norma de carácter supletorio (Disp. final Primera LORPM).

Esto significa que, además del deber general de denunciar las infracciones penales cometidas por los menores que impone el art. 16.2 LORPM a «quienes tuvieren noticia» de ellas, también rige en este proceso la obligación «cualificada» de denunciar los delitos públicos que impone el art. 262 LECrim a quienes tuvieren conocimiento de ellos por razón de su cargo, profesión u oficio (v.gr., el médico del servicio de urgencias que atiende a la víctima de sus lesiones, los agentes de policía que acuden en su auxilio, o los trabajadores sociales que conozcan la situación de violencia)[4].

---

3. *Vid.*, entre otros, DE LA ROSA CORTINA, J. M., «La instrucción en el procedimiento de la LORPM. Intervención del Juez de Menores», *La responsabilidad penal de los menores: aspectos sustantivos y procesales* (Dir. Ornosa Fernández), CGPJ, Madrid, 2001, pág. 246; Idem, *La Responsabilidad Penal de los Menores (Adaptada a la LO 8/2006, de 4 de diciembre),* (con De Urbano Castillo), Thomson-Aranzadi, Pamplona, 2007, pág. 117; GARCÍA-ROSTÁN CALVÍN, G., *El Proceso Penal de Menores (Funciones del Ministerio Fiscal y del Juez en la instrucción, el periodo intermedio y las medidas cautelares),* Thomson-Aranzadi, Pamplona, 2007, págs. 24 a 26; MORENILLA ALLARD, P., *El proceso penal del menor (Actualizado a la LO 8/2006, de 4 de diciembre),* Colex, Madrid, 2007, págs. 113 y 114; SANZ HERMIDA, A. M.ª, *El nuevo proceso penal del menor,* Ediciones de la Universidad de Castilla-La Mancha, Cuenca, 2002, pág. 239.
4. Más en concreto, con respecto a la violencia de género, el art. 544 ter.2 LECrim dispone que «sin perjuicio del deber general de denuncia previsto en el artículo 262 de esta ley, las entidades u organismos asistenciales, públicos o privados, que tuvieran conocimiento de alguno de los hechos mencionados en el apartado anterior deberán

De igual modo, tal carácter supletorio de la LECrim también determina que se apliquen en el ámbito del proceso penal de menores las exenciones del deber de denunciar previstas en los arts. 260 LECrim (referida a los impúberes y sujetos privados del pleno uso de su razón), 261 LECrim (exención por razón de matrimonio, relación análoga de afectividad o parentesco con el investigado) y 263 LECrim (exención por razón de secreto profesional, que alcanza a abogados, procuradores y sacerdotes o ministros de culto)[5].

Pero, salvo en este último caso, que, en realidad, establece una auténtica «obligación de no denunciar»[6], tales exenciones del deber de denunciar no implican que los sujetos a los que se refieren no puedan hacerlo. Y así, en los supuestos frecuentes de que haya testigos menores de edad conocedores de actos de violencia de género cometidos por otro menor (v.gr., miembros de la pandilla de amigos de la pareja adolescente) o cuando la propia víctima también sea menor, podrán formular denuncia por sí mismos, sin necesidad de acudir acompañados de sus padres o representantes legales, pues la LECrim no pone límites de edad para denunciar ni para actuar como testigos en un procedimiento penal[7]; es más, contempla expresamente tal posi-

---

ponerlos inmediatamente en conocimiento del juez de guardia o del Ministerio Fiscal con el fin de que se pueda incoar o instar el procedimiento para la adopción de la orden de protección».

5. *Vid.*, GARCÍA-ROSTÁN CALVÍN, G., *El Proceso Penal de Menores..., op. cit.*, pág. 23; LÓPEZ LÓPEZ, A. M., *La instrucción del Ministerio Fiscal en el procedimiento de menores*, Comares, Granada, 2002, págs. 129 y 130; Idem, *La ley orgánica reguladora de la responsabilidad penal de los menores (Comentarios, concordancias y jurisprudencia)*, Comares, Granada, 2004, pág. 130.

6. Conviene destacar, no obstante, que la reciente *Directiva (UE) 2024/1385 del Parlamento Europeo y del Consejo de 14 de mayo de 2024 sobre la lucha contra la violencia contra las mujeres y la violencia doméstica* (https://www.boe.es/doue/2024/1385/L00001-00036.pdf), que todavía está pendiente de transponer, contiene en su art. 14 las siguientes previsiones: «4.Los Estados miembros se asegurarán de que los profesionales de la salud con obligaciones de confidencialidad puedan denunciar ante las autoridades competentes cuando tengan motivos razonables para pensar que existe un riesgo inminente de que se causen lesiones físicas graves a una persona como resultado de violencia contra las mujeres o violencia doméstica. 5.Los Estados miembros se asegurarán de que, en el caso de que la víctima sea un menor, sin perjuicio de las normas sobre la prerrogativa de secreto profesional en la relación cliente-abogado o, cuando así lo establezca el Derecho nacional, el sigilo sacramental o principios equivalentes, los profesionales con obligaciones de confidencialidad en virtud del Derecho nacional puedan denunciar ante las autoridades competentes cuando tengan motivos razonables para pensar que se han causado lesiones físicas graves a un menor como resultado de violencia contra las mujeres o de violencia doméstica».

7. *Vid.*, FISCALÍA GENERAL DEL ESTADO, *Dictamen 7/2012, sobre criterios de actuación en supuestos de violencia de género* (apdo. II.1 y Conclusión 1.ª). De acuerdo con la

bilidad, si bien con ciertas prevenciones (v.gr., arts. 449 ter, 703 bis o 707 LECrim)[8].

A su vez, por lo que respecta a la previsión del art. 261 LECrim, que exonera del deber de denunciar al cónyuge o pareja de hecho del agresor, incluida la propia víctima, así como a sus ascendientes, descendientes y parientes colaterales hasta el segundo grado, conviene precisar que de tal exención deberán ser advertidos oportunamente por las autoridades receptoras de la denuncia, so pena de que todo lo que digan pueda ser declarado nulo. Por ello, cuando sea la propia víctima la que toma voluntariamente la iniciativa de denunciar los hechos, se puede entender que renuncia tácitamente a tal exención, ya que no puede ir en contra de sus propios actos. Pero para que tal renuncia sea eficaz, debe conocer que la exención existe, por lo que los receptores de la denuncia (policía, fiscal, jueces, etc.) deben informarle y explicarle de forma comprensible su derecho a no denunciar ni declarar contra su cónyuge o pareja, pero de la posibilidad de hacerlo y de sus consecuencias[9].

No obstante, tras la reforma de este precepto, operada por la disposición final primera de la LOPIVI, tal exención del deber de denunciar se excluye cuando se trate de alguno de los delitos de carácter violento citados en su apartado segundo (contra la vida, lesiones, maltrato habitual, contra la libertad, o contra la libertad o indemnidad sexual, entre otros) y la víctima sea una persona menor de edad o con discapacidad necesitada de especial

---

Conclusión 1.ª, «Las víctimas menores de edad pueden denunciar los hechos por sí, sin presencia de sus representantes legales, siempre que muestren suficiente capacidad de juicio y discernimiento, sin perjuicio de que, con posterioridad y durante la tramitación del expediente, un adulto responsable pueda asistirles en las sucesivas diligencias. No obstante, si el Fiscal instructor en el momento de recibir declaración a la víctima menor, a la vista de las circunstancias de esta o de su entorno familiar, apreciase que podría expresarse con mayor libertad y presencia de ánimo sin la concurrencia de un representante legal, podrá disponer, en decreto motivado, que declare sin asistencia de representante, por aplicación supletoria del art. 433, último párrafo de la LECrim».

8. A este respecto, el art. 14.6 Directiva (UE) 2024/1385 prevé que «Cuando sean menores quienes denuncien actos de violencia contra las mujeres o de violencia doméstica a las autoridades competentes, los Estados miembros se asegurarán de que los procedimientos de denuncia sean seguros y confidenciales y estén concebidos de manera accesible y adecuada para los menores, en un lenguaje accesible y adecuado para ellos, en función de su edad y su madurez».

9. En este sentido, el art. 5.1.b) EVD prevé que, desde el primer contacto con las autoridades y funcionarios competentes, la víctima tiene derecho a recibir información adaptada a sus circunstancias y condiciones personales sobre, entre otros aspectos, el «derecho a denunciar y, en su caso, el procedimiento para interponer la denuncia y derecho a facilitar elementos de prueba a las autoridades encargadas de la investigación».

protección (art. 261.II LECrim). Tal sería el caso, por ejemplo, de la madre de un menor que tiene conocimiento de que éste ha cometido alguno de estos delitos contra su pareja también menor de edad.

En otro orden de cosas, cabe recordar que, si el delito o falta que se imputa al menor es de carácter semipúblico, se impone como condición de procedibilidad la denuncia de la persona agraviada o de su representante legal, sin la cual el Ministerio Fiscal no podrá incoar el expediente de reforma, salvo que el ofendido sea menor de edad, incapaz o una persona desvalida[10]. No obstante, tal condición de procedibilidad tendrá muy escasa incidencia en el ámbito de la violencia de género, pues, por ejemplo, si se trata de los delitos de agresión o acoso sexual, el art. 191.1 CP autoriza al Fiscal a suplir la inactividad de la persona agraviada o de su representante legal, debiendo valorar los intereses en conflicto en orden a decidir sobre la incoación o no del Expediente[11]. En el mismo sentido, se dispensa de la necesidad de denuncia de la persona agraviada o de su representante legal cuando se trate del delito de acoso (art. 172 ter. 2 CP) o de los delitos de amenazas (art. 171.7.II CP), coacciones (art. 172.3. II CP) o vejaciones injustas (art. 173.4 CP), todas ellas de carácter leve, dirigidas contra alguna de las personas a que se refiere el art. 173.2 CP[12].

10. A este respecto, la FISCALÍA GENERAL DEL ESTADO señala, en la referida *Circular 1/2000* (apdo. VI.2.A), que, en estos casos, «el Fiscal deberá acordar la incoación de Diligencias Preliminares pero procederá a su inmediato archivo por no concurrir las condiciones de procedibilidad legalmente exigibles. El Decreto de archivo se notificará al agraviado o a su representante legal, informándole de que puede activar el proceso, si lo desea, formulando la oportuna denuncia ante la Fiscalía dentro del plazo de prescripción del delito o falta previsto en el art. 10.1».

11. Obsérvese que, para proceder por los citados delitos, el art. 191.1 CP exige querella del Ministerio Fiscal, salvo cuando la víctima sea menor de edad, incapaz o una persona desvalida, en cuyo caso bastará la denuncia del Ministerio Fiscal. Sin embargo, al tratarse de un proceso penal de menores, en el que el Fiscal asume la dirección de la instrucción y es el destinatario último de las denuncias que se presenten, no parece lógico exigirle la presentación de querella ni de denuncia, sino que debe bastar el acuerdo de incoar el expediente de reforma contra el menor presunto responsable. *Vid.*, SALOM ESCRIVÁ, J.S., «La intervención del Ministerio Fiscal en el proceso de exigencia de responsabilidad penal de los menores», *Justicia Penal de menores y jóvenes (Análisis sustantivo y procesal de la nueva regulación)* (Coords., González Cussac, Tamarit Sumalla y Gómez Colomer), Tirant lo Blanch, Valencia, 2002, pág. 220, nota 18.

12. En relación con estas condiciones de procedibilidad, el art. 15.5 Directiva (UE) 2024/1385 dispone que «Los Estados miembros velarán por que la investigación o el enjuiciamiento de los actos de violación no dependan de la denuncia por parte de la víctima o su representante, ni de la querella de la víctima o de su representante, y por que la causa penal no sea sobreseída por el mero hecho de que se haya retirado la denuncia o la querella».

También ha suscitado ciertas dudas la virtualidad que pueden tener las denuncias anónimas de hechos delictivos atribuidos a un menor[13]. A este respecto, la FGE se muestra muy recelosa en relación con tales denuncias, aconsejando archivar las diligencias preliminares incoadas en base a las mismas. Sólo, y con carácter excepcional, estaría justificado el desarrollo de una investigación preliminar si la denuncia anónima se refiere a hechos de cierta relevancia y contiene datos particulares de fácil comprobación[14].

Otra cuestión problemática con la que nos podemos encontrar en los supuestos de violencia de género ejercida por menores es la de la presentación de sucesivas denuncias contra un mismo menor ante la reiteración de actos violentos contra la víctima. Ello, en principio, puede generar la apertura de sucesivas diligencias preliminares para la investigación de los nuevos hechos delictivos, pero es necesario que todas ellas se acumulen en un mismo expediente para facilitar la articulación de una respuesta integral armónica y coherente a la problemática que presenta el menor en cuestión. Tal unidad de expediente viene impuesta por el art. 20.1 LORPM, conforme al cual, «el Ministerio Fiscal incoará un procedimiento por cada hecho delictivo, salvo cuando se trate de hechos delictivos conexos», como sería el supuesto referido, en el que se daría la «conexión» prevista en el art. 17.3 LECrim.

Ahora bien, la deseable unidad de expediente debe compatibilizarse con la necesidad de racionalizar la tramitación del procedimiento, evitando en la medida de lo posible las suspensiones y retroacciones. Por ello, como apunta la FGE, en su Circular 1/2010, de 23 de julio, sobre el tratamiento desde el sistema de justicia juvenil de los malos tratos de menores contra sus ascendientes, la posibilidad de acumular expedientes, en estos casos, se debe dejar abierta durante toda la instrucción; y, una vez finalizada ésta, ya no procederá la retroacción del procedimiento a tal fin, sin perjuicio de que, si el nuevo expediente también desemboca en una sentencia condenatoria, se pueda unificar la respuesta educativo-sancionadora en la fase de ejecución mediante la refundición de medidas prevista en el art. 47 LORPM[15].

13. *Vid.*, LÓPEZ LÓPEZ, A. M., *La instrucción del Ministerio Fiscal...*, *op. cit.*, págs. 132 a 135; Idem, *La ley orgánica reguladora de la responsabilidad penal...*, *op. cit.*, págs. 131 y 132.
14. FISCALÍA GENERAL DEL ESTADO, *Circular 1/2000* (apdo. VI.2.B).
15. *Vid.*, FISCALÍA GENERAL DEL ESTADO, *Circular 1/2010, de 23 de julio, sobre el tratamiento desde el sistema de justicia juvenil de los malos tratos de los menores sobre sus ascendientes* (apdo. III-1). Si bien es cierto que esta Circular establece de modo expreso que se refiere únicamente a la violencia de los menores contra sus ascendientes, dejando al margen el tratamiento de los supuestos de violencia de género, también lo es que, en este punto concreto, las razones que justifican la unidad de expediente (y sus límites) en los casos de actos reiterados de violencia familiar son las mismas que en los supuestos de violencia de género, por lo que la respuesta también debe ser análoga.

Finalmente, también cabe destacar que el art. 16.2 LORPM induce a confusión en lo que se refiere al órgano receptor de la denuncia, ya que, si bien en él se dice que la *notitia criminis* debe ponerse en conocimiento del Ministerio Fiscal, nada obsta para que, conforme a las reglas generales, la denuncia se pueda presentar asimismo ante un órgano jurisdiccional o ante la policía (arts. 259, 262 y 282 LECrim), o canalizarse a través de otros servicios como las Oficinas de Asistencia a las Víctimas. Eso sí, el destinatario último de la misma será la Sección de Menores de la Fiscalía correspondiente.

2. POSIBILIDAD DE INCOACIÓN DEL PROCESO MEDIANTE QUERELLA

Pese al silencio de la LORPM[16], la doctrina también admite la querella como medio apto para hacer llegar al Fiscal la noticia del hecho delictivo cometido por el menor, aunque aquélla no se puede presentar directamente ante la Fiscalía, sino ante el Juez de Menores, a quien le compete decidir sobre su admisión a trámite y la consiguiente personación del ofendido como acusador particular (art. 25 LORPM)[17].

En consecuencia, será el Juez de Menores el competente para verificar si la querella cumple o no los requisitos formales legalmente exigidos, para que la víctima (o, en su caso, sus padres, sus herederos o sus representantes legales) se pueda constituir en acusación particular, sin que proceda que el Fiscal los compruebe por su cuenta. Ahora bien, en la medida en que el Fiscal es el director de la investigación en exclusiva, le corresponde a él

16. Resulta sorprendente que, tras la reforma de la LORPM, llevada a cabo por la LO 8/2006, de 4 de diciembre, continúe sin hacer mención alguna a la querella. Es más, de la lectura de los arts. 4 y 25 LORPM, incluso se podría deducir que la víctima y el perjudicado únicamente pueden personarse como parte acusadora cuando el proceso ya está en marcha, y por la vía del ofrecimiento de acciones. No obstante, la lógica impone pensar que el ofendido y el perjudicado sí pueden promover el proceso y constituirse como parte acusadora desde el inicio, mediante querella.

17. *Vid.*, GARCÍA-ROSTÁN CALVÍN, G., *El Proceso Penal de Menores...*, *op. cit.*, págs. 74 y 75; TINOCO PASTRANA, A., «Consideraciones sobre la tutela de la víctima en la justicia de menores», *Cuadernos de Política Criminal*, núm. 85, 2005, págs. 202 y 203. No obstante, algún autor como REVILLA GONZÁLEZ («Sujetos intervinientes en el proceso penal de menores. La víctima y el menor infractor», *Proceso Penal de Menores* (Coord., González Pillado), Tirant lo Blanch, Valencia, 2008, págs. 87 a 90) pone de relieve los inconvenientes prácticos que comporta el ejercicio de la acusación particular mediante querella en el proceso penal de menores, ya que, por una parte, no se puede formular ante el Juez de Menores al no ser éste un órgano de instrucción competente para decidir sobre la incoación del expediente de reforma; y, por otra, tampoco cabe presentarla ante el Fiscal por ser el Juez quien debe admitir la personación del acusador particular, y serviría a los solos efectos de transmisión de la *notitia criminis*.

controlar que concurren las condiciones y presupuestos para que el proceso contra el menor se pueda incoar y seguir su curso, de modo que no resulta vinculado por las apreciaciones del Juez de Menores sobre la indiciaria existencia y tipicidad de los hechos a la hora de resolver sobre la admisión a trámite de la querella[18]. Es decir, la admisión a trámite de la querella por el Juez de Menores no obsta para que, en su caso, el Fiscal pueda decretar el archivo de las actuaciones o el desistimiento de la incoación del expediente, conforme a lo previsto en los arts. 16 y 18 LORPM, respectivamente, si concurriesen las condiciones para ello. En tal caso, pese al ejercicio de la acción penal del particular, no se podría incoar el expediente de reforma, con lo que la querella formulada no tendría más valor que el de una mera denuncia[19].

Por lo demás, también conviene recordar en este punto, aunque sobre ello volveremos posteriormente, que, conforme al art. 25 LORPM, «podrán personarse en el procedimiento como acusadores particulares (...), las personas directamente ofendidas por el delito, sus padres, sus herederos o sus representantes legales si fueran menores de edad o incapaces, con las facultades y derechos que derivan de ser parte en el procedimiento». Esto significa que, ante un acto de violencia de género cometido por un menor, la legitimación para interponer la querella y personarse en el proceso como acusación particular le corresponde, *a priori*, a la propia víctima de la agresión. No obstante, si ésta hubiese fallecido a consecuencia de la agresión, podrán comparecer como tales acusadores «sus herederos», expresión que no debe entenderse en el sentido estricto de los herederos forzosos a que se refiere el art. 807 CC, sino comprensivo de todas las personas que el EVD considera como «víctimas indirectas» (arts. 2.a) EVD y 109 bis.1 LECrim). A su vez, si la víctima fuese menor de edad o incapaz, la acusación particular podrá ser ejercida por sus representantes legales, ya sean sus padres o quienes legalmente ejerzan esa representación.

III. DILIGENCIAS PRELIMINARES Y DECISIÓN SOBRE LA INCOACIÓN DEL EXPEDIENTE

Las diligencias preliminares que puede acordar el Fiscal tras la recepción de la *notitia criminis* tienen por objeto la realización de una serie de indagaciones que le reporten los datos fácticos y jurídicos necesarios para

18. *Vid.*, GARCÍA-ROSTÁN CALVÍN, G., *El Proceso Penal de Menores...*, *op. cit.*, pág. 75.
19. En este sentido, la personación de la víctima como acusación particular únicamente será efectiva tras la incoación del expediente de reforma por el Fiscal, sin que pueda personarse en las diligencias preliminares, *vid.*, FISCALÍA GENERAL DEL ESTADO, *Dictamen 1/2016, sobre adaptación de la ley 4/2015, del Estatuto de la víctima del delito, al ámbito de la Justicia Juvenil* (apdo. III.1.2).

poder decidir si procede o no la incoación del expediente de reforma, evitando, en su caso, que el menor tenga que sufrir las consecuencias que conlleva la apertura de tal expediente cuando, desde el principio, está abocado al archivo.

En consecuencia, esta actividad investigadora preliminar sólo estará justificada en la medida en que exista la necesidad de despejar ciertas dudas iniciales y razonables que la *notitia criminis* pueda suscitar en torno a la verosimilitud de la imputación, la identidad y edad de los partícipes o la tipicidad penal de la conducta imputada. Y, por ello, la doctrina y la FGE insisten en que las diligencias preliminares no se pueden aprovechar para llevar a cabo una investigación completa y anticipada de los hechos a espaldas del menor, lo que vulneraría su derecho de defensa[20], ya que en estos momentos es posible que todavía no haya sido informado de los hechos que se le imputan, ni de los derechos que le asisten, ni se haya designado abogado que le defienda (art. 22.1 LORPM)[21].

Por todo ello, la previsión del art. 16.2 LORPM, según la cual, en este momento procesal, el Fiscal «practicará (...) las diligencias que estime pertinentes para la comprobación del hecho y de la responsabilidad del menor en su comisión», requiere ser matizada en un doble sentido: por una parte, en cuanto a los concretos aspectos de la *notitia criminis* que pueden resultar dudosos y que el Fiscal debe tratar de esclarecer para decidir sobre la aper-

20. *Vid.*, DE LA ROSA CORTINA, J. M., *La Responsabilidad Penal de los Menores..., op. cit.*, pág. 117; GARCÍA-ROSTÁN CALVÍN, G., *El Proceso Penal de Menores..., op. cit.*, pág. 28; LÓPEZ LÓPEZ, A. M., *La instrucción del Ministerio Fiscal..., op. cit.*, págs. 135 y 136; TOMÉ GARCÍA, J. A., *El procedimiento penal del menor (Tras la Ley 38/2002, de reforma Parcial de la Ley de Enjuiciamiento Criminal)*, Thomson-Aranzadi, Pamplona, 2003, pág. 91. Por su parte, la FISCALÍA GENERAL DEL ESTADO, en su *Circular 1/2000* (apdo. VI.2.B) señala a este respecto que «los Fiscales deben hacer un uso tan ponderado como excepcional y restringido de las diligencias de investigación en fase preliminar pues la nueva Ley busca el robustecimiento de los principios de defensa y de equilibrio de partes en la fase de instrucción, lo que obliga a no demorar su incoación con una actividad preliminar que en modo alguno debe convertirse en sustitutivo o anticipo del Expediente de reforma». Y, en su *Circular 1/2007, de 26 de noviembre, sobre criterios interpretativos tras la reforma de la legislación penal de menores de 2006*, (apdo. IX.7), añade que en ningún caso las diligencias preliminares podrán exceder de seis meses y, si fuese necesaria alguna prórroga, debe pedirse autorización a la Fiscalía General del Estado.

21. Y ello, aunque en la *Consulta 2/2005, sobre el discutido derecho del menor detenido a entrevistarse reservadamente con su letrado antes de prestar declaración en fases previas a la incoación del expediente* (apdo. I), la FISCALÍA GENERAL DEL ESTADO efectúa una interpretación correctora del art. 22.1 LORPM, abogando por extender los derechos que este precepto confiere al menor «desde el mismo momento de la incoación del expediente», ya a la fase de diligencias preliminares.

tura del expediente de reforma; y, por otra, en cuanto a las diligencias cuya práctica puede acordar el Fiscal con este fin.

En relación con la primera cuestión apuntada, la doctrina ha destacado que, básicamente, son cuatro los extremos que, en su caso y de modo sucesivo, el Fiscal deberá tratar de comprobar o esclarecer con la práctica de las diligencias preliminares, a saber: la verosimilitud de los hechos imputados, la tipicidad penal de tales hechos, la minoría de edad de los presuntos responsables, y la oportunidad o no de desistir de la incoación del expediente de reforma conforme a lo dispuesto en el art. 18 LORPM[22].

En lo que respecta a este último extremo, sobre el que volveremos al tratar el principio de oportunidad, suscitará pocas dudas cuando al menor se le impute un acto de violencia de género, por cuanto el propio art. 18 LORPM condiciona la posibilidad de desistimiento de la incoación del expediente a la ausencia de «violencia o intimidación en las personas». Es cierto que, de la redacción del precepto se puede deducir que tal ausencia de violencia o intimidación se exige únicamente cuanto los hechos constituyan delitos menos graves, mientras que, tratándose de delitos leves[23], sería viable el desistimiento aun concurriendo cierto grado de violencia o intimidación. Sin embargo, no podemos olvidar que, en los casos de violencia de género, son constitutivos de delito grave o menos grave todos los actos de «violencia física o psíquica», por leve que esta sea (arts. 153.1 y 173.2 CP), así como la práctica totalidad de las conductas intimidatorias que constituyan amenaza o coacción (arts. 171.4 y 172.2 CP), por lo que el Fiscal tendría prácticamente vedada la posibilidad de desistimiento *ex* art. 18 LORPM. A lo sumo, sería viable ante un hecho constitutivo de amenazas (art. 171.7.II CP), coacciones (art. 172.3. II CP) o vejaciones injustas (art. 173.4 CP), todas ellas de carácter leve, por constituir delitos leves.

A su vez, por lo que se refiere a las diligencias cuya práctica puede acordar el Fiscal en esta fase preliminar para disipar las posibles dudas sobre los extremos apuntados, también se impone una interpretación restrictiva del art. 16.2 LORPM, que se limita a autorizar la práctica de las que el Fiscal «estime pertinentes para la comprobación del hecho y de la responsabilidad del menor en su comisión». Si bien se observa, esta disposición

22. *Vid.*, entre otros, LÓPEZ LÓPEZ, A. M., *La instrucción del Ministerio Fiscal...*, *op. cit.*, págs. 136 a 152; Idem, *La ley orgánica reguladora de la responsabilidad penal...*, *op. cit.*, págs. 132 a 135; MORENILLA ALLARD, P., *El proceso penal del menor...*, *op. cit.*, pág. 115; TOMÉ GARCÍA, J. A., *El procedimiento penal del menor...*, *op. cit.*, págs. 91 y 92.

23. A este respecto, cabe recordar que, aunque la LORPM se sigue refiriendo en este punto a las faltas, conforme a la disposición adicional segunda de la LO 1/2015, de 30 de marzo, por la que se modifica el Código Penal, «Las menciones contenidas en las leyes procesales a las faltas se entenderán referidas a los delitos leves».

está redactada en términos tan amplios que una interpretación literal de la misma implicaría trasladar a esta fase preliminar el grueso de la investigación, pues, precisamente, la comprobación del hecho y de la responsabilidad del menor en su comisión constituye el objeto, no sólo de la instrucción, sino de todo el proceso en su conjunto[24]. Por ello, atendiendo a cuál debe ser la finalidad exclusiva de las diligencias preliminares y a que un uso abusivo de las mismas puede generar indefensión al menor, entendemos que tales diligencias, que se deberán ajustar a las previsiones generales de los arts. 773.2 LECrim y 5 EOMF, serán básicamente las siguientes.

En primer lugar, a efectos de constatar la verosimilitud de los hechos imputados al menor, la diligencia más lógica será la citación del denunciante o de la víctima para que ratifique ante el Fiscal el contenido de la denuncia y, en su caso, amplíe o aclare aquellos extremos de la misma que puedan resultar oscuros o de difícil comprensión. Por lo general, tales diligencias de comprobación no serán necesarias cuando la *notitia criminis* provenga de una fuente solvente como es un atestado policial, ya que, en tal caso, la incriminación del menor ya suele venir respaldada por averiguaciones policiales previas o soportes documentales suficientemente acreditativos de los hechos y de la participación en ellos del menor.

En segundo lugar, la verificación de la tipicidad de los hechos imputados al menor y que resultan verosímiles no requiere, por lo general, ninguna diligencia de investigación, sino únicamente un acto intelectivo de calificación penal de los mismos; salvo cuando en la *notitia criminis* se haya omitido o sea necesario aclarar algún dato que incide en dicha calificación, como, por ejemplo, la concurrencia entre el menor y la víctima de las relaciones previstas en los arts. 153 y 173 CP. En tal caso, lo lógico también será citar al denunciante, a la víctima o a otras personas conocedoras de la situación (por ejemplo, integrantes de la pandilla de amigos) para que el Fiscal les tome declaración e intente obtener tales datos o informaciones.

Por último, si existiesen dudas sobre la minoría de edad del investigado, y no constasen datos que permitan su determinación, se procederá conforme a lo dispuesto en el art. 2.9 RD 1774/2004. Es decir, se le pondrá a disposición de la autoridad judicial de la jurisdicción ordinaria para que proceda a determinar la identidad y edad del presunto delincuente conforme a lo previsto en el art. 375 LECrim. Por tanto, a falta del Documento Nacional de Identidad (u otro documento análogo, en el caso de extranjeros), se deberá recabar certificación de su inscripción de nacimiento en el

24. *Vid.*, GARCÍA-ROSTÁN CALVÍN, G., *El Proceso Penal de Menores...*, *op. cit.*, pág. 29.

Registro Civil o de su partida de bautismo, si no estuviese inscrito; y, si no se pueden obtener tales documentos, la edad se deberá determinar mediante un examen físico (habitualmente, un análisis del desarrollo óseo) y posterior informe del médico forense o de los médicos nombrados al efecto[25].

Pues bien, una vez concluida la práctica de estas diligencias preliminares y en función de cuál haya sido su resultado, el Fiscal deberá adoptar alguna de estas decisiones: a) decretar el archivo de las actuaciones, «cuando los hechos no constituyan delito o no tengan autor conocido» (art. 16.2 LORPM)[26]; b) decretar el desistimiento de la incoación del expediente en los términos del art. 18 LOPRM, aunque, como ya apuntamos, tal decisión será muy excepcional; y c) decretar la incoación del expediente de reforma. Esto último procederá cuando, tras la práctica de las diligencias preliminares, se constate la concurrencia de las siguientes circunstancias: que los hechos a los que se refiere la *notitia criminis* son verosímiles; que tales hechos son indiciariamente constitutivos de delito; que está identificado el presunto autor de los mismos y que se trata de un sujeto de edad comprendida entre los catorce y los dieciocho años; que no procede o no es oportuno desistir de la incoación del expediente; y que no concurre ningún otro motivo determinante del archivo de las actuaciones.

25. Cabe recordar que, en estos momentos, se halla en tramitación un *Anteproyecto de Ley por el que se regula del procedimiento de evaluación de la edad*, que lo configura como un proceso judicial civil de carácter urgente, preferente y no dispositivo por afectar al estado civil de la persona. La competencia para conocer de este procedimiento corresponderá a los Juzgados de Familia o de Primera Instancia del lugar donde se encuentre la persona que alega su minoría de edad, salvo que esté detenida, en cuyo caso, la competencia recaerá en el Juzgado de Menores. Esta atribución competencial a los Juzgados de Menores obligará a una modificación de la LORPM y, a tal efecto, también se está tramitando un *Anteproyecto de Ley Orgánica complementaria de la Ley que regula el procedimiento de evaluación de la edad, por la que se modifica la Ley Orgánica 5/2000, de 12 de enero, reguladora de la responsabilidad penal de los menores*. Sobre este futuro procedimiento, *vid.*, PILLADO GONZÁLEZ, E., «Las garantías procesales de los menores infractores: ajustes necesarios desde la normativa internacional y europea», *Hacia un Derecho Procesal Europeo: IX Memorial Manuel Serra Domínguez* (Dir., Aragüena Fanego y de Hoyos Sancho), Atelier, Barcelona, 2024, págs. 63 a 68.

26. Aunque el art. 16.2 LORPM únicamente contempla estas dos causas de archivo de las actuaciones, hemos de entender que no constituyen *numerus clausus*, sino que, atendiendo al ámbito de aplicación del proceso penal de menores y a la supletoriedad de la LECrim, también procederá el archivo en otros casos como los siguientes: cuando el denunciado sea menor de catorce años o mayor de dieciocho; cuando la denuncia sea manifiestamente falsa (art. 269 LECrim); cuando no se haya cumplido algún presupuesto o condición de perseguibilidad de los hechos (v.gr., la denuncia del ofendido, si fuese preceptiva); o cuando no existan dudas sobre la prescripción de la infracción penal imputada al menor, o sobre la existencia de cosa juzgada material.

El decreto del Fiscal incoando el expediente da inicio a la fase de instrucción propiamente dicha, abriendo el proceso al control jurisdiccional. Una vez dictado, se comunica al Juzgado de Menores dicha incoación (art. 16.3 LORPM); se notifica el expediente al menor investigado (art. 22.2 LORPM), con los derechos expresados en el art. 22.1 LORPM[27], fundamentalmente, los de asistencia letrada, del Equipo Técnico y de sus representantes legales; y se notifica también a quien aparezca como ofendido y/o perjudicado, quien podrá personarse como acusación particular ante el Juzgado o ejercitar las acciones civiles que le puedan corresponder (arts. 4, 22.3 y 25 LORPM).

Esta resolución debe estar suficientemente motivada, aunque al encontrarnos todavía en los albores del procedimiento no se le puede exigir una total exhaustividad en cuanto a su contenido argumental. En cualquier caso, deberá contener la descripción de los hechos por los que se procede, su calificación jurídica, la identificación de los menores expedientados y de sus representantes legales o guardadores, así como la identificación de los ofendidos o perjudicados por el hecho delictivo[28].

27. Tales derechos son los siguientes: a) ser informado por el Juez, el Ministerio Fiscal, o agente de policía de los derechos que le asisten; b) designar abogado que le defienda, o a que le sea designado de oficio y a entrevistarse reservadamente con él, incluso antes de prestar declaración; c) intervenir en las diligencias que se practiquen durante la investigación preliminar y en el proceso judicial, y a proponer y solicitar, respectivamente, la práctica de diligencias; d) ser oído por el Juez o Tribunal antes de adoptar cualquier resolución que le concierna personalmente; e) la asistencia afectiva y psicológica en cualquier estado y grado del procedimiento, con la presencia de los padres o de otra persona que indique el menor, sí el Juez de Menores autoriza su presencia; f) la asistencia de los servicios del Equipo Técnico adscrito al Juzgado de Menores.

28. *Vid.*, FISCALÍA GENERAL DEL ESTADO, *Circular 1/2000* (apdo. VI.3); LÓPEZ LÓPEZ, A. M., *La ley orgánica reguladora de la responsabilidad penal..., op. cit.*, pág. 137.

Capítulo IV

La investigación de la violencia de género ejercida por menores

SUMARIO: I. CONSIDERACIONES PREVIAS. II. GARANTÍAS DE LA DECLARACIÓN DE LA VÍCTIMA. III. LA PRECONSTITUCIÓN PROBATORIA DE LA TESTIFICAL DE LOS MENORES DE EDAD. *1. Consideraciones previas. 2. La preconstitución probatoria de la testifical del menor tras la Ley 4/2015, de 27 de abril, del Estatuto de la víctima del delito. 3. La preconstitución de la testifical del menor tras la Ley Orgánica 8/2021, de 4 de junio, de protección integral a la infancia y la adolescencia frente a la violencia.* IV. LA EXENCIÓN DEL DEBER DE DECLARAR *EX* ART. 416.1 LECRIM DE LA VÍCTIMA DE VIOLENCIA DE GÉNERO. *1. Consideraciones previas. 2. Ámbito de aplicación de la exención del deber de declarar del art. 416.1 LECrim.* 2.1. Momento en que ha de concurrir el vínculo conyugal o afectivo. 2.2. Aplicabilidad de la exención del deber de declarar al testigo-víctima. *3. Exclusiones de la exención del deber de declarar del art. 416.1 LECrim.*

I. CONSIDERACIONES PREVIAS

Como hemos apuntado, el expediente de reforma se inicia con el decreto del Fiscal por el que acuerda su incoación, que deberá ser inmediatamente notificado al Juez de Menores, quien acodará las diligencias de trámite correspondientes y ordenará la apertura de la pieza separada de responsabilidad civil (art. 16.3 y 4 LORPM), al menor investigado, a quien se deberá informar de su condición de investigado, de los hechos que se le imputan y de los derechos que le asisten conforme al art. 22.1 LORPM, así como al ofendido y/o perjudicado, quien, según el caso, podrá personarse en el proceso como acusación particular (art. 25 LORPM) o ejercer las acciones civiles que le puedan corresponder, personándose ante el Juez de Menores en la pieza de responsabilidad civil (art. 22.3 LORPM).

Esta fase de instrucción en el proceso penal de menores tiene un triple objeto o finalidad. Dos de estas finalidades son compartidas con la instrucción del proceso penal de adultos, mientras que la tercera es específica del expediente de reforma. Son las siguientes:

a. Preparar la celebración del juicio o audiencia. A tal efecto, en esta fase, se deberán practicar las diligencias de investigación oportunas para averiguar y hacer constar la perpetración del hecho delictivo y la participación en el mismo del menor investigado. A su vez, también se deberán recoger y custodiar las piezas, documentos y efectos que guarden relación con tal hecho.

b. Adoptar medidas cautelares respecto del menor investigado y/o medidas de protección respecto de la víctima. A tenor del art. 28.1 LORPM, cuando existan indicios racionales de la comisión de un delito y el riesgo de eludir u obstruir la acción de la justicia por parte del menor o de atentar contra los bienes jurídicos de la víctima, el Ministerio Fiscal podrá solicitar del Juez de Menores la adopción de medidas cautelares para la custodia y defensa del menor expedientado o para la debida protección de la víctima[1].

c. Proponer las concretas medidas de contenido educativo y sancionador que proceda aplicar al menor. Es ésta una finalidad específica de la fase de instrucción del proceso penal de menores, prevista en el art. 23.1 LORPM, a tenor del cual, «la actuación instructora del Ministerio Fiscal tendrá como objeto (...) proponer las concretas medidas de contenido educativo y sancionador adecuadas a las circunstancias del hecho y de su autor y, sobre todo, al interés del propio menor valorado en la causa». No obstante, tal cometido no deja de ser eventual, porque, como veremos, en virtud del principio de oportunidad reglada, el Fiscal también puede proponer el sobreseimiento del expediente *ex* arts. 19 y 27.4 LORPM[2].

En definitiva, como indica la FGE en su Circular 1/2000, de 18 de diciembre, el objeto de la instrucción del proceso penal de menores «se debe circunscribir a la práctica de aquellas diligencias que el Fiscal estime absolutamente imprescindibles para una formulación bien fundada del escrito de

1. Sobre las medidas cautelares, *vid.*, Capítulo V.
2. Sobre la operatividad del principio de oportunidad reglada y las medidas definitivas aplicables a los menores autores de violencia de género, *vid.*, Capítulos VII y VIII, respectivamente.

alegaciones o para obtener un criterio razonable de terminación anticipada del proceso y derivación del asunto hacia soluciones extraprocesales»[3].

En este sentido, el Fiscal, como director exclusivo de la instrucción, está facultado para practicar u ordenar que se practiquen las diligencias de investigación que considere oportunas a fin de comprobar la perpetración del hecho delictivo y la participación del menor en el mismo y así poder proponer las medidas de contenido educativo y sancionador más adecuadas a las circunstancias de ese menor o, en su caso, solicitar el sobreseimiento por derivación del asunto a soluciones extraprocesales. Pero esta facultad es limitada, ya que el Fiscal no puede practicar por sí mismo ni ordenar la práctica de diligencias de investigación que sean restrictivas de derechos fundamentales, sino que debe solicitar su práctica al Juez de Menores, quien, en su caso, deberá autorizarlas mediante auto motivado (arts. 23.3 LORPM y 5 EOMF).

Por tanto, aunque la LORPM no establece cuáles son estas diligencias de investigación que puede utilizar el Fiscal en el curso del expediente de reforma, a la vista de los tipos legales regulados en los Títulos V a VIII del Libro II de la LECrim, aun no siendo *numerus clausus*, y de la limitación expuesta, podemos concluir que el Fiscal podrá llevar a cabo las siguientes diligencias: a) la inspección ocular; b) diligencias sobre el cuerpo del delito[4]; c) las de identificación del delincuente y de sus circunstancias personales[5]; d) la declaración del menor investigado; e) las declaraciones de testigos; f) los careos (aunque con carácter excepcional); o, g) la solicitud de

3. FISCALÍA GENERAL DEL ESTADO, *Circular 1/2000, de 18 de diciembre, relativa a los criterios de aplicación de la Ley Orgánica 5/2000, de 12 de enero, por la que se regula la responsabilidad penal de los menores* (apdo. VI.3.B).
4. No obstante, si se trata de la diligencia de levantamiento de cadáver, la competencia corresponderá al Juez de Instrucción de Guardia.
5. En lo que respecta a la identificación del menor investigado, cabe destacar que la rueda de reconocimiento se puede llevar a cabo con orden o autorización del Fiscal o del Juez de Menores. Cuando la rueda esté compuesta por otros menores de 16 años y no emancipados, se deberá contar con su autorización y la de sus representantes legales o guardadores de hecho o de derecho (art. 2.10 RD 1774/2004, de 30 de julio). En lo que se refiere a las circunstancias personales del investigado, tiene especial importancia la determinación de su edad. En principio, como se indicó, ésta ya debe quedar determinada antes de incoar el expediente de reforma, pero es posible que durante la instrucción surjan nuevas dudas sobre tal circunstancia, siendo necesario realizar exámenes radiológicos y oseométricos. En tal caso, entendemos que si no existe oposición del menor (ni, en su caso, de sus representantes legales) puede el Fiscal ordenar tales exámenes; en otro caso, deben ser autorizados por el Juez de Menores (*vid.*, DE LA ROSA CORTINA, J. M., *La Responsabilidad Penal de los Menores (Adaptada a la LO 8/2006, de 4 de diciembre)*, (con De Urbano Catillo), Thomson-Aranzadi, Pamplona, 2007, pág. 142.

informes periciales. Además, deberá instar la emisión del informe del Equipo Técnico previsto en el art. 27.1 LORPM[6].

En cambio, deberán ser autorizadas por el Juez de Menores diligencias tales como la de entrada y registro domiciliario, por afectar a la inviolabilidad del domicilio (art. 18.1 CE); la de intervención de las comunicaciones personales, ya sea la comunicación postal, telefónica o telemática, por afectar al secreto de las comunicaciones (art. 18.3 CE); o las intervenciones corporales, por afectar al derecho a la integridad e intimidad corporal (arts. 15 y 18.1 CE)[7].

Pero, además de las diligencias de investigación que pueda acordar el Fiscal de oficio, el art. 26.1 LORPM prevé que las partes, tanto el letrado del menor como el de la acusación particular, también le podrán solicitar la práctica de cuantas diligencias consideren necesarias. En tal caso, el Ministerio Fiscal deberá decidir sobre su admisión o rechazo, «mediante resolución motivada que notificará al letrado del menor y a quien en su caso ejercite la acción penal y que pondrá en conocimiento del Juez de Menores».

A los efectos de adoptar esta decisión, el Fiscal, como director de la instrucción, goza de una amplia discrecionalidad, debiendo valorar la pertinencia y utilidad de las diligencias que se le solicitan[8]. Sólo existe una diligencia que el Fiscal no podrá rechazar y es la declaración del menor. El Fiscal deberá tomarle declaración en el expediente, salvo que ya hubiese concluido la instrucción y el expediente hubiese sido elevado al Juez de Menores (art. 26.2 LORPM).

---

6. No obstante, a la hora de acordar la práctica de las diligencias de investigación, el Fiscal también deberá tener presente la indicación de la *Circular 1/2000* de la FGE (apdo. VI.3.B) en el sentido de que sólo se deben practicar aquellas diligencias «absolutamente imprescindibles», y que «no se deben reiterar diligencias que la Policía haya practicado en el atestado correspondiente o que el Fiscal haya verificado en fase preliminar». Con ello, se pretende que la tramitación de los expedientes de menores se realice de forma expedita y sin dilaciones indebidas. *Vid.*, DÍAZ MARTÍNEZ, M., «El Ministerio Fiscal "Director de la Investigación" en el Proceso Penal de Menores», en *El Ministerio Fiscal-Director de la Instrucción* (Dir. Gimeno Sendra), Iustel, Madrid, 2006, pág. 65.
7. *Vid.*, DE LA ROSA CORTINA, J. M., *La Responsabilidad Penal de los Menores..., op. cit.*, págs. 133 a 136.
8. Señala DÍAZ MARTÍNEZ («El Ministerio Fiscal "Director de la Investigación"...», *op. cit.* pág. 67) que los criterios para adoptar esta decisión deben ser los mismos que los que utiliza el Juez de Instrucción, por lo que, de conformidad con los arts. 311 y 312 LECrim, el Fiscal habrá de practicar la totalidad de los actos de investigación que le propongan, siempre y cuando no sean contrarios a las leyes, innecesarios o perjudiciales para el objeto de la investigación.

Si el Fiscal denegare la práctica de alguna de las diligencias solicitadas por las partes, su decisión no es susceptible de recurso alguno. Pero los solicitantes podrán reproducir la petición de diligencias ante el Juzgado de Menores «en cualquier momento» (art. 26.1 *in fine* LORPM). Sin embargo, pese a la dicción legal, hemos de entender que, de conformidad con lo previsto en el art. 33 e) LORPM, la intervención del Juez de Menores para decidir sobre la procedencia de las diligencias de investigación rechazadas por el Fiscal debe posponerse hasta la apertura de la fase de audiencia, en la denominada fase intermedia[9].

Si en este momento, el Juez de Menores, contradiciendo el criterio del Fiscal, estima pertinentes las diligencias de investigación solicitadas por las partes, podrá practicarlas por sí mismo, tras lo cual debe dar traslado de los resultados al Ministerio Fiscal y a las partes personadas a fin de que se pronuncien sobre el mantenimiento o modificación de sus escritos de alegaciones iniciales, para luego resolver definitivamente, mediante auto, sobre la celebración de la audiencia o el sobreseimiento de las actuaciones.

En relación con las diligencias de investigación solicitadas por las partes cabe añadir que, si afectan a derechos fundamentales del menor o de otras personas, el Fiscal no podrá decidir por sí mismo sobre su práctica, sino que, tras valorar la pertinencia de tal solicitud, se deberá dirigir al Juez de Menores instándole la práctica de las mismas, conforme a lo dispuesto en el art. 23.3. LORPM (art. 26.3 LORPM). Por tanto, en este caso, la solicitud de las partes debe pasar por un doble filtro, ya que es necesario que el Fiscal estime pertinente la solicitud y que luego el Juez de Menores acuerde la práctica de la diligencia. Si la petición ya fuese rechazada por el Fiscal, los interesados la podrían reproducir ante el Juez de Menores en los términos que acabamos de exponer (art. 26.3 LORPM).

Pues bien, dicho esto, dedicaremos este Capítulo al estudio de las cuestiones procesales más relevantes que suscita de modo habitual la investigación en el proceso penal de menores por delitos de violencia de género; y, en particular, a las que se refieren a las declaraciones testificales, tanto de la víctima como de otros testigos, que frecuentemente también serán menores de edad. Ello obedece a que, en los procesos penales por violencia de género, la diligencia de investigación y, en su caso, una de las pruebas más

9. *Vid.*, FISCALÍA GENERAL DEL ESTADO, *Circular 1/2000* (apdo. VI.3.C); DE LA ROSA CORTINA, J. M., *La Responsabilidad Penal de los Menores...*, *op. cit.*, pág. 132; DÍAZ MARTÍNEZ, M., «El Ministerio Fiscal "Director de la Investigación"...», *op. cit.* pág. 69. En contra, TOMÉ GARCÍA, J. A., *El procedimiento penal del menor (Tras la Ley 38/2002, de reforma Parcial de la Ley de Enjuiciamiento Criminal)*, Thomson-Aranzadi, Pamplona, 2003, págs. 107 a 109.

comunes y relevantes que se practican, e incluso a veces la única prueba de cargo directa de la que se dispone es la declaración testifical de la víctima y de otros parientes y allegados de esta o del investigado. La experiencia demuestra que, a la hora de ejercer este tipo de violencia, es frecuente que el agresor aproveche un ámbito de clandestinidad o de intimidad, sin testigos o con testigos de muy corta edad o exentos de la obligación de declarar por sus vínculos de parentesco o afectividad con el agresor, y en muchas ocasiones, sin que existan partes médicos que dejen constancia de las lesiones físicas y/o psicológicas ocasionadas a la víctima. De ahí que, por la dinámica de perpetración y la propia naturaleza del hecho, sea relativamente frecuente que la declaración de la víctima constituya la única prueba de cargo directa de la que se dispone para acreditar la comisión del hecho y su autoría. Y, por ello, conforme a una jurisprudencia consolidada, tanto del TC como del TS, cuando concurren determinadas circunstancias que luego analizaremos, este testimonio de la víctima puede llegar a ser, por sí solo, prueba de cargo suficiente para desvirtuar la presunción de inocencia y fundamentar una sentencia de condena[10].

Dada la relevancia de tal actuación, dedicaremos las páginas siguientes de este trabajo a analizar las garantías con las que se debe practicar tal declaración, prestando particular atención a dos instituciones que tienen una gran incidencia en la idoneidad y valor probatorio de la misma, a saber, la posibilidad de su preconstitución probatoria, así como la exención del deber de declarar por razón de parentesco *ex* art. 416.1 LECrim, dadas las dificultades que plantea para la persecución de la violencia de género. Como veremos, son dos cuestiones que han suscitado una amplia controversia y sucesivos cambios de criterio jurisprudencial, y sobre las que, recientemente, el legislador ha querido aportar seguridad jurídica, modifi-

10. En este sentido, el TS destaca que la declaración de la víctima tiene valor inculpatorio aun cuando sea la única prueba de la que intente valerse la acusación, ya que «nadie debe padecer el perjuicio de que el suceso que motiva el procedimiento penal se desarrolle en la intimidad de la víctima y del inculpado, so pena de propiciar situaciones de incuestionable impunidad», por lo que la sola declaración de la víctima tiene aptitud para provocar el decaimiento de la presunción de inocencia. *Vid.*, entre otras, SSTS 65/2007, de 5 de febrero (RJ 2007, 1459); 310/2007, 2 de abril (RJ 2007, 2855); 725/2007, de 13 de septiembre (RJ 2007, 6962); 1033/2009, de 20 de octubre (RJ 2009, 7781); 672/2011, de 29 de junio (RJ 2011, 5227); 1016, 2012, de 20 de diciembre (RJ 2013, 1646); 609/2013, de 10 de julio (RJ 2013, 7723); 21/2014, de 29 de enero (RJ 2014, 523); 210/2014, de 14 de marzo (RJ 2014, 2024); 57/2015, de 5 de febrero (RJ 2015, 328); 540/2015, de 24 de septiembre (RJ 2015, 4026); 92/2016, de 17 de febrero (RJ 2016/588); 119/2019, de 6 de marzo (RJ 2019, 868). *Vid.*, asimismo, SSTC 64/1994, de 28 de febrero (RTC 1994, 64); 16/2000, de 31 de enero (RTC 2000, 16); 195/2002, de 28 de octubre (RTC 2002, 195); 347/2006, de 11 de diciembre (RTC 2006, 347); o ATC 175/2007, de 27 de febrero (RTC 2007, 175).

cando su regulación en la LECrim con ocasión de la aprobación de la LOPIVI.

Conviene señalar, por último, que lo que aquí se diga en relación con las cuestiones apuntadas, si bien se basa en la regulación prevista en la LECrim, y por tanto, referida al proceso penal de adultos, es perfectamente aplicable a la declaración de la víctima en el proceso penal de menores, pues, como se establece en la Disposición final primera de la LORPM, en lo no regulado expresamente en esta ley, se aplican supletoriamente las previsiones de la LECrim. Además, resultan particularmente interesantes las especificidades previstas para la declaración de la víctima menor de edad, por cuanto es muy frecuente que, en el proceso penal de menores, también la víctima sea menor de edad[11].

II. GARANTÍAS DE LA DECLARACIÓN DE LA VÍCTIMA

Como ya se ha indicado en el Capítulo II, el art. 19 EVD establece el deber de las autoridades encargadas de la investigación, persecución y enjuiciamiento de los delitos de adoptar las medidas necesarias, conforme a lo previsto en la LECrim, para garantizar la vida de la víctima y de sus familiares, su integridad física y psíquica, libertad, seguridad, libertad e indemnidad sexuales, así como para proteger su intimidad y su dignidad, «particularmente cuando se les reciba declaración o deban testificar en juicio». Tal previsión denota que el legislador es consciente de los riesgos que comporta para la víctima el momento de prestar declaración en el proceso, en particular el de revictimización; y por ello regula las concretas condiciones en que ésta se debe prestar dependiendo de las necesidades de protección de la víctima puestas de manifiesto tras su evaluación individual que se debe efectuar conforme a lo previsto en los arts. 23 y 24 EVD.

Esta evaluación individual permite identificar y cuantificar los perjuicios que para una concreta víctima pueden derivarse de su intervención en el proceso; y, en consecuencia, se diseñan tres niveles de protección en función de la vulnerabilidad de las víctimas y de la potencialidad de las medidas protectoras para restringir los derechos procesales del investigado o acusado[12]. Así, en un primer nivel básico, se incluyen derechos y medidas

---

11. En este sentido, *vid.*, FISCALÍA GENERAL DEL ESTADO, *Circular 1/2007, de 23 de noviembre, sobre criterios interpretativos tras la reforma de la legislación penal de menores de 2006* (apdo. IX.3); Idem, *Circular 3/2009, de 10 de noviembre, sobre protección de los menores víctimas y testigos* (apdo. 1.2); Idem, *Dictamen 1/2016, sobre adaptación de la Ley 4/2015, del Estatuto de la víctima del delito, al ámbito de la Justicia Juvenil* (apdo. VII).
12. *Vid.*, SERRANO MASIP, M., «Medidas de protección de las víctimas...», *op. cit.*, págs. 140 y 141.

de protección aplicables a cualquier víctima con independencia de su grado de vulnerabilidad. En el segundo nivel, se incluyen medidas que solo se adoptan cuando se advierta que la víctima tiene necesidades especiales de protección. Y, finalmente, en el tercer nivel, se incluyen las medidas previstas para las víctimas menores de edad, las víctimas con discapacidad necesitadas de especial protección y las víctimas de violencias sexuales; se trata de medidas especiales que responden a la mayor predisposición de estas víctimas a sufrir perjuicios derivados de su participación en el proceso[13].

a. Medidas de protección aplicables a la declaración de todas las víctimas. El art. 21 EVD establece las condiciones en las que se debe recibir declaración a las víctimas durante la investigación penal, siempre que ello no perjudique la eficacia del proceso. Tal declaración ha de recibirse sin dilaciones injustificadas, el menor número de veces posible, y únicamente cuando resulte estrictamente necesario para los fines de la investigación penal. Si bien se observa, los términos tan imprecisos con los que se definen estas medidas llevan a pensar que estamos ante una declaración de principios más que ante un verdadero reconocimiento de derechos de la víctima. Además, su aplicación efectiva queda condicionada a que «no perjudique la eficacia del proceso», lo que deberá valorar en cada caso la autoridad encargada de la investigación, pudiendo apartarse en su caso de estas directrices.

A ello se añade que, durante la declaración, la víctima podrá estar acompañada, además de por su representante procesal y en su caso por el representante legal, por una persona de su elección, salvo que la autoridad encargada de la práctica de la diligencia acuerde lo contrario de forma motivada para garantizar su correcto desarrollo (art. 21.c) EVD y 433 LECrim). Con esta medida, se pretende que, durante la declaración, la víctima se sienta arropada desde el punto de vista personal. No obstante, tratándose de víctimas menores de edad, la FGE sostiene que tal acompañante adicional solo debe admitirse cuando se aprecie en la víctima suficiente madurez para elegirlo. Además, es aconsejable que el Fiscal realice una mínima indagación sobre la persona propuesta y la relación que tiene con la víctima y los hechos; de modo que, si el pretendido acompañante fuese testigo directo de los hechos o se considerase que su presencia puede ser contraria al interés de la víctima o perjudicar el curso de la causa, no se deberá admitir su pre-

13. *Vid.*, TINOCO PASTRANA, A., «El Estatuto español de la víctima del delito y el derecho a la protección», *Processo penale e giustizia*, núm. 6, 2015, pág. 3 (https://core.ac.uk/download/pdf/132454509.pdf).

sencia durante la declaración[14]. Si la víctima lo necesitase, esta función de acompañamiento durante sus declaraciones y a lo largo del proceso también la pueden realizar las Oficinas de Asistencia a las Víctimas (arts. 19.9, 22.a) y 28.g) RD 1109/2015).

Por lo demás, aunque el EVD no los configure como medidas de protección, sino como derechos básicos de la víctima, también conviene destacar aquí la importancia del del derecho a entender y ser entendida, y la consiguiente asistencia de traductor y/o intérprete a las víctimas que no hablen o no entiendan el castellano o la lengua oficial que se utilice en la actuación de que se trate, y a aquellas que tengan limitaciones auditivas o de expresión oral. En este sentido, el art. 4 EVD dispone que todas las comunicaciones orales o escritas con las víctimas se harán en un lenguaje claro, sencillo y accesible, de un modo que tenga en cuenta sus características personales y, especialmente, su discapacidad sensorial, intelectual o mental o su minoría de edad. Además, se les facilitará la asistencia y apoyos necesarios para hacerse entender ante las autoridades, incluyendo la interpretación en lenguas de signos y los medios de apoyo a la comunicación oral de personas sordas, con discapacidad auditiva o sordociegas. Y, cuando deban declarar en la fase de investigación o en el juicio las víctimas que no hablen o no entiendan el castellano o la lengua oficial que se utilice en la actuación, se les proporcionará gratuitamente la asistencia de un intérprete que hable una lengua que comprendan (art. 9.1 EVD).

Asimismo, de conformidad con el art. 22 EVD, el Fiscal y demás autoridades encargadas de la investigación deberán adoptar, de acuerdo con la Ley, las medidas necesarias para proteger la intimidad de todas las víctimas y de sus familiares y, en particular, para impedir la difusión de cualquier información que pueda facilitar la identificación de las víctimas menores de edad o de víctimas con discapacidad necesitadas de especial protección.

b. Medidas de protección aplicables a la declaración de las víctimas con necesidades especiales de protección. Si, tras la referida evaluación individual, se advierte que la víctima presenta necesidades especiales de protección, además de las medidas anteriores, integradas en el estándar de protección

14. *Vid.*, FISCALÍA GENERAL DEL ESTADO, *Dictamen 1/2016, sobre adaptación de la Ley 4/2015* (apdos. III.3 y VII). Es más, de acuerdo con este Dictamen, lo más usual y recomendable en la práctica es que el menor esté únicamente acompañado por su representante legal pues, por ser menor y para asegurar el respeto a su intimidad, lo más beneficioso será que el número de personas presentes en el acto se reduzca al mínimo. Además, si el Fiscal instructor, en el momento de recibir declaración al menor, aprecia que podría expresarse con mayor libertad y presencia de ánimo declarando solo, sin la presencia de representante legal u otras personas, podrá disponer que así sea mediante decreto motivado (Conclusiones 22.ª y 23.ª).

básico, se le puede prestar una protección reforzada que comprende las medidas previstas en el art. 25 EVD[15], que distingue entre medidas que se pueden adoptar en la fase de investigación y aquellas que se pueden adoptar en la fase de enjuiciamiento.

Así, durante la fase de investigación, se pueden adoptar las siguientes medidas de protección: a) que a la víctima se le reciba declaración en dependencias especialmente concebidas a tal fin (art. 25.1.a) EVD); b) que se le reciba declaración por profesionales, o con su ayuda, que hayan recibido una formación especial para reducir o limitar perjuicios a la víctima (art. 25.1.b) EVD); c) que todas las tomas de declaración a una misma víctima se le realicen por la misma persona (art. 25.1.c) EVD); y d) que, tratándose de víctimas de violencia de género, o de delitos contra la libertad o indemnidad sexual o de víctimas de trata con fines de explotación sexual, la toma de declaración se lleve a cabo por una persona del mismo sexo que la víctima, cuando así lo solicite (art. 25.1.d) EVD). No obstante, la adopción de estas dos últimas medidas se excepciona cuando pueda perjudicar de forma relevante el desarrollo del proceso o se trate de una declaración que deba tomarse directamente por un Juez o un Fiscal.

A su vez, tanto en la fase de investigación como en la de enjuiciamiento, se pueden adoptar medidas que eviten el contacto visual entre la víctima y el supuesto autor de los hechos, durante la declaración, para lo cual se podrá hacer uso de las TIC (art. 25.2.a) EVD); así como medidas para evitar que se formulen preguntas relativas a la vida privada de la víctima que no tengan relevancia con el hecho delictivo enjuiciado, salvo que el Fiscal considere que deben ser contestadas para valorar adecuadamente los hechos o la credibilidad de la declaración de la víctima. (art. 25.2.c) EVD).

Finalmente, el art. 25.3 EVD dispone que, para la protección de las víctimas, también se puede acordar la adopción de alguna o algunas de las medidas referidas en el art. 2 de la Ley Orgánica 19/1994, de 23 de diciembre, de protección a testigos y peritos en causas criminales. De ellas, las que pueden resultar procedentes con ocasión de la declaración de la víctima serían la de ocultar en las diligencias, al menos durante la fase de investi-

15. TINOCO PASTRANA («El Estatuto español de la víctima del delito...», *op. cit.*, p. 10), echa en falta una mayor determinación legislativa de cuándo o cómo se adoptarán estas medidas, qué requisitos será necesario verificar o cuáles son sus límites y cómo se determinan los perjuicios relevantes para el desarrollo del proceso que permiten excluirlas, pues todo ello dificulta que las víctimas puedan exigir su adopción. Y añade que tal indeterminación no parece ser una mera consecuencia de una deficiente técnica legislativa, sino que más bien puede ser el resultado del coste económico que podrían tener algunas de estas medidas de protección.

gación, su nombre, apellidos, domicilio, lugar de trabajo y profesión, o cualquier otro dato que pudiera servir para su identificación, pudiéndose utilizar para ésta un número u otra clave (testigo anónimo); la de utilizar en sus comparecencias cualquier procedimiento que imposibilite su identificación visual normal (testigo oculto); y, que se fije como domicilio, a efectos de citaciones y notificaciones, la sede del órgano jurisdiccional interviniente, desde la que se harán llegar reservadamente al destinatario[16].

No obstante, como destaca SERRANO MASIP, esta remisión que el art. 25.3 EVD hace a las medidas previstas en el art. 2 LOPTPCC genera incertidumbre acerca de si tales medidas se hayan condicionadas por la concurrencia de los presupuestos previstos en el art. 1.2 LOPTPCC (a saber, que «la autoridad judicial aprecie racionalmente un peligro grave para la persona, libertad o bienes de quien pretenda ampararse en ella, su cónyuge o persona a quien se halle ligado por análoga relación de afectividad o sus ascendientes, descendientes o hermanos») o si tales presupuestos pueden ser sustituidos por la consideración de que la víctima es una persona con necesidades especiales de protección apreciada en su evaluación individual *ex* art. 23 EVD. A juicio de la autora, puesto que tales medidas comportan una restricción muy importante del derecho de defensa del encausado, pues anula sus posibilidades de contradecir la veracidad del testimonio y la credibilidad del testigo, es razonable inferir que su adopción ha de estar motivada por la existencia de un peligro grave de probables presiones o represalias para la víctima o sus allegados[17].

c. Medidas de protección aplicables a la declaración de las víctimas menores de edad, víctimas con discapacidad necesitadas de especial protección y víctimas de violencias sexuales. Cuando las víctimas del delito sean menores de edad, personas con discapacidad necesitadas de especial protección o víctimas de violencias sexuales, además de las medidas de protección analizadas anteriormente, podrán beneficiarse de las medidas específicas y reforzadas previstas en el art. 26.1 EVD, tendentes a evitar que sus declaraciones e interrogatorios se conviertan para ellas en una nueva fuente de perjuicios[18]/[19].

16. *Vid.*, GÓMEZ COLOMER, J. L., «¿Es necesaria una reforma de los derechos de la víctima en el proceso penal español?», *Cuadernos de Derecho Penal*, núm. 14, 2015, pág. 51; Idem, *Estatuto Jurídico de la Víctima. La posición jurídica de la víctima del delito ante la Justicia Penal*, Aranzadi, Pamplona, 2025, pág. 376.
17. SERRANO MASIP, M., «Medidas de protección de las víctimas», *La víctima del delito y las últimas reformas procesales* (Dir., De Hoyos Sancho), Thomson Reuters Aranzadi, Cizur Menor, 2017, págs. 156 y 157.
18. A este respecto, conviene precisar que tales garantías reforzadas se adoptarán atendiendo, no a la edad que tenía el testigo cuando tuvo conocimiento de los hechos respecto de los que ha de declarar, sino a la edad que tiene en el momento de prestar

La primera de estas medidas consiste en la grabación por medios audiovisuales de las declaraciones prestadas por la víctima durante la fase de investigación para que puedan ser reproducidas en la audiencia, a fin de que no tenga que volver a declarar en la vista; es decir, en preconstituir la prueba testifical. Dada la trascendencia de esta medida de protección, será objeto de un estudio más pormenorizado en el apartado siguiente de este trabajo, en el que se analizará su evolución legal y jurisprudencial.

La segunda de las medidas de protección contempladas en el art. 26.1 EVD consiste en la posibilidad de que a estas víctimas se les reciba declaración por medio de personas expertas. Tras la reforma operada por la LOPIVI, esta medida se desarrolla en el art. 449 ter LECrim, que prevé su aplicación a los testigos menores de catorce años, además de establecer que tales expertos serán los integrantes de los equipos psicosociales que apoyen al tribunal. En estos casos, las partes trasladarán a la autoridad judicial las preguntas que estimen oportuno dirigirle al testigo quien, previo control de su pertinencia y utilidad se las facilitará a las personas expertas. En estos casos, la declaración siempre será grabada y el juez, previa audiencia de las partes, podrá recabar del experto un informe sobre el desarrollo y resultado de la exploración del menor.

Finalmente, y relacionado con el derecho de la víctima a estar acompañada en aquellas diligencias en las que deba intervenir, por su representante legal, el art. 26.2 EVD prevé la designación de un defensor judicial para estas víctimas con necesidades de protección reforzada en los siguientes casos: a) cuando sus representantes legales tengan con ella un conflicto de intereses, derivado o no del hecho investigado, que no permite confiar en una gestión adecuada de sus intereses en la investigación o en el proceso penal; b) cuando tal conflicto de intereses exista con uno de los progenitores y el otro no se encuentre en condiciones de ejercer adecuadamente sus funciones de representación y asistencia de la víctima; y, c) cuando la víctima no esté acompañada o se encuentre separada de quienes ejerzan la patria potestad o cargos tutelares.

---

declaración en el proceso. *Vid.*, FISCALÍA GENERAL DEL ESTADO, *Circular 3/2009* (apdo. 1.2).

19. Recordemos que, conforme al art. 25 CP, «a los efectos de este Código, se entenderá por persona con discapacidad necesitada de especial protección a aquella persona con discapacidad que, tenga o no judicialmente modificada su capacidad de obrar, requiera de asistencia o apoyo para el ejercicio de su capacidad jurídica y para la toma de decisiones respecto de su persona, de sus derechos o intereses a causa de sus deficiencias intelectuales o mentales de carácter permanente».

III. LA PRECONSTITUCIÓN PROBATORIA DE LA TESTIFICAL DE LOS MENORES DE EDAD

1. CONSIDERACIONES PREVIAS

Conforme a una jurisprudencia muy consolidada, iniciada con la STC 31/1981, de 28 de julio[20], el derecho a un juicio justo implica que solo puedan considerarse verdaderas pruebas aptas para desvirtuar la presunción de inocencia y fundamentar una sentencia de condena las practicadas en el acto del juicio oral, ajustándose a los principios de concentración, oralidad, publicidad, inmediación y contradicción. Así, el Tribunal Constitucional ha declarado de modo reiterado que, «como regla general, sólo pueden considerarse pruebas que vinculen a los órganos de la justicia penal las practicadas en el juicio oral, pues el procedimiento probatorio ha de tener lugar necesariamente en el debate contradictorio que en forma oral se desarrolle ante el mismo Juez o Tribunal que ha de dictar sentencia, de manera que la convicción sobre los hechos enjuiciados se alcance en contacto directo con los medios de prueba aportados a tal fin por las partes (...). Es en el juicio oral donde se aseguran las garantías constitucionales de inmediación, contradicción, oralidad y publicidad»[21].

Por lo general, también la prueba testifical debe practicarse ajustándose a tales principios, es decir, ante la presencia del tribunal sentenciador[22]. No obstante, de modo excepcional, cuando existan razones previsibles de imposibilidad o grave dificultad para la comparecencia del testigo en el juicio oral, la LECrim permite prescindir de ella, sustituyéndola por la preconstitución de la prueba testifical (arts. 448.I, 449 ter.I, 777.2 y 797.2 LECrim).

Aunque, como es sabido, existe controversia en la doctrina procesalista sobre el concepto de prueba preconstituida, y su distinción de la prueba

20. STC 31/1981, de 28 de julio (RTC 1981, 31).

21. *Vid.*, STC 53/2013, de 28 de febrero (RTC 2013, 53). En el mismo sentido, *vid.*, SSTC 671/2001, de 17 de marzo (RTC 2001, 671); 195/2002, de 28 de octubre (RTC 2002, 195); 206/2003, de 1 de diciembre (RTC 2003, 206); 1/2006, de 16 de enero (RTC 2006, 1); 345/2006, de 11 de diciembre (RTC 2006, 345); 134/2010, de 3 de diciembre (RTC 2010, 134).

22. A este respecto, la STS 96/2009, de 10 de marzo (RJ 2009, 3284) recuerda que «se ha dicho con razón que la verdadera fuerza o valor probatorio de la prueba testifical descansa en el hecho de que se produzca ante la presencia inmediata del Tribunal, pues la inmediación tiene indudable influencia en la debida valoración del testimonio a la hora de conformar el convencimiento judicial». Y, a tal efecto, el art. 446 LECrim dispone que «terminada la declaración, el Letrado de la Administración de Justicia hará saber al testigo la obligación de comparecer para declarar de nuevo ante el Tribunal competente cuando se le cite para ello».

anticipada[23], consideramos acertada la caracterización que de aquella se recoge en la STS 96/2009, de 10 de marzo, destacando los presupuestos, requisitos y exigencias que determinan la procedencia y la forma en que ha de practicarse. Señala dicha sentencia que la prueba anticipada y la preconstituida difieren por su mayor o menor observancia de los principios que presiden la práctica de la prueba y, especialmente, del principio de inmediación ante el tribunal juzgador. En el caso de la prueba anticipada, se salva plenamente la inmediación porque, aunque la práctica probatoria se desarrolla en un momento anterior al comienzo del juicio oral, en lo demás se observan todas las reglas propias de la prueba con sometimiento a los principios de publicidad, contradicción e inmediación ante el tribunal enjuiciador. En cambio, cuando se trata de la prueba preconstituida, «la práctica de la prueba no tiene lugar ante el Tribunal Juzgador sino ante el Juez de Instrucción, con lo cual la inmediación desaparece al menos como inmediación espacio temporal, y queda reducida a la percepción del soporte en que la prueba preconstituida se documente y refleje»[24].

Pues bien, partiendo de tales consideraciones, cabe destacar que, tratándose de la testifical de un menor de edad, y en particular, cuando se trate de un menor de corta edad que ha sido víctima de un delito contra la libertad sexual o de carácter violento, los especialistas de la psicología del testimonio, de modo recurrente, han alertado de la conveniencia de la preconstitución probatoria de su declaración en la fase instructora, evitando así su comparecencia en el juicio oral para someterse a un interrogatorio cruzado y contradictorio, sobre la base de dos argumentos, fundamentalmente[25]. El primero es que una declaración tardía o la reiteración de la misma en el

---

23. Sobre el concepto de anticipación y preconstitución de la prueba en el proceso penal *vid.*, entre otros, GUZMÁN FLUJA, V., *Anticipación y preconstitución de la prueba en el proceso penal,* Tirant lo Blanch, Valencia, 2006; Idem, «La anticipación y aseguramiento de la prueba penal», en *Prueba y proceso penal. (Análisis especial de la prueba prohibida en el sistema español y en el derecho comparado),* (Coord., Gómez Colomer, J. L.), Tirant lo Blanch, Valencia, 2008, págs. 183 a 231; RIFÁ SOLER, J. M., «Actos de investigación, actos de instrucción y actos de prueba», *Estudios sobre prueba penal. Actos de investigación y medios de prueba en el proceso penal: competencia, objeto y límites* (Dirs., Abel Lluch, X, y Richard González, M.), vol. I, La Ley, Madrid, 2011, págs. 117 a 168; VILLAGÓMEZ CEBRIÁN, M., «Anticipación, preconstitución y aseguramiento de la prueba en la instrucción del proceso penal», *Anuario de la Facultad de Derecho de Ourense,* n.º 1, 2002, págs. 599 a 619.
24. STS 96/2009, de 10 de marzo (RJ 2009, 3284).
25. Así se pone de manifiesto en un estudio publicado por el DEFENSOR DEL PUEBLO (*Estudio sobre la escucha del menor, víctima o testigo,* Madrid, 2015, pág. 45 (https://www.defensordelpueblo.es/wp-content/uploads/2015/05/Ver-estudio.pdf), en el que se afirma que «con la prueba preconstituida, además de proteger los derechos de los menores y evitar su revictimización, se están protegiendo también los derechos del propio acusado, pues de esa forma se garantiza que la declaración del niño sea más

juicio oral potencia el riesgo de ocasionar daños psicológicos y emocionales al menor, ralentizando o dificultando su recuperación por la necesidad de rememorar la experiencia delictiva descrita en el testimonio (victimización secundaria). Y, el segundo se basa en que la preconstitución de la testifical del menor en fase de instrucción evita el riesgo de que se pierdan elementos de prueba como consecuencia del «empobrecimiento del testimonio» del menor derivado del transcurso del tiempo o de su contaminación por la interacción de terceras personas.

Sobre la base de estos dos argumentos, y especialmente de la necesidad de proteger a los menores como víctimas de delitos especialmente vulnerables en sus relaciones con el sistema de justicia penal, en particular, a la hora de declarar como testigos, la preconstitución de la prueba testifical ha sido reconocida y potenciada desde hace años a través de numerosas propuestas e instrumentos normativos formulados tanto en el ámbito del Derecho internacional como europeo[26].

Cabe citar, a modo de ejemplo, las *Directrices sobre la justicia en asuntos concernientes a los niños víctimas y testigos de delitos* (epígrafe XI, apdo. 31, «Derecho a ser protegido de sufrimientos durante el proceso de justicia»), aprobadas en 2005 por el Consejo Económico y Social de las Naciones Unidas[27]; las *Reglas de Brasilia sobre acceso a la justicia de las personas en condiciones de vulnerabilidad* (Reglas 37, «Anticipo jurisdiccional de la prueba»; y Reglas 70 y 71, «Tiempo de la comparecencia»), aprobadas en la XIV Cumbre Judicial Iberoamericana, celebrada en Brasilia del 4 a 6 de marzo

---

cercana en el tiempo, y, por lo tanto, no se vaya contaminando por influencias externas que pudieran enturbiar el recuerdo. Además, una vez obtenida la declaración del menor se puede comenzar con su recuperación psicológica; revivir en juicio todo lo sucedido, supondría echar por tierra todo lo que hubiera podido avanzar con su terapia».

26. Un análisis de las medidas de carácter procesal diseñadas por estos instrumentos normativos para proteger a los menores víctimas y testigos puede verse en BLÁZQUEZ PEINADO, M. D., «Víctimas vulnerables y menores en el proceso penal en el ámbito de la Unión Europea», *Revista General de Derecho Procesal*, 52 (2020), págs. 1 a 24; GARCÍA RODRÍGUEZ, M. J., «Exploración del menor-víctima durante la fase de instrucción y su valor como prueba preconstituida en el acto del juicio oral: un examen a la luz de la reciente jurisprudencia del Tribunal Supremo», *Revista General de Derecho Procesal*, 36 (2015), págs. 3 a 8; o SERRANO MASIP, M., «Una justicia europea adaptada al menor: exploración de menores víctimas o testigos en la fase preliminar del proceso penal», *InDret, Revista para el Análisis del Derecho*, 2/2013, https://indret.com/wp-content/themes/indret/pdf/969.pdf.
27. Estas Directrices han sido aprobadas por la Resolución 2005/20, del Consejo Económico y Social de las Naciones Unidas, adoptada el 22 de julio de 2005, en la 36.ª sesión plenaria. Pueden consultarse en https://www.un.org/es/events/childrenday/pdf/E2005_20.pdf.

de 2008[28]; o las *Directrices del Comité de Ministros del Consejo de Europa sobre una justicia adaptada a los niños* (Directrices 64 a 74), adoptadas el 17 de noviembre de 2010[29].

Ya en el ámbito de la UE, la necesidad de proteger a los menores víctimas o testigos con ocasión de su declaración en el proceso penal se contempló en la Decisión Marco del Consejo 2001/220/JAI, de 15 de marzo de 2001, relativa al estatuto de la víctima en el proceso penal (arts. 3.II y 8.4)[30]. Más explícita y precisa en este sentido se mostraba la Directiva 2012/29/UE, del Parlamento Europeo y del Consejo, de 25 de octubre de 2012, por la que se establecen normas mínimas sobre los derechos, el apoyo y la protección de las víctimas de delitos, y por la que se sustituye la Decisión marco 2001/220/JAI del Consejo (art. 24)[31], cuya transposición a nuestro ordenamiento interno se ha operado con la Ley 4/2015, de 27 de abril, del Estatuto de la Víctima del Delito, que, como veremos, ha marcado en este aspecto un punto de inflexión en nuestro ordenamiento jurídico.

Disposiciones análogas a esta ya se contenían también en otras Directivas anteriores, relativas a la lucha contra determinadas modalidades delictivas y a la protección de sus víctimas. Tal es el caso del art. 15.4 de la Directiva 2011/36/UE, del Parlamento Europeo y del Consejo, de 5 de abril de 2011, relativa a la prevención y lucha contra la trata de seres humanos y a la protección de las víctimas y por la que se sustituye la Decisión Marco 2002/629/JAI del Consejo[32]; o del art. 20.4 de la Directiva 2011/92/UE, del Parlamento Europeo y del Consejo, de 13 de diciembre de 2011, relativa a la lucha contra los abusos sexuales y la explotación sexual de los menores y la pornografía infantil y por la que se sustituye la Decisión marco 2004/68/JAI del Consejo[33]. En tales preceptos, se establece la obligación de los Estados miembros de adoptar las medidas necesarias para garantizar que, en las investigaciones penales relativas a las infracciones que son objeto de tales Directivas «todos los interrogatorios del menor víctima o, en su caso del testigo que sea menor, puedan ser grabados por medios audiovisuales

28. Puede consultarse el texto completo de las mismas en https://www.acnur.org/fileadmin/Documentos/BDL/2009/7037.pdf.
29. Pueden consultarse en file:///C:/Users/Usuario/Downloads/DS3112365ESN.es%20(1).pdf.
30. El texto de esta Decisión Marco puede consultarse en https://eur-lex.europa.eu/legal-content/ES/TXT/PDF/?uri=CELEX:32001F0220&from=EN.
31. El texto de esta Directiva puede consultarse en https://www.boe.es/doue/2012/315/L00057-00073.pdf.
32. El texto de esta Directiva puede consultarse en https://www.boe.es/doue/2011/101/L00001-00011.pdf.
33. El texto de esta Directiva puede consultarse en https://www.boe.es/doue/2011/335/L00001-00014.pdf.

y que estas grabaciones audiovisuales puedan ser admitidas como prueba en el proceso penal, de conformidad con las normas de su Derecho nacional».

Pero lo cierto es que, pese a lo bienintencionado y acertado de estas propuestas, la preconstitución por los motivos expuestos de la prueba testifical de los menores de edad continuaba chocando con la literalidad de la LECrim. La preconstitución de la prueba testifical sólo estaba permitida por motivos que podemos denominar de «imposibilidad material» de reproducir la fuente de prueba en el juicio oral, que se recogían en el art. 448 LECrim, referido al juicio ordinario, y en los arts. 777.2 y 797.2 LECrim, relativos al procedimiento abreviado y a los juicios rápidos, respectivamente. Tales motivos eran los siguientes: a) porque el testigo, al declarar ante el juez de instrucción ya advertía que debía ausentarse del territorio nacional; b) porque se temía la muerte o incapacidad física o mental del testigo; o, c) «por otro motivo» que permitiese temer razonablemente que la prueba no podría practicarse en el juicio oral o podría motivar su suspensión. Por tanto, *a priori*, el testigo, incluso el menor de edad, que no se hallaba en alguna de estas circunstancias no podía beneficiarse de la preconstitución de la prueba testifical[34], debiendo comparecer y declarar de nuevo en sede de juicio oral, con el consiguiente riesgo de victimización secundaria[35].

Con todo, desde el año 2002, el TS, aunque de modo vacilante, empezó a mostrar una posición favorable a la preconstitución de la testifical de las víctimas menores de edad, permitiendo que luego su declaración en el juicio

34. *Vid.*, CUBILLO LÓPEZ, J. I., *La protección de testigos en el proceso penal*, Thomson Reuters Civitas, Madrid, 2009, pág. 212. Señalaba el autor que, mientras no se reformase el art. 448 LECrim, no podía interpretarse en el sentido de entender que permitía preconstituir el testimonio del menor como forma de protección psicológica, porque tal precepto contenía expresamente otra medida distinta para el mismo fin, la de evitar la confrontación visual con el acusado.

35. Tal medida de protección sí se contemplaba tanto en el *Anteproyecto de LECrim* de 2011, como en el *Borrador de Anteproyecto de Código Procesal Penal* de 2013, aunque se configuraba de forma distinta. El primero de estos textos prelegislativos contemplaba la posibilidad de evitar el sometimiento del testigo menor de edad al examen contradictorio de las partes en el juicio oral a través del «incidente para el aseguramiento de las fuentes de prueba», regulado en los arts. 504 a 515. A su vez, el *Borrador de Anteproyecto de Código Procesal Penal* de 2013 regulaba a estos efectos, en sus arts. 432 a 435, la figura de la prueba anticipada. Conforme al art. 432, debía practicarse prueba anticipada «cuando exista el temor fundado de imposibilidad o grave dificultad de la práctica de la prueba en el acto de juicio oral por causa de las personas o del estado de las cosas, o cuando la reiteración de la comparecencia para declarar sobre los hechos resulte peligrosa para el desarrollo de los menores o para la salud de personas vulnerables».

oral fuese sustituida por la de testigos de referencia. Buena muestra de esta nueva orientación jurisprudencial son la STS 429/2002, de 8 de marzo, la STS 1229/2002, de 1 de julio o la STS 469/2004, de 6 de abril[36]. En ellas, se lleva a cabo una interpretación amplia del concepto de «imposibilidad» de comparecencia del testigo-víctima al acto del juicio oral, incluyendo, junto a los supuestos de «imposibilidad material», otros de «imposibilidad legal», en los que tendrían cabida aquellos casos en los que la comparecencia al plenario del testigo-víctima pudiera suponerle un grave perjuicio para su equilibrio psicológico y desarrollo personal, como pueden ser aquellos de menores de corta edad víctimas de delitos contra la libertad o indemnidad sexual[37/38].

Esta doctrina jurisprudencial del TS se fue consolidando, sobre todo a partir de 2012, impulsada, fundamentalmente, a raíz de la STJCE (Gran Sala) de 16 de junio de 2005, asunto C-105/03 (Caso Pupino)[39], y por la consiguiente entrada en escena del TC, que también se mostró favorable a esta posibilidad de preconstituir la testifical de víctimas especialmente vulnerables, con el objetivo, no sólo de reducir al mínimo el número de los interrogatorios y, con ello, evitar la victimización secundaria, sino también de evitar que se pierdan los mínimos elementos de prueba, dado el riesgo de empobrecimiento de sus testimonios por el transcurso del tiempo o por la posible contaminación de los mismos.

Lo que venía a decir el TJCE en la referida sentencia es que, aunque las Decisiones Marco no tienen efecto directo, si tienen carácter vinculante para los Estados miembros en cuanto al resultado que debe conseguirse. Ello

36. *Vid.*, SSTS 429/2002, de 8 de marzo (RJ 2002, 3972); 1229/2002, de 1 de julio (RJ 2003, 70); o 469/2004, de 6 de abril (RJ 2004, 3440).

37. Por el contrario, en sentencias posteriores, como las SSTS 701/2004, de 21 de mayo (RJ 2005, 4092) y 332/2006, de 14 de marzo (RJ 2006, 1636), el TS se desmarca de esta tesis, sosteniendo que si el menor no está impedido por una imposibilidad de tipo material, deberá comparecer de nuevo para declarar en el juicio oral, adoptando, en su caso, al efecto las medidas oportunas para paliar los riesgos de victimización secundaria, tales como la evitación de su confrontación visual con el acusado, mediante el uso, por ejemplo, de la videoconferencia.

38. Un exhaustivo análisis de la evolución de la jurisprudencia del TS sobre la preconstitución probatoria de las declaraciones testificales de los menores de edad puede verse en VIGUER SOLER, P. L., «Estatuto de la víctima, protección del menor y prueba preconstituida», *Diario La Ley*, núm. 9116, 11 de enero de 2018, págs. 4 a 16.

39. STJCE (Gran Sala) de 16 de junio de 2005, asunto C-105/03 (TJCE 2005/184). En la misma línea, se pronuncia el TJUE (Sala Segunda) en su sentencia de 21 de diciembre de 2011, asunto C-507/10 (TJCE 2011/427). Un análisis detallado de ambas sentencias puede verse en SERRANO MASIP, M. «Una justicia europea adaptada al menor...», *op. cit.*, págs. 22 a 28.

obliga a las autoridades judiciales de los Estados miembros a interpretar las normas de su Derecho interno ajustándose a los términos de las Decisiones Marco. Por ello, concluye que los arts. 2, 3 y 8.4 de la Decisión Marco 2001/220/JAI, del Consejo, de 15 de marzo de 2001 se debían interpretar en el sentido de que «el órgano jurisdiccional nacional debe poder autorizar que niños de corta edad que aleguen ser víctimas de malos tratos presten declaración de forma que se garantice a dichos niños un nivel adecuado de protección, por ejemplo, fuera de la audiencia y antes de la celebración de ésta».

Con fundamento en esta orientación jurisprudencial del TJCE, tanto el TS como el TC llevaron a cabo una interpretación finalista del art. 730 LECrim, en relación con el art. 448 LECrim, dando cabida en el concepto de «imposibilidad» de reproducción en el juicio oral, recogido en aquel precepto (y referido, como dijimos, a la «imposibilidad material»), a los supuestos de menores de corta edad o especialmente traumatizados. De este modo, se admitía como prueba de cargo la declaración prestada por estos menores en la fase de instrucción (complementada, en su caso, con testimonios de referencia en el juicio oral), dispensándoles de una nueva declaración en el juicio oral, siempre que se salvaguardase el derecho a la defensa del acusado.

En este sentido, la STS 96/2009, de 10 de marzo, marca un antes y un después en la ampliación del concepto de «imposibilidad» de los arts. 448 y 777 LECrim, extendiéndola a supuestos en los que la comparecencia del testigo menor de edad es «inviable», «perjudicial» o «no recomendable» dado el riesgo para la incolumidad psíquica o moral del mismo[40]. Así, declara que se impone «una ampliación de la idea de "imposibilidad" para testificar en Juicio Oral; ampliación en el sentido de que, junto a la procedente de materiales obstáculos para la realización del testimonio, se han de incluir también los casos en que exista riesgo cierto de producir con el testimonio en el Juicio Oral graves consecuencias para la incolumidad psíquica y moral de menores de edad víctimas de delitos de contenido sexual»[41].

40. *Vid.* SEMPERE FAUS, S., «La grabación audiovisual de la declaración del menor de edad: la prueba preconstituida y la eficacia de la cámara gesell en la reducción de la victimización secundaria», *Revista General de Derecho Procesal*, núm. 48, 2019, pág. 27.

41. STS 96/2009, de 10 de marzo (RJ 2009, 3284). Esta orientación jurisprudencia se fue consolidando en sentencias posteriores, entre las que cabe destacar, las SSTS 743/2010, de 17 de junio (RJ 2010, 6674); 593/2012, de 17 de julio (RJ 2012, 10546); 925/2012, de 8 de noviembre (RJ 2013, 30); 19/2013, de 9 de enero (RJ 2013, 4382); 470/2013, de 5 de junio (RJ 2013, 7643); 940/2013, de 13 de diciembre (RJ 2014, 21); 632/2014, de 14 de octubre (RJ 2014, 4889); 71/2015, de 4 de febrero (RJ 2015, 651); 401/2015, de 17 de junio

Esta tesis jurisprudencial fue avalada, a su vez, por la doctrina del TC, que arranca con la STC 174/2011, de 7 de noviembre[42], en la que se detallan por primera vez las garantías que han de observarse en la preconstitución probatoria de la declaración del menor para evitar su presencia en el acto del juicio, incorporando a su acervo doctrinal la jurisprudencia del TEDH, que ya se había pronunciado ampliamente sobre esta cuestión. Dicha sentencia fue confirmada y complementada por otras posteriores, como las SSTC 53/2013, de 28 de febrero y 57/2013, de 11 de marzo[43].

En esta última sentencia, el TC declara que, en supuestos como los de abusos sexuales a menores, está justificada la modulación excepcional de las garantías de contradicción y defensa del acusado por dos razones: la menor edad de la víctima y la naturaleza del delito investigado. En tales casos excepcionales, es posible modular la forma de prestar declaración e incluso dar valor probatorio al contenido incriminatorio de manifestaciones prestadas fuera del juicio oral siempre que se garantice suficientemente el derecho de defensa del acusado; resulta legítimo adoptar, en atención al interés del menor, medidas de protección en su favor, pudiendo rechazar incluso su presencia en el juicio oral para ser interrogado personalmente. Pero añade que «tales cautelas han de ser compatibles con la posibilidad que ha de otorgarse al acusado de ejercer adecuadamente su derecho de defensa, a cuyo fin los órganos judiciales están obligados, simultáneamente, a tomar otras precauciones que contrapesen o reequilibren los déficits de defensa que derivan de la imposibilidad de interrogar personalmente al testigo de cargo en el juicio oral». Por ello, continúa diciendo, en estos casos, el centro de atención del debate jurídico recae sobre las garantías que han de rodear la exploración del menor y la forma en la que la misma puede introducirse en el debate del juicio oral; en la delimitación precisa de cuáles

---

(RJ 2015, 3192); 735/2015, de 26 de noviembre (RJ 2015, 5259) o 598/2015, de 14 de octubre (RJ 2015, 5028). Esta última sentencia ha sido citada como referente por sentencias posteriores por cuanto extracta y resume la doctrina legal y jurisprudencial (nacional e internacional) sobre la materia. Un análisis de la misma puede verse en VIGUER SOLER, P.L., «Estatuto de la víctima, protección del menor...», *op. cit.*, págs. 8 a 10.

42. STC 174/2011, de 7 de noviembre (RTC 2011, 174). Un análisis detallado de esta sentencia puede verse en ALCÁCER GUIRAO, R., «Testimonio de menores y garantías de un proceso equitativo. Consideraciones al hilo de la STC 174/2011, de 7 de noviembre», *La Ley Penal*, núm. 100, enero-febrero 2013 (file:///C:/Users/Usuario/Downloads/LA%20LEY%20penal%20n%C2%BA%20100,%20enero-febrero%202013,%20La%20Justicia%20Penal%20Hoy%20(1).pdf).

43. SSTC 53/2013, de 28 de febrero (RTC 2013, 53) y 57/2013, de 11 de marzo (RTC 2013, 57). Sobre esta doctrina constitucional, *vid.*, ORTEGA CALDERÓN, J. L., «La exploración del testigo menor en el proceso penal: reflexiones a la luz de la jurisprudencia, legislación positiva y proyecto de reforma», *Diario La Ley*, n.º 9631, de 13 de mayo de 2020, págs. 11 a 14.

han de ser las precauciones mínimas que han de establecerse en favor de la defensa para, al mismo tiempo, dar protección a la víctima y garantizar al acusado un juicio con todas las garantías. Y, a tal efecto, como ya había establecido en la STC 174/2011, de 7 de noviembre, asume el canon de garantías recogido en la STEDH de 28 de septiembre de 2010, Caso A.S. contra Finlandia[44], conforme a la cual «quien sea sospechoso de haber cometido el delito debe ser informado de que se va a oír al menor, y debe tener una oportunidad de observar dicha exploración, bien en el momento en que se produce o después, a través de su grabación audiovisual; asimismo debe tener la posibilidad de dirigir preguntas al menor, de forma directa o indirecta, bien durante el desarrollo de la primera exploración o en una ocasión posterior. Conocer la existencia de la exploración, acceder a su contenido mediante su grabación audiovisual y tener la posibilidad procesal de cuestionarla, durante su realización o en un momento posterior (ya sea en fase de investigación o en el juicio oral), indicando aquellos aspectos adicionales sobre los que la defensa considera deben ser interrogados, son las tres claves de la contradicción debida en estos casos»[45].

A su vez, también la FGE, en su Circular 3/2009, de 10 de noviembre, se manifestaba claramente a favor de la preconstitución probatoria de la testifical del menor ante el juez de instrucción cuando su declaración en el juicio oral comporte el riesgo de un alto grado de victimización secundaria, debidamente acreditado en la causa a través de un informe pericial psicológico; o cuando se trate de testigos de tan corta edad que pueda concluirse racionalmente que, dado el lapso temporal que probablemente transcurra entre la primera declaración y la fecha del juicio oral, resultará inútil cualquier intento de rememorar los hechos[46].

Pues bien, pese a ser éste el sentir mayoritario de la jurisprudencia, de la FGE y de otros operadores del ámbito jurídico y de la psicología del testimonio, hubo que esperar, como ya apuntamos, hasta la aprobación del EVD para que la preconstitución probatoria de la testifical de los menores

44. STEDH de 28 de septiembre de 2010, Caso A.S. contra Finlandia (JUR 2010, 332112).
45. STC 57/2013, de 11 de marzo (RTC 2013, 57).
46. *Vid.*, FISCALÍA GENERAL DEL ESTADO, *Circular 3/2009* (apdo. 12.2). En las Conclusiones de esta Circular se disponía que «una interpretación teleológica de las causas generales previstas en los arts. 448 y 777 LECrim, tamizada por los principios generales que informan la LO 1/1996, de Protección Jurídica del Menor, lleva a admitir como presupuesto habilitante de la preconstitución probatoria el caso de los menores que por razón de su corta edad o de su especial vulnerabilidad estén en riesgo de sufrir un grave daño psicológico de verse obligados a comparecer de nuevo como testigos en el acto del juicio oral. Esta probabilidad de sufrir grave daño psicológico debe estar debidamente documentada en la causa, a través del correspondiente

encontrara plasmación legal en nuestro ordenamiento en los términos que pasamos a analizar.

2. LA PRECONSTITUCIÓN PROBATORIA DE LA TESTIFICAL DEL MENOR TRAS LA LEY 4/2015, DE 27 DE ABRIL, DEL ESTATUTO DE LA VÍCTIMA DEL DELITO

Cuando las víctimas del delito sean menores de edad o personas con discapacidad que presenten necesidades especiales de protección puestas de manifiesto por el resultado de su evaluación individualizada, que se debe efectuar conforme a los arts. 23 y 24 EVD, además de las medidas de protección previstas en los arts. 20, 21 y 25 EVD, podrán beneficiarse de las medidas específicas y reforzadas previstas en el art. 26.1 EVD, tendentes a evitar que sus declaraciones e interrogatorios se conviertan para ellas en una nueva fuente de perjuicios[47].

Entre tales medidas, se contempla la posible preconstitución probatoria de su declaración prestada en fase de instrucción a fin de evitarle la comparecencia y la necesidad de reiterar tal declaración en la vista del juicio oral, con las consecuencias revictimizadoras que ello conlleva. Así, a tenor de este precepto «las declaraciones recibidas durante la fase de investigación serán grabadas por medios audiovisuales y podrán ser reproducidas en el juicio en los casos y condiciones determinadas por la Ley de Enjuiciamiento Criminal». Y, en consonancia con ello, la Disposición Final Primera de la EVD, en sus apartados once, doce y veintiuno, respectivamente, modi-

informe pericial. También podrá acudirse a la preconstitución probatoria y correlativamente habrán de abstenerse las Sras/Sres. Fiscales de citar a juicio oral a los testigos menores cuando los mismos tengan tan corta edad que racionalmente pueda concluirse que tras el lapso temporal probable entre la primera declaración y la fecha del juicio oral, cualquier intento de rememorar los hechos será inútil». Y añade que «La decisión de preconstituir la prueba testifical de menores de edad habrá de plantearse especialmente en causas por delitos contra la libertad sexual cuando la víctima sea menor de catorce años». En estos casos, añade la Circular, los Fiscales deberán proponer la grabación de la declaración del testigo menor, y que la misma se lleve a cabo respetando los requisitos de contradicción previstos para la preconstitución probatoria, siempre con las modulaciones que pueda exigir el interés del menor; y matiza que «el principio de contradicción no sufrirá siempre que esté presente en el interrogatorio el Letrado del imputado y se le permita formular preguntas al testigo menor». Además, la prueba preconstituida relativa a la exploración del menor debe ser llevada a la vista del juicio oral como prueba documental, proponiéndolo así en el escrito de calificación; y el Fiscal deberá interesar su lectura, audición o visionado, excluyendo totalmente la práctica de «darla por reproducida».

47. Recordemos que el apdo. siete de la disposición final duodécima de la Ley Orgánica 10/2022, de 6 de septiembre, de garantía integral de la libertad sexual ha modificado el art. 26.1 EVD para extender estas medidas de protección reforzadas previstas en el mismo a las «víctimas de violencias sexuales».

fica los arts. 433, 448 y 730 LECrim, introduciendo expresamente en la LECrim la posibilidad de preconstituir la prueba testifical de la víctima menor de edad[48].

Conforme a los referidos artículos, cuando se trate de testigos menores de edad, si a raíz de la evaluación individual de sus necesidades de protección se aprecia que, por su falta de madurez, la declaración en el juicio oral le puede causar graves perjuicios psicológicos o emocionales, se podrá preconstituir la prueba testifical ante el Juez de Instrucción en las siguientes condiciones:

a. Se le puede tomar declaración mediante la intervención de expertos y con intervención del Ministerio Fiscal (art. 433.IV LECrim). Tal intervención del experto puede consistir, según el caso, en que sea él quien directamente explore o le formule al menor las preguntas que le trasladen partes, previo control y declaración de utilidad y pertinencia por parte del juez (por ejemplo, mediante la utilización de la cámara Gesell).

b. Dicha medida se puede complementar con la exclusión o limitación de la presencia de las partes en el lugar de la declaración (art. 433.IV LECrim); y con la evitación de la confrontación visual del menor con el inculpado, a cuyo efecto se puede utilizar cualquier medio técnico que permita la práctica de la prueba, incluidos aquellos que permiten que el testigo pueda ser oído sin estar presente en la sala (por ejemplo, la videoconferencia) (arts. 448, 707 y 731 bis LECrim).

c. Siempre que resulte posible, la declaración del menor se practicará garantizando la posibilidad de contradicción, por lo que el juez debe disponer lo necesario para facilitar que las partes puedan trasladar preguntas o pedir aclaraciones al testigo, previo juicio de pertinencia y utilidad por el juez de instrucción (art. 433.IV LECrim). La defensa ha de tener la posibilidad de presenciar la exploración del testigo y de dirigirle directa o indirec-

48. Tal posibilidad de preconstitución de la prueba testifical del menor de edad, al haberse introducido con motivo y a través de la Ley del Estatuto de la Víctima del Delito, está pensada especialmente para los supuestos en los que el testigo menor de edad ha sido víctima del delito, lo cual tiene su lógica por ser la víctima la que ha padecido las consecuencias directas del delito y corre ahora en el proceso el riesgo de revictimización. Pero, teniendo en cuenta que, como hemos dicho, la finalidad de tal preconstitución probatoria no es solo evitar la victimización secundaria, sino también preservar la calidad del testimonio, y que los testigos menores, aun no siendo víctimas del delito, pueden resultar gravemente traumatizados por los hechos presenciados, entendemos que tal medida de protección podría aplicarse a cualquier testigo menor de edad, sea o no víctima del delito, cuando esté justificada por su concreta situación psicológica o emocional. *Vid.*, ORTEGA CALDERÓN, J. L., «La exploración del testigo menor en el proceso penal...», *op. cit.*, pág. 7.

tamente (a través de experto) las preguntas o aclaraciones que estime precisas para su defensa, bien en el momento de realizar la exploración, bien en un momento posterior[49]. En otro caso, tal declaración sería una mera diligencia de investigación y, *a priori*, el testigo tendría que acudir de nuevo a declarar al juicio oral[50].

d. Se grabará la declaración por medios audiovisuales para su reproducción en el juicio oral (arts. 433.V y 730 LECrim). De este modo, la grabación de la declaración del menor por medios audiovisuales deja de ser facultativa, como lo era hasta entonces, y pasa a ser obligatoria. A su vez, el art. 730 LECrim también se modifica para añadir un inciso en el que se contempla expresamente la posibilidad de reproducir en el juicio oral, a instancia de cualquiera de las partes, las declaraciones recibidas durante la fase de investigación, y en las referidas condiciones, a las víctimas menores de edad, evitando así que tengan que declarar de nuevo en el juicio oral[51].

No obstante, pese a la aparente claridad de la nueva regulación, el TS trató de poner coto al eventual recurso generalizado a la preconstitución de

49. Se mantiene así la doctrina ya sentada en la referida STC 174/2011, de 7 de noviembre (RTC 2011, 174), en la que se declara que «la protección del interés del menor de edad que afirma haber sido objeto de un delito justifica y legitima que, en su favor, se adopten medidas de protección que pueden limitar o modular la forma ordinaria de practicar su interrogatorio. El mismo puede llevarse a efecto a través de un experto (ajeno o no a los órganos del Estado encargados de la investigación) que deberá encauzar su exploración conforme a las pautas que se le hayan indicado; puede llevarse a cabo evitando la confrontación visual con el acusado (mediante dispositivos físicos de separación o la utilización de videoconferencia o cualquier otro medio técnico de comunicación a distancia); si la presencia en juicio del menor quiere ser evitada, la exploración previa habrá de ser grabada, a fin de que el Tribunal del juicio pueda observar su desarrollo, y en todo caso, habrá de darse a la defensa la posibilidad de presenciar dicha exploración y dirigir directa o indirectamente, a través del experto, las preguntas o aclaraciones que entienda precisas para su defensa, bien en el momento de realizarse la exploración, bien en un momento posterior. De esta manera, es posible evitar reiteraciones y confrontaciones innecesarias y, al mismo tiempo, es posible someter las manifestaciones del menor que incriminan al acusado a una contradicción suficiente, que equilibra su posición en el proceso». En el mismo sentido, *vid.*, STC 57/2013, de 11 de marzo (RTC 2013, 57) y SSTS 19/2013, de 9 de enero (RJ 2013, 4382) y 132/2018, de 20 de marzo (RJ 2018, 1629).

50. *Vid.*, ARROM LOSCOS, R., «La declaración del menor víctima en el proceso penal; en especial el menor víctima de delito sexual. La relevancia del nuevo Artículo 433 de la Ley de Enjuiciamiento Criminal», Riedpa.com, *Revista Internacional de Estudios de Derecho Procesal y Arbitraje*, núm. 3, 2015, pág. 43, http://riedpa.com/COMU/documentos/RIEDPA31501.PDF.

51. Cabe señalar el error del legislador al referirse en este art. 730 LECrim a las declaraciones recibidas «de conformidad con lo dispuesto en el art. 448», cuando en realidad, como hemos señalado, las condiciones en que se han de prestar dichas declaraciones se contemplan en el art. 433 LECrim.

la testifical de las víctimas menores de edad, declarando que la regla general debe ser que los testigos, incluidos los menores, declaren en el juicio oral, con el fin de que su declaración sea directamente contemplada y valorada por el tribunal sentenciador y sometida a contradicción por la representación del acusado, salvaguardando el derecho de defensa. La presencia de un menor víctima del delito no supone una derogación de las garantías procesales; y, por tanto, en principio, el menor, como cualquier testigo, debe declarar tanto en la fase de instrucción como en el juicio oral, sin perjuicio de que se puedan adoptar medidas de protección para evitar la victimización secundaria de estos menores. Pero ello no avala el desplazamiento caprichoso del principio de contradicción ni del derecho de defensa por el simple hecho de que la víctima sea un menor de edad. Por supuesto, si se recurre a la prueba preconstituida, es necesario que en la práctica de la diligencia se respete escrupulosamente el principio de contradicción y el derecho de defensa[52].

En este sentido, fue configurando un cuerpo de doctrina sobre el estatuto de la declaración del testigo menor fuera del juicio oral, estableciendo el presupuesto legitimante y los requisitos de validez para que dicha declaración pueda enervar legítimamente la presunción de inocencia del acusado[53].

El presupuesto genérico que condiciona la legitimidad de la no comparecencia del testigo menor en la vista del juicio oral es la existencia de una causa legítima que impida tal comparecencia y declaración[54]. Ello supone que han de existir razones fundadas y explícitas, normalmente contenidas en un informe psicológico, sobre un posible y concreto riesgo para la estabilidad emocional o el desarrollo personal del menor en cuestión derivado

52. *Vid.*, STS 321/2020, de 17 de junio (RJ 2020, 1854). En el mismo sentido, SSTS 178/2018, de 12 de abril (RJ 2018, 1585); y 579/2019, de 26 de noviembre (RJ 2020, 779).

53. *Vid.*, entre otras, SSTS 750/2016, de 11 de octubre (RJ 2016, 5329); 178/2018, de 12 de abril (RJ 2018, 1585); 424/2019, de 19 de septiembre (RJ 2019, 3796); 579/2019, de 26 de noviembre (RJ 2020, 779); 44/2020, de 11 de febrero (RJ 2020, 474); 321/2020, de 17 de junio (RJ 2020, 1854) o 337/2021, de 22 de abril (RJ 2021, 2303).

54. La legitimidad de esa causa exige ponderar el derecho fundamental a la defensa del acusado con otros intereses y derechos dignos de protección, de modo que tal ponderación permita modular la regla general de la necesaria presencia del testigo en el juicio oral e introducir determinados supuestos de excepción, que deben resultar debidamente justificados en atención a esos fines legítimos y, en todo caso, deben permitir el debido ejercicio de la defensa contradictoria por parte de quien se encuentra sometido al enjuiciamiento penal. Entre tales intereses dignos de protección destaca la necesidad de preservar la estabilidad emocional del menor y su normal desarrollo personal, protegiéndole del riesgo que comporta su inserción en el entorno del proceso penal; y, en particular, en el fragor del debate contradictorio de las partes durante la vista del juicio oral [STS 750/2016, de 11 de octubre (RJ 2016, 5329)]. Tal

de su obligación de comparecer en el proceso y someterse a un interrogatorio de las partes[55]. No existe una especie de «presunción de victimización secundaria» del testigo menor, sino que ésta solo debe reconocerse cuando haya un informe u otra circunstancia que permita objetivar y avalar por el tribunal la existencia del perjuicio del menor de declarar en el juicio oral; y el juez o tribunal deberá expresar y motivar en el auto de admisión de pruebas o en otro momento posterior las razones por las que, en el caso concreto, se aprecia ese riesgo de victimización para el testigo menor[56]. Además, aun apreciándose este riesgo, no se debe prescindir de la comparecencia del testigo en la vista del juicio oral si en él se pueden adoptar otras medidas de protección adecuadas para conjurar dicho riesgo[57].

Por lo que se refiere a los requisitos para la validez del testimonio preconstituido del menor, la STS 178/2018, de 12 de abril recuerda la doctrina del TC, según la cual «el centro de atención recae sobre las garantías que han de rodear la exploración del menor y la forma en la que la misma puede introducirse en el debate del juicio oral»[58/59]. Y, a la hora de delimitar esas garantías mínimas que han de respetarse para dar protección a la víctima menor y al mismo tiempo preservar el derecho de defensa del acusado, se remite al canon que ya se había fijado en la STEDH de 28 de septiembre de 2010, caso A.S. contra Finlandia[60], y que se pueden sintetizar del siguiente modo.

a. El investigado debe ser informado de que se va a oír al menor, y debe tener la posibilidad de observar su exploración, ya sea en el momento en

ponderación de intereses exige atender a las circunstancias del caso concreto, particularmente, la naturaleza del delito investigado y sus exigencias de una mayor garantía de intimidad (ej., delitos de carácter sexual), así como la edad del testigo en el momento de la celebración del juicio oral (no cuando ocurren los hechos objeto de enjuiciamiento), su madurez y demás condiciones concretas de su personalidad y estado emocional [SSTS 178/2018, de 12 de abril (RJ 2018, 1585); 44/2020, de 11 de febrero (RJ 2020, 474); o 321/2020, de 17 de junio (RJ 2020, 1854)].

55. STS 750/2016, de 11 de octubre (RJ 2016, 5329).
56. STS 321/2020, de 17 de junio (RJ 2020, 1854).
57. *Vid.*, SSTS 178/2018, de 12 de abril (RJ 2018, 1585); o 321/2020, de 17 de junio (RJ 2020, 1854).
58. SSTC 174/2011, de 7 de noviembre (RTC 2011, 174) y 75/2013, de 8 de abril (RTC 2013, 75).
59. STS 178/2018, de 12 de abril (RJ 2018, 1585). En el mismo sentido, SSTS 750/2016, de 11 de octubre (RJ 2016, 5329); 424/2019, de 19 de septiembre (RJ 2019, 3796); y 44/2020, de 11 de febrero (RJ 2020, 474).
60. *Vid.* STEDH (Sección 4.ª) de 28 de septiembre de 2010, caso A.S. contra Finlandia (JUR 2010, 332112).

que se produce, o bien, posteriormente, a través de la grabación audiovisual.

b. El investigado debe tener la posibilidad de dirigir preguntas y pedir aclaraciones al testigo menor, de forma directa o indirecta a través del experto; y ya sea durante el desarrollo de la exploración del testigo o bien en un momento posterior, indicando aquellos aspectos adicionales sobre los que la defensa considera que debe ser interrogado. Pero lo que se exige es que se garantice la posibilidad de contradicción, no la contradicción efectiva, por ello tal requisito se entiende cumplido cuando el abogado de la defensa haya sido debidamente citado al efecto e informado del objeto de la exploración del menor, aunque aquél no haya comparecido para dicha actuación, siempre que tal ausencia no pueda ser achacada al órgano jurisdiccional[61].

c. La exploración del menor debe ser grabada en un soporte audiovisual para que el tribunal enjuiciador pueda ver su desarrollo y verificar que se ha preservado el derecho de la defensa a formular al menor, directa o indirectamente, las preguntas o aclaraciones que se estimen oportunas. Además, es necesario que en el juicio oral se proceda a la audición o visionado de la grabación, excluyendo la práctica de darla por reproducida[62].

d. En el juicio oral, se debe acreditar la causa legítima que excluye la comparecencia y audiencia del testigo menor en el mismo. Por ello, si la causa legítima que se apreció en la fase de instrucción, y en la que se fundamentó la preconstitución de la testifical, ha desaparecido al tiempo de la celebración del juicio oral, y tampoco concurren otras razones sobrevenidas

61. En este sentido, el TS, recogiendo la jurisprudencia sentada por el TC y por el TEDH, ha declarado que, «la ausencia de contradicción carece de trascendencia si es imputable en exclusiva a las partes pasivas (...). El principio de contradicción se respeta, no sólo cuando el demandante goza de la posibilidad de intervenir en el interrogatorio de quien declara en su contra, sino también cuando tal efectiva intervención no llega a tener lugar por motivos o circunstancias que no se deben a una actuación judicial constitucionalmente censurables. Es suficiente haber contado con la posibilidad de interrogar y no es indispensable un interrogatorio efectivo». *Vid.*, SSTS 1002/2016, de 19 de enero (RJ 2016, 30) y 19/2019, de 23 de enero (RJ 2019, 167).

62. En este sentido, la STS 19/2019, de 23 de enero (RJ 2019, 167) declara que la preconstitución de la prueba testifical «ha de hacerse siempre salvaguardando el derecho de defensa del acusado, por lo que tiene que sustituirse la declaración en el juicio por la reproducción videográfica de la grabación de la exploración realizada durante la instrucción de la causa, en cuyo desarrollo haya sido debidamente preservado el derecho de las partes a introducir a los menores cuantas preguntas o aclaraciones estimen necesarias, practicada en fechas próximas a la de ocurrencia de los hechos perseguidos».

que justifiquen la no reiteración del testimonio, el testigo menor deberá comparecer y declarar de nuevo en el juicio oral[63].

3. LA PRECONSTITUCIÓN DE LA TESTIFICAL DEL MENOR TRAS LA LEY ORGÁNICA 8/2021, DE 4 DE JUNIO, DE PROTECCIÓN INTEGRAL A LA INFANCIA Y LA ADOLESCENCIA FRENTE A LA VIOLENCIA

La LOPIVI ha introducido una importante modificación en esta materia, al establecer la obligatoriedad de preconstituir la prueba testifical de los menores de catorce años o de personas con discapacidad necesitadas de especial protección, haciendo excepcional su declaración en el acto del juicio oral, cuando se trate de alguno de los delitos violentos citados en el nuevo art. 449 ter LECrim[64].

A tal efecto, en su Disposición final primera (apdos. 5 a 14) se prevén, entre otras modificaciones de la LECrim, la derogación de los actuales arts. 433.IV y 448.III LECrim y su sustitución por los nuevos arts. 449 bis y 449 ter, así como la introducción de un nuevo art. 703 bis y la modificación del art. 730 LECrim.

Conforme al art. 449 bis LECrim, cuando, en los casos legalmente previstos, la autoridad judicial de instrucción acuerde la práctica de la decla-

63. STS 44/2020, de 11 de febrero (RJ 2020, 474). Como puntualiza esta sentencia, la evolución del proceso y la mutabilidad de las circunstancias que justifican la preconstitución probatoria de la testifical pueden dar lugar a una mutación de la naturaleza de la precaución o del motivo en que se asienta y justifica. Por ello, nada impide que una preconstitución de la testifical adoptada inicialmente para conjurar el riesgo de que el testigo menor abandone el territorio nacional se pueda utilizar válidamente en el proceso si, llegado el momento del juicio oral, el menor está disponible, pero existen otras razones que justifican la no reiteración del testimonio, como puede ser el riesgo de victimización.

64. En el apdo. II de su Exposición de Motivos, declara que «la prueba preconstituida es un instrumento adecuado para evitar la victimización secundaria, particularmente eficaz cuando las víctimas son personas menores de edad o personas con discapacidad necesitadas de especial protección. Atendiendo a su especial vulnerabilidad se establece su obligatoriedad cuando el testigo sea una persona menor de catorce años o una persona con discapacidad necesitada de especial protección. En estos supuestos, la autoridad judicial, practicada la prueba preconstituida, solo podrá acordar motivadamente su declaración en el acto del juicio oral, cuando, interesada por una de las partes, se considere necesario. Por tanto, se convierte en excepcional la declaración en juicio de los menores de catorce años o de las personas con discapacidad necesitadas de especial protección, estableciéndose como norma general la práctica de la prueba preconstituida en fase de instrucción y su reproducción en el acto del juicio evitando que el lapso temporal entre la primera declaración y la fecha de juicio oral afecten a la calidad del relato, así como la victimización secundaria de víctimas especialmente vulnerables».

ración del testigo como prueba preconstituida, la misma deberá desarrollarse ajustándose a los siguientes requisitos[65]:

a. La autoridad judicial deberá garantizar el principio de contradicción en la práctica de la declaración. A tal efecto, la ausencia de la persona investigada que haya sido debidamente citada no impedirá la práctica de la prueba preconstituida, si bien su defensa letrada deberá estar presente en todo caso; y, si el abogado defensor del investigado no comparece de forma injustificada o cuando existan razones de urgencia para proceder inmediatamente, el acto se sustanciará con un abogado de oficio expresamente designado al efecto.

b. La autoridad judicial asegurará la documentación de la declaración en soporte apto para la grabación y reproducción del sonido y la imagen, debiendo el Letrado de la Administración de Justicia, de forma inmediata, comprobar la calidad de la grabación audiovisual. A tal grabación, se acompañará acta sucinta autorizada por el Letrado de la Administración de Justicia, que contendrá la identificación y firma de todas las personas intervinientes en la prueba preconstituida.

c. Para la valoración en sentencia de la prueba preconstituida así obtenida se estará a lo dispuesto en el artículo 730.2 LECrim. Es decir, la parte a la que le interese valerse de dicha prueba deberá instar la reproducción en el juicio oral de la grabación audiovisual de la declaración de la víctima o testigo practicada como prueba preconstituida durante la fase de instrucción.

A su vez, el art. 449 ter LECrim incorpora, y con carácter imperativo, un nuevo supuesto legal de preconstitución de la prueba testifical, el de los menores de catorce años o de personas con discapacidad necesitadas de especial protección en los procesos que tengan por objeto alguno de los delitos de carácter violento relacionados en el propio precepto, incluso cuanto tenga la consideración de delito leve[66]. Además, en sus apdos. segundo y tercero, este art. 449 ter LECrim contempla algunas garantías especiales que se deben observar en esta toma de declaración:

---

65. Tratándose del proceso penal de menores, tal previsión debe interpretarse en el sentido de que será el Fiscal instructor quien acuerde la preconstitución probatoria de la declaración del testigo, la cual, para preservar su jurisdiccionalidad, deberá practicarse ante el Juez de Menores. Ello presenta la particularidad de que, aun tratándose de una prueba preconstituida se preserva el principio de inmediación plena, ya que se practica ante el propio órgano enjuiciador.

66. A tenor de este artículo, «Cuando una persona menor de catorce años o una persona con discapacidad necesitada de especial protección deba intervenir en condición de testigo en un procedimiento judicial que tenga por objeto la instrucción de un delito

a. La autoridad judicial podrá acordar que la audiencia del menor de catorce años se practique a través de equipos psicosociales que apoyen al tribunal. En este caso, las partes trasladarán a la autoridad judicial las preguntas que estimen oportuno dirigirle al testigo quien, previo control de su pertinencia y utilidad se las facilitará a las personas expertas. Una vez realizada la audiencia del menor, las partes podrán interesar, en los mismos términos, aclaraciones al testigo.

b. La declaración siempre será grabada y el Juez, previa audiencia de las partes, podrá recabar del perito un informe dando cuenta del desarrollo y resultado de la audiencia del menor.

c. Para el supuesto de que la persona investigada estuviere presente en la audiencia de menor, se evitará su confrontación visual con el testigo, utilizando para ello, si fuese necesario, cualquier medio técnico.

Finalmente, la Disposición final primera de la LOPIVI también prevé la introducción de un art. 703 bis LECrim, que regula la reproducción en la vista del juicio oral de la grabación de la declaración del menor prestada en la fase de instrucción, y la posibilidad de que, con carácter excepcional, se acuerde la intervención del testigo en la vista.

Así, el apdo. primero de este precepto dispone que, cuando en fase de instrucción se haya practicado como prueba preconstituida la declaración de la víctima o un testigo, conforme a lo dispuesto en los arts. 449 bis y siguientes LECrim, se procederá, a instancia de la parte interesada, a la reproducción en la vista de la grabación audiovisual de la misma, de conformidad con el art. 730.2 LECrim, sin que sea necesaria la presencia del testigo en la vista. Y añade que, en los supuestos previstos en el art. 449 ter LECrim, es decir, el de testigos menores de catorce años o con discapacidad necesitados de especial protección, la autoridad judicial solo podrá acordar la intervención del testigo en el acto del juicio oral, con carácter excepcional, cuando sea interesada por alguna de las partes y considerada necesaria en

de homicidio, lesiones, contra la libertad, contra la integridad moral, trata de seres humanos, contra la libertad e indemnidad sexuales, contra la intimidad, contra las relaciones familiares, relativos al ejercicio de derechos fundamentales y libertades públicas, de organizaciones y grupos criminales y terroristas y de terrorismo, la autoridad judicial acordará, en todo caso, practicar la audiencia del menor como prueba preconstituida, con todas las garantías de la práctica de prueba en el juicio oral y de conformidad con lo establecido en el artículo anterior». Esta disposición se reitera, por vía de remisión, en el art. 777.3 LECrim, que también ha sido introducido por el apdo. trece de la Disposición final primera de la LOPIVI.

resolución motivada[67]. Ahora bien, en todo caso, el tribunal enjuiciador, a instancia de parte, podrá acordar la intervención del testigo en la vista cuando la prueba preconstituida no reúna todos los requisitos previstos en el art. 449 bis LECrim y cause indefensión a alguna de las partes[68].

Conviene señalar, por último, que, al haber derogado el apdo. IV del art. 433 LECrim, sustituyéndolo por el nuevo art. 449 ter LECrim, la LOPIVI ha dejado sin previsión legal expresa la posibilidad de preconstituir la testifical de los mayores de catorce y menores de dieciocho años[69]. No obstante, de lo previsto en el art. 707.II LECrim, podemos deducir que tal posibilidad existe, aunque en tal caso no existe una «presunción de victimización secundaria», como ocurre con los menores de catorce años, sino que la precons-

67. Tal sería el caso, por ejemplo, del testigo que, por tener menos de 14 años en el momento de la instrucción se preconstituyó su declaración testifical, pero que, en el momento del juicio oral ya supera dicha edad y no existe ningún otro motivo que justifique su incomparecencia.

68. La posibilidad de la preconstitución probatoria en la fase de instrucción de la testifical del menor y de otras personas vulnerables también se abordaba en el *Anteproyecto de Ley de Enjuiciamiento Criminal* aprobado por el Consejo de Ministros el 24 de noviembre de 2020 (*vid.*, https://www.mjusticia.gob.es/es/AreaTematica/ActividadLegislativa/Documents/210126%20ANTEPROYECTO%20LECRIM%202020%20INFORMACION%20PUBLICA%20%281%29.pdf). En él, se llevaba a cabo un profundo cambio en la configuración del sistema vigente, regulándose un «incidente de aseguramiento de las fuentes de prueba» ante el Juez de Garantías, al que podrían acceder en todo momento del proceso el fiscal, la defensa y las acusaciones cuando exista un riesgo de pérdida previsible de una fuente de prueba personal (arts. 591 a 603 APLECrim). Pero, además de estos supuestos ordinarios en los que se aprecia un riesgo de pérdida de la fuente de prueba, también se contemplaban dos supuestos especiales en los que se podría acudir al incidente de aseguramiento de la fuente de prueba, que no obedecen a este fundamento general de la institución. Se trata de los casos de confesión judicial urgente de la persona investigada y de la declaración de personas vulnerables. Como se indica en el apdo. LXVI de la Exposición de Motivos, «ambos se caracterizan por estar desde un principio orientados a acceder al juicio oral, sin depender del riesgo de pérdida de la fuente de prueba. Es más, en el caso de la exploración del menor a través de expertos, se busca justamente evitar la práctica de un examen contradictorio en el acto del juicio oral». Y añade que, «cuando resulta absolutamente inidóneo el examen contradictorio del testigo por las propias condiciones de edad, enfermedad o discapacidad que presenta, se debe establecer un cauce especial de aseguramiento. Se incluye la colaboración de un especialista con conocimientos idóneos para entablar la adecuada comunicación con el testigo menor. Se podrán obtener de este modo los datos pertinentes evitando en lo posible la victimización secundaria». Pues bien, este proyectado régimen de la declaración de los testigos menores de edad en el proceso penal se diseñaba en esencia en los arts. 469, 600, 602, 635.6 y 672 APLECrim.

69. Tal posibilidad sí se contemplaba en el precepto equivalente del Anteproyecto de Ley, el art. 448 bis, que, en su apdo. quinto, disponía que «El Juzgado de Instrucción podrá acordar por auto que las medidas previstas en este artículo sean aplicables a cualquier persona mayor de catorce años a la vista de su especial vulnerabilidad y de la naturaleza del delito cometido, para evitar causar un perjuicio irreparable».

titución probatoria de su testifical deberá justificarse caso por caso, mediante el informe de evaluación de sus necesidades de protección; es decir, deberá acreditarse la existencia de una causa legitimante de tal preconstitución, consistente en un posible y concreto riesgo para la estabilidad emocional o el desarrollo personal del testigo derivada de su obligación de comparecer en el juicio y someterse a un interrogatorio de las partes[70]. Recordemos que el art. 707.II LECrim regula algunas medidas de protección que se podrán adoptar en el juicio oral para evitar la victimización secundaria de los testigos, que se aplicarán «fuera de los casos previstos en el artículo 703 bis, cuando una persona menor de dieciocho años o una persona con discapacidad necesitada de especial protección deba intervenir en el acto del juicio (...)», de lo que se deduce que no todos los mayores de catorce años y menores de dieciocho deben comparecer y declarar en el juicio oral, sino que cabe la posibilidad de preconstituir su testifical en la fase de instrucción[71].

IV. LA EXENCIÓN DEL DEBER DE DECLARAR *EX* ART. 416.1 LECRIM DE LA VÍCTIMA DE VIOLENCIA DE GÉNERO

1. CONSIDERACIONES PREVIAS

El art. 410 LECrim impone, con carácter general, a todos los residentes en territorio español, sean nacionales o extranjeros, que no estén impedidos, la obligación de concurrir al llamamiento judicial para declarar como testigos en un proceso penal siempre que se les cite formalmente para ello[72]. No obstante, en los artículos siguientes, establece distintas excepciones o salvedades a tal obligación por distintos motivos, tales como el cargo que ostenta el testigo, su obligación de guardar secreto profesional o su vínculo parental o de afectividad con el investigado.

---

70. *Vid.*, PILLADO GONZÁLEZ, E., «La declaración de la víctima menor y las medidas para evitar su revictimización», *Justicia poliédrica en periodo de mudanza. Nuevos conceptos, nuevos sujetos y nueva intensidad* (Dir. Barona Vilar), Tirant lo Blanch, Valencia, 2022, págs. 560 y 561; Idem, «Preconstitución de la declaración de la víctima menor de edad», *El proceso como garantía* (Dir., Asencio Mellado y Fuentes Soriano), Atelier, Barcelona, 2023, págs. 607 Y 608.
71. En este sentido, *vid.*, ARANGÜENA FANEGO, C., «Declaración de personas vulnerables y preconstitución de la prueba en el proceso penal», *Revista Brasileira de Direito Processual Penal*, Porto Alegre, v. 8, n. 3, set.-dez. 2022, págs. 1110-1111; ORTEGA CALDERÓN, J. L., «La exploración del testigo menor en el proceso penal...», *op. cit.*, pág. 26.
72. Una disposición análoga se recoge en el art. 707.I LECrim: «Todos los testigos están obligados a declarar lo que supieren sobre lo que les fuere preguntado, con excepción de las personas expresadas en los artículos 416, 417 y 418, en sus respectivos casos».

Esta última salvedad o exención del deber de declarar referida a los parientes del investigado o acusado no les priva de la posibilidad de declarar contra su familiar, sino que les exime del deber general de hacerlo, por lo que constituye una suerte de «privilegio», que deja a su voluntad la decisión de declarar o no en tal proceso. Por tanto, una vez advertido el testigo de que no está obligado a declarar, podrá optar libremente por hacerlo o no. Pero si decide declarar, queda obligado a decir la verdad[73].

Se trata de un «privilegio» reconocido en casi todos los ordenamientos jurídicos[74], y el Tribunal Europeo de Derechos Humanos ha declarado en diversas ocasiones que su reconocimiento legal se ajusta a las previsiones del art. 6 CEDH[75]. En nuestro ordenamiento, tiene su base constitucional en el art. 24 *in fine* CE, conforme al cual «la ley regulará los casos en que, por razón de parentesco o de secreto profesional, no se estará obligado a declarar sobre hechos presuntamente delictivos»; y se desarrolla en los arts. 416 y 418.I LECrim.

Conforme a la doctrina y jurisprudencia mayoritarias, la razón de ser de tal dispensa de declarar radica, esencialmente, en la necesidad de evitarle al testigo pariente del investigado o acusado el conflicto que se produciría entre su deber de declarar diciendo la verdad y el de solidaridad para con su pariente acorde a la protección de las relaciones familiares que contempla el art. 39 CE[76]. En este sentido, la STS 134/2007, de 22 de febrero, declara que «la excepción o dispensa de declarar al pariente del procesado o al cónyuge que establece este artículo, tiene por finalidad resolver el conflicto que se le

73. *Vid.*, SSTS 160/2010, de 5 de marzo (RJ 2010, 4057); y 1010/2012, de 21 de diciembre (RJ 2012, 11336).

74. Así se contempla, por ejemplo, en el art. 199 del *Codice di Procedura Penale* italiano; en el § 52 de la *Strafprozessordnung* alemana; o el art. 335 del *Code de Procédure Pénale* francés.

75. Así lo ha declarado, por ejemplo, en las SSTEDH de 24 de noviembre de 1986 (asunto *Unterpertinger v. Austria*) y de 19 de febrero de 1991 (asunto *Isgrò v. Italia*).

76. *Vid.*, BELTRÁN MONTOLIU, A., «Víctima de violencia de género y la dispensa del art. 416 LECrim: evolución jurisprudencial». *Revista de Derecho Penal y Criminología*, núm. 19, 2018, pág. 30; BONILLA, J., «La participación en el proceso penal de la víctima menor de edad. El ejercicio de la dispensa de la obligación de declarar», *Teoría & Derecho. Revisa de pensamiento jurídico*, núm. 34, 2023, págs. 262 y 263; CABALLERO GEA, J. A., *Violencia de género. Juzgados de violencia sobre la mujer penal y civil. Síntesis y ordenación de la doctrina de los Tribunales y Fiscalía General del Estado*, Dykinson, Madrid, 2013, pág. 341; VILLAMARÍN LÓPEZ, M.ª L., «El derecho de los testigos parientes a no declarar en el proceso penal», *Indret*, núm. 4, 2012, págs. 9 a 14; Idem, «El derecho a no declarar de las víctimas de violencia de género a la luz de la doctrina reciente del Tribunal Supremo», *Foro, Nueva Época*, vol. 22, núm. 1, 2019, pág. 269; YUGUEROS GARCÍA, A. J., «Las dispensas procesales en el contexto de la violencia de género en las relaciones de pareja o expareja», *Aposta. Revista de Ciencias Sociales*, núm. 79, 2018, págs. 146 a 150.

puede plantear al testigo entre el deber de decir la verdad y el vínculo de solidaridad y familiaridad que le une con el procesado. Esta colisión se resuelve con la dispensa de declarar, que es igualmente válida para el testigo en quien concurre la condición de víctima del delito del que se imputa al inculpado»[77].

Es decir, la exención del deber de declarar del art. 416.1 LECrim no está pensada para proteger al investigado dentro del proceso, sino que su razón de ser es la protección del testigo pariente que se halla en situación de conflicto entre la obligación de declarar diciendo la verdad y su interés en ocultar o silenciar a la Administración de Justicia el hecho delictivo para no incriminar a su pariente. En definitiva, se trata de evitar poner al testigo en la tesitura de tener que declarar la verdad sobre lo que conoce, incriminando a su pariente, o la posibilidad de incurrir en un delito de falso testimonio en el caso de que mienta para protegerle[78].

---

77. STS 134/2007, de 22 de febrero (RJ 2007, 1558). En el mismo sentido, SSTS 385/2007, de 10 de mayo (RJ 2007, 3261); 129/2009, de 10 de febrero (RJ 2009, 446); 459/2010, de 14 de mayo (RJ 2010, 5805); 1010/2012, de 21 de diciembre (RJ 2012, 11336); 854/2013, de 30 de octubre (RJ 2013, 7463); 699/2014, de 28 de octubre (RJ 2014, 6445); 703/2014, de 29 de octubre (RJ 2014, 5422); 557/2016, de 23 de junio (RJ 2016, 2833); 209/2017, de 28 de marzo (RJ 2017, 1789); 205/2018, de 25 de abril (RJ 2018, 2104); 175/2021, de 25 de febrero (RJ 2021, 1103); 485/2021, de 3 de junio (RJ 2021, 2609); 656/2022, de 29 de junio (RJ 2022, 3785); y también STC 94/2010, de 15 de noviembre (RTC 2010, 94). No obstante, en ocasiones, el TS también ha añadido a esta razón de ser de la dispensa del deber de declarar, la de preservar la intimidad del ámbito familiar del testigo (*vid.*, SSTS 292/2009, de 26 de marzo de 2009 (RJ 2009, 2377) o 703/2014, de 29 de octubre (RJ 2014, 5422). Y, en otras, se destaca que tal exención «tiene mucho que ver con razones de índole puramente pragmática. El legislador sabe que las advertencias a cualquier testigo de su deber de decir verdad y de las consecuencias que se derivarían de la alteración de esa verdad, no surten el efecto deseado cuando es un familiar el depositario de los elementos de cargo necesarios para respaldar la acusación del sospechoso. De ahí que, más que una exención al deber de declarar, el artículo 416.1 arbitre una fórmula jurídica de escape que libera al testigo-pariente de la obligación de colaboración con los órganos jurisdiccionales llamados a investigar un hecho punible» (*vid.*, SSTS 389/2020, de 10 de julio (RJ 2020, 2672); 342/2021, de 23 de abril (RJ 2021, 2300); 656/2022, de 29 de junio (RJ 2022, 3785) o 389/2023, de 24 de mayo (RJ 2023, 3750).
78. *Vid.*, ESTEVE MALLENT, L., «La violencia de género entre adolescentes», *La violencia de género en la adolescencia* (Dir. García González), Thomson Reuters Aranzadi, Cizur Menor, 2012, pág. 127. En este mismo sentido, la STS 699/2014, de 28 de octubre (RJ 2014, 6445) declara que «conviene proclamar como punto de partida que la previsión del art. 416 LECrim es una garantía establecida para el testigo y no para el imputado. No es un derecho de éste, sino de aquél. No se pueden deformar las cosas hasta convertir ese derecho de determinados testigos, víctimas en ocasiones, en una especie de boomerang que se vuelve contra ellos dejándolos desprotegidos y privándoles de la tutela judicial efectiva». *Vid.*, asimismo, STS 175/2021, de 25 de febrero (RJ 2021, 1103).

Pues bien, no pretendemos en este trabajo acometer un estudio pormenorizado y exhaustivo de todas las cuestiones controvertidas que se han suscitado y siguen suscitando en relación con esta exención, y que son muchas; sino efectuar algunas precisiones en relación con algunos aspectos de su ámbito de aplicación que tienen especial incidencia en los procesos por violencia de género, poniendo de manifiesto los vaivenes jurisprudenciales que se han ido produciendo en los últimos años sobre el mismo, para, finalmente, analizar las exclusiones de la aplicación de esta dispensa introducidas por la LOPIVI.

2. ÁMBITO DE APLICACIÓN DE LA EXENCIÓN DEL DEBER DE DECLARAR DEL ART. 416.1 LECRIM

El art. 416.1 LECrim (y, por remisión, también el art. 707.I LECrim) dispensa de la obligación de declarar como testigos en el proceso penal a aquellas personas que guarden con el investigado o acusado una determinada relación de afectividad o vínculo de parentesco que el mismo determina[79]. Si bien la redacción de esta norma es confusa y, en ciertos aspectos, redundante, se puede deducir que los testigos que pueden acogerse a tal exención son los siguientes:

a. Los «parientes del procesado en líneas directa, ascendente y descendente»[80]. Es decir, se incluyen aquí los padres e hijos, abuelos y nietos. Y también podrían incluirse los suegros, yernos y nueras, puesto que el precepto no la limita exclusivamente a la línea directa consanguínea, como sí hace a continuación respecto de los parientes colaterales hasta el segundo grado[81].

b. El «cónyuge o persona unida por relación de hecho análoga a la matrimonial». En su redacción originaria, este inciso del art. 416.1 LECrim se refería únicamente al cónyuge, lo que suscitó la duda de si tal dispensa

---

79. Si este vínculo sólo concurre con alguno o algunos de los investigados o acusados, el testigo está obligado a declarar respecto de los demás, salvo que con su declaración también pueda comprometer a su pariente (art. 416.2.II LECrim).

80. Conviene señalar que la referencia al «procesado» en esta disposición resulta inadecuada, porque no en todos los procesos penales existe auto de procesamiento que confiera esta condición al inicialmente investigado; y, sobre todo, porque el investigado en quien concurran los requisitos legalmente previstos ya goza de esta dispensa desde el momento de la investigación preliminar ante la policía o el Ministerio Fiscal, sin necesidad de que se haya incoado la instrucción judicial. *Vid.*, SÁNCHEZ MELGAR, J., «Nuevo marco de la dispensa a la obligación de declarar. A propósito de la Ley Orgánica 8/2021, de 4 junio», https://elderecho.com/nuevo-marco-de-la-dispensa-a-la-obligacion-de-declarar-a-proposito-de-la-ley-organica-8-2021-de-4-junio.

81. *Vid.*, VILLAMARÍN LÓPEZ, M.ª L., «El derecho de los testigos parientes a no declarar...», *op. cit.*, pág. 17. En este sentido, STS 703/2014, de 29 de octubre (RJ 2014, 5422).

se podía extender o no a la pareja de hecho del investigado, dando lugar a pronunciamientos dispares de los tribunales[82]. Tal polémica ha quedado definitivamente zanjada tras la reforma de este precepto llevada a cabo por la Ley 13/2009, de 3 de noviembre, que introduce expresamente en el elenco de sujetos que pueden acogerse a esta dispensa a la «persona unida por relación de hecho análoga a la matrimonial»[83]. Por ello, actualmente, es pacífica la tesis de la plena equiparación a estos efectos del matrimonio y de la pareja de hecho, ya que ambas se encuentran en la misma relación *more uxorio*. Y este también es el motivo por el que buena parte de la doctrina y la jurisprudencia excluye del ámbito de aplicación de esta dispensa las relaciones de noviazgo sin convivencia, ya que no se trata de relaciones análogas a la matrimonial[84].

c. Los «hermanos consanguíneos o uterinos y los colaterales consanguíneos hasta el segundo grado civil». Es decir, podrán acogerse a esta exención tanto los hermanos que comparten padre y madre con el investigado (consanguíneos), como los hermanos hijos de la misma madre, aunque el padre sea distinto (uterinos)[85]. Por lo demás, resulta redundante la referencia a los «colaterales consanguíneos hasta el segundo grado civil», pues éstos serían los hermanos y ya están incluidos en la categoría anterior. Por ello, la única razón de ser de esta disposición sería la de excluir expresamente a los colaterales afines (cuñados), apartándose así de la regla que rige para la exención del deber de denunciar del art. 261.2.º LECrim, que sí los incluye[86].

---

82. A favor de tal extensión se pronunciaron, entre otras, las SSTS 134/2007, de 22 de febrero (RJ 2007/1558); 164/2008, de 8 de abril (RJ 2008, 1726); y 292/2009, de 26 de marzo (RJ 2009, 2377). En contra, STS 1540/2003, de 21 de noviembre (RJ 2003, 9255).

83. *Vid.*, apdo. 47 del artículo segundo de la Ley 13/2009, de 3 de noviembre, de reforma de la legislación procesal para la implantación de la nueva Oficina judicial.

84. *Vid.*, CABALLERO GEA, J. A., *Violencia de género. Juzgados de violencia sobre la mujer...*, *op. cit.*, pág. 346; VILLAMARÍN LÓPEZ, M.ª L., «El derecho de los testigos parientes a no declarar...», *op. cit.*, pág. 17. En la jurisprudencia, *vid.*, STS 556/2017, de 13 de julio (RJ 2017, 3530). En el mismo sentido, *vid.*, FISCALÍA GENERAL DEL ESTADO, *Circular 6/2011, de 2 de noviembre, sobre criterios para la unidad de actuación especializada del Ministerio Fiscal en relación a la violencia sobre la mujer* (Conclusión Duodécima). Esta orientación viene a contradecir la tesis sustentada, entre otras, por la STS 292/2009, de 26 de marzo (RJ 2009, 2377), conforme a la cual los sujetos exentos de la obligación de declarar conforme al art. 416.1 LECrim «pueden acogerse a esta dispensa con independencia de que exista o no una convivencia efectiva con el procesado».

85. Pese a la redacción legal, entendemos que también podrán acogerse a esta exención del deber de declarar los hermanos por adopción, pues uno de los principios básicos que rigen la adopción es el de equiparación de la filiación adoptiva y biológica; y, además, respecto de ellos rige el mismo deber de solidaridad familiar en que se fundamenta dicha exención.

86. *Vid.*, VILLAMARÍN LÓPEZ, M.ª L., «El derecho de los testigos parientes a no declarar...», *op. cit.*, pág. 18. La exclusión de los colaterales afines del ámbito de aplicación

Tal delimitación legal del ámbito de aplicación de esta exención del deber de declarar ha suscitado, tradicionalmente, algunas dudas sobre las que ha debido pronunciarse la jurisprudencia, dando lugar a llamativos vaivenes jurisprudenciales, algunos de los cuales, como veremos, se trataron de solventar a través de Acuerdos de Pleno No Jurisdiccional de la Sala Segunda del Tribunal Supremo. Estas discordancias en la jurisprudencia se referían, esencialmente, a dos aspectos, a saber, el momento en el que ha de concurrir el vínculo conyugal o afectivo para que el testigo pueda acogerse a la dispensa, es decir, si debe o no subsistir en el momento en que el testigo es llamado a declarar; y el segundo, la aplicabilidad de tal dispensa al testigo que es, a su vez, víctima del hecho delictivo y, en particular, si ha formulado denuncia.

2.1. Momento en que ha de concurrir el vínculo conyugal o afectivo

La actual redacción del art. 416.1 LECrim sigue sin dejar claro cuál es el momento en el que debe existir, entre el testigo y el investigado o acusado, la relación parental, conyugal o afectiva prevista en dicho precepto para que aquel se pueda acoger a esta dispensa del deber de declarar. Su tenor literal induce a pensar que tal relación debe subsistir en el momento en que se le toma declaración al testigo, si bien la jurisprudencia a este respecto no siempre ha sido uniforme, pudiendo apreciarse en ella una evolución.

Así, durante años, el TS se decantó por entender que la dispensa del deber de declarar del art. 416.1 LECrim sólo era aplicable si la convivencia marital o *more uxorio* subsistía en el momento en que el testigo debía prestar la declaración, salvo que el cese de esa convivencia estuviese motivado por razones ajenas a la voluntad de la pareja, como sucedería, por ejemplo, si el imputado se hallase en prisión al tiempo en que su pareja tuviese que declarar. Esta tesis se fundamentaba en que, si la razón de ser de tal dispensa es respetar el deber de solidaridad del testigo para con el imputado por el vínculo que existe entre ellos, se entiende que esta causa justificadora desaparece cuando ya no existe relación afectiva ni convivencia[87].

No obstante, a partir de la sentencia 292/2009, de 26 de marzo, el TS cambia mayoritariamente de criterio y efectúa al respecto dos matizaciones

---

de la dispensa del art. 416.1 LECrim es pacífica en la jurisprudencia del TS, tal como se recoge en las SSTS 62/2013, de 29 de enero (RJ 2013, 975) y 49/2018, de 30 de enero (RJ 2018, 284). En cambio, el art. 660.1 del Anteproyecto de Ley de Enjuiciamiento Criminal de 2020 sí incluía a los colaterales afines dentro del segundo grado como titulares de esta dispensa.

87. En este sentido, *vid.*, SSTS 134/2007, de 22 de febrero (RJ 2007, 1558); 164/2008, de 8 de abril (RJ 2008, 1726); 13/2009, de 20 de enero (RJ 2009, 1383).

importantes[88]. En primer lugar, señala que el momento en el que debe subsistir el vínculo afectivo a los efectos de determinar si el testigo tiene o no la obligación de declarar es aquel en que sucedieron o se conocieron los hechos, y no el momento en el que se ha de prestar la declaración. Y, en segundo lugar, destaca que no se pueden establecer a este respecto criterios apriorísticos, sino que habrá que atender a las circunstancias de cada caso y a las razones que, en tales circunstancias, podrían justificar la aplicación del art. 416.1 LECrim. Así, cuando la solidaridad con el imputado por la relación que tiene con él sea el único motivo que justificaría la aplicación de esta dispensa, parece lógico obligar al testigo a declarar si ya no existe tal vínculo con el imputado; pero si se entiende que además tal declaración puede comprometer la intimidad familiar bajo la cual ocurrieron los hechos enjuiciados (v.gr., si con su declaración puede desvelar informaciones que perjudican a los hijos que tuvo con el imputado), debe permitirse al testigo acogerse a esta exención aunque ya no hubiese vínculo afectivo ni convivencia[89].

Por su parte, la FGE, en su Circular 6/2011, se aparta de esta doctrina más reciente del TS, y sostiene que no se incluyen en la dispensa del art. 416.1 LECrim las parejas de hecho cuando, en el momento de declarar ya se ha producido la ruptura por propia voluntad. Para poder acogerse a esta dispensa, el vínculo familiar o de afectividad que una al investigado y a la víctima-testigo ha de concurrir en el momento en que es llamada a prestar declaración[90].

---

88. STS 292/2009, de 26 de marzo (RJ 2009, 2377).
89. Esta doctrina se ha mantenido en sentencias posteriores, entre las que cabe citar las SSTS 459/2010, de 14 de mayo (RJ 2010, 5805) y 1010/2012, de 21 de diciembre (RJ 2012, 11336). En ellas se afirma que «no se explicaría cómo puede atenderse al tiempo del proceso para determinar la subsistencia de la obligación de declarar, cuando se atiende al tiempo de los hechos no solamente para la protección penal de la persona vinculada por esa relación, sino para eximirla de la eventual responsabilidad por encubrimiento»
90. *Vid.*, FISCALÍA GENERAL DEL ESTADO, *Circular 6/2011* (Conclusión Decimotercera). A este respecto, la FGE matiza que, para que deje de surtir efecto la dispensa, la ruptura de la convivencia ha de obedecer a la voluntad de poner fin a la misma por las partes, de modo que, si la interrupción de la misma es consecuencia de haber ingresado en prisión el imputado o de la imposición de una medida cautelar de prohibición de aproximación acordada a petición del Fiscal y con la oposición expresa o tácita de la víctima, subsistiría la dispensa. Por el contrario, si ha sido la víctima, actuando como acusación particular, quien ha instado la prisión provisional o la medida cautelar de alejamiento del imputado, tendrá obligación de declarar desde el momento en que se acuerden tales medidas, porque se deduce su voluntad de poner fin a la convivencia.

Pues bien, ante tales vaivenes jurisprudenciales, la Sala Segunda del TS, en los Acuerdos del Pleno No Jurisdiccional de 24 de abril de 2013, fija el siguiente criterio al respecto: «La exención de la obligación de declarar prevista en el art. 416.1 LECRIM alcanza a las personas que están o han estado unidas por alguno de los vínculos a que se refiere el precepto. Se exceptúan: a) La declaración por hechos acaecidos con posterioridad a la disolución del matrimonio o cese definitivo de la situación análoga de afecto (...)»[91]. De tal acuerdo se deduce que el momento determinante en el que ha de existir la relación conyugal o afectiva que permite al testigo acogerse a la exención del deber de declarar ex *art.* 416.1 LECrim es el de la comisión de los hechos delictivos, pues tal exención solo se excluye si la declaración es por hechos posteriores a la disolución del matrimonio o cese de la relación afectiva; pero no si los hechos son anteriores a tal disolución o cese, aunque tal relación ya no exista en el momento de la declaración.

Este criterio ya se aplicó, por ejemplo, en la STS 304/2013, de 26 de abril[92]; y más recientemente, la STS 389/2020, de 10 de julio, haciéndose eco de este Acuerdo de Pleno No Jurisdiccional, y reiterando lo ya dispuesto en la citada STS 292/2009, de 26 de marzo, señala que «la ruptura de la afectividad subsiguiente al cese de la convivencia no puede impedir que el llamado como testigo se acoja a la exención si la declaración compromete la intimidad familiar bajo la cual ocurrieron los hechos objeto de enjuiciamiento»[93].

2.2. Aplicabilidad de la exención del deber de declarar al testigo-víctima

Otro de los aspectos del art. 416.1 LECrim que, tradicionalmente, ha suscitado más dudas es si esta dispensa del deber de declarar debe extenderse o no al testigo que guarda con el investigado o acusado alguno de los vínculos previstos en tal precepto y que, a su vez, es la víctima del hecho delictivo; y, en particular, si, además, ha sido denunciante o se ha constituido en acusación particular.

91. *Vid., Acuerdos del Pleno No Jurisdiccional de la Sala Segunda del Tribunal Supremo de 24 de abril de dos mil trece* (http://www.poderjudicial.es/cgpj/es/Poder-Judicial/Tribunal-Supremo/Jurisprudencia-/Acuerdos-de-Sala/Acuerdos-del-Pleno-No-Jurisdiccional-de-la-Sala-Segunda-del-Tribunal-Supremo-de-24-04-2013--sobre-la-interpretacion-del-art--416-de-la-LECrim-).
92. STS 304/2013, de 26 de abril (RJ 2013, 4396). No obstante, con posterioridad, volvemos a encontrar algunas sentencias, como la STS 556/2017, de 13 de julio (RJ 2017, 3530), en las que el Alto Tribunal vuelve a la interpretación anterior, y sostiene que, para que pueda operar la dispensa del art. 416 LECrim, la relación afectiva del testigo con el investigado o acusado debe subsistir cuando aquel es llamado a declarar.
93. STS 389/2020, de 10 de julio (RJ 2020, 2672). Esta tesis también se recogía en el art. 660.1 del *Anteproyecto de Ley de Enjuiciamiento Criminal de 2020.*

Como se comprenderá, esta cuestión es especialmente delicada cuando se trata de delitos, como los de carácter sexual o los de violencia doméstica o de género, en los que es frecuente que el autor aproveche un contexto de clandestinidad o privacidad para su comisión, de modo que la víctima suele ser la única testigo, o al menos la única testigo directo de los hechos, que puede aportar al proceso los indicios suficientes para sostener la acusación contra el agresor y, en su caso, la prueba de cargo suficiente para condenarle. Por ello, si la víctima acude a la policía y presenta la denuncia, pero luego se niega a declarar ante el órgano instructor, el Fiscal se verá abocado en muchos casos a retirar la acusación, dando lugar al sobreseimiento de la causa[94].

Por esta razón, desde que se aprobó la LOMPIVG, se advirtió desde múltiples instancias de la necesidad de modificar el art. 416 LECrim para excluir que la víctima de violencia de género, y en particular la víctima denunciante, pudiese acogerse a tal dispensa del deber de declarar, pues ello constituía uno de los principales obstáculos para llegar a sancionar estos hechos delictivos[95]. Tales planteamientos cristalizaron en el *Pacto de Estado contra la Violencia de Género* de 2017, que, entre sus medidas tendentes a

94. A este respecto, señala ESTEVE MALLENT («La violencia de género entre adolescentes...», *op. cit.*, págs. 127 y 128) que, en los supuestos de violencia de género, si no existe ningún otro medio de prueba apto para acreditar el delito de que se trate, nos encontramos con que el silencio del testigo que se acoge a esta exención provoca que el agresor consiga de facto el principal propósito de esta violencia: la efectiva sumisión de la víctima, que llega al extremo de renunciar a exigir justicia para evitar las consecuencias adversas que pudieran derivarse para su agresor de una eventual condena. Por ello, aunque no le corresponde al juzgador indagar en las razones últimas de la decisión del testigo-víctima de no declarar, sí que deberá constatar que la mujer actúa libre y voluntariamente, y que no ha sido presionada o coaccionada para que actúe en tal forma.

95. En este sentido, cabe señalar, por ejemplo, que la FISCALÍA GENERAL DEL ESTADO, en su Memoria anual de 2013 destacaba el incremento que, año tras año, desde 2006, habían experimentado las retiradas de la acusación por acogerse la víctima a esta dispensa, llegando a ser ésta la causa determinante de la mitad de las retiradas de acusación en juicios por violencia contra la mujer (*vid., Memoria de la Fiscalía General del Estado 2013*, pág. 255, https://www.fiscal.es/documents/20142/c55a2c95-a94f-3352-6065-1a1b99aaa9a3). También el Grupo de Expertos y Expertas en Violencia Doméstica y de Género del CGPJ ya propuso en su Informe de 2006 (y lo reiteró en el de 2011) una modificación legislativa puntual del art. 416.1 LECrim, por la cual se estableciese que la dispensa de la obligación de declarar no alcanza a las víctimas y perjudicados respecto de los delitos y faltas cometidos frente a ellos (*vid., Informe del Grupo de Expertos en Violencia Doméstica y de Género del Consejo General del Poder Judicial acerca de los problemas técnicos detectados en la aplicación de la Ley 1/2004 de medidas de protección integral contra la violencia de género y sugerencias de reforma legislativa que los abordan* (de 20 de abril de 2006), págs. 16 y 17, http://www.poderjudicial.es/cgpj/es/Temas/Violencia-domestica-y-de-genero/Grupos-de-expertos/).

erradicar las distintas formas de violencia contra la mujer, contempla modificaciones legales en este punto. Concretamente, la medida 142 consiste en «evitar los espacios de impunidad para los maltratadores, que pueden derivarse de las disposiciones legales vigentes en relación con el derecho de dispensa de la obligación de declarar, a través de las modificaciones legales oportunas»[96]. Con todo, tal medida no tuvo plasmación legal hasta la reciente reforma del art. 416 LECrim, operada por la Disposición final primera de la LOPIVI, a la que luego nos referiremos.

Hasta entonces, la jurisprudencia también se había mostrado muy vacilante a este respecto. Así, en ocasiones, se decantó por excluir la aplicación de esta dispensa a las víctimas que formalizaban «de forma espontánea» la denuncia contra el agresor, destacando que este precepto «contiene una causa de justificación para aquellos que nieguen su testimonio respecto de hechos que se imputan a personas con las que están vinculados parentalmente, pero de cuyos hechos no son víctimas»[97]. Es más, en algunas sentencias, el TS ha llegado a declarar que, cuando la propia víctima es la que denuncia, incluso no sería necesario hacerle las prevenciones y advertencias que contempla el art. 416.1 LECrim sobre la exención de su obligación de declarar contra el investigado o acusado[98]; aunque, posteriormente, volvió a sostener el criterio de la obligatoriedad de tales advertencias al testigo en todas las fases del proceso, incluso cuando haya sido víctima y denunciante del hecho[99].

Por el contrario, en otras sentencias, el TS ha optado por mantener que la dispensa del art. 416.1 LECrim es para todos los testigos que tengan con el investigado la relación prevista en dicho precepto, sin que exista exclusión alguna. Así, en la STS 134/2007, de 22 de febrero, afirma que tal dis-

96. *Vid.*, *Documento refundido de medidas del Pacto de Estado en materia de Violencia de Género. Congreso + Senado* (13 de mayo de 2019) pág. 32, https://violenciagenero.igualdad.gob.es/pactoEstado/docs/Documento_Refundido_PEVG_2.pdf.

97. *Vid.*, entre otras, SSTS 625/2007, de 12 de julio (RJ 2007, 5109); 319/2009, de 23 de marzo (RJ 2009, 3062); o 17/2010, de 26 de enero (RJ 2010, 1270). En esta misma línea, el *Borrador de Anteproyecto de Código Procesal Penal* de 2013, en su art. 370.1.II, referido a la «Dispensa del deber de declarar por vínculo familiar», disponía que «La dispensa prevista en este apartado no regirá para quien hubiere formulado denuncia».

98. *Vid.*, por ejemplo, SSTS 1225/2004, de 27 de octubre (RJ 2004, 6857); 319/2009, de 23 de marzo (RJ 2009/3062); o 557/2016, de 23 de junio (RJ 2016, 2833).

99. *Vid.*, SSTS 385/2007, de 10 de mayo (RJ 2007, 3261); 160/2010, de 5 de marzo (RJ 2010, 4057); 1010/2012, de 21 de diciembre (RJ 2012, 11336); o 49/2018, de 30 de enero (RJ 2018, 284). Señala el TS que el testigo pariente del acusado no tiene la obligación de saber que está exento de denunciar o declarar, y para renunciar a este derecho debe conocer que dispone del mismo porque nadie puede renunciar a lo que desconoce; y añade que el hecho de renunciar a tal exención en un momento del proceso no supone una renuncia tácita a este derecho para declaraciones ulteriores.

pensa del deber de declarar «tiene por finalidad resolver el conflicto que se le puede plantear al testigo entre el deber de decir la verdad y el vínculo de solidaridad y familiaridad que le une con el procesado. Esta colisión se resuelve con la dispensa de declarar, que es igualmente válida para el testigo en quien concurre la condición de víctima del delito del que se imputa al inculpado»[100].

Ante tal disparidad de criterios, la Sala Segunda del TS también se pronunció sobre esta cuestión en el ya referido Acuerdo del Pleno No Jurisdiccional de 24 de abril de 2013, concluyendo que, en principio, el testigo-víctima no queda excluido del ámbito de la dispensa del deber de declarar del art. 416 LECrim, salvo en los «supuestos en que el testigo esté personado como acusación en el proceso»[101]. Es decir, la condición de víctima del testigo, y ni siquiera la de denunciante, no le privan de la posibilidad de acogerse a esta exención del deber de declarar; en cambio, tal dispensa es incompatible con su personación en el proceso como acusación particular[102].

No obstante, dicho Acuerdo No Jurisdiccional, lejos de pacificar la cuestión, suscitó de inmediato otro interrogante: si la exclusión de esta dispensa del deber de declarar solo afecta al testigo-víctima que «esté personado como acusación en el proceso», ¿recupera la posibilidad de acogerse a ella el testigo-víctima que, habiendo estado personado como acusación, ya no lo está en el momento de ser llamado a declarar?

A priori, parecía clara la postura del TS en el sentido de negar tal intermitencia operativa de la dispensa del art. 416 LECrim, y así lo declaró

100. STS 134/2007, de 22 de febrero (RJ 2007, 1558). En el mismo sentido, *vid.*, SSTS 459/2010, de 14 de mayo (RJ 2010, 5805); 703/2014, de 29 de octubre (RJ 2014, 5422); y STC 94/2010, de 15 de noviembre (RTC 2010, 94).

101. Como señala la STS 205/2018, de 25 de abril (RJ 2018, 2104), tal Acuerdo se justifica porque «quien ejercita la acusación reclamando del Estado una condena, no está legitimado para, al mismo tiempo, escamotear las pruebas que tiene en su mano, están a su alcance y son necesarias para que su pretensión pueda ser atendida».

102. En esta línea, ya se había pronunciado el TS, entre otras, en sus SSTS 662/2001, de 6 de abril (RJ 2001/3350); 134/2007, de 22 de febrero (RJ 2007, 1558); 129/2009, de 10 de febrero (RJ 2009, 446); o 292/2009, de 26 de marzo (RJ 2009, 2377). También el TC, en su sentencia 94/2010, de 15 de noviembre (RTC 2010, 94), consideró válida la declaración de la esposa del imputado (y madre de la víctima menor de edad) que se había personado como acusación particular y a la que no se había informado de su derecho a no declarar conforme al art. 416.1 LECrim. Entiende el TC que la concluyente actividad procesal desplegada por la acusadora es «reveladora de una, al menos, implícita renuncia a la dispensa que le confería el art. 416 LECrim». La doctrina derivada de tal Acuerdo No Jurisdiccional ya se aplicó, entre otras, en las SSTS 304/2013, de 26 de abril (RJ 2013, 4396); 854/2013, de 30 de octubre (RJ 2013, 7463) o 209/2017, de 28 de marzo (RJ 2017, 1786).

expresamente en su sentencia 449/2015, de 14 de julio. En ella, sostiene que, en la medida en que la víctima había ejercido la acusación particular durante un año en el período de instrucción, aunque luego renunció al ejercicio de acciones civiles y penales, ya no era obligatorio instruirla de su derecho a no declarar *ex* art. 416 LECrim, porque tal derecho había decaído definitivamente con el ejercicio de la acusación particular[103]. Y, en el mismo sentido, se pronuncia la STS 209/2017, de 28 de marzo, señalando que si el testigo-víctima se persona en el proceso ejerciendo la acusación particular se sitúa fuera de las personas con derecho a la dispensa, y su *status* se equipara al de un simple testigo obligado a declarar; y añade que «la pérdida del derecho a acogerse a esa dispensa se perpetúa, aunque después la víctima se hubiera retirado del proceso»[104].

Sin embargo, el 23 de enero de 2018, la Sala Segunda del TS adopta un nuevo Acuerdo del Pleno No Jurisdiccional sobre el «Alcance de la dispensa del art. 416 LECrim», en el que cambia de criterio, concluyendo en el segundo punto del mismo que «No queda excluido de la posibilidad de acogerse a tal dispensa (416 LECrim) quien, habiendo estado constituido como acusación particular, ha cesado en esa condición»[105]. Las razones que justifican este Acuerdo las ha expuesto el TS en su sentencia 205/2018, de 25 de abril, señalando que «es contradictoria la simultaneidad de una petición de condena ejercitada por quien al mismo tiempo está privando al Tribunal del material probatorio necesario para concretarla: puede parecer una burla. La situación es radicalmente diferente cuando esa persona, por las razones que sean (incluso por el deseo de no afrontar nuevamente la tensión de declarar en contra de su familiar), ha renunciado a esa pretensión desistiendo de su condición de acusación particular. No se aprecia entonces nada en sí contradictorio; solo un cambio de postura, de opinión o de estrategia o una reordenación de sus preferencias, decisiones todas ellas que el dere-

103. STS 449/2015, de 14 de julio (RJ 2015, 3695).
104. STS 209/2017, de 28 de marzo (RJ 2017, 1786).
105. *Acuerdo del Pleno No Jurisdiccional de la Sala Segunda del Tribunal Supremo del día 23-01-2018, sobre el alcance de la dispensa del artículo 416 LECrim* (http://www.poderjudicial.es/cgpj/es/Poder-Judicial/Tribunal-Supremo/Jurisprudencia-/Acuerdos-de-Sala/Acuerdo-del-Pleno-No-Jurisdiccional-de-la-Sala-Segunda-del-Tribunal-Supremo-de-23-01-2018--sobre-el-alcance-de-la-dispensa-del-articulo-416-LECrim-). Recordemos que, en su primer punto, este Acuerdo también fijaba la posición de la Sala Segunda del TS sobre otro aspecto problemático de esta dispensa del deber de declarar, cuando el testigo se acoge a ella en el juicio oral, después de haber declarado en fases anteriores del proceso. Al respecto señala que «El acogimiento, en el momento del juicio oral, a la dispensa del deber de declarar establecida en el artículo 416 de la LECrim, impide rescatar o valorar anteriores declaraciones del familiar-testigo aunque se hubieran efectuado con contradicción o se hubiesen efectuado con el carácter de prueba preconstituida».

cho debe respetar, desde el momento en que ningún particular está obligado a formular acusación (sí en muchos casos a denunciar) [...]. No hay razones plausibles para derivar de una personación como acusación particular en un momento dado la renuncia definitiva e irrevocable a acogerse a la dispensa»[106].

Pero, no mucho tiempo después, el pleno de la Sala Segunda del TS, en su sentencia 389/2020, de 10 de julio[107], reconsidera el referido Acuerdo No Jurisdiccional de 2018, así como la jurisprudencia que lo aplicaba, y da un giro de ciento ochenta grados en el tratamiento de esta cuestión; pasando a sostener que, si la víctima de los hechos, que está personada en el proceso como acusación particular, deja de ostentar tal posición procesal, no recobra el derecho a acogerse a la exención del deber de declarar por haber renunciado al mismo al constituirse como acusación[108]. Y, en el fundamento jurídico undécimo de dicha sentencia se exponen seis razones que justifican este cambio de postura, que se pueden sintetizar del siguiente modo:

a. En primer lugar, porque tal derecho es incompatible con la posición del denunciante como víctima de los hechos, máxime en los casos de violencia de género en donde la mujer denuncia a su cónyuge o pareja de hecho, atribuyéndole la comisión de unos hechos delictivos. Además, en algunos delitos (los denominados delitos semipúblicos), es imprescindible su contribución procesal para que pueda activarse el proceso, por lo que pretender que la denunciante pueda abstenerse de declarar frente a aquel, es tanto como dejar sin contenido el propio significado de su denuncia inicial.

b. En segundo lugar, porque si la persona denunciante que se constituye en acusación particular no ostenta la facultad de dispensa, su estatuto tiene que ser el mismo al abandonar tal posición, sin que exista fundamento para

106. STS 205/2018, de 25 de abril (RJ 2018, 2104).
107. STS 389/2020, de 10 de julio (RJ 2020, 2672).
108. Conviene apuntar, no obstante, que dicha sentencia ha sido objeto de algunos votos particulares que se apartan, en este punto, del criterio de la mayoría. En este sentido, resulta ilustrativo el voto particular formulado por DE PORRES ORTIZ DE URBINA, señalando que «el derecho a la dispensa nace cada vez que el testigo es llamado a declarar y así se deduce del contenido de los artículos 416 y 707 de la LECrim que reconocen ese derecho cada vez que se declare y en las distintas fases procesales. No estamos en presencia de un derecho único para todo el proceso, según sugiere la sentencia, sino de un derecho que nace cada vez que el testigo es llamado. Lo mismo puede decirse del derecho al silencio del imputado o acusado y lo mismo podríamos decir de la inviolabilidad del domicilio. Si el titular de la vivienda consiente que la policía entre en su casa a registrar, ese consentimiento no se extiende a futuras injerencias, que requerirán nuevo consentimiento o autorización judicial. No atisbo a comprender porque en el caso del derecho a la dispensa esto es distinto y desde luego la sentencia no lo explica».

que renazca un derecho que había sido renunciado. Al haber renunciado al ejercicio del derecho de dispensa, primero por la interposición de la denuncia y, luego, constituyéndose en acusación particular, una vez resuelto el conflicto que constituía su fundamento, no hay razón alguna para su recuperación.

c. En tercer lugar, porque cuando la víctima decide denunciar a su agresor, sin tener obligación de hacerlo, es porque ya no hay espacio para que se produzca una colisión entre el deber de declarar y las consecuencias de los vínculos familiares y de solidaridad que unen al testigo con el acusado. La víctima ya ha resuelto el conflicto derivado de su vínculo con el agresor que le permitía abstenerse de declarar contra él; y, una vez que ha dado ese paso, no tiene sentido recobrar un derecho del que voluntariamente ha prescindido.

d. En cuarto lugar, porque de esta forma el testigo-víctima no puede ser coaccionado en su actuación posterior al prestar testimonio, para que se acoja a la dispensa, siendo libre de declarar con arreglo a su estatuto de testigo.

e. En quinto lugar, porque mantener lo contrario y acogerse, o no, a la dispensa a voluntad de la persona concernida, permitiría aceptar sucesivamente y de forma indefinida la posibilidad de que una misma persona, pudiera tener uno u otro *status*, a expensas de su voluntad, lo que no es admisible. Además, lo contrario supondría convertir de facto a este tipo de delitos en perseguibles a instancia de parte, cuando son delitos públicos perseguibles de oficio; no es tolerable una especie de privatización del derecho penal.

f. Y, en sexto lugar, porque al tratarse de una excepción, debe ser interpretada restrictivamente, y por ello únicamente aceptable en los casos que fundamentan tal dispensa.

Esta nueva orientación jurisprudencial, iniciada con la referida STS 389/2020, de 10 de julio, se confirmó en sentencias posteriores, tales como las SSTS 202/2021, de 4 de marzo, 342/2021, de 23 de abril, 725/2021, de 6 de octubre, 656/2022, de 29 de junio o 389/2023, de 24 de mayo[109]. Y, tras la reforma de este art. 416.1 LECrim, operada por la LOPIVI, no solo se ha recogido legalmente esta doctrina jurisprudencial, sino que, como veremos a continuación, se han ampliado los supuestos en los que se excluye la posibilidad de acogerse a esta exención de la obligación de declarar por razón de parentesco.

109. *Vid.*, SSTS 202/2021, de 4 de marzo (RJ 2021, 1244); 342/2021, de 23 de abril (RJ 2021, 2300); 725/2021, de 6 de octubre (RJ 2021, 4658); 656/2022, de 29 de junio (RJ 2022, 3785) y 389/2023, de 24 de mayo (RJ 2023, 3750).

3. EXCLUSIONES DE LA EXENCIÓN DEL DEBER DE DECLARAR DEL ART. 416.1 LECRIM

Para tratar de zanjar todas estas incertidumbres suscitadas en torno a esta cuestionada exención del deber de declarar del testigo, y en particular del testigo-víctima, el legislador aborda la reforma del art. 416 LECrim, a la que ya se había comprometido en el *Pacto de Estado contra la Violencia de Género* de 2017, con ocasión de la aprobación de la LOPIVI.

En el apartado cuatro de su Disposición adicional primera, modifica el art. 416.1 LECrim, en el que, además de concretar el tipo de vínculo que ha de concurrir entre el testigo y el encausado para que aquél se pueda acoger a la dispensa, y establecer el deber de informar al testigo sobre su derecho a acogerse a la misma, haciendo constar expresamente su respuesta, se contemplan cinco casos en los que tal dispensa no será de aplicación. Son los siguientes[110]:

1.º Cuando el testigo tenga atribuida la representación legal o la guarda de hecho de la víctima menor de edad o con discapacidad necesitada de especial protección. Con tal exclusión de la dispensa del deber de declarar, se pretende otorgar una mayor protección a las víctimas menores de edad o con discapacidad, de modo que, en los delitos cometidos contra ellos, aunque sean menos graves o leves, el testigo que, *a priori*, podría acogerse a tal dispensa por su relación con el encausado, no podrá hacerlo si tiene atribuida la representación legal o guarda de hecho de la víctima. Es lo que sucedería, por ejemplo, cuando la víctima sea un menor de edad que ha sufrido una agresión por parte del cónyuge o de la pareja de hecho de su progenitor, y en presencia o con conocimiento de éste.

2.º Cuando se trate de un delito grave, el testigo sea mayor de edad y la víctima sea una persona menor de edad o una persona con discapacidad necesitada de especial protección. Obsérvese que esta segunda exclusión, tal como está redactada, es muy amplia, de modo que excluye de la posibilidad de acogerse a la dispensa a todo testigo pariente del encausado cuando concurran estas tres circunstancias:

a) Que se trate de un delito grave, lo que debe interpretarse en sentido técnico, en los términos de los arts. 13.1 y 33.2 CP: «son delitos graves las infracciones que la Ley castiga con pena grave», entre las que cabe destacar, además de la prisión permanente revisable, la de prisión superior a cinco años. Por tanto, si, conforme a estas

110. Tales exclusiones de la exención del deber de declarar por razón de parentesco, salvo la segunda, que es la de alcance más amplio, también se contemplaban en el art. 660.2 del *Anteproyecto de Ley de Enjuiciamiento Criminal de 2020.*

previsiones legales, el delito fuese menos grave o leve, no operaría esta exclusión de la dispensa.

b) Que el testigo sea mayor de edad, por lo que, si el testigo también fuese menor de edad, podría acogerse a la dispensa si guarda con el agresor la relación de parentesco o afectividad prevista en el art. 416.1 LECrim.

c) Que la víctima sea una persona menor de edad o una persona con discapacidad necesitada de especial protección.

Por tanto, la posibilidad de acogerse a la dispensa del deber de declarar queda excluida cuando concurran estas tres circunstancias objetivas, sin necesidad de que exista ningún tipo de vínculo o relación entre el testigo y la víctima, como en la exclusión anterior. Por ello, si bien se observa, en la mayoría de los supuestos, aquella primera exclusión ya quedará subsumida en esta segunda, pues habitualmente, en tales casos, también concurrirán estas tres circunstancias; aunque, cabe precisar que, tratándose de un testigo que tenga atribuida la representación legal o de hecho de la víctima, la exclusión de la posibilidad de acogerse a la dispensa operará incluso cuando se impute al encausado un delito menos grave o leve.

3.º Cuando por razón de su edad o discapacidad el testigo no pueda comprender el sentido de la dispensa. A tal efecto, el Juez oirá previamente a la persona afectada, pudiendo recabar el auxilio de peritos para resolver. Como ya apuntamos, el art. 416.1 LECrim, dispone, en su inciso segundo, que el Juez instructor advertirá al testigo que goce de la exención del deber de declarar, «que no tiene obligación de declarar en contra del procesado; pero que puede hacer las manifestaciones que considere oportunas», debiendo el Letrado de la Administración de Justicia consignar la respuesta del testigo a tal advertencia. Tal disposición se entiende y resulta muy acertada para que la posibilidad de acogerse a tal dispensa (y de renunciar a ella válidamente) sea real y no una mera formalidad legal, porque los testigos no tienen por qué conocer esta exención ni sus consecuencias; y, de hecho, frecuentemente, ignoran tal derecho. Y, como declara la STS 385/2007, de 10 de mayo, para renunciar a un derecho, debe informarse que se dispone del mismo, ya que nadie puede renunciar a algo que desconozca[111].

Pero, como ha destacado el TS, tal advertencia sólo tiene razón de ser y puede cumplir realmente el fin que la justifica si el testigo, aun siendo menor (o adoleciendo de una discapacidad), tiene una mínima madurez que le

111. STS 385/2007, de 10 de mayo (RJ 2007, 3261). En el mismo sentido, STS 1010/2012, de 21 de diciembre (RJ 2012, 11336).

permita comprender el significado y el alcance de la dispensa del art. 416.1 LECrim. En otro caso, dicha advertencia sería totalmente ineficaz y superflua, por lo que su omisión no debería determinar la nulidad de la declaración. Para estos supuestos, la jurisprudencia venía sosteniendo que si el testigo menor, dada su corta edad, no gozaba de la madurez emocional necesaria para captar el alcance del conflicto que justifica tal dispensa, ni, por tanto, de la capacidad para dilucidar si debe acogerse o no a ella, debía ser su representante legal, siempre que no tuviese conflicto de intereses con el testigo, quien decidiese si éste debía declarar o no[112]. En cambio, si, aun tratándose de víctimas menores de edad, tienen suficiente madurez para entender el alcance de esta dispensa del deber de declarar contra su pariente (por ejemplo, menores de 15 o 16 años) será a ellas a quienes debe hacerse la advertencia sobre la misma, y quienes deberán decidir si se acogen o no a ella, con independencia de lo que decida su representante legal, incluso cuando éste haya ejercido la acusación particular[113].

Pues bien, con esta reforma legal de 2021, el legislador parece abandonar la referida tesis jurisprudencial, estableciendo expresamente que, si por razón de su edad o discapacidad, el testigo no puede comprender el sentido de la dispensa del art. 416.1 LECrim, no se estará a lo que decida su representante legal, sino que se excluirá la aplicación de tal dispensa, debiendo el testigo prestar declaración. Y, a los efectos de tomar tal decisión, el juez debe cerciorarse sobre la madurez y aptitud del testigo para comprender el sentido de esta dispensa, dando audiencia al mismo y recabando, en su caso, el informe de peritos sobre tal extremo.

---

112. En este sentido, la STS 699/2014, de 28 de octubre (RJ 2014, 6445) señala que, «no hay que esperar a la mayoría de edad para estar en condiciones de usar de esa habilitación. Pero si ha de contarse con la indispensable madurez según un juicio ponderativo que deberá efectuar el Juzgador [...]. No ostentando capacidad para determinar en ese punto la propia conducta, en principio habrá de confiarse a los representantes legales (argumento *ex* art. 162 Código Civil) la decisión sobre si el menor debe declarar o no en los supuestos prevenidos en el art. 416 LECrim, aunque no lo especifique así claramente la Ley Procesal Penal a diferencia de lo que sucede en otros ordenamientos (v.gr., el británico)». *Vid.*, asimismo, STS 730/2018, de 1 de febrero (RJ 2019, 235).

113. *Vid.*, SSTS 209/2017, de 28 de marzo (RJ 2017, 1786), 225/2020, de 25 de mayo (RJ 2020, 1563), 329/2021, de 22 de abril (RJ 2021, 1775) o 342/2021, de 23 de abril (RJ 2021, 2300). Sobre esta problemática, *vid.*, ampliamente, BONILLA, J., «La participación en el proceso penal de la víctima menor de edad...», *op. cit.*, págs. 263 a 271; GONZÁLEZ MONJE, A., *La dispensa del deber de declarar en violencia de género. Problemas planteados y soluciones propuestas*, Thomson Reuters Aranzadi, Cizur Menor, 2019, págs. 119 a 126; MARAVALL BUCKWALTER, I., *La declaración del menor en el proceso penal. Admisibilidad y práctica en el derecho internacional de los Derechos Humanos*, Tirant lo Blanch, Valencia, 2019, págs. 247 a 266.

A tal efecto, señala MAGRO SERVET que se puede tomar como referencia la edad de los 14 años, ya que, como vimos, por debajo de esa edad, el art. 449 ter LECrim exime al testigo de declarar en la vista del juicio oral, debiendo practicarse la testifical del menor como prueba preconstituida, en cuyo caso la ley nada prevé sobre la posibilidad del testigo de ampararse en esta dispensa del deber de declarar, ni de la obligación del juez de advertirle de ello[114]. No obstante, si, aun habiéndose preconstituido la prueba, a la fecha del juicio oral el testigo cuenta con una edad superior a 14 años y con una capacidad que le permite comprender el alcance de esta dispensa, se debe interesar su parecer respecto al ejercicio del derecho a no declarar contra su pariente, y en caso afirmativo quedaría vetada la posibilidad de reproducir en el juicio oral sus declaraciones prestadas en la fase de instrucción[115].

4.º Cuando el testigo esté o haya estado personado en el procedimiento como acusación particular. Con esta previsión, el legislador dota de rango legal a la tesis jurisprudencial referida anteriormente, sentada a partir de la STS 389/2020, de 10 de julio. Esto significa que, si el testigo-víctima que ha formulado denuncia no se constituye luego en acusador particular, en principio, conservaría su derecho a acogerse a esta exención. Pero, si se persona como acusación particular, perderá su derecho a la dispensa del deber de declarar y no lo recuperará para ulteriores declaraciones, aunque luego abandone dicha posición procesal[116]. De este modo, el legislador también se aparta del criterio por el que se decantaba el art. 370.1.II del *Borrador de Anteproyecto de Código Procesal Penal de 2013*, el cual excluía de la posibilidad de acogerse a esta dispensa al denunciante.

Por su relevancia a efectos del proceso penal de menores, también conviene recordar en este punto la orientación jurisprudencial conforme a la cual el ejercicio de la acusación particular por los padres o representantes legales de la víctima menor no conlleva una renuncia expresa o tácita de ésta a su derecho a la dispensa del deber de declarar, de modo que podrá ejercitarlo siempre que sus condiciones de madurez lo permitan[117].

114. *Vid.*, MAGRO SERVET, V., «Análisis de la reforma procesal penal de la Ley Orgánica de protección integral a la infancia y la adolescencia frente a la violencia», *Diario La Ley*, n.º 9862, 2 de junio de 2021, (https://diariolaley.laleynext.es).

115. *Vid.*, STS 329/2021, de 22 de abril (RJ 2021, 1775). En el mismo sentido, BONILLA, J., «La participación en el proceso penal de la víctima menor de edad...», *op. cit.*, págs. 275 y 276.

116. Tal exclusión de la dispensa del deber de declarar ya se aplicó en la STS 656/2022, de 29 de junio (RJ 2022, 3785).

117. *Vid.*, SSTS 342/2021, de 23 de abril (RJ 2021, 2300) o 752/2021, de 6 de octubre (RJ 2021, 4658).

5.º Cuando el testigo haya aceptado declarar durante el procedimiento después de haber sido debidamente informado de su derecho a no hacerlo[118]. El legislador parece querer zanjar así otra de las controversias que se suscitaban en torno a esta dispensa del art. 416.1 LECrim, a saber, si el testigo que, en algún momento procesal, tras haber sido informado de su derecho a acogerse a tal dispensa, optaba por prestar declaración, podía o no volver a acogerse a esta exención en declaraciones posteriores.

A este respecto, cabe recordar que, aunque la LECrim únicamente refiere esta exención de los testigos parientes, y por tanto, el deber de advertirles de ella, al momento de su declaración ante el Juez de Instrucción (art. 416.1 LECrim) o en el juicio oral (art. 707 LECrim), la jurisprudencia ha extendido tal dispensa y el consiguiente deber de información a la fase policial previa, amparándose en la dispensa del deber de denunciar del art. 261 LECrim[119]. Y, además, sostiene que tal advertencia debe reiterarse en cada una de estas fases procesales, con independencia de la decisión que adopte el testigo en cada momento, pues el hecho de que decida declarar en alguna de estas fases no supone una renuncia tácita y definitiva a este derecho para las fases posteriores[120].

Pues bien, con esta disposición, el legislador se desmarca de tal orientación jurisprudencial, dando a entender que, si en algún momento del proceso, ya sea en la fase de instrucción o de juicio oral, el testigo acepta prestar declaración tras haber sido informado debidamente de su derecho a no hacerlo, estará renunciando tácitamente a acogerse a esta dispensa en posteriores ocasiones en que sea llamado a declarar nuevamente. La razón de ser de tal exclusión radica en que si el testigo, tras haber sido informado

118. Una disposición análoga ya se contenía en el art. 570.2 del *Anteproyecto de Ley de Enjuiciamiento Criminal de 2011*.

119. En este sentido, la STS 385/2007, de 10 de mayo (RJ 2007, 3261), declaró prueba obtenida ilegalmente la declaración de la hermana del acusado que entrega la droga a la policía sin haber sido advertida de la exención del deber de denunciar ni de la dispensa de la obligación de declarar. En el mismo sentido, las SSTS 160/2010, de 5 de marzo (RJ 2010, 4057), 1010/2012, 21 de diciembre (RJ 2012, 11336), y 485/2021, de 3 de junio (RJ 2021, 2609), tras hacer un análisis de la doctrina jurisprudencial sobre esta cuestión, concluyen que el criterio jurisprudencial predominante es el de la obligatoriedad de la advertencia tanto en sede policial como judicial, y dentro de ésta en cada una de las dos fases del proceso (instrucción y plenario); y el efecto de la no observancia de esta obligación es la nulidad de la declaración prestada y la consiguiente imposibilidad de su valoración por el juzgador.

120. *Vid.*, VILLAMARÍN LÓPEZ, M.ª L., «El derecho de los testigos parientes a no declarar...», *op. cit.*, pág. 26. En el mismo sentido, *vid.*, SSTS 160/2010, de 5 de marzo (RJ 2010, 4057); 1010/2012, 21 de diciembre (RJ 2012, 11336); 49/2018, de 30 de enero (RJ 2018, 284); 310/2021, de 12 de abril (RJ 2021, 1515) y 485/2021, de 3 de junio (RJ 2021, 2609).

debidamente de su derecho a la dispensa, decide declarar, es porque ya ha resuelto su conflicto interno al que ésta responde, por lo que ya no ha lugar a recuperar la dispensa en momentos procesales posteriores.

No obstante, conviene hacer dos matizaciones en relación con esta exclusión de la dispensa del deber de declarar. La primera es que la ley se refiere expresamente a que el testigo haya aceptado declarar «durante el procedimiento», por lo que entendemos que no debe determinar la exclusión de esta dispensa el hecho de que el testigo haya aceptado declarar ante la policía o ante el Ministerio Fiscal en el marco de una investigación preprocesal[121].

Y la segunda matización se refiere a que, para que pueda operar esta exclusión, será necesario que la información que se le dé al testigo sobre el derecho a la dispensa también incluya expresamente este extremo, es decir, que se le advierta de modo expreso y claro de que si opta por prestar declaración ya no podrá acogerse a la dispensa en momentos procesales posteriores. Sólo así podrá ser plenamente consciente de que su declaración conllevará la renuncia tácita a tal dispensa de cara a ulteriores declaraciones.

Finalmente, cabe destacar que, con esta exclusión se solventan definitivamente las dudas y controversias que se habían suscitado en torno a la posibilidad de introducir en el juicio oral y dotar de valor probatorio, por la vía de los arts. 714 y/o 730 LECrim, o a través de los testigos de referencia, a las declaraciones sumariales cuando el testigo, tras haber declarado en la fase de instrucción, se acogía luego a la dispensa en el juicio oral, conforme

121. En este sentido, *vid.*, RODRÍGUEZ ÁLVAREZ, A., «Claves de la reforma de la dispensa del deber de declarar ex Ley Orgánica 8/2021, de 4 de junio», *Diario La Ley*, n.º 9916, 20 de septiembre de 2021 (https://diariolaley.laleynext.es); SÁNCHEZ MELGAR, J., «Nuevo marco de la dispensa a la obligación de declarar. A propósito de la Ley Orgánica 8/2021, de 4 junio», https://elderecho.com/nuevo-marco-de-la-dispensa-a-la-obligacion-de-declarar-a-proposito-de-la-ley-organica-8-2021-de-4-junio. Por su parte, ORTEGA CALDERÓN («Denuncia y Artículo 416.1.5.º LeCrim tras la reforma operada por LO 8/2021, de 4 de junio» (https://elderecho.com/denuncia-y-articulo-416-1-5o-lecrim-tras-la-reforma-operada-por-lo-8-21-de-4-de-junio) analiza las distintas interpretaciones que admite esta nueva disposición del art. 416.1.5.º LECrim, exponiendo los argumentos a favor y en contra de cada una de ellas. Y concluye planteando como solución integradora la tesis calificada como predominante por la STS 485/2021, de 3 de junio (RJ 2021, 2609), conforme a la cual la denuncia ante la policía implicaría la imposibilidad de acogerse de forma sobrevenida a la dispensa de la obligación de declarar si, al tiempo de formalizar aquella, la víctima hubiera sido debidamente informada de tal derecho; y, a tal efecto, el juez de instrucción deberá hacer un control sobre la suficiencia de la información proporcionada al respecto a la víctima por las fuerzas y cuerpos de seguridad.

al art. 707 LECrim[122]. A tenor de esta nueva disposición del art. 416.1.5.º LECrim, si el testigo ha aceptado declarar en la fase de instrucción después de haber sido informado adecuadamente de su derecho a no hacerlo, ya no podrá acogerse luego a esta dispensa cuando sea llamado a declarar al juicio oral. De modo que, si opta por guardar silencio o se contradice con lo declarado anteriormente, ya nada impide la aplicación del art. 714 LECrim, permitiéndose que las partes soliciten la lectura de las declaraciones sumariales y le formulen preguntas al testigo tendentes a evidenciar sus contradicciones con lo declarado anteriormente o a recordarle sus manifestaciones anteriores, de modo que el tribunal pueda tomarlas en consideración y valorarlas[123].

122. En relación con esta controversia, *vid.*, ALCALÁ PÉREZ-FLORES, R., «La dispensa del deber de declarar de la víctima de violencia de género: interpretación jurisprudencial», págs. 11 a 16 (file:///C:/Users/Usuario/Downloads/Alcal%C3%A1%20P%C3%A9rez-Florez,%20Rafael_1.0.0%20(1).pdf); SIBONY, R., SERRANO OCHOA, M.ª A. Y REINA TORANZO, O., «La prueba y la dispensa del deber de declarar por el testigo-víctima en los procesos de violencia de género», *La Toga*, n.º 182 (2011), págs. 9 a 16; VILLAMARÍN LÓPEZ, M.ª L., «El derecho de los testigos parientes a no declarar...», *op. cit.*, págs. 29 a 33. La Sala Segunda del Tribunal Supremo ya había tratado de cerrar esta polémica en el referido Acuerdo del Pleno No Jurisdiccional de 23 de enero de 2018, disponiendo que «El acogimiento, en el momento del juicio oral, a la dispensa del deber de declarar establecida en el artículo 416 de la LECRIM, impide rescatar o valorar anteriores declaraciones del familiar-testigo aunque se hubieran efectuado con contradicción o se hubiesen efectuado con el carácter de prueba preconstituida».

123. *Vid.*, *Conclusiones del Encuentro de Fiscales Especialistas en violencia de género. Diciembre 2020*, págs. 23 y 24, https://www.fiscal.es/documents/20142/688f52f2-9775-d40b-d91c-7b5350acba9c.

Capítulo V

Medidas cautelares

SUMARIO: I. MEDIDAS CAUTELARES EN EL PROCESO PENAL DE MENORES. *1. Consideraciones generales sobre las medidas cautelares en el proceso penal de menores. 2. Las medidas cautelares personales y la protección a la víctima.* II. PARTICIPACIÓN DE LA VÍCTIMA EN LA ADOPCIÓN DE LAS MEDIDAS CAUTELARES Y SU PROTECCIÓN. *1. Legitimación para instar la adopción de medidas cautelares. 2. Presupuestos para la adopción de las medidas cautelares. 3. Medidas cautelares específicamente dirigidas a la protección de la víctima.* III. PROHIBICIÓN DE APROXIMARSE O COMUNICARSE CON LA VÍCTIMA O SU ENTORNO. IV. LIBERTAD VIGILADA. V. INTERNAMIENTO CAUTELAR. VI. ORDEN DE PROTECCIÓN.

I. MEDIDAS CAUTELARES EN EL PROCESO PENAL DE MENORES

1. CONSIDERACIONES GENERALES SOBRE LAS MEDIDAS CAUTELARES EN EL PROCESO PENAL DE MENORES

Al igual que ocurre en el proceso penal de adultos, también en el ámbito de la responsabilidad penal de los menores, se prevé la posibilidad de imponer medidas cautelares. A este respecto, en el Título III LORPM, dedicado a la instrucción, el Capítulo II, lleva la rúbrica «De las medidas cautelares» (arts. 28 y 29); aunque debe tenerse en cuenta que no todas las medidas cautelares que se pueden adoptar ante un presunto menor infractor están incluidas en estos preceptos.

En concreto, el art. 28 LORPM se refiere al internamiento en un centro en el régimen adecuado, a la libertad vigilada, a la prohibición de aproximarse o comunicarse con la víctima o con aquellos de sus familiares u otras personas que determine el juez y a la convivencia con otra persona, familia o grupo educativo, omitiendo la detención del menor, que está regulada en el art. 17 LORPM. Además, en el proceso penal de menores, es posible la adopción de otras medidas cautelares que no están expresamente reguladas en el art. 28 LORPM, como pueden ser la asistencia a centro de día, el tratamiento ambulatorio o la privación del permiso de conducir ciclomotores y vehículos a motor o del derecho a obtenerlo que están contenidas en el art. 7 LORPM, así como la retención de pasaporte o la citación cautelar previstas en la LECrim[1].

Además, no todas las medidas previstas en el art. 28 LORPM tienen finalidad cautelar; así, la convivencia con otra persona, familia o grupo

1. Debe entenderse que, pese a no existir en la doctrina un criterio unánime, la enumeración de las medidas cautelares personales del art. 28.1 LORPM es meramente enunciativa, pudiendo adoptarse todas aquellas que sean idóneas para la consecución de sus fines y teniendo siempre presente el interés del menor que debe informar en todo caso las decisiones y actuaciones que se refieran al mismo. Esta posición viene avalada por dos tipos de argumentos de distinto calado; de un lado, la redacción del art. 7.1 h) LORMP, en lo que respecta a la libertad vigilada, en cuanto al enumerar las reglas de comportamiento que puede imponer el Juez de Menores, se refiere, en el n.º 7, a «cualesquiera otras obligaciones» que el mismo estime adecuadas para la reinserción social del menor. Esta cláusula abierta permitía la adopción de una orden de alejamiento no expresamente prevista en la redacción original de la art. 28.1 LORPM.
De otro lado, y este es el argumento fundamental de la exégesis que se defiende, la aplicación supletoria de la LECrim, que permitirá la citación cautelar del menor, a la vista del art. 487 LECrim.
Así lo entendía la FISCALÍA GENERAL DEL ESTADO, *Circular 1/2000, de 18 de diciembre, relativa a los criterios de aplicación de la Ley Orgánica 5/2000, de 12 de enero, por la que se regula la responsabilidad penal de los menores* [apdo. VI.3.F)]. A favor de esta posición se pronuncian:
AGUILERA MORALES, M., «Las medidas cautelares en la Ley de Responsabilidad Penal del Menor (o crónica de un despropósito)», *Tribunales de Justicia*, núm. 3, 2003, pág. 17; GARCÍA-ROSTÁN CALVÍN, G., *El proceso Penal de Menores (Funciones del Ministerio Fiscal y del Juez de la instrucción, el período intermedio y las medidas cautelares)*, Thomson-Aranzadi, Pamplona, 2007, págs. 117 y 118; GONZÁLEZ PILLADO. E., «Medidas cautelares», en *Proceso Penal de menores* (coord. González Pillado), Tirant Lo Blanch, Valencia, 2008, págs. 179 y 180; TOMÉ GARCÍA, J., *El procedimiento penal del menor (Tras la Ley 38/2002, de reforma Parcial de la Ley de Enjuiciamiento Criminal)*, Thomson-Aranzadi, Pamplona, 2003, págs. 132 y 133.
En contra, VALBUENA GARCÍA. E., *Medidas cautelares en el Enjuiciamiento de Menores.* Thomson-Aranzadi, Cizur Menor, 2008, pág. 117. También la FISCALÍA GENERAL DEL ESTADO se pronunció a favor del carácter tasado de las medidas cautelares contenidas en el art. 28 LORPM, pero entendiendo la procedencia de la adopción de la asistencia a centro de día, el tratamiento terapéutico, la prohibición de circular con ciclomotores o la retención de pasaporte como reglas de conducta dentro de una libertad vigilada. *Vid. Dictamen 2/2013, sobre posibilidades de aplicación cautelar de determinadas medidas no mencionadas en el art. 28 LORPM* y *Dictamen 4/2014, sobre la posibilidad de acordar la retirada de pasaporte a un menor de edad como* medida cautelar en la justicia juvenil.

educativo, que parece tener como único objetivo la protección del menor. Tampoco en el art. 29 LORPM se regulan auténticas medidas cautelares, en cuanto su adopción procede en relación con menores exentos de responsabilidad penal por concurrir en ellos enajenación mental o cualquier otra circunstancia prevista en los apartados 1.º, 2.º o 3.º del art. 20 CP, «para la protección y custodia del menor conforme a los preceptos civiles aplicables, instando en su caso las actuaciones para la incapacitación del menor y la constitución de los organismos tutelares conforme a derecho»[2].

A lo apuntado, debe añadirse que la regulación contenida en la LORPM de las medidas cautelares no es completa, sino que se reduce a aspectos concretos de las mismas, dejando importantes lagunas en cuestiones relevantes para su imposición en el ámbito de la justicia juvenil. Esta situación nos obliga a acudir a la LECrim como ley de aplicación supletoria, lo que, como se verá, no está exento de dificultades al tener que integrar estas disposiciones con normas pensadas para el proceso de adultos, que nada tiene que ver con los fines perseguidos en el ámbito juvenil. Buena muestra de la incompleta regulación de las medidas cautelares en la LORPM es el silencio sobre la posible adopción en el proceso penal de menores de medidas cautelares de carácter real, centrándose exclusivamente en las personales, lo que no excluye su adopción por aplicación supletoria de la ley procesal penal de adultos.

No se pretende, a lo largo de estas páginas, acometer un estudio detallado de la regulación de las medidas cautelares contenida en la LORPM, sino de resaltar los aspectos que pueden resultar más interesantes desde la posición de la víctima de violencia de género, en especial a la vista de sus necesidades de protección y seguridad; se excluye, por tanto, el análisis de las medidas cautelares reales cuya finalidad esencial tiende a la conservación de las cosas relacionadas con el delito y al aseguramiento de la responsabilidad pecuniaria derivada de su comisión.

2. LAS MEDIDAS CAUTELARES PERSONALES Y LA PROTECCIÓN A LA VÍCTIMA

Con carácter previo al estudio de las medidas cautelares que tienen como finalidad la protección de la víctima, procede una reflexión sobre su tratamiento como auténticas medidas cautelares personales que tanto la

2. La falta de concordancia entre la rúbrica del precepto y su contenido es criticada por la FISCALÍA GENERAL DEL ESTADO (*Circular 1/2007, de 26 de noviembre, sobre criterios interpretativos tras la reforma de la legislación penal de menores de 2006*, apdo. VI.4) que alude a las «graves deficiencias conceptuales» del precepto, lamentándose de que la LO 8/2006 no procediese a su reforma.

actual ley procesal penal de adultos como la de menores da a estas medidas; y ello debido a que su naturaleza jurídica se aparta de la propia de las medidas cautelares en cuanto su objetivo no se dirige tanto a garantizar el normal desarrollo de proceso y la efectividad de la sentencia que se dicte, como a la protección de la víctima de posibles agresiones del encausado.

En efecto, con carácter general, las medidas cautelares sirven para garantizar la efectividad del proceso penal en el que se adoptan y, más concretamente, de la posible sentencia estimatoria que le ponga fin; de ahí su naturaleza instrumental respecto del proceso penal en curso, ya que su finalidad se concreta en conjurar los riesgos que puedan obstar al normal desarrollo del proceso y/o a la ejecución de la sentencia que en su momento se dicte, como consecuencia de una actuación del imputado. En coherencia con ello, entre los riesgos que se tratan de evitar con las medidas cautelares personales, las normas procesales aluden a la sustracción del imputado a la acción de la justicia, la ocultación, alteración o destrucción de fuentes de prueba o la obstaculización por otros medios de la ejecución de la sentencia firme. No obstante, es frecuente que se incluyan entre los fines propios de las medidas cautelares algunos otros que son ajenos al aseguramiento del desarrollo y efectividad del proceso penal, tales como la evitación de la reiteración delictiva del imputado y, especialmente, la dirigida contra la víctima[3]; o la reacción ante la denominada «alarma social» provocada por el delito.

A este respecto, conviene precisar que, pese a la desnaturalización de las medidas cautelares, el art. 5.1c) CEDH admite como finalidad de la prisión provisional la evitación de la reiteración delictiva del imputado[4]; consecuentemente, al amparo de este precepto, el TEDH ha considerado justificada la adopción de la prisión provisional cuando exista un riesgo cierto de reincidencia. Cabe señalar, a modo de ejemplo, la STEDH de 20 de marzo de 2001 (caso Bouchet c. Francia), en la que el TEDH estima que, si bien las razones de orden público defendidas por el tribunal francés no justifican la prisión provisional habida cuenta de la escasa repercusión de los hechos imputados, concurre un riesgo cierto de reincidencia que fue adecuada-

3. MORENO CATENA, V.; CORTÉS DOMÍNGUEZ, V. *Derecho Procesal Penal,* Tirant Lo Blanch, Valencia, 2019 págs. 237 y ss.
4. En concreto, el art. 5.1 c) CEDH permite la detención y la prisión provisional del encausado para hacerle comparecer ante la autoridad judicial competente, «cuando existan indicios racionales de que ha cometido una infracción o cuando se estime necesario para impedirle que cometa una infracción o que huya después de haberla cometido».

mente valorado por dicho tribunal y que resulta suficiente para mantener la situación de confinamiento[5].

En el mismo sentido también se ha pronunciado nuestro TC, al declarar en su sentencia 44/1997, que constituye un fin constitucionalmente legítimo de la prisión provisional el riesgo de reiteración delictiva, lo que permite atribuirle una función preventiva como medida para conjurar riesgos relevantes constitucionalmente[6].

En cambio, por lo que respecta a la alarma social provocada por el delito, nuestro TC entiende que su evitación no constituye una finalidad legítimamente perseguible con la imposición de una prisión provisional[7].

En coherencia con esta doctrina y jurisprudencia constitucional, el art. 503.1. 3.º LECrim establece expresamente como fines de la prisión provisional los siguientes: a) «Asegurar la presencia del investigado o encausado en el proceso cuando pueda inferirse racionalmente un riesgo de fuga»; b) «evitar la ocultación, alteración o destrucción de fuentes de prueba relevantes para el enjuiciamiento»; y c) «evitar que el investigado o encausado pueda actuar contra bienes jurídicos de la víctima». A su vez, el art. 503.2 LECrim, añade una cuarta finalidad, «evitar el riesgo de que el investigado o encausado cometa otros hechos delictivos»[8].

Pues bien, en el ámbito del proceso penal de menores, y en la misma línea de la LECrim, el art. 28 LORPM señala que los fines generales de las medidas cautelares se concretan no solo en evitar el riesgo de eludir u obs-

5. STEDH de 20 de marzo de 2001 (caso Bouchet c. Francia) (EDJ 2001/2563).
6. STC 44/1997, de 10 de marzo (RTC 1997, 44). En el mismo sentido, SSTC 128/1995, de 26 de julio (RTC 1995, 128); 142/1998, de 29 de junio (RTC 1998, 142); 191/2004, de 2 de noviembre (RTC 2004, 191); 333/2006, de 20 de noviembre (RTC 2006, 333).
Se parte de esta forma de una presunción de culpabilidad del encausado al imponerle una medida privativa de libertad ante una peligrosidad que sólo podrá quedar determinada en la sentencia condenatoria una vez practicada la prueba de cargo. *Vid.* MORENO CATENA, V.; CORTÉS DOMÍNGUEZ, V. *Derecho Procesal Penal..., op. cit.*, págs. 237 y ss.
7. STC 191/2004, de 2 de noviembre (RTC 2004, 191). En el mismo sentido, la STC 47/2000, de 17 de febrero (RTC 2000, 47) añade que «la genérica alarma social presuntamente ocasionada por un delito constituye el contenido de un fin exclusivo de la pena —la prevención general— y (so pena de que su apaciguamiento corra el riesgo de ser precisamente alarmante por la quiebra de los principios y garantías jurídicas fundamentales), presupone un juicio previo de antijuricidad y de culpabilidad del correspondiente órgano judicial tras un procedimiento rodeado de plenas garantías de imparcialidad y defensa».
8. Por el contrario, este precepto, en su redacción actual, ya nada dice sobre el fin de evitar la alarma social que haya producido la comisión del hecho delictivo, que sí contemplaba hasta la reforma operada por la LO 13/2003, de 24 de octubre.

truir la acción de la justicia por parte del menor presunto autor de delito, sino también atentar contra los bienes jurídicos de la víctima o de protegerla. En coherencia con ello, y en lo que aquí interesa, nuestros tribunales acuerdan la adopción de medidas cautelares en el ámbito juvenil con el objeto de garantizar la protección de la víctima frente a posibles actuaciones del menor encausado[9].

Además, no puede dejar de mencionarse que el art. 28 LORPM alude a la posibilidad de adoptar una medida cautelar para «la defensa y custodia del menor expedientado»; con esta expresión legal, se podría llegar a entender que las medidas cautelares en este ámbito se pueden acordar siempre que sean convenientes para la custodia y defensa del menor, haciendo innecesaria la previsión por parte del legislador de los presupuestos generales de las medidas cautelares[10]. Sin embargo, no se debe olvidar cuáles son sus finalidades, centradas en evitar los riesgos que para el desarrollo del proceso o la seguridad de la víctima se pueda derivar de la actuación del encausado; y todo ello sin perder de vista que todas las resoluciones que se dicten a lo largo del proceso penal juvenil, incluidas las medidas cautelares, deben estar inspiradas en el interés superior del menor. De acuerdo con las premisas anteriores, la mención a la «defensa y custodia del menor» contenida en el art. 28 LORPM debe ser interpretada en el sentido de que el Juez de Menores, una vez comprobada la concurrencia de los presupuestos de las medidas cautelares, deberá adoptar la que sea más beneficiosa para el desarrollo personal y social del menor atendiendo a sus circunstancias personales y sociales.

En este sentido se pronuncian nuestros tribunales cuando a la hora de acordar una medida cautelar, tienen en cuenta, por supuesto, el *fumus boni iuris* y el *periculum in mora*, pero además atienden a todas las circunstancias que rodean al menor con el objeto de adoptar aquella que redunde en su beneficio[11]. Más concretamente, la jurisprudencia ha venido entendiendo

9. Entre otras, AAP de Guadalajara 270/2019, de 22 de octubre (JUR 2019, 333781); AAP de Córdoba 455/2018, de 2 de agosto (JUR 2020, 228025); AAP de Lleida 569/2016, de 28 de octubre (JUR 2017, 52015); AAP de Madrid 180/2004, de 13 de diciembre (JUR 2005, 256456).

10. AGUILERA MORALES, M., «Las medidas cautelares en la Ley de Responsabilidad Penal del Menor (o crónica de un despropósito) ...», *op. cit.*, págs. 15 y 16.

11. En esta misma línea, la FISCALÍA GENERAL DEL ESTADO (*Circular 1/2007,* apdo. VI.1), señala que «No puede, no obstante, utilizarse esta mención (a la custodia y defensa del menor expedientado) para integrar fines autónomos a la decisión cautelar, pues son absolutamente ajenos a la esencia de este tipo de medidas... El inciso objeto de análisis, desechando su carácter de fin cautelar, debe interpretarse como una llamada de atención hacia la necesidad de que la decisión cautelar no contravenga el interés del menor».

que «para valorar la corrección o no de dichas medidas cautelares deberá estarse a la concurrencia de los siguientes presupuestos: a) regla de juicio, consistente en que es suficiente la concurrencia de indicios racionales de la comisión de un hecho delictivo y la participación en el mismo del menor, en el bien entendido de que dichos indicios no deben confundirse con la prueba de cargo suficiente para destruir el principio de presunción de inocencia, cuya concurrencia sólo podrá valorarse en sentencia tras la celebración del correspondiente juicio; y b) regla de tratamiento, es decir que la medida cautelar responda a algunos de los fines constitucionalmente legítimos, que son la obstrucción de la justicia, la sustracción a su acción, la reiteración delictiva o la protección de la víctima, con la singularidad de tomar en especial consideración el interés del menor»[12].

No obstante, en ocasiones, nuestros tribunales acuerdan la adopción de una medida cautelar en supuestos en los que concurren indicios de criminalidad pero no *periculum in mora,* y sobre la base únicamente de las necesidades de reeducación del menor encausado, que constan en el informe del Equipo Técnico[13]; en estos casos, y sobre todo ante alguna situación de riesgo o desamparo del menor, no procederá la adopción de una medida cautelar, sino alguna de las medidas de protección sobre la base del art. 158

12. Entre otros, AAP de La Rioja 8/2021, de 8 enero (JUR 2021, 104000); AAP de Álava 509/2019 de 26 de noviembre de 2020 (JUR 2020, 72798); AAP de Valencia 840/2019 de 26 de julio de 2020 (JUR 2020/38037); AAP de Barcelona 119/2020, de 12 de febrero (JUR 2020, 127965); AAP de Barcelona 331/2018, de 3 de mayo (JUR 2018, 273901).
Muy claro es el AAP de Córdoba 455/2018, de 2 agosto de 2020 (JUR 2020, 228025) cuando, a la hora de justificar el cumplimiento de los requisitos para la adopción de un internamiento cautelar señala que «En cuarto y último lugar, y esencial, en ese proceso de rehabilitación personal, familiar y hasta social emprendido con el menor a través de un programa cierto y determinado de naturaleza educativa, es el interés del mismo el que brilla con luz propia, porque a su través se podrá conseguir el libre desarrollo integral de la personalidad del menor compatible con una convivencia pacífica como la que merece la sociedad en la que está integrado».

13. Una muestra de ello es el AAP de Madrid 743/2020, de 30 de noviembre (JUR 2021, 47142) cuando señala que «la medida se justifica en razón al informe emitido por el Equipo Técnico, que aconseja dicha medida de contención, internamiento cautelar, pues consta que la menor se encuentra en situación de riesgo personal y social, vive alternando diferentes domicilios y no tiene establecidas obligaciones o actividades, pasa el tiempo ociosa y con comportamientos desadaptados, los adultos con los que se relaciona no constituyen modelos prosociales e influyen negativamente en su vida».
Por su parte, el AAP de Madrid 484/2018, de 4 de junio de 2020 (JUR 2018, 224108), en relación a un internamiento cautelar en régimen semiabierto, ante la existencia de indicios de criminalidad por varios delitos de hurto, justifica su adopción «el menor se encuentra en una situación de riesgo de grave de desarraigo y por tanto en situación propicia a ser víctima de explotación por parte de terceros, dado que no consta que sus progenitores se hagan cargo de él, incluso consta en el informe del Equipo Técnico

CC o bien una comunicación a la Entidad Pública competente en materia de protección de menores (arts. 172 y ss. CC y LOPJM)[14].

II. PARTICIPACIÓN DE LA VÍCTIMA EN LA ADOPCIÓN DE LAS MEDIDAS CAUTELARES Y SU PROTECCIÓN

Como ya se expuso, la LORPM, en su redacción originaria, obvió la protección y participación de la víctima en el proceso[15]; en coherencia con ello, a la hora de regular las medidas cautelares, se centró de modo exclusivo en las que tenían por objeto evitar los riesgos de conductas del encausado que pudieran poner en peligro el desarrollo del proceso, así como *«la custodia y defensa del menor expedientado»*. Por ello, no se contempló la posibilidad de que la víctima instase la adopción de medidas cautelares; ni se preveía como causa para la adopción de tales medidas el riesgo de que el menor atentase contra los bienes jurídicos de la víctima; ni, finalmente, se regulaban medidas cautelares específicamente destinadas a su protección.

Esta situación cambia con la reforma operada por la LO 8/2006, cuyo artículo veintiuno da una nueva redacción a los tres primeros apartados del art. 28 LORPM, incidiendo en los tres aspectos apuntados; a su desarrollo se dedican los apartados siguientes.

---

que el menor no informo a los mismos de que estaba en España, estando al parecer los mismos en Alemania, que llegó a España con una tía, sin que conste acreditado el vínculo, vive en una discoteca abandonada y no sigue estudios o formación profesional, no sabe leer ni escribir, sólo acudió un año al colegio, tiene dificultades con el idioma, ningún proyecto de vida, de modo que únicamente la medida impuesta posibilita al menor una verdadera socialización de la que carece. Por lo que es gravosa, pero necesaria para conseguir la finalidad buscada y por tanto proporcional». En sentido similar, AAP de Madrid 238/2020, de 1 de junio (JUR 2020, 213457).

14. La improcedencia de la adopción de una medida cautelar es más evidente cuando no concurren indicios de criminalidad; a este respecto, el AAP de Barcelona 930/2019, de 2 de diciembre (JUR 2020, 128199) señala que las necesidades asistenciales de tipo psicológico de la encausada no justifican un internamiento cautelar, añadiéndose además que «El abordaje del estado de tristeza, con pensamientos e ideas suicidas, que expresa el Equipo Técnico no precisa desde nuestro punto de vista una privación de libertad en un centro de justicia juvenil, sino un abordaje desde el medio con seguimiento y ayuda de sus padres y resto de profesionales, y la vinculación a un recurso de salud mental como el que al parecer ya ha iniciado en el CSMIJ de DIRECCION000, a fin de dar cumplimiento a lo dispuesto en el art. 22 de la LORPM que establece entre los derechos del menor desde la incoación del expediente, el derecho "a la asistencia afectiva y psicológica en cualquier estado y grado del procedimiento"».

15. *Vid.* apdo. III.2 del Capítulo II.

1. LEGITIMACIÓN PARA INSTAR LA ADOPCIÓN DE MEDIDAS CAUTELARES

De acuerdo con el art. 28.1 LORPM, «el Ministerio Fiscal, de oficio o a instancia de quien haya ejercitado la acción penal (...) podrá solicitar del Juez de Menores, en cualquier momento, la adopción de medidas cautelares (...)»; una interpretación literal de la dicción legal nos llevaría a entender que la legitimación recae exclusivamente en el Ministerio Fiscal, quedando, en cambio, excluida la del acusador particular; esto es, la víctima personada como acusación particular no podría solicitar directamente del Juez de Menores la adopción de medidas cautelares, sino que tendría que plantear su solicitud al Fiscal para que sea éste quien tramite su petición ante el Juez.

Esta exégesis literal no se parece cohonestarse con la potenciación que experimentó el papel de la víctima en el proceso penal de menores tras la LO 15/2003, que, como ya se apuntó, modificó el art. 25 LORPM, permitiendo su personación como acusación particular; más concretamente, no se muestra coherente con la facultad que le confiere el art. 25 c) LORPM de «instar la imposición de las medidas a las que se refiere la ley», por cuanto, entre las mismas deben entenderse incluidas las medidas cautelares[16]. Contrasta también con la previsión del apdo. 2 del mismo art. 28 LORPM, reformado por la LO 8/2006, que extiende al acusador particular la legitimación para solicitar la medida cautelar de internamiento.

Por todo ello, se hace necesario optar por una interpretación lógica y sistemática del art. 28 LORPM y reconocer la legitimación de la víctima (o, en su caso, padres, herederos o representantes legales) personada como acusación particular, para instar cualquier medida cautelar de las previstas en la LORPM. En este sentido también se pronuncia la FGE señalando que «si se reconoce expresamente a la acusación particular legitimación para promover el internamiento cautelar, que es la medida más intrusiva, sería absurdo negársela para proponer medidas menos invasivas, representándose aún con más intensidad la sinrazón de la exégesis literal si se repara en que de seguirse se negaría legitimación al ofendido para impetrar la medida cautelar creada específicamente para su protección, esto es, la medida de alejamiento»[17]. Además, pese al silencio de la LORPM que alude únicamente a la víctima personada, en coherencia con el art. 3 EVD, también aquella que ha decidido mantenerse al margen del proceso podrá instar la adopción de una medida cautelar. Por último, debe recordarse que el art. 4 LORPM, redactado por la LOPIVI incluye dos previsiones específicas refe-

16. VALBUENA GARCÍA, E., *Medidas cautelares en el Enjuiciamiento de Menores..., op. cit.*, págs. 268 y 269.
17. FISCALÍA GENERAL DEL ESTADO, *Circular 1/2007* (apdo. I.2).

ridas, de un lado, a las víctimas de violencia de género y, de otro. a quienes han sufrido cualquier delito violento. En lo que respecta a las primeras, se prevé el derecho a ser notificadas por escrito, mediante testimonio íntegro, de las medidas de protección; en cuanto a las segundas, tendrán derecho a ser informadas de forma permanente de la situación procesal del agresor, concretamente, en el caso de una medida cautelar o definitiva de internamiento, deberá tener información de los permisos y salidas del centro del presunto agresor, salvo que manifieste su deseo de no recibir información. Además, para completar la protección completa a la víctima, en el mismo art. 4 LORPM se incluye la obligación de comunicar las medidas cautelares adoptadas a las administraciones públicas competentes para la adopción de las medidas de protección que correspondan, ya sean de seguridad o de asistencia, jurídicas, sanitarias, psicológicas o de cualquier otra índole.

2. PRESUPUESTOS PARA LA ADOPCIÓN DE LAS MEDIDAS CAUTELARES

Al igual que en el proceso penal de adultos, los presupuestos necesarios para la adopción de las medidas cautelares personales son el *fumus boni iuris* o apariencia de buen derecho y el *periculum in mora* o peligro derivado de la propia duración del proceso; en coherencia con ello, el art. 28.1 LORPM, en su redacción actual, prevé que se podrá solicitar del Juez de Menores la adopción de una medida cautelar «cuando existan indicios racionales de la comisión de un delito y el riesgo de eludir u obstruir la acción de la justicia por parte del menor o de atentar contra los bienes jurídicos de la víctima»[18].

A diferencia de la redacción originaria del art. 28.1 LORPM, que no contemplaba el riesgo de atentar contra los bienes jurídicos de la víctima como motivo para la adopción de una medida cautelar, tras la reforma de este precepto operada por la LO 8/2006, ya se incluye este riesgo como un elemento del *periculum in mora*.

Por lo demás, no se prevé expresamente «el riesgo de reiteración delictiva» como elemento integrante del *periculum in mora*. No obstante, al haberse incluido en este precepto como presupuesto para la adopción de las medidas cautelares el riesgo de que se atente contra los bienes jurídicos de la víctima, de forma indirecta, también se debe entender implícito

18. La LO 8/2006 repara el error gramatical cometido en la redacción originaria del art. 28.1 LORPM en que se preveían los presupuestos para la adopción de las medidas cautelares como alternativos, al utilizar la conjunción disyuntiva «*o*» en lugar de la actual copulativa «*y*».

aquél[19]. Debe tenerse en cuenta que no cabe deducir el riesgo de reiteración delictiva de la existencia de otros procedimientos penales abiertos contra el encausado, sin que exista ninguna sentencia condenatoria puesto que esto sería cuestionable desde el punto de vista del derecho a la presunción de inocencia[20].

Debe apuntarse, finalmente, que en atención a la protección a la víctima, las medidas cautelares adoptadas, salvo el internamiento que tiene un plazo máximo de duración previsto en el art. 28 LORPM, se prolongarán el tiempo que sea necesario para garantizar su seguridad; en consecuencia, las medidas cautelares no privativas de libertad, de persistir el riesgo para las víctimas, podrán mantenerse durante todas las fases del proceso penal de menores, incluso, hasta la firmeza de la sentencia si esta es condenatoria y se impugna.

3. MEDIDAS CAUTELARES ESPECÍFICAMENTE DIRIGIDAS A LA PROTECCIÓN DE LA VÍCTIMA

Un último aspecto a destacar de la LO 8/2006 en materia de medidas cautelares es que incorpora una nueva medida, que se podrá adoptar de modo autónomo, y que se dirige específicamente a proteger a la víctima; a saber, la «prohibición de aproximarse o comunicarse con la víctima o con aquellos de sus familiares u otras personas que determine el juez» (art. 28.1 LORPM).

La introducción de esta medida cautelar es la consecuencia directa de la inclusión del nuevo presupuesto para la adopción de las medidas cautelares al que se acaba de aludir, concretado en la protección a la víctima; pero también es cierto que, en la práctica, la previsión expresa de esta medida no ha constituido una novedad sustancial, por cuanto, con anterioridad a

19. En este sentido, GONZÁLEZ PILLADO, E., «Medidas cautelares...», *op. cit.*, pág. 180. En el AAP de Lleida de 27 de marzo (JUR2018, 176993) se alude a la reiteración delictiva y el riesgo cierto de que el menor vuelva a atentar contra los bienes jurídicos de la víctima como requisitos a tener en cuenta para la adopción conjunta de las medidas de libertad vigilada y prohibición de aproximación y comunicación con sus padres y hermanos que además se entienden convenientes para el propio interés del menor. En esta misma línea, el AAP de Cantabria 268/2015, de 19 de junio (JUR 2015/269202) alude al «riesgo evidente de que el menor cometa conductas como las que indiciariamente realizó».

20. STEDH de 31 de octubre de 2013 (caso Perica Oreb vs Croacia, JUR 2013, 329963). En el mismo sentido, específicamente con relación a menores presuntos infractores, AAP de Barcelona 165/2019, de 12 de marzo (JUR 2019, 158753); AAP de Barcelona 202/2018, de 13 de marzo (JUR 2018, 144186).

esta reforma, ya se venía adoptando el «alejamiento», como regla de conducta dentro de la libertad vigilada[21].

Así, ya la jurisprudencia, en atención a la protección a la víctima contenida con carácter general en el art. 13 LECrim y teniendo en cuenta también las previsiones del art. 544 *ter* LECrim para los delitos de violencia doméstica, acordaba el alejamiento del menor presuntamente autor de delito.

Pues bien, cometido presuntamente un delito, en función de las circunstancias del caso y «tomando en especial consideración el interés del menor» (art. 28.1.III LORPM), se podrá adoptar cualquiera de las medidas cautelares referenciadas en el art. 28.1.II LORPM a las que se ha de añadir la posibilidad de detención del menor (art. 17 LORPM) o aquellas otras que procedan a la vista de lo establecido en el art. 7 LORPM o por aplicación supletoria de la LECrim; de todas ellas, las páginas siguientes se centrarán en las que resulten más idóneas para dar respuesta a las necesidad de protección de la víctima de violencia de género, entre las que se incluye la prohibición de aproximarse o comunicarse con la víctima o su entorno que, al carecer de contenido educativo para el menor, irá acompañada en muchas ocasiones por una libertad vigilada o una convivencia con otra persona, familia o grupo educativo. Además, también será objeto de análisis el internamiento cautelar que, en cuanto trae consigo una privación de la libertad personal del presunto autor del delito, sólo podrá ser acordada de forma excepcional y como último recurso para alcanzar los fines perseguidos por las medidas cautelares. A su vez, y para terminar, también se hará una referencia a la polémica suscitada en torno a la posibilidad o no de instar en el proceso penal de menores la adopción de una orden de protección frente al menor en términos análogos a los contemplados en el art. 544 ter LECrim respecto de los adultos presuntos autores de violencia familiar o de género.

III. PROHIBICIÓN DE APROXIMARSE O COMUNICARSE CON LA VÍCTIMA O SU ENTORNO

Como ya se apuntó, tras la reforma operada por la LO 8/2006, el art. 28.1.II LORPM incorpora una nueva medida cautelar consistente en la «prohibición de aproximarse o comunicarse con la víctima o con aquellos de sus familiares u otras personas que determine el Juez»; al igual que ocu-

21. En este sentido, recordemos que la FISCALÍA GENERAL DEL ESTADO (*Consulta 3/2004, de 26 de noviembre, sobre la posibilidad de adoptar la medida cautelar de alejamiento en el proceso de menores*, apdo. IV) ya había admitido la posibilidad de la «imposición del alejamiento del menor maltratador de la víctima como regla de conducta de la medida cautelar de libertad vigilada, orientada ésta globalmente al interés del menor dentro del contexto del proceso educativo del mismo».

rre con otras medidas cautelares, este precepto no define su contenido concreto, lo que obliga a acudir al art. 7.1 LORPM que, en su apdo. i), detalla en qué consiste tanto la prohibición de aproximarse a la víctima o a las personas que determine el Juez de Menores, como la prohibición de comunicarse con ellas.

En concreto, la prohibición de aproximarse consistirá en impedir que el menor se acerque a las personas determinadas por el Juez, en cualquier lugar en el que se encuentren, así como a su domicilio, a su centro docente, a sus lugares de trabajo y a cualquier otro que frecuenten. Por su parte, la prohibición de comunicarse impedirá al menor establecer con tales personas contacto escrito, verbal o visual, por cualquier medio de comunicación o medio informático o telemático. De ambas medidas, tiene una especial incidencia esta última debido a la masiva utilización por los menores de la tecnología, que forma parte de su entorno habitual desde su nacimiento y es su medio habitual de comunicación, sustituyendo a la interacción física.

Como no puede ser de otra forma, la prohibición de aproximarse o comunicarse con la víctima sólo podrá ser adoptadas por el Juez de Menores cuando se cumplan los presupuestos generales previstos en el art. 28.1 LORPM, y siguiendo el procedimiento establecido en el mismo precepto. No obstante, debe hacerse una matización relativa a la concurrencia de los indicios racionales de criminalidad puesto que, pese al silencio de la LORPM, debe entenderse, por aplicación supletoria del art. 544 bis LECrim, que estas medidas únicamente se podrán adoptar cuando el hecho delictivo imputado al menor sea alguno de los mencionados en el art. 57 CP[22]. Además, a falta de previsión legal expresa, hemos de concluir que, en el ámbito de la jurisdicción de menores, la adopción de estas medidas cautelares será siempre potestativa, sin que rija el mandato imperativo del art. 57.2 CP, que obliga a imponerlas en el caso de delitos de violencia de género cometidos por adultos[23].

Ha de tenerse en cuenta que el contenido de estas medidas se ha importado del previsto en el art. 48 CP para los adultos, por lo que carece de cualquier connotación educativa, limitándose a restringir los derechos del menor infractor con el fin de proteger a la víctima. Esta finalidad protectora se refleja de forma especialmente clara en el AAP 270/2019 de Guadalajara,

---

22. En concreto, los delitos de homicidio, aborto, lesiones, contra la libertad, de torturas y contra la integridad moral, trata de seres humanos, contra la libertad e indemnidad sexuales, la intimidad, el derecho a la propia imagen y la inviolabilidad del domicilio, el honor, el patrimonio, el orden socioeconómico y las relaciones familiares.
23. En este sentido, *vid.*, GARCÍA INGELMO, F. M, «Violencia de género en parejas adolescentes...», *op. cit.*, pág. 25.

de 22 de octubre, cuando señala que «la menor expedientada ha desplegado una actitud violenta contra la denunciante y existe un riesgo objetivo de repetición de nuevos atentados contra la integridad física de la misma, por lo que existe la necesidad de protegerla para evitar que ello se vuelva a dar con el consiguiente peligro para su integridad física o psíquica, por lo que tal y como así se solicita por la acusación particular y el Ministerio Fiscal, deben adoptarse las medidas de alejamiento y prohibición de comunicación respecto a la denunciante, siendo dichas medidas proporcionadas y mínimamente lesivas para los derechos de la menor expedientada»[24].

Pero no se debe olvidar que la medida de alejamiento, como todas las decisiones que se acuerdan en relación al menor encausado, debe tener en cuenta el interés del menor que será valorado por el Equipo Técnico a la vista de las circunstancias que le rodean[25]; a este respecto, la falta de contenido educativo de la medida de alejamiento no parece cohonestarse bien con ese interés del menor que inspira la LORPM, por ello, la prohibición de aproximarse o comunicarse con la víctima o su entorno no se adoptan habitualmente de modo autónomo, sino en el contexto de una libertad vigilada, que permite además la imposición de otras reglas de conducta con fines educativos;[26] o junto con una medida de convivencia con otra persona, familia o grupo educativo, que tiene un claro carácter protector del menor

24. AAP de Guadalajara 270/2019, de 22 de octubre (JUR 2019, 333781). Por su parte, el AAP de Barcelona 515/2018, de 27 de junio (JUR 2018, 291615) señala que «cabe decir que la finalidad de una medida como ésta de prohibición de aproximación y comunicación tiene como presupuesto que su adopción resulte estrictamente necesaria al fin de protección de la víctima». En igual sentido, AAP de Cantabria 268/2015, de 19 junio (JUR 2015, 269202).

25. En este sentido, el AAP de Madrid 48/2008, de 10 de marzo de 2009 (JUR 2009/306176) señala que «La medida (*de alejamiento*) se adopta con una finalidad constitucionalmente definida y en interés de la menor en orden a permitir la intervención que se considera precisa en el ámbito que, a juicio de los profesionales, resultaría el más adecuado, y que es, en el momento de la adopción de la medida, uno distinto al deteriorado ámbito familiar. Por lo que ha de ser confirmada la medida de alejamiento impuesta por ser la más adecuada para el interés del menor, sin perjuicio de que, a la vista de los resultados de la intervención que se acuerde, resulte aconsejable en el futuro la cesación de la misma».

26. Como apunta GARCÍA INGELMO (Violencia de género en parejas adolescentes. Respuestas desde la jurisdicción de menores. II Congreso para el estudio de la violencia contra las mujeres. Sevilla. pág. 26. http://www.congresoestudioviolencia.com/2011/ponencias.php.), la ausencia de contenido educativo alguno en estas medidas hace que su aplicación aislada no sea satisfactoria en la jurisdicción de menores, por cuanto sólo estaríamos «alejando» el problema, cuando de lo que se trata es de intentar que el menor infractor llegue a corregir esas pautas violentas en sus relaciones, lo que sí se puede acometer en el contexto de una libertad vigilada.

presuntamente infractor; o, incluso, ante infracciones de mayor gravedad, con un internamiento en régimen abierto o semiabierto[27].

Con independencia de que la libertad vigilada y la convivencia con otra persona, familia o grupo educativo serán analizadas con detalle en sendos apartados, no puede dejar de resaltarse como, en efecto, la jurisprudencia acuerda la medida de alejamiento conjuntamente con alguna de la citadas. En lo que respecta a la convivencia con otra persona, familia o grupo educativo, se destacan por la jurisprudencia las diferentes finalidades que se tratan de alcanzar con la misma, frente a las propias de la medida de alejamiento; así, mientras que el objetivo de esta última centra en «proteger a la víctima, darle seguridad, evitando futuras situaciones de peligro», la primera «va encaminada esencialmente a corregir y reeducar al menor en aquellas deficitarias áreas de su vida reseñadas por el Equipo Técnico»[28]. Por tanto, son medidas complementarias que tratan de colmar las necesidades de protección de la víctima sin desatender la educación del menor que es un contenido obligado de toda medida adoptada en el proceso penal juvenil.

Otro tanto ocurre con la libertad vigilada que también se acuerda junto con la prohibición de aproximación o comunicación con el objeto de suplir la falta de contenido educativo de esta última, de manera que, además de proteger a la víctima, se establecen unas pautas de comportamiento al menor a propuesta del Equipo Técnico a la vista de sus necesidades educativas.

Finalmente, en aquellas ocasiones en que el interés del menor aconseja una intervención mayor que la propia de la libertad vigilada atendiendo a las carencias educativas del encausado, se ha acordado por los tribunales un internamiento en régimen abierto o semiabierto que se complementa,

27. En esta misma línea, la FISCALÍA GENERAL DEL ESTADO (*Circular 1/2007*, apdo. II.2) señala que «habrán de considerarse excepcionales los supuestos en que se imponga únicamente una medida de alejamiento como consecuencia de la infracción cometida por el menor, pues si un principio básico del Derecho Penal de Menores es el de la necesidad de que la respuesta sea educativo-sancionadora, la imposición del alejamiento sic et simpliciter supondría su quebrantamiento, pues el alejamiento en sí carece de sustrato educativo. Aunque separándose del sistema del Código Penal el alejamiento en el proceso penal de menores no se configura como pena accesoria a otra principal (rectius, a un determinado grupo de delitos), antológicamente mantiene tal carácter, por lo que como pauta general —al menos cuando se impute al menor un delito— cuando se considere conveniente solicitar un alejamiento, habrá de interesarse siempre desde el respeto al principio de proporcionalidad en sentido positivo, otra medida con contenido educativo».

28. AAP de Álava 509/2019, de 26 de noviembre (JUR 2020, 72798).
Igualmente, AAP de Huelva 36/2006, de 31 de marzo (JUR 2006, 199287).

para garantizar la protección a la víctima, con una medida de prohibición de aproximarse o comunicarse con la misma[29].

El procedimiento a seguir para la adopción de la medida está previsto en el art. 28.1 LORPM, requiriéndose que, con carácter previo a la toma de decisión judicial, el Juez de Menores dé audiencia al «letrado del menor, al Equipo Técnico y a la representación de la entidad pública de protección o reforma de menores»; a los anteriores debe añadirse la víctima que tendrá derecho a ser oída al amparo del art. 25 f) LORPM. Así, frente a la necesaria celebración de audiencia que se exige para la adopción del internamiento, aquí no es preceptiva; no obstante, a la vista de la complejidad de la medida y sus propias características, parece aconsejable su celebración cuando así se considere al objeto de valorar de forma conveniente el interés del menor[30].

En otro orden de cosas, procede una breve alusión a otros dos aspectos previstos en el art. 48 CP en relación con estas medidas de alejamiento y que no se han trasladado a la LORPM[31]. El primero se refiere a la privación del derecho a residir o a acudir al lugar en que se haya cometido el hecho delictivo o a aquel en que resida la víctima o su familia (art. 48.1 CP) que, al no haberse recogido en la LORPM, no se podrá aplicar al menor infractor como medida cautelar ni definitiva autónoma, aunque tal prohibición sí podrá adoptarse como regla de conducta en el marco de una libertad vigilada (art. 7.1.h) LORPM). Y, el segundo, tiene que ver con la omisión en la LORPM de cualquier referencia a la posibilidad de controlar el cumplimiento de estas medidas de alejamiento a través de dispositivos electrónicos que lo permitan, y que sí se contempla en el art. 48.4 CP para los adultos. A este respecto, la FGE señala que esta falta de previsión legal determina la improcedencia de supervisar la efectividad de tales medidas mediante mecanismos de control electrónico, salvo que el menor acceda a ello voluntariamente[32].

La prohibición de aproximarse o comunicarse con la víctima no estará limitada temporalmente en la resolución en que se adopta, sino que se

29. Así se ha pronunciado el AAP de Madrid 142/2018, de 21 de febrero (JUR 2018, 124795) con relación a la presunta comisión de delitos en un contexto de violencia de género.
30. Así lo pone de manifiesto también la FISCALÍA GENERAL DEL ESTADO, *Consulta 3/2004* (apdo. IV).
31. A este respecto, *vid.*, MILLÁN DE LAS HERAS. M.ª J., MILLÁN DE LAS HERAS, M.ª J. «La jurisdicción de menores ante la violencia de género» en *Juventud y violencia de género*, pág. 145 (http://www.injuve.es/sites/default/files/RJ86-10.pdf).
32. FISCALÍA GENERAL DEL ESTADO, *Circular 1/2007* (apdo. VI.2).

mantendrá siempre que perdure el riesgo que dio lugar a su adopción, pudiendo prolongarse hasta el momento de la firmeza de la sentencia condenatoria, aunque, deberá prestarse una atención especial al cambio de circunstancias que puedan aconsejar su alzamiento para los supuestos en que desaparezca la causa que la justifique.

Finalmente, tal como prevé el último inciso del art. 7.1.i) LORPM, puede suceder que la aplicación de alguna de estas medidas de alejamiento conlleve la imposibilidad del menor de continuar viviendo con sus padres, tutores o guardadores, lo que, a su vez, puede derivar en una situación de riesgo o de desprotección para ese menor. En tal caso, el Ministerio Fiscal deberá remitir testimonio de particulares a la entidad pública de protección de menores que corresponda a fin de que se promuevan las medidas de protección adecuadas, conforme a lo previsto en la LOPJM.

Como se adelantó, en muchas ocasiones, a la vista de la falta de contenido educativo de esta medida, suele acordarse en el contexto de una libertad vigilada o juntamente con una medida de convivencia con otra persona, familia o grupo educativo, en coherencia con la necesidad de que todas las resoluciones que se adopten a lo largo del proceso estén orientadas al interés del menor. De ambas medidas, se analizará exclusivamente la libertad vigilada, que puede ser muy útil ante los delitos de violencia de género; no será objeto de estudio, en cambio, la convivencia con otra persona, familia o grupo educativo, que carece de virtualidad práctica en estos casos.

IV. LIBERTAD VIGILADA

El art. 28.1 LORPM recoge como segunda medida cautelar, tras el internamiento, la de libertad vigilada, sin hacer mención alguna a su contenido. Tal falta de concreción nos obliga a acudir, nuevamente, al art. 7.1 LORPM que, en su apdo. h), contempla la libertad vigilada como una de las medidas susceptibles de ser impuestas a los menores en la sentencia.

De acuerdo con este precepto, con la adopción de esta medida se trata de mantener al menor en su medio habitual y hacer un seguimiento de su actividad y de su asistencia a la escuela, al centro de formación profesional o al lugar de trabajo, según los casos, procurando ayudarle a superar los factores que determinaron la infracción cometida. Asimismo, se le obliga, en su caso, a seguir las pautas socio-educativas que señale la entidad pública o el profesional encargado de su seguimiento, de acuerdo con el programa de intervención elaborado al efecto y aprobado por el Juez de Menores. Además, el menor sometido a libertad vigilada también queda obligado a mantener con dicho profesional las entrevistas establecidas en el programa y a cumplir, en su caso, las reglas de conducta impuestas por el Juez[33], que podrán consistir en alguna o algunas de las que se enumeran en el propio precepto, en sus ordinales 1.º a 7.º[34].

Con todo, la distinta naturaleza jurídica de las medidas cautelares y las definitivas impide una aplicación automática de lo dispuesto en el art. 7.1.h) LORPM cuando la libertad vigilada se aplica con carácter cautelar[35]. En concreto, algunos aspectos de la medida definitiva previstos en el apdo. h) del art. 7.1 LORPM encajan perfectamente con el carácter cautelar de la medida; así sucede con las limitaciones a la libertad ambulatoria del menor concretadas en el seguimiento de su actividad y de su asistencia al centro de enseñanza o lugar de trabajo. Pero tal medida también puede conllevar una serie de deberes que difícilmente se concilian con su naturaleza cautelar, por cuanto solo cabe imponerlos en virtud de una sentencia condena-

33. En efecto, de conformidad con el art. 18 RD 1774/2004, el profesional encargado de la ejecución de la medida se entrevistará con el menor al efecto de elaborar el programa individualizado de ejecución de la medida. En este programa individualizado el profesional expondrá la situación general detectada, los aspectos concretos referentes a los ámbitos personal, familiar, social, educativo, formativo o laboral en los que se considera necesario incidir, así como las pautas socioeducativas que el menor deberá seguir para superar los factores que determinaron la infracción cometida. También propondrá la frecuencia mínima de las entrevistas con el menor, que posibiliten el seguimiento y el control de la medida, sin perjuicio de otras que puedan mantener el profesional y el menor en el curso de la ejecución, cuando el primero las considere necesarias.

34. Tales reglas de conducta son: 1.ª. Obligación de asistir con regularidad al centro docente correspondiente, si el menor está en edad de escolarización obligatoria, y acreditar ante el Juez dicha asistencia regular o justificar en su caso las ausencias, cuantas veces fuere requerido para ello; 2.ª. Obligación de someterse a programas de tipo formativo, cultural, educativo, profesional, laboral, de educación sexual, de educación vial u otros similares; 3.ª. Prohibición de acudir a determinados lugares, establecimientos o espectáculos; 4.ª. Prohibición de ausentarse del lugar de residencia sin autorización judicial previa; 5.ª. Obligación de residir en un lugar determinado; 6.ª. Obligación de comparecer personalmente ante el Juzgado de Menores o profesional que se designe, para informar de las actividades realizadas y justificarlas; 7.ª. Cualesquiera otras obligaciones que el Juez, de oficio o a instancia del Ministerio Fiscal, estime convenientes para la reinserción social del sentenciado, siempre que no atenten contra su dignidad como persona. Si alguna de estas obligaciones implicase la imposibilidad del menor de continuar conviviendo con sus padres, tutores o guardadores, el Ministerio Fiscal deberá remitir testimonio de los particulares a la entidad pública de protección del menor, y dicha entidad deberá promover las medidas de protección adecuadas a las circunstancias de aquél, conforme a lo dispuesto en la LOPJM.

35. En este sentido, GARCÍA-ROSTÁN CALVÍN (*El proceso penal de menores..., op. cit.*, pág. 119) entiende que la integración normativa de los arts. 28.1 y 7.1.h) LORPM no puede hacerse sin las debidas adaptaciones.

toria, tales como el seguimiento de pautas socio-educativas plasmadas en el programa de intervención aprobado por el Juez de Menores y dirigidas a superar los factores determinantes de la infracción cometida.

Es decir, la libertad vigilada, como medida cautelar, debe diferenciarse claramente de la medida del mismo nombre que se puede imponer en la sentencia, porque ésta tiene una finalidad sancionadora-educativa de la que aquélla carece; en consecuencia, la medida cautelar no puede imponerse con el exclusivo objetivo de adelantar el proceso educativo y socializador del menor, lo que acarrearía desnaturalizarla por completo. El Juez de Menores, cuando acuerda la medida cautelar, ha debido verificar previamente el cumplimiento de los presupuestos generales previstos en el art. 28.1 LORPM, esto es, la existencia de indicios racionales de criminalidad y el riesgo de elusión u obstrucción de la justicia o de atentado contra los bienes jurídicos de la víctima; constada su concurrencia, el Juez de Menores deberá concretar las reglas de conducta previstas en el art. 7.1.h) LORPM, a la vista del objetivo que se persigue con la media cautelar y teniendo siempre presente el interés del menor[36].

A este respecto, la jurisprudencia de forma reiterada señala que con la libertad vigilada «no se pretende evitar el riesgo de que el menor intente eludir la acción de la justicia, toda vez que por su propia naturaleza no es apta para conjurar dicho riesgo, caso de que éste pudiera objetivarse. Por lo tanto, debemos entender que dicha medida cautelar tiene por finalidad evitar que el menor vuelva a cometer nuevos hechos delictivos.... por tanto, la medida de la libertad vigilada tiene por finalidad primordial la defensa de la propia evolución del menor expedientado y, por supuesto, en la medida en que dicha intervención pueda surtir efectos beneficiosos, también reduce el riesgo de reiteración delictiva»[37]; por supuesto, en íntima conexión con el objetivo de evitar la reiteración delictiva, se alude a la protección a la víctima frente a la acción delictiva del menor presunto infractor[38]. En todo caso, para la toma de decisión sobre la adopción de la libertad vigilada, será esencial el informe del Equipo Técnico que debe reflejar las

36. GONZÁLEZ PILLADO, E., «Medidas cautelares...», *op. cit.*, págs. 192 y 103.
37. AAP de Barcelona 202/2018, de 13 de marzo (JUR 2018, 144186).
Igualmente, AAP de La Rioja 8/2021, de 8 enero (JUR 2021, 104000); AAP de Barcelona 76/2020, de 27 de enero (JUR 2020, 93285); AAP de Barcelona 515/2018, de 27 junio (JUR 2018, 291615); AAP de Barcelona 331/2018, de 3 mayo de 2018 (JUR 2018, 273901); AAP de Lleida 569/2016, de 28 de octubre (JUR 2017, 52015); AAP de Salamanca 162/2017, de 26 de abril (JUR 2017, 162025).
38. AAP de Córdoba 656/2018, de 9 de noviembre (JUR 2020, 227995); AAP de Córdoba 140/2018, de 5 de marzo (JUR 2018, 284117).

circunstancias personales, familiares y sociales que rodean al menor y que ponen en evidencia que esa medida es beneficiosa para el menor[39].

Como ya se ha apuntado, la falta de contenido educativo de la prohibición de aproximarse o comunicarse con la víctima hace que los tribunales en muchas ocasionen la acuerden de forma conjunta con la libertad vigilada para, de esta forma, no solo garantizar la protección a la víctima, sino también atender a las necesidades educativas del menor. Esa complementariedad de ambas medidas se evidencia en el AAP de Madrid 327/2017, de 4 de mayo cuando señala que «del informe del Equipo Técnico se desprende la procedencia de la medida cautelar de libertad vigilada adoptada por el Juzgado, que no resulta desproporcionada, en modo alguno, sino adecuada a las circunstancias y al interés del menor. En efecto, en dicho informe se indica la procedencia de esa medida cautelar, a la vista de la desocupación y falta de instrucción del menor expedientado, que le mantiene en una situación de falta de competencias personales para insertarse en el mundo laboral, añadiéndose en dicho informe que la medida de libertad vigilada permitiría ofrecer al menor pautas de comportamiento personales respecto a las relaciones de pareja, una formación que le ocupe y apoye en la motivación y orientación laboral, así como actividades alternativas de ocio y tiempo libre para ampliar su socialización con grupos de iguales prosociales. Por otra parte, las prohibiciones de aproximación y comunicación impuestas al menor resultan necesarias a fin de garantizar la seguridad de la supuesta víctima, a la vista de las reiteradas amenazas que, según se desprende indiciariamente de las actuaciones, habría venido sufriendo por parte del menor expedientado, evitándose así que este último pueda intentar atentar contra bienes jurídicos de aquella. En definitiva, las medidas cautelares adoptadas resultan adecuadas a las esenciales finalidades de

39. El AAP de Lleida 180/2018, de 27 de marzo de 2017 (JUR 2018, 176993) alude al interés del menor a la vista de las circunstancias que aconsejan la adopción de la medida en los siguientes términos «el Equipo Técnico adscrito al Juzgado de Menores hizo expresa referencia a la nula capacidad de contención del menor por parte de su núcleo de convivencia, a la presencia de indicadores de riesgo en sus grupos de relación y a la nula respuesta del menor a la intervención actual, haciendo constar además como problemática específica relevante el empeoramiento de su estado derivado del consumo abusivo de marihuana junto a la medicación que recibe debido a que sufre crisis epilépticas muy importantes, todo lo que evidencia la necesidad y proporcionalidad de las medidas cautelares acordadas, considerando el Equipo Técnico adecuada la libertad vigilada atendiendo al interés del menor, lo que permitirá el tratamiento desde diversos ámbitos y por parte de profesionales de la problemática que presenta y favorecerá su reeducación y la superación de los factores de riesgo detectados, que en definitiva vienen a ser el detonante de los hechos denunciados».

defensa del interés del menor expedientado y de protección de la supuesta víctima de los hechos denunciados» [40].

Ahora bien, no se puede perder de vista, tal como ya se ha adelantado, que la libertad vigilada que se adopta al amparo del art. 28 LORPM es una medida cautelar y como tal, no puede adelantar el proceso resocializador que procedería imponer al menor, en caso de que fuera procedente, de dictarse una sentencia condenatoria.

V. INTERNAMIENTO CAUTELAR

El internamiento es la medida cautelar más severa que se puede acordar con relación al menor autor de delito, en cuanto supone la privación de su libertad deambulatoria; ese carácter restrictivo de un derecho fundamental exige que le sean aplicados los mismos principios básicos asentados por el TC en relación con la prisión provisional [41]. A este respecto, es importante recordar que el intérprete de la Constitución ha señalado de forma reiterada que, tanto en su adopción como en su mantenimiento, la prisión provisional ha de ser concebida como una medida excepcional, subsidiaria, necesaria y proporcionada a la consecución de los fines que le son propios [42]. Además, los fines constitucionalmente legítimos de esta medida se vinculan con la necesidad de garantizar el normal desarrollo del proceso penal, especialmente asegurando la presencia del encausado en el juicio y evitando posibles obstrucciones a su normal desenvolvimiento o que pueda actuar contra bienes jurídicos de la víctima [43].

En coherencia con lo expuesto, el internamiento cautelar sólo puede ser adoptado excepcionalmente y de forma subsidiaria, esto es, ante hechos especialmente graves y siempre que el resto de las medidas cautelares se reputen insuficientes para el cumplimiento de los fines que les son propios. En consecuencia, dentro del catálogo contenido en el art. 28 LORPM, el Juez de Menores, deberá acordar aquella medida cautelar que, siendo adecuada

40. AAP de Madrid 327/2017, de 4 de mayo (JUR 2017, 164365).
En sentido similar, AAP de Valencia 1194/2021, de 30 de noviembre (JUR 2022, 108805); de Las Palmas 196/2019, de 22 marzo de 2020 (JUR 2020, 281198); AAP de Valencia 1100/2019, de 21 octubre (JUR 2019, 302633); AAP de Madrid 41/2018, de 18 de enero (JUR 2018, 71019); AAP de Cantabria 268/2015, de 19 junio (JUR 2015, 269202).

41. AAP de Lleida 425/2019, de 30 de julio (JUR 2019, 270872); AAP de Barcelona 748/2011, de 3 de noviembre (JUR 2014, 300073).

42. STC 41/1982, de 10 de marzo (RTC 1982, 41). En sentido similar, entre otras, SSTC 32/1987, de 10 de marzo (RTC 1987, 32); 34/1987, 12 de marzo (RTC 1987, 34); 40/1987, de 3 de abril (RTC 1987, 40); 19/1999, de 22 de febrero (RTC 1999, 19); 71/2000 y 72/2000, de 13 de marzo (RTC 2000, 71 y RTC 2000, 72, respectivamente).

43. STC 128/1995, de 26 de julio (RTC 1995, 128).

para la consecución del fin que justifica su adopción, resulte menos gravosa para los derechos del menor[44].

Guarda silencio el art. 28.1 LORPM sobre las distintas modalidades de internamiento cautelar que pueden ser adoptadas, aludiendo únicamente al «internamiento en centro en el régimen adecuado». Este silencio nos obliga a acudir al art. 7.1 LORPM donde se enumeran y definen los distintos regímenes del internamiento que, como medida definitiva, pueden ser impuestos en la sentencia. En consecuencia, el Juez de Menores podrá imponer el internamiento cautelar en régimen cerrado, semiabierto o abierto; o, cuando el menor padezca alguna anomalía o alteración psíquica, un estado de dependencia a bebidas alcohólicas, drogas tóxicas o sustancias psicotrópicas, o alteraciones en la percepción que determinen una alteración grave de la conciencia de la realidad, podrá acordar un internamiento terapéutico ya sea en régimen cerrado, semiabierto o abierto. Además, cuando el internamiento entrañe grave riesgo para la salud del menor, por aplicación supletoria del art. 508.1 LECrim, se permitirá el internamiento atenuado que se llevará a cabo en el domicilio del menor, previa la adopción de las medidas de vigilancia que se estimen necesarias.

Con buen criterio, a la vista del carácter subsidiario y excepcional del internamiento cautelar, los apdos. 2 y 3 del art. 28 LORPM prevén para esta medida cautelar unos presupuestos, procedimiento y duración que difieren de los generales previstos para los restante medidas.

En lo que respecta a los presupuestos para la adopción del internamiento, además de los comunes a toda medida cautelar, *fumus boni iuris* y

44. Se evidencia por parte de la jurisprudencia en qué medida el Juez de Menores valora todas las circunstancias concurrentes para la toma de decisión sobre la procedencia del internamiento como último recurso dentro del catálogo de medidas cautelares previsto en el art. 28 LORPM. Así, el AAP de Barcelona 293/2019, de 29 de abril (JUR 2019, 221724) no considera procedente acordar el internamiento pues ya había sido impuesta una libertad vigilada que se muestra suficiente a la vista de los hechos presuntamente cometidos por el menor y teniendo en cuenta el informe del Equipo Técnico. En cambio, en el AAP de Guipúzcoa 746/2020, de 9 de diciembre (JUR 2021, 103200) se considera idóneo el internamiento «no sólo para contener dicho riesgo de sustracción a la acción de la justicia, sino también para lograr los objetivos que la actuación pública respecto del menor debe perseguir: una "responsabilización" sobre la que edificar un proyecto personal autónomo y un marco de contención de comportamientos que pivoten sobre técnicas de sumisión violenta de los demás», que no se pueden alcanzar con otras medidas menos gravosas. También en el AAP de Málaga 724/2023, de 5 de julio (JUR 2024, 25609) se acuerda un internamiento en régimen semiabierto ante la presunta comisión de delitos graves de violencia de género y teniendo en cuenta la conveniencia de que el menor esté sometido a un régimen de formación, enseñanza de vida ordenada y control de conducta.

periculum in mora, se exige la concurrencia de cuatro requisitos específicos que deben ser tenidos en cuenta por el Juez de Menores.

En primer lugar, alude el art. 28.2 LORPM a «la gravedad de los hechos» presuntamente cometidos por el menor; ante la falta de concreción del precepto, se entenderá cumplido este requisito cuando se trate de un hecho tipificado como delito grave por el CP o las leyes especiales, o un delito menos grave, pero empleando violencia o intimidación en las personas o actuando con grave riesgo para la vida o la integridad física de las mismas o que haya actuado en grupo, o pertenezca o actúe al servicio de una banda, organización o asociación, incluso de carácter transitorio, que se dedique a la realización de actividades delictivas, tal como exige el art. 9.2 LORPM para la aplicación de la medida de internamiento en la sentencia[45/46].

En segundo lugar, exige el art. 28.2 LORPM que el Juez de Menores tenga en cuenta las «circunstancias personales y sociales del menor». A estos efectos, adquiere especial relevancia el informe elaborado por el Equipo Técnico sobre la situación psicológica, educativa y familiar del menor, así como su entorno social. Ahora bien, la situación familiar y social no puede justificar por sí misma la adopción de esta medida cautelar[47], debiendo evitarse cuando se trate de menores que se encuentran en situación de desam-

45. Entre otros, CALATAYUD PÉREZ, E. Capítulo V. «Instrucción del procedimiento (Títulos tercero y cuarto. Artículos 28, 29, 30, 31, 32, 33, 34, 35, 36 y 37)», *Justicia de menores: una justicia mayor (Comentarios a la Ley Reguladora de la Responsabilidad Penal de los Menores)*, Consejo General del Poder Judicial, Manuales de Formación Continuada, 9, 2000, pág. 152; GONZÁLEZ PILLADO, E. «Medidas cautelares...», *op. cit.*, pág. 186; ORNOSA FERNÁNDEZ, R., *Derecho Penal de Menores*. Bosch, Barcelona, 2007, pág. 299; VALBUENA GARCÍA, E., *Medidas cautelares en el Enjuiciamiento de Menores...*, *op. cit.*, pág. 243.
Así se interpreta también por la jurisprudencia que acuerda el internamiento ante la presunta comisión de delitos graves o menores graves cometidos con violencia o intimidación. Entre ellos, AAP de Barcelona 560/2019, de 10 julio (JUR 2019, 269939); AAP de Barcelona 165/2019, de 12 de marzo (JUR 2019, 158753); AAP de Valencia 735/2018, de 17 julio (JUR 2018, 219706).

46. Por supuesto, en ningún caso, será imperativa la adopción del internamiento cautelar en los supuestos contemplados en los arts. 9 y 10 LORPM que están previstos únicamente para la imposición del internamiento como medida definitiva en la sentencia condenatoria. En este sentido, AAP de Las Palmas 196/2019, de 22 de marzo (JUR 2020, 281198) que señala que el carácter imperativo del internamiento no es la solución «acogida por el legislador, lo que por otra parte no casaría con el fundamento de las propias medidas cautelares en que se ha de partir del derecho a la presunción de inocencia correlacionado con la concurrencia de unos fines legitimadores de la medida cautelar a adoptar, con especial consideración al interés del menor, lo que impone la valoración acerca de la debida proporcionalidad».

47. Es significativo a este respecto que la LO 8/2006, que modifica el art. 28 LORPM, sustituye el adverbio «siempre» que precedía a este presupuesto por «también», lo que parece deja entrever una pérdida del carácter prevalente de este requisito.

paro que requeriría no la adopción de una medida cautelar, sino una medida de protección, de acuerdo con lo previsto en los arts. 172 y ss. CC y la LOPJM. A este respecto, esas circunstancias que rodean el menor se tienen en cuenta por la jurisprudencia a los efectos de dar una mayor fundamentación a la adopción del internamiento cautelar, pero en ningún caso es el único elemento a valorar[48].

En tercer lugar, se requiere por el art. 28.2 LORPM «la existencia de un peligro cierto de fuga». Este requisito ha sido introducido por la LO 6/2008 y trata de incidir aún más en el «posible riesgo de elusión de la acción de la justicia» que aparece como requisito general para la adopción de las medidas cautelares en el apartado primero de este mismo precepto; en el caso del internamiento, teniendo en cuenta su carácter excepcional, se exige que exista un peligro «cierto» de fuga, esto es, verdadero o seguro[49]. Este riesgo se valorará a la vista de las circunstancias concurrentes que evidencien de forma clara que el menor va a rehuir la acción de la justicia[50].

Por último, la LO 6/2008 incluye como cuarto requisito para la adopción del internamiento, que el Juez de Menores valore «especialmente que el menor hubiera cometido o no con anterioridad hechos graves de la misma naturaleza». Con esta previsión se alude, aunque de forma indirecta (al igual que en el art. 28.1 LORPM, con carácter general), a la prevención de la reiteración delictiva que está prevista de forma explícita para la adopción de la prisión provisional en el art. 503.2 LECrim[51].

---

48. Así, en el AAP de Madrid 1/2018, de 2 de enero (JUR 2018, 40774) se tienen en cuenta por el órgano judicial a efectos de acordar el internamiento los siguientes factores de riesgo que recoge el Equipo Técnico en su informe: «el menor no acude al Colegio Concertado no se ha logrado integración escolar, se relaciona con menores y mayores con conductas disociales, tiene mucho tiempo de ocio sin ningún tipo de contenido educativo y consume disolventes y posiblemente otras sustancias tóxicas, muestra conductas impulsivas, reacciones violentas, tiene antiguos cortes en el brazo por posibles intentos de autolisis, no se toma la medicación».
49. VALBUENA GARCÍA, E., *Medidas cautelares en el Enjuiciamiento de Menores..., op. cit.*, pág. 248.
50. La jurisprudencia alude a «muestras suficientes de desatender las citaciones judiciales» (AAP de Córdoba 455/2018, de 2 de agosto (JUR 2020, 228025); «recurrentes fugas del domicilio paterno» (AAP de Barcelona 822/2016, de 14 de noviembre (JUR 2017, 45832); detención para «entrevistarse y dar inicio a la libertad vigilada que sigue pendiente de cumplimiento» en relación a un menor al que «se le han incoado 23 expedientes en justicia juvenil habiendo sido ya condenado a la medida de 5 meses de libertad vigilada en uno de ellos, otros dos constan archivados por prescripción» (AAP de Barcelona 151/2020, de 12 de febrero (JUR 2020, 126465).
51. Debe destacarse el acierto de la reforma operada por la LO 8/2006, al eliminar del art. 28.2 LORPM toda referencia a la repercusión y alarma social producida por los hechos presuntamente cometidos por el menor imputado, que aparecía en la redacción

Esta referencia a la reiteración delictiva está íntimamente relacionada con la protección a la víctima a la que alude la jurisprudencia de forma explícita como fundamento de la adopción del internamiento cautelar; en este sentido, el AAP de Córdoba 455/2018, de 2 de agosto, señala que «El juez de Menores decide la medida cautelar de internamiento del menor aquí recurrente tratando de proteger a posibles víctimas de los delitos que pudiera cometer el investigado caso de contar con libertad de movimiento plena, y para tratar de evitar que el mismo reitere comportamientos delictivos como los que constan en su historial delictivo»; además, teniendo en cuenta el interés del menor, continúa señalando que se aprovecha la medida para «someterlo a un plan individualizado de carácter educativo que permita su rehabilitación personal, familiar y social»[52].

En lo que respecta a la duración del internamiento, frente a las restantes medidas cautelares previstas en este mismo art. 28 LORPM, su apdo. 3 prevé un período máximo de duración de seis meses, que se podrá prorrogar por otros tres, mediante auto motivado, a instancia del Ministerio Fiscal, previa audiencia del letrado del menor[53].

Ahora bien, el agotamiento del plazo inicial del internamiento o de la prórroga no supondrá necesariamente la puesta en libertad del menor, sino que el Ministerio Fiscal, a la vista de las circunstancias del caso y siempre teniendo en cuenta el interés del menor, podrá instar ante el Juez de Menores la adopción de otra medida cautelar; además, en atención a la protección a la víctima, de mantenerse el riesgo, habrá de plantearse aquella o aquellas que les garantice su seguridad.

---

originaria de este precepto; de esta forma, el internamiento cautelar se ajusta a doctrina del TC sobre medidas cautelares; esta modificación es coherente con la posición mantenida por la FISCALÍA GENERAL DEL ESTADO (*Instrucción 10/2005, de 6 de octubre, sobre el Tratamiento del acoso escolar desde el Sistema de Justicia Juvenil,* apdo. 5) que, entendía, aún antes de la citada reforma, que la medida de internamiento no podrá fundamentarse en la alarma social, pese al mantenimiento formal del texto del art. 28 LORPM.

52. AAP de Córdoba 455/2018, de 2 de agosto (JUR 2020, 228025).
El equilibrio entre la protección a la víctima y el interés del menor se refleja de forma clara en el AAP de Barcelona 822/2016, de 14 de noviembre (JUR 2017, 45832) cuando señala que el internamiento es la «única alternativa, hoy por hoy viable en orden a contener y al mismo tiempo tratar, con la ayuda de profesionales y recursos terapéuticos, la conducta transgresora de la menor que tan en peligro pone no sólo los bienes jurídicos de sus progenitores, sino igualmente su propia evolución y desarrollo personal».

53. Este precepto ha sido objeto de reforma por la LO 8/2006, en cuanto anteriormente se establecía un plazo máximo de tres meses prorrogable por otro tres. Con esta modificación se da respuesta a las críticas de la doctrina que consideraba este plazo excesivamente breve en los supuestos de delitos graves con una instrucción complicada.

La citada prórroga debe ser decretada por el Juez de Menores antes del vencimiento del plazo inicialmente concedido[54], teniendo en cuenta los criterios que justificaron su adopción y que deberán plasmarse en el auto de concesión.

Como ya se ha apuntado, el procedimiento para la adopción de la medida cautelar de internamiento difiere del previsto con carácter general para la adopción de las restantes medidas cautelares reguladas en el art. 28 LORPM; en concreto, su apartado 2 señala que, una vez solicitado, se requiere la celebración de una comparecencia a la que asistirá el letrado del menor y las demás partes personadas, además de un representante del Equipo Técnico y de la entidad pública de protección de menores, para que informen sobre la conveniencia de la medida, a la vista del interés del menor. Además, y pese a la falta de mención expresa por parte del precepto comentado, también asistirá el menor expedientado, en cuanto el art. 22.1 d) LORPM alude expresamente a su derecho a «ser oído por el Juez antes de la adopción de cualquier resolución que le concierne personalmente».

Durante la celebración de la comparecencia, el Fiscal y las restantes partes personadas podrán proponer los medios de prueba que puedan practicarse en el acto o en las 24 horas siguientes (art. 28.2 LORPM).

Pese al silencio del art. 28.2 LORPM, por aplicación supletoria de los arts. 497.1 y 505.2 LECrim[55], la citada comparecencia deberá convocarse y celebrarse en el plazo más breve posible, y en todo caso en las 72 horas siguientes desde la puesta a disposición judicial del menor. En aquellos casos en que el menor haya sido previamente detenido por la policía y puesto a disposición del Fiscal, si el mismo considera conveniente solicitar el internamiento cautelar del menor, debe poner al detenido a disposición judicial antes de agotar el plazo máximo de 48 horas e instar simultáneamente la adopción del internamiento y la convocatoria de la comparecencia prevista en el art. 28.2 LORPM, ya que la situación personal del menor deberá decidirse en el plazo máximo de 72 horas a partir de la deten-

54. A este respecto, el TC ha señalado reiteradamente que, tratándose de medidas cautelares limitativas de un derecho fundamental, es necesario resolución motivada y anterior a que termine el plazo inicial, en la que se plasme el cumplimiento de los requisitos necesarios para la citada prórroga. *Vid.*, entre otras, SSTC 28/2001, de 29 de enero (RTC 2001, 28); 305/2000, de 11 de diciembre (RTC 2000, 305); 272/2000, de 13 de noviembre (RTC 2000, 272); 231/2000, de 2 de octubre (RTC 2000, 231); 147/2000, de 29 de mayo (RTC 2000, 147).

55. En este mismo sentido se pronuncia la FISCALÍA GENERAL DEL ESTADO, *Circular 1/2000* (apdo. VI.3.F).

ción[56]. Si la comparecencia no pudiera celebrarse dentro de plazo y existiera riesgo de fuga, el Juez de Menores, por aplicación supletoria del art. 505.5 LECrim, podrá acordar el internamiento del menor por auto motivado y convocar nueva comparecencia que deberá ser celebrada en las siguientes 72 horas[57].

VI. ORDEN DE PROTECCIÓN

Como es sabido, la denominada orden de protección se introdujo por la Ley 27/2003, de 31 de julio, para las víctimas de la violencia doméstica, e incorpora a la LECrim el art. 544 *ter*, en el que se regula este instrumento procesal tendente a conferirles un estatuto integral de protección que comprende tanto medidas de orden penal y civil, como de asistencia y protección social; más tarde, el art. 62 LOMPIVG hace extensiva esta protección a las víctimas de violencia de género.

No obstante, este instrumento, que en sus años de vigencia ha acreditado un alto nivel de eficacia para proteger a las víctimas de violencia de género, no está previsto en la LORPM, por lo que se ha cuestionado si la orden de protección, tal como está configurada en el art. 544 *ter* LECrim, se puede adoptar cuando el agresor sea un menor de edad y, en consecuencia, esté sujeto a la jurisdicción de menores. La cuestión, que ha generado un intenso debate, se ha resuelto en el sentido de no considerar su aplicación en la justicia juvenil, pese al carácter supletorio de la LECrim respecto de la LORPM, previsto en la Disp. final primera de esta última[58]; son varios los argumentos a favor de esta posición que se fundamenta en las previsiones

56. FISCALÍA GENERAL DEL ESTADO, *Circular 1/2000* (apdo. VI.3.F); GONZALEZ CANO, I., «Valoración de las reformas procesales operadas por la LO 8/2006, de 4 de diciembre, por la que se modifica la Ley Orgánica de Responsabilidad Penal de los Menores» (I), Diario La Ley, núm. 6742, 2007.

57. Celebrada la comparecencia, el Juez de Menores dictará auto motivado que será notificado al menor, así como a las víctimas y perjudicados. Contra el citado auto cabrá recurso de apelación ante la Audiencia Provincial por los trámites que la regula la LECrim para el procedimiento abreviado (art. 41.3 LORPM).

58. Siendo esta la posición mayoritaria, existen voces discrepantes tanto en la jurisprudencia como en la doctrina. En concreto, el AAP de Girona 391/2004, de 22 de junio de 2004 (JUR 2004, 220412) señala que «la Sala entiende que, como acertadamente expone el Ministerio Fiscal en su escrito de recurso, lo dispuesto en el art. 544 ter sobre la orden de protección para las víctimas de violencia doméstica resulta de aplicación en el procedimiento de menores en virtud de lo establecido en la Disposición Final Primera de la Ley Reguladora de la Responsabilidad Penal de los Menores, a tenor de la cual la Ley de Enjuiciamiento Criminal tiene carácter supletorio respecto de la citada Ley de Menores». En el mismo sentido, AAP de Soria 163/2020, de 7 de octubre (JUR

contenidas en el LORPM y los principios que la inspiran[59]. A saber, el carácter supletorio de la LECrim respecto de la LORPM no puede utilizarse como vía para aplicar en el proceso penal de menores cualquier disposición del sistema penal de adultos, sino que tal aplicación supletoria debe excluirse en aquellas materias que tienen una regulación suficiente en la propia LORPM o cuando sea incompatible con los principios informadores de ésta. En este sentido, las medidas cautelares que se pueden aplicar respecto del menor agresor son las que están expresamente reguladas en la LORPM; además, no debe olvidarse que esta materia ha sido reformada por la LO 8/2006, que ha introducido la medida de prohibición de aproximarse o comunicarse con la víctima y ha modificado los requisitos de las medidas cautelares para reforzar la protección de la víctima, sin hacer referencia a la orden de protección. Con anterioridad a esta modificación, ya la FGE apuntaba que, pese a no ser aplicable en el proceso penal de menores la orden de protección, por la vía de aplicar supletoriamente la LECrim, sí cabía imponer el alejamiento del menor agresor respecto de la víctima como regla de conducta de la libertad vigilada[60].

2020, 338872); AAP de Barcelona 515/2018, de 27 de junio (JUR 2018, 291615); AAP de León 1198/2017, de 7 de noviembre (JUR 2018, 988); AAP de Cantabria 268/2015, de 19 de junio (JUR 2015, 269202).

En lo que respecta a la doctrina, esta posición es mantenida por ARROM LOSCOS, R., «La protección de las víctimas de violencia de género y de violencia doméstica "ex" art. 544 ter de la LECrim. Especialidades en el caso de víctimas menores de edad», *Revista Aranzadi de Derecho y Proceso Penal*, núm. 28/2012, (BIB 2012, 1020) (http://www.aranzadidigital.es/); GARCÍA ESTEBAN M. D., «Cuestiones sobre violencia en los menores y problemas de competencia», *Encuentro sobre el servicio de guardia en los Juzgados de Primera Instancia e Instrucción con competencia en violencia sobre la mujer, Cuadernos Digitales de Formación*, CGPJ, núm. 2, 2013, pág. 33; TINOCO PASTRANA, A., «La víctima en el proceso penal de menores», *Diario La Ley*, núm. 6202, 2005.

59. En este sentido, *vid.*, CARRERA DOMÉNECH, J., «La orden de protección en el marco de la justicia penal de adolescentes», *Sentencias de TSJ y AP y otros Tribunales núm. 3/2005. Parte comentario*, BIB 2005/1016, http://aranzadi.aranzadi digital.es; MADRIGAL MARTÍNEZ-PEREDA, C. «La violencia familiar y de género ejercida por menores», 2009, , http://www.poderjudicial.es/cgpj/es/Temas/Violencia_domestica_y_de_genero/Actividad_del_Observatorio/Premios_y_Congresos/relacionados/La_violencia_familiar_y_de_genero_ejercida_por_menores), MILLÁN DE LAS HERAS, M.ª J. «La jurisdicción de menores ante la violencia de género», *Juventud y violencia de género*, 2009, http://www.injuve.es/sites/default/files/RJ86-10.pdf.145 a 148.

60. FISCALÍA GENERAL DEL ESTADO, *Consulta 3/2004*, (apdo. IV). Continúa señalando que la parquedad de algunas disposiciones de la LORPM hace necesario integrarlas con lo previsto en la LECrim para colmar lagunas. Con todo, «esa labor de integración no puede ser interpretada de forma que convierta la supletoriedad en una forzada puerta de acceso directo a la aplicación de cualquier disposición de nuestro sistema penal de adultos en la jurisdicción de menores. La aplicación supletoria nunca puede

Es cierto que en la LOMPIVG encontramos disposiciones cuya interpretación literal nos llevaría a defender la aplicabilidad de la orden de protección en la jurisdicción de menores. Así, su art. 17.1 estipula que «Todas las mujeres víctimas de violencia de género, con independencia de su origen, religión o cualquier otra condición o circunstancia personal o social, tienen garantizados los derechos reconocidos en esta Ley»; y el art. 61.2 dispone que «En todos los procedimientos relacionados con la violencia de género, el Juez competente (...) deberá pronunciarse en todo caso (...) sobre la pertinencia de la adopción de las medidas cautelares y de aseguramiento contempladas en este capítulo, especialmente sobre las recogidas en los artículos 64, 65 y 66», y, entre tales medidas se incluye la orden de protección (art. 62). Pero no es menos cierto que existen argumentos que apuntan en sentido contrario y que parecen más convincentes que la mera literalidad de la Ley.

En primer lugar, por las razones ya apuntadas, debe prevalecer la especialidad de la LORPM sobre la de la LOMPIVG, y en este sentido resulta significativo que aquella no contemple en ningún momento la posibilidad de adoptar una orden de protección en el marco del proceso penal de menores, ni siquiera tras la reforma operada por la LO 8/2006, cuando uno de sus objetivos era precisamente reforzar la protección y la posición de la víctima en este proceso.

En segundo lugar, la orden de protección, tal como está configurada en el art. 544 *ter* LECrim, es un instrumento dirigido a dotar a la víctima de una protección integral y pensado para ser aplicado cuando el agresor sea adulto. Pero cuando éste sea menor de edad y, en consecuencia, esté sujeto a la jurisdicción de menores, tal protección de la víctima debe atemperarse con el superior interés del menor que informa la actuación de esta jurisdicción. Efectivamente, pueden suscitarse dudas sobre la necesidad de que

---

realizarse ab integro, debiendo excluirse en aquellas materias que bien tienen una regulación suficiente en la LORPM, o que bien son incompatibles con sus principios informadores. De acuerdo con esa idea, no cabrá acudir a la legislación de adultos cuando la concreta materia esté regulada en la LORPM incluyendo posibilidades y excluyendo implícitamente otras, conforme al brocardo inclusio unius, exclusio alterius. Este principio de lógica tiene una especial incidencia en Derecho penal y procesal penal como decantación del principio de legalidad» (apdo. II).
Años más tarde, la misma FISCALÍA GENERAL DEL ESTADO (*Dictamen 7/2012, sobre criterios de actuación en supuestos de violencia de género*), señala con total rotundidad que «ni la LO 1/2004 de Medidas de Protección Integral contra la Violencia de Género, ni la regulación contenida en el art. 544 ter de la LECrim (orden de protección) son de aplicación subsidiaria en la jurisdicción de menores como derecho supletorio, por vía de la DF Primera de la LORPM. Las medidas cautelares tienen su regulación específica dentro del art. 28 de la LORPM, sin que quepa acudir en este caso a la LECrim para integrarla».

prevalezca en todo caso la protección de la víctima frente al interés del menor agresor cuando aquella también sea menor, pero, como veremos, el hecho de que en el proceso penal de menores no se cuente con un instrumento de protección integral de la víctima en los términos del art. 544 *ter* LECrim, no significa que vaya a quedar desprotegida.

Y, por último, la pretendida aplicación de la orden de protección en el proceso penal de menores también choca con la competencia del Juzgado de Menores, especialmente en lo que se refiere a las medidas de carácter civil que conlleva dicha orden. No se debe olvidar que el art. 2 LORPM atribuye a estos órganos competencia para conocer de los hechos constitutivos de delito cometidos por los mayores de catorce años y menores de dieciocho, así como para resolver sobre la responsabilidad civil derivada de los mismos, pero no les confiere competencias para la adopción de medidas civiles de protección de la víctima ni del menor infractor[61]. Sirva como ejemplo de lo expuesto que el art. 7.1. h) y i) LORPM prevé que, si como consecuencia de la aplicación de las reglas de conducta acordadas en el marco de una libertad vigilada o de una medida de prohibición de aproximarse o comunicarse con la víctima, el menor no pudiese continuar viviendo con sus padres, tutores o guardadores, será el Ministerio Fiscal, y no el Juez, quien debe comunicar la situación a la entidad pública de protección de menores para que promueva las medidas de protección adecuadas conforme a la LOPJM[62].

Pese a todo, a la víctima de un acto de violencia de género cometido por un menor se le debe otorgar un nivel de protección cautelar igualmente eficaz y análogo al que podría obtener en un proceso penal de adultos en virtud de la orden de protección, pero para acceder a él deberá seguir cauces procedimentales distintos de los diseñados en el art. 544 *ter* LECrim[63].

Así, todas las medidas cautelares de naturaleza penal que se pueden adoptar en un proceso penal de adultos en el contexto de una orden de protección por violencia de género también se pueden instar y obtener en un proceso penal de menores, bien como medida cautelar autónoma del art. 28 LORPM (vgr., internamiento, prohibición de aproximarse o comunicarse

61. Cabe recordar en este punto que, frente al sistema de la Ley de Tribunales Tutelares de Menores, que atribuía a éstos tanto funciones de reforma como de protección de los menores, la LO 5/2000 se decanta por el llamado sistema de «doble vía», atribuyendo a los Juzgados de Menores únicamente competencias en materia de reforma de menores infractores.

62. *Vid.* MILLÁN DE LAS HERAS, M.ª J., «La jurisdicción de menores ante la violencia de género...», *op. cit.*, págs. 147 y 148.

63. GRANDE SEARA, P.; PILLADO GONZÁLEZ, E., *La justicia penal ante la violencia de género ejercida por menores*, Tirant Lo Blanch, Valencia, 2016, págs. 142 y ss.

con la víctima) o bien como regla de conducta a través de la libertad vigilada. Más aún, estas medidas cautelares en la jurisdicción de menores pueden tener un carácter reforzado del que carecen en la jurisdicción de adultos, porque si se acuerdan dentro de la libertad vigilada, contarán con la garantía añadida del control que lleva a cabo el profesional encargado de su seguimiento, que ofrecerá información periódica sobre la actitud y evolución del menor expedientado durante la ejecución de la medida[64].

A su vez, las medidas cautelares de orden civil previstas en el art. 544 *ter* LECrim, en los arts. 65 y 66 LOMPIVG o en el art. 158 CC, y tendentes a la protección tanto de la mujer agredida como, en su caso, de sus hijos, aunque no pueden ser adoptadas directamente por el Juez de Menores, por las razones antes apuntadas, sí podrán ser solicitadas ante los órganos jurisdiccionales civiles competentes, pudiendo el Ministerio Fiscal instarlas cuando se trate de las medidas del art. 158 CC. Además, tal como establece el art. 4.1 LORPM, el Ministerio Fiscal y el Juez de Menores deben velar en todo momento por la protección adecuada de los derechos de las víctimas e instruirlas de las medidas de asistencia que prevé para ellas la legislación vigente.

De lo expuesto se deriva que, pese a la imposibilidad de adopción en el contexto de la justicia juvenil de una orden de protección tal como está configurada en el art. 544 *ter* LECrim, a la víctima se le conferirá en el proceso penal de menores un estatuto integral de protección con idéntico contenido al previsto para los adultos; ahora bien, no se puede dejar de mencionar que la orden de protección permite a la víctima solicitar las medidas de protección social y asistencial previstas en los distintos ordenamientos, ya sean estatal, autonómico y local y su falta de emisión en relación a la víctima de un menor agresor no puede ser un obstáculo para su obtención. Esta cuestión se trata de solventar con el nuevo apartado que se añade en el art. 4 LORPM por la LOPIVI que incluye la obligación de comunicar las medidas cautelares adoptadas a las administraciones públicas competentes para la adopción de medidas de protección que correspondan, ya sean de seguridad o de asistencia, jurídicas, sanitarias, psicológicas o de cualquier otra índole.[65] En consecuencia, adoptada la medida cautelar, la misma será comunicada a las administraciones competentes en materia de seguridad o de asistencia para que acuerden la medida de protección y asistencia social de la víctima que sea procedente.

---

64. *Vid.*, MILLÁN DE LAS HERAS, M.ª J., «La jurisdicción de menores ante la violencia de género...», *op. cit.*, págs. 146 y 147.
65. PILLADO GONZÁLEZ, E., «Medidas cautelares y protección a la víctima en el proceso penal de menores», *La víctima en el proceso penal de menores. Tratamiento procesal e intervención socioeducativa*, (Dir. Pillado González), Dykinson, Madrid, 2021, pág. 237.

Capítulo VI

Fase de audiencia. La prueba de la violencia de género

SUMARIO: I. CONSIDERACIONES PREVIAS. II. PARTICULARIDADES PROCEDIMENTALES DE LA FASE DE AUDIENCIA. *1. Asistentes a la audiencia.* 1.1. Asistencia de la víctima a la audiencia. 1.2. Asistencia del menor acusado a la audiencia. *2. Publicidad de la audiencia.* III. PARTICULARIDADES EN MATERIA DE PRUEBA. *1. Garantías de la declaración de la víctima en la audiencia. 2. Valor probatorio del testimonio de la víctima.. 3. Consecuencias probatorias de la dispensa del deber de declarar ex art. 707 LECrim.* IV. LA PRUEBA DE LA VIOLENCIA DE GÉNERO DIGITAL. *1. Consideraciones previas. 2. Licitud de la obtención de la fuente de prueba digital.* 2.1. Obtención y aportación al proceso de comunicaciones electrónicas recibidas por la parte procesal. 2.2. Obtención y aportación al proceso de comunicaciones electrónicas transmitidas o recibidas por la parte contraria o por un tercero. *3. Aportación al proceso de la fuente de prueba digital: el medio de prueba.* 3.1. La prueba de reconocimiento judicial: reproducción y visionado de webs y comunicaciones aportadas en formato electrónico. 3.2. La prueba documental: aportación mediante la transcripción del mensaje o impresión de la captura de pantalla. 3.3. La prueba testifical: aportación mediante la declaración testifical de terceros que hayan visto el mensaje en el dispositivo. *4. Impugnación y valor probatorio de la prueba digital.* 4.1. La parte contraria no impugna la autenticidad y/o integridad de la fuente de prueba. 4.2. La parte contraria impugna la autenticidad y/o integridad de la fuente de prueba. 4.2.1. En el caso de aplicaciones de mensajería instantánea (WhatsApp). 4.2.2. En el caso de plataformas de redes sociales (Facebook, Instagram,...).

I. CONSIDERACIONES PREVIAS

Como es sabido, en la fase de audiencia del proceso penal de menores, que equivale al juicio oral en el proceso penal de adultos, es donde se debe practicar la prueba en base a la cual el juez ha de decidir si procede o no imponer al menor acusado alguna de las medidas previstas en el art. 7 LORPM y, en su caso, cuál es el tipo de medida más adecuado a sus circunstancias y la duración de la misma.

No obstante, cabe destacar que se trata de una fase eventual, pues, aun habiéndose incoado el expediente de reforma, no llegará a celebrarse la audiencia por sus cauces ordinarios si prospera la solicitud del Ministerio Fiscal de sobreseer el expediente conforme a lo previsto en los arts. 19 y 27.4 LORPM, que analizaremos más detenidamente en el Capítulo siguiente; o si tiene éxito la conformidad del menor investigado en los términos previstos en los arts. 32 y 36 LORPM, en cuyo caso el juez procede a dictar sentencia de conformidad sin más trámite[1].

Por lo demás, la LORPM contiene una regulación muy escueta de esta fase procesal, a la que dedica su Título IV («De la fase de audiencia», arts. 31 a 37 LORPM), En él, se regulan básicamente los trámites a seguir para la

1. Cabe recordar que, en el proceso penal de adultos por violencia de género, y más concretamente en el ámbito de los «juicios rápidos», se cuestionó si el acusado podía hacer uso o no de la facultad de conformarse en la fase de preparación del juicio oral, la cual, como es sabido, comporta, entre otras ventajas, la rebaja de un tercio de la pena conformada (art. 801.2 LECrim). La duda surgía a raíz del art. 87.ter 5 LOPJ, que prohíbe la mediación en los procesos que se sustancien ante los Juzgados de Violencia sobre la Mujer, lo que llevó a un sector de la doctrina a sostener que, dada la relación que existe entre la mediación intrajudicial y la conformidad, tal disposición legal también implicaba la exclusión de la conformidad en los «juicios rápidos» por violencia de género. Con el fin de despejar estas incertidumbres, el legislador, a través de la Ley Orgánica 3/2005, de 8 de julio, modificó el art. 87.ter 1 LOPJ, añadiéndole un epígrafe e), por el que se atribuye a los Juzgados de Violencia sobre la Mujer una nueva competencia: «dictar sentencia de conformidad con la acusación en los casos establecidos por la Ley». Por ello, hoy en día, hemos de concluir que en los «juicios rápidos» por delitos de violencia de género sí es admisible la conformidad en los términos definidos por el art. 801 LECrim; y, por el carácter supletorio de esta Ley, entendemos que también será viable la conformidad en el proceso penal de menores por violencia de género. De hecho, la estadística del CGPJ pone de relieve que un alto porcentaje de estos procesos concluye por sentencia de conformidad. Por ejemplo, en el año 2023, los Juzgados de Menores dictaron en España 314 sentencias con imposición de medidas por delitos de violencia de género, de las cuales 265 fueron de conformidad; y, en el año 2022, de las 279 sentencias con imposición de medidas por delitos de violencia de género, 240 fueron de conformidad (*vid.*, https://www.poderjudicial.es/cgpj/es/Temas/Estadistica-Judicial/Estadistica-por-temas/Datos-penales--civiles-y-laborales/Violencia-domestica-y-Violencia-de-genero/Datos-sobre-Violencia-sobre-la-mujer-en-la-estadistica-del-CGPJ/).

apertura de la fase de audiencia y las decisiones que el Juez de Menores puede adoptar al respecto (arts. 31, 33 y 34 LORPM), la posibilidad de conformidad y sus efectos (arts. 32 y 36 LORPM), la determinación de los sujetos que deben asistir a esta audiencia y la posibilidad de restringir la publicidad de sus sesiones (art. 35 LORPM), así como, y de modo muy somero, los trámites que la integran (art. 37 LORPM), que se refieren esencialmente a la práctica de la prueba propuesta y admitida por el Juez en el auto de apertura de la audiencia y la que ofrezcan las partes para su práctica en el acto, previa declaración de pertinencia. Para los demás aspectos no regulados expresamente en este Título, se aplican supletoriamente las disposiciones de la LECrim que rigen el juicio oral del procedimiento abreviado (Disp. final primera de la LORPM).

En cualquier caso, no procede acometer aquí un estudio detallado de la fase de audiencia, sino que nos limitaremos al análisis de algunas particularidades procedimentales de la misma y de ciertos aspectos relativos a la prueba que se puede practicar en ella, y que pueden tener especial incidencia cuando el proceso venga motivado por un acto de violencia de género ejercido por un menor. En concreto, nos referimos al valor probatorio del testimonio de la víctima, especialmente cuando sea la única o principal prueba de cargo disponible; y a las peculiaridades que presenta la prueba de la violencia de género digital, por ser la más común en estas franjas de edad.

II. PARTICULARIDADES PROCEDIMENTALES DE LA FASE DE AUDIENCIA

Los aspectos procedimentales más destacables de la fase de audiencia cuando se trata de un proceso penal de menores por violencia de género son los referidos a los sujetos que han de asistir a la misma, especialmente, la víctima y el menor agresor, y a la posible restricción de la publicidad de sus sesiones.

1. ASISTENTES A LA AUDIENCIA

Conforme al art. 35.1 LORPM, la audiencia se deberá celebrar con la asistencia, entre otros sujetos[2], «de las partes personadas», lo que incluye a la víctima, si se personó como acusación particular, y «del propio menor, el

2. Estos otros asistentes a la audiencia a los que se refiere en art. 35.1 LORPM son el Ministerio Fiscal, el letrado del menor, un representante del Equipo Técnico que haya evacuado el informe previsto en el art. 27 LORPM y, en su caso, los responsables civiles. Además, también podrá asistir un representante de la entidad pública de protección o reforma de menores que haya intervenido en la fase de instrucción en el caso

cual podrá estar acompañado de sus representantes legales». Analizaremos, pues, a continuación, las vicisitudes procesales más relevantes que puede acarrear la presencia de estos sujetos en la audiencia y, en particular, cuando la víctima también sea menor de edad.

1.1. Asistencia de la víctima a la audiencia

Como se ha explicado, en el proceso penal de menores podrán constituirse como acusación particular, y en consecuencia habrán de asistir a la audiencia, las personas directamente ofendidas por el delito o sus representantes legales, si aquéllas fueran menores de edad o personas con discapacidad, así como los padres o herederos del ofendido, si éste hubiere fallecido (art. 25 LORPM). Ello da a entender que, si la víctima no se persona como acusación particular o es menor de edad, en principio, no tendrá que asistir a la audiencia.

No obstante, lo que acabamos de decir se refiere únicamente a la asistencia a la audiencia en calidad de parte acusadora, porque lo habitual es que, salvo en casos excepcionales, la víctima tenga que comparecer en la audiencia, aunque sea puntualmente, en calidad de testigo, y máxime, cuando se enjuicien actos de violencia de género. Ello es la lógica consecuencia del principio o posibilidad de contradicción, que es la regla esencial de cualquier proceso público con todas las garantías (art. 24.2 CE), y que comporta la necesidad de que las pruebas se practiquen en el acto del juicio oral, con sujeción a los principios de publicidad, oralidad, inmediación y contradicción[3].

Ahora bien, en este contexto, también surge la necesidad de tomar en consideración los derechos y necesidades de protección de las víctimas de hechos delictivos, especialmente, cuando sean menores de edad o personas especialmente vulnerables, porque la psicología ha puesto de manifiesto que su intervención como testigos en el juicio o audiencia resulta generalmente para ellos una experiencia traumática; sobre todo cuando deban confrontarse con el acusado o someterse a preguntas agresivas de la defensa. Por ello, la FGE señala, en su Circular 3/2009, que «esta particular vulnerabilidad de los niños víctimas y testigos reclama especial protección, así como asistencia y apoyo apropiados a su edad y nivel de madurez, a fin de

---

de que se hubiesen ejecutado medidas cautelares o definitivas impuestas al menor con anterioridad.

3. *Vid.*, entre otras, SSTC 93/2005, de 18 de abril (RTC 2005, 93); 13/2006, de 16 de enero (RTC 2006, 13); y 258/2007, de 18 de diciembre (RTC 2007, 258).

evitar los traumas o minimizar el impacto que puede ocasionar su participación en un proceso»[4].

En este sentido, aunque no es éste el lugar para acometer un estudio detallado de las medidas susceptibles de ser adoptadas para evitar estos efectos negativos del proceso en las víctimas y testigos menores, si procede recordar, por resultar particularmente idóneas en los procesos por violencia de género, algunas medidas que ya venía apuntado la jurisprudencia, tanto española como internacional, tendentes a evitar la comparecencia del menor víctima y testigo en el acto del juicio oral, y que nuestra legislación ha ido incorporando.

Así, la referida Circular de la FGE 3/2009, partiendo de un riguroso análisis de la jurisprudencia del TS, del TC y del TEDH, ya apuntaba dos vías, eventualmente complementarias, para suplir la improcedencia o, en su caso, imposibilidad de asistencia al juicio oral del testigo menor. Una es la preconstitución probatoria, que ha sido analizada anteriormente, por lo que nos remitimos a lo ya dicho sobre la misma; y la otra es la utilización de testigos de referencia[5].

Esta segunda medida, si bien está expresamente admitida en el art. 710 LECrim, y considerada por la jurisprudencia como un medio de prueba apto para enervar la presunción de inocencia y fundamentar una sentencia de condena, no deja de ser excepcional, subsidiaria y, en palabras del TC, «poco recomendable», por cuanto supone eludir el debate sobre la realidad misma de los hechos, dando valor a lo dicho por personas que no han comparecido en el proceso[6].

Por ello, su régimen jurídico ha sido perfilado por la jurisprudencia de modo muy restrictivo, siendo reseñables los siguientes aspectos del mismo[7]. En primer lugar, el recurso válido a los testigos de referencia queda limitado a los supuestos de imposibilidad real y efectiva de obtener la declaración del testigo directo y principal, como sería el caso de menores de corta edad o fuertemente traumatizados por los hechos, o incapacitados para declarar por falta de discernimiento. Además, tal imposibilidad o incapacidad del testigo directo para declarar debe valorarse y acreditarse adecuadamente, apoyándose, si es necesario, en informes periciales. En

4. *Vid.*, FISCALÍA GENERAL DEL ESTADO, *Circular 3/2009, de 10 de noviembre, sobre protección de los menores víctimas y testigos* (apdo. 1.1).
5. *Vid.*, FISCALÍA GENERAL DEL ESTADO, *Circular 3/2009* (apdo. 3).
6. *Vid.* SSTC 79/1994, de 14 de marzo (RTC 1994, 79); 35/1995, de 6 de febrero (RTC 1995, 35); 41/2003, de 27 de febrero (RTC 2003, 41); 146/2003, de 14 de julio (RTC 2003, 146); o 263/2005, de 24 de octubre (RTC 2005, 263).
7. *Vid.*, FISCALÍA GENERAL DEL ESTADO, *Circular 3/2009* (apdo. 3.2).

segundo lugar, por lo general, el testimonio de referencia por sí sólo no es apto para desvirtuar la presunción de inocencia y fundar una sentencia condenatoria, sino que deberá ir acompañado de ratificaciones, siquiera periféricas, procedentes de otras fuentes, directas o indirectas, de prueba[8]. Finalmente, con el fin de respetar las garantías del acusado, y en particular su derecho a contradecir las pruebas de cargo, si se acude a testimonios de referencia, los tribunales deberán ser particularmente cautelosos y rigurosos a la hora de motivar la sentencia condenatoria. Se les exigirá rigor en la ponderación de las circunstancias que obligaron a acudir al testimonio de referencia y en el análisis y explicación de su contenido racionalmente incriminatorio. En palabras de la STS 1229/2002, de 1 de julio, «los Tribunales deben ser muy rigurosos, no solo en la apreciación de las circunstancias que justifican la sustitución de unos testimonios por otros, sino también en la crítica de los referenciales y en la expresión de las razones por las que, en su caso, los han considerado dignos de crédito»[9].

En cualquier caso, si no procediese la adopción de ninguna de estas medidas, de modo que resulte ineludible la comparecencia de la víctima en la audiencia, aparte de otras medidas o garantías específicamente referidas a su declaración en el juicio, y a las que luego nos referiremos, el EVD regula ciertas medidas de protección tendentes a evitar o reducir los perniciosos efectos de la victimización secundaria, que se pueden adoptar en esta fase procesal.

Así, las dependencias en las que se desarrollen las actuaciones procesales deben estar dispuestas de modo que se evite el contacto directo de la víctima y sus familiares con el acusado (por ejemplo, ubicándolos en salas separadas durante los tiempos de espera para la realización de alguna actuación) (art. 20 EVD). También se deben adoptar las medidas oportunas para proteger la intimidad de las víctimas y de sus familiares y, en parti-

8. A este respecto, resulta ilustrativo el caso de la STS 492/2002, de 8 de marzo (RJ 2002, 3972), en el que la víctima tenía tres años, por lo que se acudió al testimonio de referencia de sus padres. En ella se pone de manifiesto el correcto proceder del tribunal de instancia al dar veracidad a las declaraciones de los padres de la menor como prueba de cargo, apoyándose en que no trataron de magnificar lo ocurrido, procuraron cerciorarse de la realidad de los hechos narrados por la menor, sólo denunciaron cuando se lo aconsejaron los especialistas que habían reconocido a la menor, no tenían anteriormente animadversión alguna con el imputado y mantuvieron sin cambios la versión inicial de los hechos. A su vez, también se explica por qué se tuvo por ciertas las manifestaciones que la niña hizo a sus padres: la espontaneidad en su relato y los gestos de que fue acompañado, la coincidencia entre ciertas circunstancias que rodearon el hecho narradas por la niña y las admitidas por el imputado y el respaldo de esta credibilidad por la prueba pericial psicológica ratificada en el juicio oral.

9. STS 1229/2002, de 1 julio (RJ 2003, 70).

cular, para impedir la difusión de cualquier información que pueda facilitar la identificación de las víctimas menores de edad o de víctimas con discapacidad necesitadas de especial protección (por ejemplo, filtrando o limitando la información sobre las actuaciones que se traslada a la prensa o impidiendo la captación de imágenes de las mismas) (art. 22 EVD). A su vez, el art. 25.2 EVD contempla la posibilidad de adoptar medidas que eviten el contacto visual entre la víctima y el supuesto autor de los hechos, incluso durante la práctica de la prueba, pudiendo hacerse uso de tecnologías de la comunicación (lo que incluye, por ejemplo, el uso de mamparas de separación e incluso el seguimiento de la audiencia por videoconferencia); así como la celebración de la vista sin presencia de público.

Tales previsiones se complementan con la del art. 25.3 EVD, que recoge la posibilidad de adoptar alguna o algunas de las medidas de protección a que se refiere el art. 2 de la Ley Orgánica de 19/1994, de 23 de diciembre, de protección a testigos y peritos en causas criminales, a fin de preservar la identidad y localización de los testigos[10]. Es decir, cuando el Juez lo estime necesario por apreciarse un peligro grave para la persona, libertad o bienes de la víctima o de sus allegados, y sin perjuicio de garantizar la posibilidad de contradicción que asiste a la defensa del acusado, podrá adoptar motivadamente las siguientes decisiones: a) que no consten en las diligencias su nombre, apellidos, domicilio, lugar de trabajo y profesión, ni cualquier otro dato que pueda servir para su identificación, pudiéndose utilizar para ésta un número o cualquier otra clave (sería el denominado «testigo anónimo»); b) que comparezcan para la práctica de cualquier diligencia utilizando cualquier procedimiento que imposibilite su identificación visual normal, por ejemplo, cubierta con una capucha (el llamado «testigo oculto»); y c) que se fije como domicilio, a efectos de citaciones y notificaciones, la sede del órgano judicial interviniente, el cual las hará llegar reservadamente a su destinatario.

Finalmente, como ya se indicó, tratándose de víctimas menores de edad, de víctimas con discapacidad necesitadas de especial protección, o de víctimas de violencias sexuales, el art. 26 EVD contempla medidas de protección especiales. Así, se prevé que la declaración le pueda ser recibida por medio de expertos, es decir, con ayuda de profesionales con formación especial para reducir o limitar los perjuicios a la víctima; así como la designación de un defensor judicial que la represente en el proceso, cuando tenga un conflicto de intereses con sus representantes legales que no permita confiar en una gestión adecuada de sus intereses por parte de éstos, o cuando

10. Tal previsión también se recoge expresamente para el proceso penal de menores en el art. 37.3 LORPM.

no esté acompañada por quienes ejerzan la patria potestad o cargos tutelares.

Recordemos que la determinación de cuáles de estas medidas de protección de la víctima deben ser adoptadas en cada caso dependerá del resultado de la evaluación de sus circunstancias personales que se debe efectuar conforme al art. 23 EVD.

1.2. Asistencia del menor acusado a la audiencia

En principio, a tenor del art. 35.1 LORPM, la asistencia del menor acusado a la audiencia es obligatoria, pudiendo estar acompañado en ella por sus representantes legales, salvo que el Juez, tras oír al MF, al letrado del menor y al representante del Equipo Técnico, acuerde lo contrario. No obstante, como ya se analizó en el Capítulo II de este trabajo, tanto un sector de la doctrina como de la jurisprudencia, así como la FGE admiten que, con carácter excepcional, por aplicación supletoria del art. 786.1 LECrim, se pueda celebrar la audiencia en ausencia del menor expedientado cuando concurran las mismas circunstancias que, conforme a este precepto, permiten celebrar el juicio oral del procedimiento abreviado en ausencia del acusado[11].

A su vez, el art. 37.4 LORPM también permite que, durante el transcurso de la audiencia que se esté celebrando con la asistencia del menor, el Juez acuerde motivadamente que éste abandone la sala si su interés lo aconseja, continuando las actuaciones hasta que el menor pueda regresar. A este respecto, la Circular de la FGE 9/2011 señala como supuestos típicos en los que se deberá promover la utilización de esta facultad judicial en interés del menor los siguientes: cuando se deba proceder en la audiencia a la lectura, ampliación o aclaración del informe del Equipo Técnico, si el conocimiento de su contenido por parte del menor le puede perjudicar; cuando sean varios los menores sometidos a enjuiciamiento y el superior interés de alguno o algunos de ellos justifique su abandono de la sala; o cuando se deban practicar en la audiencia determinadas pruebas, respecto del menor

11. *Vid.*, LÓPEZ JIMÉNEZ, R., «Fase de audiencia o de juicio oral. Sentencia y recursos», *Proceso penal de menores* (Coord., González Pillado), Tirant lo Blanch, Valencia, 2008, págs. 251 y 252. En la jurisprudencia, *vid.*, entre otras, SSAP de Alicante 378/2013, de 13 de mayo de 2014 (JUR 2014, 73368); o de Ciudad Real 20/2007, de 21 de diciembre (JUR 2008, 80997). *Vid.*, asimismo, FISCALÍA GENERAL DEL ESTADO, *Circular 1/2007, de 23 de noviembre, sobre criterios interpretativos tras la reforma de la Legislación Penal de Menores de 2006* (apdo. IX.1).

o de su familia (v.gr. informes psiquiátricos), que puedan resultar perturbadoras para aquel[12].

Aunque no tendría encaje propiamente en el art. 37.4 LORPM, pues no obedece al interés del menor expedientado, sino al de la víctima menor de edad que debe declarar en la audiencia, la Circular de la FGE 3/2009 también apunta como un supuesto en el que se podría acordar que el menor expedientado abandone momentáneamente la sala, aquel en que su presencia pueda constituir un factor estresante para la víctima que debe declarar y tal circunstancia no se pueda paliar a través de otras medidas. Tal posibilidad se justifica porque, de acuerdo con la jurisprudencia del TEDH, «la declaración del testigo en el acto del juicio sin la presencia del acusado no es contraria a la noción de proceso equitativo, si se obtiene en presencia del abogado que le representa y éste se encuentra en condiciones de proteger sus intereses, cuando concurra causa justificada, incluyendo como tal la necesidad de proteger a los testigos»[13].

Finalmente, cabe destacar que, si tanto el acusado como la víctima asisten a la audiencia y las circunstancias lo requieren, especialmente cuando ambos sean menores de edad, se podrán adoptar medidas que eviten el contacto visual entre ellos, tales como la utilización de mamparas u otros medios análogos (art. 25.2 a) EVD).

2. PUBLICIDAD DE LA AUDIENCIA

Al igual que sucede en el juicio oral del proceso penal de adultos (art. 680 LECrim), la LORPM parte del principio general de que las sesiones de la audiencia en el proceso penal de menores son públicas, permitiéndose el acceso a la sala de vistas de los ciudadanos que deseen asistir[14]. No obstante, el art. 35.2 LORPM contempla posibilidad de excepcionar tal publicidad en términos muy amplios, ya que permite al Juez de Menores acordar que las sesiones se celebren a puerta cerrada «en interés de la persona imputada o de la víctima».

La posibilidad de adoptar esta decisión en interés de la víctima también se prevé en el art. 25.2 d) EVD, que permite la celebración de la vista oral

12. *Vid.*, FISCALÍA GENERAL DEL ESTADO, *Circular 9/2011, de 16 de noviembre, sobre criterios para la unidad de actuación especializada del Ministerio Fiscal en materia de reforma de menores*, (apdo.V.3).
13. *Vid.*, FISCALÍA GENERAL DEL ESTADO, *Circular 3/2009* (apdo. 5).
14. Tal publicidad ha sido cuestionada por algunos autores por considerarla negativa para la resocialización del menor infractor. En este sentido, POLO RODRÍGUEZ, J. J. y HUÉLAMO BUENDÍA, A. J., *La nueva Ley penal del menor*, Colex, Madrid, 2000, pág. 38.

sin presencia de público; aunque sí se podrá autorizar la presencia de personas que acrediten un especial interés en la causa.

A este respecto, la Circular de la FGE 9/2011 señala con acierto que, a la hora de adoptar la decisión sobre la publicidad de las sesiones de la audiencia o su celebración a puerta cerrada, el Juez debe ponderar adecuadamente los intereses en conflicto y plasmar tal ponderación en una resolución motivada y referida al caso concreto, sin que resulte ajustada a Derecho la práctica seguida por algunos Juzgados de acordar la celebración a puerta cerrada por sistema y utilizando para ello un informe o una resolución estereotipada[15].

Por lo demás, lo que en ningún caso deberá permitir el Juez, ya se celebren las sesiones con publicidad o a puerta cerrada, es que, con ocasión de la celebración de la audiencia, los medios de comunicación obtengan y difundan imágenes del menor infractor (ni de la víctima, si también es menor), ni datos que permitan su identificación (art. 35.2 LORPM). Asimismo, el art. 35.3 LORPM impone a las personas que ejerciten la acusación particular el deber de «respetar rigurosamente el derecho del menor a la confidencialidad y a la no difusión de sus datos personales o de los datos que obren en el expediente instruido, en los términos que establezca el Juez de Menores», pudiendo incurrir, en otro caso, en las responsabilidades civiles y penales a que haya lugar.

III. PARTICULARIDADES EN MATERIA DE PRUEBA

La finalidad principal de la audiencia es la práctica de la prueba con base en la cual el Juez de Menores habrá de dictar la sentencia condenatoria o absolutoria. Las pruebas que se pueden practicar son aquellas que las partes hayan propuesto en sus escritos de alegaciones (arts. 30.2 y 31 LORPM) y hayan sido declaradas pertinentes por el Juez en el auto de apertura de la audiencia (art. 34 LORPM); así como aquellas otras que las partes propongan al inicio de la misma audiencia y también sean declaradas pertinentes en el acto (art. 37.2 LORPM). Tal posibilidad de proponer nuevas pruebas en la propia audiencia es muy restrictiva, ya que sólo se admitirán aquellas que puedan practicarse en el acto de la audiencia y no determinen la suspensión de la misma.

En cuanto a los medios de prueba a practicar en un proceso penal de menores, la LORPM guarda silencio, y simplemente del art. 37.2 LORPM se deduce que una prueba de obligada práctica es la declaración del representante del Equipo Técnico que haya elaborado el informe previsto en el

15. *Vid.*, FISCALÍA GENERAL DEL ESTADO, *Circular 9/2011* (apdo. V.5).

art. 27 LORPM, y que será decisiva para que el Juez pueda valorar las circunstancias del menor expedientado y determinar la procedencia y adecuación de las medidas educativas propuestas. Por tanto, en este proceso es admisible la utilización de cualquier medio de prueba legalmente previsto, cuando su práctica haya sido declarada pertinente, siendo de aplicación al respecto lo dispuesto en la LECrim para el procedimiento abreviado.

Tratándose de un proceso por violencia de género, entendemos que la prueba más relevante, o una de las más relevantes, será el testimonio de la propia víctima, por la circunstancia ya apuntada de que frecuentemente estos hechos se cometen en un ámbito de intimidad, siendo habitual que, aparte de posibles informes médicos sobre daños físicos y/o psíquicos sufridos por la víctima, el eventual reconocimiento parcial de los hechos por el agresor, la declaración de algún testigo de referencia u ocasionalmente de algún testigo directo (con frecuencia, de corta edad o exento de la obligación de declarar por su relación de parentesco con el acusado), no se cuente con otros medios de prueba para acreditarlos. Por ello, en los apartados siguientes, tras la exposición de las garantías que se han de adoptar durante la declaración de la víctima en la audiencia, en particular cuando ésta también sea menor de edad, analizaremos dos aspectos de este testimonio que tradicionalmente han resultado controvertidos; nos referimos al valor probatorio que puede o debe darse a esta declaración cuando sea la única prueba de cargo, y a las consecuencias probatorias del eventual acogimiento del testigo a la dispensa del deber de declarar del art. 707 LECrim. A su vez, también nos referiremos a la problemática particular que plantea la prueba de la violencia de género digital, en particular la relativa a la obtención lícita y aportación al proceso de las fuentes de prueba digitales y a las consecuencias procesales de la impugnación de su autenticidad y/o integridad.

1. GARANTÍAS DE LA DECLARACIÓN DE LA VÍCTIMA EN LA AUDIENCIA

Puesto que, como acabamos de decir, la prueba de cargo más relevante en los procesos por violencia de género es habitualmente la testifical de la víctima, resulta esencial que ésta se practique en unas condiciones tales que permitan obtener la máxima «calidad» en el testimonio. Por ello, se comprenderá la importancia de que tal declaración se practique en todo caso, y especialmente cuando la víctima sea menor de edad, rodeada de una serie de garantías que, sin mermar el principio de contradicción y el derecho de defensa del acusado, permitan paliar en la medida de lo posible tanto los efectos emocionales y traumáticos derivados de la misma condición de víctima como los factores estresantes que puede generar el propio desarrollo de las actuaciones procesales (v.gr., la presencia del acusado o de público, las esperas en solitario antes de declarar, el empleo de un vocabulario ininteligible para ella, la formulación de preguntas en tono agresivo por parte de la defensa, etc.)[16].

En este sentido, la Circular de la FGE 3/2009, tomando como referencia estudios de psiquiatría infantil, las *Directrices de las Naciones Unidas sobre la Justicia en asuntos concernientes a los niños víctimas y testigos de delitos*[17], así como alguna jurisprudencia, ya proponía las siguientes prácticas a fin de contrarrestar estos factores estresantes para los menores víctimas que deben declarar en el juicio oral: «1) procurar que el menor sea el primero en declarar, evitando esperas en la puerta de la sala de juicios; 2) celebrar el juicio a puerta cerrada; 3) separar al menor del acusado o tomarle declaración en otra sala, o evitando la visión directa con mamparas; 4) proporcionarle compañía durante la declaración (psicólogo o familiar), sobre todo para niños más pequeños; 5) utilizar un lenguaje comprensible; 6) suprimir el uso de togas durante la declaración del menor y 7) permitir que declaren sentados»[18].

La mayor parte de estas medidas ya cuenta con reconocimiento legal en nuestro ordenamiento, tanto en la LECrim (arts. 707, 709 y 713) como en el Estatuto de la Víctima del Delito (arts. 25 y 26).

Así, conforme al art. 707.II LECrim, «fuera de los casos previstos en el artículo 703 bis (en los que se procederá a la reproducción en la audiencia de la grabación audiovisual de la testifical preconstituida), cuando una persona menor de dieciocho años o una persona con discapacidad necesitada de especial protección deba intervenir en el acto del juicio, su declaración se llevará a cabo, cuando resulte necesario para impedir o reducir los perjuicios que para ella puedan derivar del desarrollo del proceso o de la práctica de la diligencia, evitando la confrontación visual con la persona inculpada. Con este fin podrá ser utilizado cualquier medio técnico que haga posible la práctica de esta prueba, incluyéndose la posibilidad de que los

16. A este respecto, la FISCALÍA GENERAL DEL ESTADO, en su *Circular 3/2009* (apdo. 5) señala que «desde la psicología se han aislado los siguientes factores estresantes que puede generar el acto del juicio para un menor: 1) permanecer solo en el lugar destinado a los testigos; 2) la proximidad del abogado defensor y la posibilidad de llegar a ser acusado de mentir; 3) la posición en un lugar elevado de los actores del proceso; 4) el público asistente; 5) las togas de los intervinientes; 6) el que se le exija hablar en alto; 7) la utilización de un vocabulario legal ininteligible, especialmente cuando son examinados por el abogado de la defensa; 8) la presencia del acusado».

17. Tales Directrices han sido aprobadas por la Resolución 2005/20 del Consejo Económico y Social de 22 de julio de 2005. Pueden consultarse en https://www.acnur.org/fileadmin/Documentos/BDL/2005/3773.pdf?file=fileadmin/Documentos/BDL/2005/3773.

18. FISCALÍA GENERAL DEL ESTADO, *Circular 3/2009* (apdo. 5).

testigos puedan ser oídos sin estar presentes en la sala mediante la utilización de tecnologías de la comunicación accesible»[19]. Tales medidas de protección se contemplan también en el art. 25.2.a) y b) EVD.

Entre estos medios técnicos tienen cabida desde la utilización de mamparas o medios análogos, hasta la declaración del menor a través de videoconferencia, en aquellos supuestos en los que se requieran mayores niveles de protección (art. 731 bis LECrim). En este sentido, la Instrucción de la FGE 3/2002, relativa a las actuaciones procesales que pueden celebrarse a través de videoconferencia, señala como una de las principales utilidades procesales de ésta es la protección de la libre y espontánea declaración de testigos o peritos en los que concurran circunstancias determinantes de una especial presión sobre su persona o sobre sus familiares; y destaca su especial relevancia para evitar situaciones de victimización secundaria a las víctimas de delitos contra la libertad e indemnidad sexual o en supuestos de violencia doméstica grave[20].

A su vez, el art. 709.II LECrim, en términos análogos al art. 25.2.c) EVD, prevé la posibilidad de adoptar medidas para evitar que se formulen a la víctima preguntas relativas a su vida privada, en particular a la intimidad sexual, que no tengan relevancia para el hecho delictivo enjuiciado, salvo que, excepcionalmente y teniendo en cuenta las circunstancias del caso, el Juez considere que son pertinentes y necesarias para poder valorar adecuadamente los hechos o la credibilidad de la declaración de la víctima. Si, pese a todo, tales preguntas fueran formuladas, el Juez no permitirá que sean contestadas[21].

Por su parte, el art. 713.II LECrim excluye la práctica de careos con testigos que sean menores de edad, salvo que el Juez lo considere imprescindible y no lesivo para el interés de éstos, previo informe pericial. Por tanto, tales careos sólo se podrán llevar a cabo cuando concurran simultáneamente dos condiciones: que el Juez lo considere imprescindible para el esclarecimiento de los hechos, y que exista un informe pericial acreditativo de que no será lesivo para el interés del menor testigo[22].

---

19. En su apdo. III, este mismo precepto dispone que «Estas medidas serán igualmente aplicables a las declaraciones de las víctimas cuando de su evaluación inicial o posterior derive la necesidad de estas medidas de protección».
20. FISCALÍA GENERAL DEL ESTADO, *Instrucción 3/2002, de 1 de marzo, sobre actos procesales que pueden celebrarse a través de videoconferencia* (apdo. IV.3).
21. En este sentido, el art. 20 Directiva (UE) 2024/1385 dispone que «Los Estados miembros se asegurarán de que, en los procesos penales, las pruebas que hagan referencia a la conducta sexual pasada de la víctima o a otros aspectos de su intimidad relacionados con esa conducta solo se admitan cuando resulten pertinentes y necesarias».
22. *Vid.*, FISCALÍA GENERAL DEL ESTADO, *Circular 3/2009* (apdo. 6).

En otro orden de cosas, también cabe señalar en este punto que, de acuerdo con el art. 706 LECrim, a los testigos menores de edad únicamente se les recibirá juramento o promesa de decir verdad antes de declarar cuando, efectivamente proceda, y sean mayores de catorce años, debiendo el Juez advertirles de la posibilidad de incurrir en responsabilidad penal en caso de mentir.

Finalmente, aunque la LECrim guarda silencio al respecto en sede de juicio oral, tratándose de víctimas menores de edad, de víctimas con discapacidad necesitadas de especial protección, o de víctimas de violencias sexuales, la declaración en la audiencia también le podrá ser recibida por medio de personas expertas, es decir, con ayuda de profesionales con formación especial para reducir o limitar los perjuicios a la víctima (art. 26.1.b) EVD).

2. VALOR PROBATORIO DEL TESTIMONIO DE LA VÍCTIMA.

Como venimos señalando, la propia dinámica comisiva habitual de la violencia de género determina con frecuencia la dificultad de obtener prueba de cargo idónea y suficiente que permita la condena de los agresores, dado que este tipo de agresiones suelen cometerse en ámbitos de clandestinidad o intimidad, sin testigos (o con testigos de muy corta edad o exentos de la obligación de declarar por sus vínculos con el agresor), y en muchas ocasiones, sin partes médicos que dejen constancia de los daños físicos y/o psíquicos ocasionados a la víctima. De ahí que la única o principal prueba de cargo de que se disponga para acreditar la comisión del hecho y su autoría sea, frecuentemente, el testimonio de la propia víctima.

Para casos así, tanto el TC como el TS han reconocido la idoneidad y, en determinadas condiciones, la suficiencia de la declaración de la víctima para desvirtuar la presunción de inocencia y fundamentar una sentencia de condena, incluso cuando sea la única prueba de cargo[23]. Conforme a una jurisprudencia consolidada, la declaración de la víctima tiene la consideración procesal de prueba directa, no indiciaria; y, además, es admitida como prueba testifical de cargo, siempre que se practique con las debidas garantías, y se haya introducido en el juicio oral, a efectos de su valoración por el juzgador, con arreglo a los principios de inmediación, publicidad y contradicción[24].

23. Esta tesis se justifica en que «nadie debe padecer el perjuicio de que el suceso que motiva el procedimiento penal se desarrolle en la intimidad de la víctima y del inculpado, so pena de propiciar situaciones de incuestionable impunidad», *vid.*, entre otras, SSTS 409/2004, de 24 de marzo (RJ 2004, 2812) y 725/2007, de 13 de septiembre (RJ 2007, 6962).

24. *Vid.* STS 119/2019, de 6 de marzo (RJ 2019, 868).

Pero tampoco podemos perder de vista que la víctima no es un testigo más, es decir, un tercero ajeno al proceso y a los hechos, que simplemente da cuenta de lo que ha presenciado o conocido, sino que es la persona que ha sufrido las consecuencias nocivas del delito[25]; y, por ello, la valoración probatoria de su declaración debe ser objeto de especial cuidado, en particular cuando sea la única prueba de cargo, y tal declaración sea contradictoria con la del acusado u otros testigos presentados por la defensa[26].

Por esta razón, la jurisprudencia descarta que la declaración de la víctima pueda ser considerada como una prueba testifical privilegiada[27], y que goce en cualquier caso de presunción de veracidad[28]. Sostiene a este respecto el TS que la declaración de la víctima puede ser prueba hábil para desvirtuar la presunción de inocencia, incumbiendo su valoración al tribunal sentenciador, pero ello no significa que con dicha declaración quede automáticamente desvirtuada la presunción de inocencia en el sentido de que se invierta la carga de la prueba, dándose ya por probada la acusación e incumbiendo al acusado desvirtuar la presunta certeza de la acusación formulada[29].

Como destaca en su sentencia 269/2014, de 20 de marzo, en estos casos, se produce una «situación límite de riesgo para el derecho constitucional de presunción de inocencia»[30]; y, por ello, para atribuir tal valor probatorio

---

25. En este sentido, en las SSTS 282/2018, de 13 de junio (RJ 2018, 3021) y 119/2019, de 6 de marzo (RJ 2019/868) se pone de relieve la oportunidad perdida que supuso la aprobación del EVD para habilitar una especial y privilegiada posición de la víctima del delito en el proceso penal, modificando su posición procesal al margen, o por encima, de la mera situación procesal de «testigo» dentro de los medios de prueba.
26. En este sentido, el CONSEJO GENERAL DEL PODER JUDICIAL, en su *Guía de criterios de actuación judicial frente a la violencia de género* (2013), pág. 113, https://www.poderjudicial.es/cgpj/es/Poder_Judicial/En_Portada/Guia_de_criterios_de_actuacion_judicial_frente_a_la_violencia_de_genero) destaca que, en los supuestos de violencia de género, la motivación de la sentencia debe contener, particularmente, el análisis de la declaración de la víctima como prueba de cargo, «explicitando las razones por las cuales el/la Juez/a otorga mayor crédito a la versión de una de las partes frente a la otra».
27. *Vid.*, STS 3/2015, de 20 de enero (RJ 2015, 454).
28. *Vid.*, SSTS 282/2018, de 13 de junio (RJ 2018, 3021) y 119/2019, de 6 de marzo (RJ 2019, 868).
29. STS 119/2019, de 6 de marzo (RJ 2019, 868).
30. STS 269/2014, de 20 de marzo (RJ 2014, 1920). Declara el TS en esta sentencia que «la situación límite de riesgo para el derecho constitucional de presunción de inocencia se produce cuando la única prueba de cargo la constituye la declaración de la supuesta víctima del delito. El riesgo se hace extremo si la supuesta víctima es precisamente quien inició el proceso, mediante la correspondiente denuncia o querella, haciéndose aún más acentuado si ejerce la acusación, pues en tal caso se constituye en única prueba de la acusación al propio acusador. Basta con formular la acusación

a la declaración de la víctima, la jurisprudencia viene exigiendo que su valoración por el tribunal enjuiciador se sustente en la cuidadosa ponderación de ciertos criterios o parámetros orientativos que están encaminados a constatar que no existen razones objetivas que puedan hacer dudar de la veracidad de lo que sostiene la víctima[31]. Pero matiza que no se trata de condiciones objetivas de la validez de la prueba, sino de criterios o parámetros a tener en cuenta por el juzgador al valorar el testimonio de la víctima, delimitando así el cauce a seguir para realizar una valoración verdaderamente razonable y controlable casacionalmente. Tales criterios o pautas orientativas son los siguientes[32]:

a. *Ausencia de incredibilidad subjetiva.* A la hora de valorar tal criterio son relevantes dos aspectos. Por una parte, las propias características físicas o psicoorgánicas de la víctima, en particular, su grado de desarrollo y madu-

---

y sostenerla personalmente en el juicio, para desplazar aparentemente la carga de la prueba sobre el acusado, obligándole a ser él quien demuestre su inocencia, frente a una prueba de cargo integrada únicamente por la palabra de quien le acusa. Todavía cabe alcanzar un supuesto más extremo, en aquellos casos en que la declaración del acusador no sólo es única prueba de la supuesta autoría del acusado sino también de la propia existencia del delito, del cual no existe acreditación alguna, fuera de las manifestaciones de quien efectúa la acusación; llegándose el grado máximo de indefensión para el acusado cuando la acusación fundada exclusivamente en la palabra del acusador es tan imprecisa en su circunstancia o en el tiempo que no hay prácticamente posibilidad alguna de prueba en contrario». En el mismo sentido, SSTS 1346/2002, de 18 de julio (RJ 2002, 8626); y 119/2019, de 6 de marzo (RJ 2019, 868).

31. *Vid.*, GONZÁLEZ MONJE, A., «La declaración de la víctima de violencia de género como única prueba de cargo: últimas tendencias jurisprudenciales en España», *Rev. Bras. De Direito Processual Penal*, Porto Alegre, vol. 6, núm. 3, 2020, págs. 1637 a 1639; GONZALO RODRÍGUEZ, M.ª T., «La declaración de la víctima de violencia de género: buenas prácticas para la toma de declaración y valoración judicial», *Revista Jurídica de Castilla-La Mancha*, 2020, núm. 51, pág. 126.

32. *Vid.*, entre otras, SSTS 65/2007, de 5 de febrero (RJ 2007, 1459); 310/2007, 2 de abril (RJ 2007, 2855); 725/2007, de 13 de septiembre (RJ 2007, 6962); 1033/2009, de 20 de octubre (RJ 2009, 7781); 672/2011, de 29 de junio (RJ 2011, 5227); 1016/2012, de 20 de diciembre (RJ 2013, 1646); 609/2013, de 10 de julio (RJ 2013, 7723); 21/2014, de 29 de enero (RJ 2014, 523); 210/2014, de 14 de marzo (RJ 2014, 2024); 57/2015, de 5 de febrero (RJ 2015, 328); 540/2015, de 24 de septiembre (RJ 2015/4026); 92/2016, de 17 de febrero (RJ 2016, 588); 119/2019, de 6 de marzo (RJ 2019, 868). Sobre estos requisitos, *vid.*, BELTRÁN MONTOLIU, A., «Víctima de violencia de género y la dispensa del art. 416 LECrim: evolución jurisprudencial», *Revista de Derecho Penal y Criminología*, 3.ª época, 2018, núm. 19, págs. 24 a 27; GÓMEZ COLOMER, J. L., *Violencia de género y proceso*, Tirant lo Blanch, Valencia, 2007, págs. 201 a 204; GONZÁLEZ MONJE, A., «La declaración de la víctima de violencia de género como única prueba de cargo...», *op. cit.*, págs. 1639 a 1645; GONZALO RODRÍGUEZ, M.ª T., «La declaración de la víctima de violencia de género...», *op. cit.*, págs. 126 a 128; SIBONY, R., SERRANO OCHOA, M.ª A., REINA TORANZO, O. (2011). «La prueba y el derecho a la dispensa del deber de declarar por la testigo-víctima en los procedimientos de violencia de género», *La Toga*, 2011, núm. 182, págs. 17 a 20.

rez o la incidencia de posibles trastornos mentales, discapacidad psíquica o enfermedades como psicopatías, el alcoholismo o la drogadicción; y, por otra, la inexistencia de motivos o móviles espurios, que hagan sospechar que la declaración inculpatoria de la víctima viene motivada por razones de resentimiento, enemistad, venganza, enfrentamiento o interés de cualquier índole (por ejemplo, la obtención de ventajas procesales en otro procedimiento pendiente contra el acusado, como puede ser un proceso de divorcio) que prive a la declaración de la aptitud necesaria para generar certidumbre[33].

Pero conviene matizar que tales sentimientos han de vincularse a hechos distintos de los que son objeto de enjuiciamiento, pues es perfectamente lógico que tales sentimientos puedan aflorar a raíz estos concretos hechos, sin que ello suponga un deterioro del valor de convicción. Así, se ha subrayado la necesidad de valorar con prudencia este requisito en los supuestos de violencia de género, pues tampoco se puede exigir a la víctima un sentimiento de solidaridad o de total indiferencia con su agresor[34].

b. *Verosimilitud del testimonio*. Supone que la declaración de la víctima debe ser lógica en sí misma, no insólita u objetivamente inverosímil por su propio contenido; y, además, que la realidad del hecho relatado pueda venir avalada por otras corroboraciones objetivas que obran en el proceso, tales como informes médicos sobre las lesiones sufridas, informes psicológicos, las declaraciones de testigos de referencia, etc., que, aunque no se refieran directamente al hecho delictivo objeto del proceso, puedan confirmar la verosimilitud del testimonio de la víctima[35].

33. *Vid.*, STS 119/2019, de 6 de marzo (RJ 2019, 868). A este respecto, puntualiza GONZALO RODRÍGUEZ («La declaración de la víctima de violencia de género...», *op. cit.*, pág. 126) que debe huirse de criterios apriorísticos de negación o cuestionamiento de dicha credibilidad en casos como cuando la víctima haya entablado un procedimiento de separación o divorcio; cuando no haya denunciado de forma inmediata; cuando, pese a la gravedad de los hechos, mantenga la convivencia con el acusado; o cuando haya solicitado medidas civiles en el marco de una orden de protección, o responsabilidad civil en el ámbito de las diligencias urgentes. En el mismo sentido, *vid.*, GONZÁLEZ MONJE, A., «La declaración de la víctima de violencia de género como única prueba de cargo...», *op. cit.*, pág. 1640.
34. *Vid.*, SSTS 672/2011, de 29 de junio (RJ 2011, 5227) o 119/2019, de 6 de marzo (RJ 2019, 868).
35. *Vid.* SSTS 1033/2009, de 20 de octubre (RJ 2009, 7781); 1016/2012, de 20 de diciembre (RJ 2013, 1646) o 57/2015, de 5 de febrero (RJ 2015, 328). Así se exige «la ineludible concurrencia de algún dato ajeno y externo a la persona del declarante y a sus manifestaciones que, sin necesidad de constituir por sí mismo prueba bastante para la condena, sirva al menos de ratificación objetiva a la versión de quien se presenta como víctima del delito».

Con todo, también se matiza que esta segunda exigencia debe ponderarse adecuadamente en delitos que no dejan huellas o vestigios materiales de su perpetración, puesto que el hecho de que en ocasiones el dato corroborante no pueda ser contrastado no desvirtúa el testimonio si la imposibilidad de la comprobación se justifica por las circunstancias concurrentes en el propio hecho[36].

En relación con este parámetro de la verosimilitud del testimonio de la víctima, cabe destacar que es relativamente frecuente que las defensas propongan pruebas periciales psicológicas para determinar el grado de credibilidad de dicho testimonio. No obstante, la jurisprudencia ha sido prudente con respecto a la utilidad y eficacia probatoria de tales pericias, estableciendo que la pericial psicológica sobre la credibilidad del testimonio nunca puede sustituir a la valoración del mismo que corresponde al tribunal de instancia que directamente ha percibido la prueba; es una herramienta que el tribunal puede utilizar para conformar una convicción y motivarla, pero sin llegar a sustituirle en la función de valoración de la prueba[37].

c. *Persistencia en la incriminación.* Implica que el testimonio incriminatorio de la víctima se debe mantener en el tiempo sin incurrir en retractaciones, ambigüedades o contradicciones en sus aspectos fundamentales[38]. En este sentido, la jurisprudencia ha señalado que este requisito viene conformado por tres elementos: a) la ausencia de modificaciones o contradicciones en las sucesivas declaraciones de la víctima; b) la concreción del propio testimonio, sin ambigüedades, generalidades o vaguedades; y c) la coherencia del relato de la víctima, manteniendo una conexión lógica entre sus diversas partes[39].

36. *Vid.*, STS 140/2004, de 9 de febrero (RJ 2004, 543); y ATS 1252/2004, de 23 de septiembre (JUR 2004, 280952).

37. *Vid.*, MAGRO SERVET, V., «La valoración de la declaración de la víctima en el proceso penal (especial referencia a la viabilidad de la prueba pericial acerca de la veracidad de su testimonio)», *Diario La Ley*, núm. 7013, 2008, pág. 12.

38. Señala la STS 119/2019, de 6 de marzo (RJ 2019, 868), que la incriminación debe ser «prolongada en el tiempo, plural, sin ambigüedades ni contradicciones, pues constituyendo única prueba enfrentada con la negativa del acusado, que proclama su inocencia, prácticamente la única posibilidad de evitar la indefensión de este es permitirle que cuestione eficazmente dicha declaración, poniendo de relieve aquellas contradicciones que señalen su inveracidad».

39. *Vid.*, ATS 1252/2004, de 23 de septiembre (JUR 2004, 280952). No obstante, a la hora de valorar este parámetro, el propio TS ha establecido ciertas matizaciones, señalando que no se puede considerar una quiebra del mismo «el cambio del orden en las afirmaciones; las sucesivas ampliaciones cuando no se afecta la coherencia y significación sustancial de lo narrado; la modificación del vocabulario ni de las formas expresivas cuando con unas u otras se sigue diciendo lo mismo; los cambios en lo anecdótico o

En cualquier caso, la jurisprudencia y la doctrina han matizado que estos tres elementos que acabamos de analizar no han de considerarse como «requisitos», de modo que tengan que concurrir todos conjuntamente para que el órgano enjuiciador pueda dar crédito a la testifical de la víctima como prueba de cargo, sino que, como dijimos, se trata de pautas de valoración a las que el Juez deberá atender para acertar en su valoración de la prueba, debiendo efectuar en todo caso una valoración racional y en conciencia[40].

No obstante, es importante destacar que, más recientemente, para los supuestos de violencia de género y de delitos contra la libertad e indemnidad sexual, dado el valor probatorio «privilegiado» que puede tener el testimonio de la víctima, el TS ha tratado de matizar todavía más la doctrina consolidada que acabamos de exponer, señalando que el tribunal enjuiciador debe prestar atención, no solo a lo narrado por la víctima, sino también a la forma en que lo hace, valorando incluso el lenguaje gestual o no verbal de la víctima durante el interrogatorio. En este sentido, la STS 119/2019, de 6 de marzo mantiene que es posible que el órgano enjuiciador avale su convicción en la versión de la víctima, pero a tal efecto desgrana detalladamente los factores que debe tener en cuenta en su proceso valorativo de la credibilidad y verosimilitud de su declaración, destacando los siguientes: «1. Seguridad en la declaración ante el Tribunal por el interrogatorio del Ministerio Fiscal, letrado/a de la acusación particular y de la defensa. 2. Concreción en el relato de los hechos ocurridos objeto de la causa. 3. Claridad expositiva ante el Tribunal. 4. "Lenguaje gestual" de convicción. Este elemento es de gran importancia y se caracteriza por la forma en que la víctima se expresa desde el punto de vista de los "gestos" con los que se acompaña en su declaración ante el Tribunal. 5. Seriedad expositiva que aleja la creencia del Tribunal de un relato figurado, con fabulaciones, o poco creíble. 6. Expresividad descriptiva en el relato de los hechos ocurridos. 7. Ausencia de contradicciones y concordancia del *iter* relatado de los hechos. 8. Ausencia de lagunas en el relato de exposición que pueda llevar a dudas de su credibilidad. 9. La declaración no debe ser fragmentada. 10. Debe desprenderse un relato íntegro de los hechos y no fraccionado acerca de lo que le interese declarar y ocultar lo que le beneficie acerca de lo ocurrido. 11. Debe

---

en lo secundario, cuando solo implican falta de certeza en lo accesorio, pero no en lo principal, que es lo que por su impacto psicológico permanece en la mente de la víctima, salvo en los casos en que los cambios narrativos de lo secundario evidencian tendencia a la fabulación imaginativa, valorable en el ámbito de la credibilidad subjetiva» (*vid.*, STS 238/2011, de 21 de marzo (RJ 2011, 2895).

40. *Vid.*, STS 119/2019, de 6 de marzo (RJ 2019, 868). En la doctrina, *vid.*, SIBONY, R.; SERRANO OCHOA, M.ª A., y REINA TORANZO, O., «La prueba y el derecho a la dispensa del deber de declarar...», *op. cit.*, pág. 19.

contar tanto lo que a ella y su posición beneficia como lo que le perjudica»[41].

Pero el TS también es consciente de la posibilidad de que la víctima padezca una situación de temor o «revictimización» por volver a revivir lo sucedido al contarlo de nuevo al Tribunal, y tras haberlo hecho en dependencias policiales y ante el órgano instructor, por ello señala que el tribunal enjuiciador también debe tener en cuenta estos otros factores en su proceso valorativo: «1. Dificultades que puede expresar la víctima ante el Tribunal por estar en un escenario que le recuerda los hechos de que ha sido víctima y que puede llevarle a signos o expresiones de temor ante lo sucedido que trasluce en su declaración. 2. Temor evidente al acusado por la comisión del hecho dependiendo de la gravedad de lo ocurrido. 3. Temor a la familia del acusado ante posibles represalias, aunque estas no se hayan producido u objetivado, pero que quedan en el obvio y asumible temor de las víctimas. 4. Deseo de terminar cuanto antes la declaración. 5. Deseo al olvido de los hechos. 6. Posibles presiones de su entorno o externas sobre su declaración»[42].

Como señala GONZÁLEZ MONJE, la aplicación de estos nuevos parámetros a la hora de valorar la eficacia de la declaración de la víctima como prueba de cargo tiene como efecto positivo el de añadir un plus al deber de motivación de las resoluciones judiciales; la racionalidad de la decisión basada en tales parámetros debe plasmarse en una cuidada y adecuada motivación. Pero, por otra parte, la aplicación de tales parámetros también puede tener el efecto negativo de poner a la víctima en una posición procesal todavía más difícil, añadiendo más presión sobre ella, ya que no le bastará con tener que relatar ante el tribunal la difícil experiencia vivida, sino que, además, tendrá que hacerlo de una determinada manera para resultar creíble. Es normal que la víctima de violencia de género se sienta insegura y nerviosa al declarar por múltiples factores (por la presencia del agresor en la misma sala, por la incertidumbre de ser creída, por tener que contar ante unos extraños detalles íntimos de su vida privada, etc.), y ello determina que muchas veces sea reacia a declarar y a mantenerse en el proceso colaborando con la acusación; tal situación se verá agravada si al declarar debe

41. STS 119/2019, de 6 de marzo (RJ 2019, 868).
42. STS 119/2019, de 6 de marzo (RJ 2019, 868). Estos parámetros han sido mantenidos en sentencias posteriores referidas, fundamentalmente, a delitos de carácter sexual: *vid.*, entre otras, SSTS293/2019, de 3 junio (RJ 2019, 2158) (agresiones sexuales); 495/2019, de 17 de octubre (RJ 2019, 4080) (agresiones sexuales a menor de dieciséis años); 589/2019, de 28 noviembre (RJ 2019, 5323) (abusos sexuales continuados a menor de trece años); 330/2021, de 22 abril (RJ 2021, 2019) (agresiones sexuales); 366/2021, de 30 abril (RJ 2021, 2189 (abusos sexuales a menor de trece años); 132/2023, de 1 marzo (RJ 2023, 1179) (trata de seres humanos con fines de explotación sexual).

estar pendiente, no solo de lo que cuenta, sino de la forma de contarlo y de los gestos que debe hacer o no hacer para resultar creíble[43].

3. CONSECUENCIAS PROBATORIAS DE LA DISPENSA DEL DEBER DE DECLARAR *EX* ART. 707 LECRIM

De acuerdo con el art. 707 LECrim, tanto la víctima como los demás testigos que guarden con el acusado las relaciones parentales o de afectividad previstas en el art. 416.1 LECrim, pueden acogerse durante el juicio oral (en este caso, la audiencia) a la dispensa del deber de declarar contemplada en este precepto. A tal efecto, antes de prestar esta declaración deberán ser informados de nuevo, debidamente y de modo comprensible, de dicha dispensa. Por tanto, es reproducible en este momento todo lo que ya se ha dicho sobre la extensión de esta dispensa, la necesidad de advertencia sobre la misma y su aplicabilidad a la víctima en la fase de instrucción, insistiendo en que ésta no será aplicable cuando entre la víctima y el agresor simplemente exista una relación de noviazgo sin convivencia.

Como se comprenderá, la actitud que adopten la víctima o testigos al respecto, tras haber sido advertidos oportunamente de tal exención, tendrá importantes consecuencias probatorias. *A priori*, como acabamos de ver, si la víctima ha declarado tanto en la fase de instrucción ante el Fiscal como ahora en la audiencia, y sus declaraciones tienen suficiente peso incriminatorio y se ajustan a los parámetros de valoración fijados por la jurisprudencia para ser merecedoras de credibilidad como prueba de cargo, permitirán fundamentar una sentencia condenatoria, aunque no existan otras pruebas incriminatorias. Por el contrario, si la víctima se acoge a su derecho a no declarar tanto en la fase instructora como en la audiencia, lógicamente el Juez no podrá dictar sentencia de condena si no cuenta con otras pruebas de cargo. En cambio, se habían suscitado importantes dudas en torno al valor probatorio que debía darse al testimonio de la víctima que, tras haber declarado en la fase de instrucción ante el Fiscal, se acogía a esta dispensa en la audiencia y se negaba a declarar ante el Juez de Menores[44]. Para tal caso, se habían propuesto tres posibles soluciones a fin de intentar introducir aquel testimonio en el juicio oral y salvar así su valor probatorio, pero

43. GONZÁLEZ MONJE, A., «La declaración de la víctima de violencia de género como única prueba de cargo...», *op. cit.*, pág. 1651 a 1655.

44. En relación con esta problemática, *vid.*, ALCALÁ PÉREZ-FLORES, R., «La dispensa del deber de declarar de la víctima de violencia de género: interpretación jurisprudencial», 2009, págs. 11 a 16 (http://www.poderjudicial.es/stfls/PODERJUDICIAL/DOCTRINA/FICHERO/Alcal%C3%A1%20P%C3%A9rez-Florez,%20Rafael_1.0.0.pdf); BELTRÁN MONTOLIU, A., «Víctima de violencia de género y la dispensa del art. 416 LECrim...», *op. cit.*, págs. 35 a 37; SIBONY, R., SERRANO OCHOA, M.ª A.

las tres habían sido rechazadas por la doctrina y la jurisprudencia mayoritarias[45].

La primera consistiría en introducir en la audiencia las declaraciones efectuadas por la víctima ante el Fiscal de Menores por la vía del art. 714 LECrim, el cual permite que se lea ante el órgano enjuiciador la declaración prestada por el testigo en el sumario cuando ésta «no sea conforme en lo sustancial» con la que presta en el juicio oral. Tal posibilidad se descartaba porque, en el caso que nos ocupa, no concurre el supuesto de hecho de esta norma. Es decir, si la víctima o el testigo opta por guardar silencio en la audiencia no está incurriendo en ninguna contradicción con lo declarado anteriormente, por lo que no resulta de aplicación este precepto. Como señala el TS, «ninguna contradicción se puede apreciar en su silencio, que nada afirma ni niega, respecto de lo declarado en el sumario»[46].

La segunda solución apuntada suponía acudir al art. 730 LECrim, que permite leer o reproducir en el juicio oral, a instancia de cualquiera de las partes, las diligencias practicadas en la instrucción cuando, «por causas independientes de la voluntad de aquéllas, no puedan ser reproducidas en el juicio oral». Pero tampoco en este caso parece concurrir el supuesto de hecho para el que está prevista tal disposición, porque, como ha sostenido el TS, la misma se refiere a los supuestos de imposibilidad física o fáctica de reproducción de las actuaciones (v.gr., fallecimiento del testigo, imposibilidad de localización, etc.), y no a aquéllos en que la falta de declaración en el juicio oral o audiencia obedece al ejercicio por parte del testigo de un

---

y REINA TORANZO, O., «La prueba y el derecho a la dispensa del deber de declarar...», *op. cit.*, págs. 9 a 16; VILLAMARÍN LÓPEZ, M.ª L., «El derecho de los testigos parientes a no declarar en el proceso penal», *InDret*, núm. 4, 2012, págs. 29 a 33 (www.indret.com).

45. En este sentido, la Sala Segunda del Tribunal Supremo había tratado de cerrar esta polémica en el Acuerdo del Pleno No Jurisdiccional de 23 de enero de 2018, disponiendo que «El acogimiento, en el momento del juicio oral, a la dispensa del deber de declarar establecida en el artículo 416 de la LECRIM, impide rescatar o valorar anteriores declaraciones del familiar-testigo aunque se hubieran efectuado con contradicción o se hubiesen efectuado con el carácter de prueba preconstituida» (https://www.poderjudicial.es/cgpj/es/Poder-Judicial/Tribunal-Supremo/Jurisprudencia-/Acuerdos-de-Sala/). *Vid.* VILLAMARÍN LÓPEZ, M.ª L., «El derecho de los testigos parientes a no declarar...», *op. cit.*, págs. 30 a 33.

46. *Vid.*, SSTS 31/2009, de 27 de enero (RJ 2009, 1389); 129/2009, 10 de febrero (RJ 2009, 446); 95/2010, 12 de febrero (RJ 2010, 1463); 160/2010, 5 de marzo (RJ 2010, 4057); 1010/2012, 21 de diciembre (RJ 2012, 11336) o 703/2014, de 29 de octubre (RJ 2014, 5422). En contra, SAP de Palencia 96/2009, de 30 de diciembre (JUR 2010, 83515).

derecho legalmente reconocido, como es el derecho a no declarar *ex* art. 707 LECrim[47].

Por último, también se propuso recurrir a la declaración de testigos de referencia (principalmente, los policías que asistieron a la víctima) para introducir en el juicio oral (o audiencia) las declaraciones prestadas en la instrucción por la víctima que ahora se acoge a la exención de declarar. Pero la jurisprudencia mayoritaria también la rechazó, fundamentalmente, por dos motivos: el primero, porque tanto el TS como el TC entienden que los testimonios de referencia sólo pueden ser valorados como prueba de cargo cuando no se pueda practicar prueba testifical directa o en el caso de imposibilidad material de comparecencia en el juicio del testigo presencial, supuestos a los que no se puede equiparar aquel en el que la víctima está presente en el juicio pero se acoge a su derecho a no declarar[48]; y, el segundo, porque la utilización de testigos de referencia en este caso supondría una negación fraudulenta del derecho de la víctima a guardar silencio, ya que, a la postre, a través de los testigos de referencia, se acabaría convirtiendo en prueba de cargo la declaración de la víctima cuando ella no quiere que sea así[49]. En cambio, lo que sí admitió el propio TS es la validez del testimonio de referencia prestado por aquellas personas (agentes de policía y personal sanitario) a las que la denunciante, que se acogió a su derecho a no declarar en el plenario, hizo unas primeras y espontáneas manifestaciones relativas al hecho enjuiciado, sin tratarse de una declaración policial o judicial en sentido estricto[50].

47. *Vid.*, entre otras, SSTS 31/2009, de 27 de enero (RJ 2009, 1389); 129/2009, 10 de febrero (RJ 2009/446); 459/2010, de 14 de mayo (RJ 2010, 5805); 1010/2012, 21 de diciembre (RJ 2012, 11336); 854/2013, de 30 de octubre (RJ 2013, 7463) o 703/2014, de 29 de octubre (RJ 2014, 5422). Con todo, algunas Audiencias Provinciales hicieron una interpretación menos estricta del art. 730 LECrim, permitiendo su aplicación también en los casos de «imposibilidad jurídica» de reproducir en el juicio oral las diligencias practicadas en el sumario, dando así cabida en este precepto a los supuestos en que la víctima se acogía en el juicio oral a la dispensa del art. 416.1 LECrim, tras haber declarado en la instrucción. Tal posibilidad admitió, en particular, en procesos por violencia de género o doméstica (*vid.*, SAP de Madrid 1171/2009, de 14 de octubre (JUR 2010, 28881).

48. *Vid.*, SSTS 1309/2001, de 26 de junio (RJ 2001, 7020); 129/2009, 10 de febrero (RJ 2009, 446); 1010/2012, 21 de diciembre (RJ 2012, 11336); y SSTC 68/2002, de 21 de marzo (RTC 2002, 68); o 155/2002, de 22 de julio (RTC 2002, 155).

49. *Vid.*, SAP de Valencia 311/2006, de 10 de octubre (JUR 2007, 76675); SSAP de Madrid 4/2011, de 7 de febrero (JUR 2011, 134421); y 182/2011, de 25 de marzo (JUR 2011, 189201) o SAP de Alicante 283/2015, de 28 de abril (JUR 2015, 200954).

50. *Vid.* SSTS 821/2009, de 26 de junio (RJ 2009, 6686) y 463/2012, de 6 de junio (RJ 2012, 8619).

Pues bien, como ya apuntamos en su momento, esta problemática se ha solventado en gran medida tras la reforma del art. 416.1 LECrim operada por la LOPIVI, que introduce la exclusión de la aplicación de esta exención de declarar «cuando el testigo haya aceptado declarar durante el procedimiento después de haber sido debidamente informado de su derecho a no hacerlo» (art. 416.1.5.º LECrim). Esto significa que, si la víctima o el testigo ha aceptado declarar en la fase de instrucción después de haber sido informada adecuadamente de su derecho a no hacerlo, ya no podrá acogerse luego a esta dispensa cuando sea llamada a declarar al juicio oral o audiencia. De modo que, si opta por guardar silencio o se contradice con lo declarado anteriormente, ya nada impide la aplicación de los arts. 730 y/o 714 LECrim, permitiéndose que las partes soliciten la lectura o reproducción de las declaraciones sumariales y le formulen preguntas al testigo tendentes a evidenciar sus contradicciones con lo declarado anteriormente o a recordarle sus manifestaciones anteriores, de modo que el tribunal pueda tomarlas en consideración y valorarlas como prueba[51].

No obstante, conviene recordar que tal exclusión de la exención del deber de declarar solo opera cuando el testigo haya aceptado declarar «durante el procedimiento», por lo que entendemos que no quedará privado de tal exención el testigo que únicamente haya aceptado declarar ante la policía o ante el Ministerio Fiscal en el marco de una investigación preprocesal, como pueden ser las diligencias preliminares[52]. Además, para que pueda operar esta exclusión, es necesario que al testigo se le advierta de modo expreso y claro de este extremo concreto, es decir, de que si opta por prestar declaración ya no podrá acogerse a la dispensa en momentos procesales posteriores, incluido el juicio oral.

Finalmente, siendo la dispensa del deber de declarar un derecho que se reconoce, en los términos del art. 416 LECrim, a ciertos testigos, como tal, podrán ejercitarlo o no. Pero si renuncian a él y deciden prestar declaración (o su aplicación queda excluida conforme a la ley), ni que decir tiene que están sujetos a la obligación de decir la verdad; y, de no hacerlo, podrían incurrir en los delitos de acusación y denuncia falsa o simulación de delito

51. *Vid.*, *Conclusiones del Encuentro de Fiscales Especialistas en violencia de género. Diciembre 2020*, págs. 23 y 24, https://www.fiscal.es/documents/20142/688f52f2-9775-d40b-d91c-7b5350acba9c.

52. En este sentido, *vid.*, RODRÍGUEZ ÁLVAREZ, A., «Claves de la reforma de la dispensa del deber de declarar ex Ley Orgánica 8/2021, de 4 de junio», *Diario La Ley*, n.º 9916, 20 de septiembre de 2021 (https://diariolaley.laleynext.es); SÁNCHEZ MELGAR, J., «Nuevo marco de la dispensa a la obligación de declarar. A propósito de la Ley Orgánica 8/2021, de 4 junio», https://elderecho.com/nuevo-marco-de-la-dispensa-a-la-obligacion-de-declarar-a-proposito-de-la-ley-organica-8-2021-de-4-junio.

del art. 456 CP, si actuó como denunciante o acusadora, o en el de falso testimonio del art. 458 CP, en otro caso.

IV. LA PRUEBA DE LA VIOLENCIA DE GÉNERO DIGITAL

1. CONSIDERACIONES PREVIAS

Como es sabido, las conductas que integran la llamada «violencia de género digital» o «ciberviolencia de género» se pueden cometer y, en su caso, tratar de probar, utilizando distintos medios o sistemas de comunicación electrónica, es decir, distintas tecnologías de la información y la comunicación (TIC), siendo los más comunes el correo electrónico, los mensajes SMS o multimedia (MMS), las aplicaciones de mensajería instantánea, bidireccional o multidireccional (WhatsApp, Telegram, Line,...), o las plataformas de redes sociales (Facebook, Instagram, Twiter, Youtube, Tiktok,...). Cada una de estas tecnologías de comunicación presenta características técnicas distintas, lo que, por supuesto, tendrá consecuencias a efectos de su utilización como fuente de prueba en un proceso penal, especialmente, en lo relativo a su valoración probatoria en el caso de que la parte contraria cuestione la autenticidad de su autoría o la integridad de su contenido[53].

Precisamente, por sus características técnicas particulares, el uso de estas tecnologías de la comunicación se ha ido «especializando» en función del tipo de relaciones interpersonales para las que se utilizan y del perfil de usuarios más habituales. Así, por ejemplo, el correo electrónico está quedando cada vez más relegado a un tipo de comunicación que podemos calificar como más profesional o formal; mientras que las aplicaciones de mensajería instantánea y las plataformas de redes sociales (en parte, por ser más fácilmente accesibles a través de un *smartphone*) se utilizan para las relaciones de tipo más personal e informal, y, en particular, entre los usuarios más jóvenes. Por ello, son estos últimos los sistemas de comunicación más propicios y habituales para la comisión de este tipo de violencia de género digital que se puede investigar y enjuiciar en el proceso penal de menores.

53. Por ejemplo, los mensajes de WhatsApp no se guardan en un servidor del proveedor del servicio, sino únicamente en los terminales de emisión y recepción, por lo que no permite solicitar a aquel que certifique el contenido de los mensajes enviados o recibidos para su cotejo con los aportados al proceso; lo que sí es posible en el caso de la comunicación a través de redes sociales, ya que los contenidos que se suben a la red quedan almacenados en servidores de los administradores de la red social durante un tiempo. *Vid.*, FISCALÍA GENERAL DEL ESTADO, *Dictamen 1/2016, sobre la valoración de las evidencias en soporte papel o en soporte electrónico aportados al proceso penal como medio de prueba de comunicaciones electrónicas.*

Por esta razón, nos centraremos en la problemática procesal que suscita el uso en el proceso penal de estas dos fuentes de prueba: los mensajes (de texto, voz, imagen o vídeo) emitidos y recibidos a través de aplicaciones de mensajería instantánea y los mensajes o comunicaciones transmitidos a través de plataformas de redes sociales. Y tal problemática afecta, en mayor o menor medida, a lo que podemos llamar las «tres fases de la prueba electrónica o digital», a saber, la licitud de la obtención de la fuente de prueba, el medio de prueba a través del cual se pueden aportar o incorporar al proceso estas fuentes de prueba digitales, y, finalmente, la valoración probatoria de estas fuentes de prueba, en particular, en el caso de que la contraparte la impugne por cuestionar la autenticidad o integridad de la misma.

2. LICITUD DE LA OBTENCIÓN DE LA FUENTE DE PRUEBA DIGITAL

Las dudas que se pueden suscitar sobre la licitud en el modo de acceso y obtención de las fuentes de prueba electrónicas o digitales, y su consiguiente validez o no como fuente de prueba en un proceso penal, se refieren, básicamente, a las fuentes de prueba que hayan sido obtenidas y aportadas al proceso por las propias partes. Por lo general, no se plantean tales cuestiones de licitud cuando se trata de evidencias digitales obtenidas como consecuencia de una intervención policial acordada en el marco de un proceso penal, siempre que ésta se desarrolle conforme a lo previsto legalmente (arts. 588 bis a) a 588 ter m)[54]; y arts. 588 sexies a) a 588 octies LECrim[55]). Además, teniendo en cuenta que, normalmente, el tipo de delitos a los que nos estamos refiriendo son de carácter semipúblico, la presentación de denuncia por la víctima dará lugar con cierta frecuencia a la práctica de tales diligencias policiales de investigación tecnológica, sin perjuicio de la colaboración o facilidades que pueda proporcionar ésta a tal fin, por lo que tampoco será muy habitual que la parte contraria pueda impugnar con fundamento la licitud de estas fuentes de prueba.

En cualquier caso, a la hora de analizar la licitud de la obtención por las partes de los mensajes y comunicaciones electrónicas y su validez como fuente de prueba a efectos de acreditar conductas de violencia de género

54. En ellos se regulan las siguientes actuaciones: Disposiciones comunes a todas las diligencias de investigación tecnológicas (arts. 588 bis a) a 588 bis k) LEcrim); la interceptación de comunicaciones telefónicas y telemáticas (arts. 588 ter a) a 588 ter i) LECrim); la incorporación al proceso de datos electrónicos de tráfico (arts. 588 ter j) LECrim); y el acceso a los datos necesarios para la identificación de usuarios, terminales y dispositivos de conectividad (arts. 588 ter k) a 588 ter m) LECrim).

55. En ellos se regulan el registro de dispositivos de almacenamiento masivo de información (arts. 588 sexies a) a 588 sexies c) LECrim); los registros remotos sobre equipos informáticos (arts. 588 septies a) a 588 septies c) LECrim); y las medidas de aseguramiento (art. 588 octies LECrim).

digital en un proceso penal, debemos partir de cuáles son los derechos fundamentales que se pueden ver afectados y hasta qué punto admiten limitaciones. Tales derechos son el derecho al secreto de las comunicaciones privadas (art. 18.3 CE) y/o el derecho a la intimidad personal (art. 18.1 CE)[56].

El derecho al secreto de las comunicaciones privadas protege el proceso de comunicación frente a cualquier intromisión ajena, tanto por parte de autoridades públicas como de particulares, y alcanza a cualquier forma y canal de comunicación. Este derecho protege el proceso de comunicación, no sólo el contenido de la misma (es decir, los mensajes que se transmiten), y, por tanto, impide que un tercero pueda interceptar cualquier dato o elemento privado de la comunicación, como son los datos identificativos de los intervinientes en la comunicación, la ubicación de estos, el tiempo y duración de la comunicación, o el tipo y contenido de la misma. Esto significa que, por ejemplo, se vulnere este derecho al secreto de las comunicaciones por el mero hecho de que un tercero acceda a la cuenta de correo o a la aplicación de mensajería instantánea sin el consentimiento de su titular, aunque no pueda acceder o llegar a conocer el contenido de los mensajes[57]. En cambio, no se vulnera este derecho cuando el que utiliza o aporta al proceso datos de una comunicación es uno de los intervinientes en la misma; y ello con independencia del número de interlocutores que hayan participado en ella (por ejemplo, mensajes recibidos en un grupo de WhatsApp). La utilización o difusión de esos mensajes u otros datos de la comunicación por uno de los interlocutores podrá afectar, en su caso, al derecho a la intimidad, pero no al secreto de las comunicaciones.

A su vez, el derecho a la intimidad supone la existencia de un ámbito propio y reservado de una persona frente a la acción y el conocimiento de los demás. Pero es éste un derecho flexible, ya que su contenido y alcance se puede modular en función de la voluntad o conducta de su titular y de las circunstancias concurrentes en cada caso. Es decir, corresponde a cada persona acotar el ámbito de intimidad personal y familiar que quiere reservar al conocimiento ajeno. Por ello, el consentimiento (expreso o tácito) del titular permite la inmisión lícita en dicho ámbito. Esto tiene particular importancia en el contexto familiar o de pareja, ya que las especiales rela-

56. ARMENTA DEU, T., «Regulación legal y valoración probatoria de fuentes de prueba digital (correos electrónicos, WhatsApp, redes sociales): entre la insuficiencia y la incertidumbre», *IDP, Revista de Internet, Derecho y Política*, núm. 27, septiembre, 2018, págs. 71 y 72; RICHARD GONZÁLEZ, M., «Valor como prueba de los mensajes y comunicaciones electrónicas en los procesos de familia», en (Dir., Picó i Junoy, J y Abell Lluch, X.) *Problemática actual de los procesos de familia. Especial atención a la prueba*, Bosch, Barcelona, 2018, págs. 219 a 228.

57. SAP de Illes Balears 431/2017, de 5 de septiembre (JUR 2017, 276317).

ciones de confianza que, normalmente, existen en este ámbito, al menos mientras no hay conflicto, así como el debido ejercicio de los derechos y deberes paternofiliales, hace que los límites de este derecho a la intimidad aparezcan a veces muy difuminados. Por ejemplo, como veremos, se entiende que no se vulnera este derecho a la intimidad con el uso por un miembro de la pareja de aquellos dispositivos o aplicaciones de comunicación que comparten de mutuo acuerdo (aunque ninguno de ellos podrá hacer un uso ilícito de los contenidos o de la información de la aplicación que perjudique a los demás usuarios). De igual modo, la jurisprudencia ha admitido como lícito el acceso por parte de un progenitor a los mensajes albergados en el teléfono móvil de su hijo menor de edad cuya custodia comparte, por entender que la vigilancia del uso que hace éste de las redes sociales entra dentro de sus obligaciones inherentes a la patria potestad previstas en el art. 154 CC[58].

Por tanto, no cabe duda de que estos derechos al secreto de las comunicaciones privadas y a la intimidad personal también rigen y han de ser respetados en el ámbito familiar o de pareja. Pero el contenido y efectividad de tales derechos se puede ver atenuado o difuminado por la «auto-renuncia» de sus titulares como consecuencia de la relación de confianza que suele existir en este contexto. Por ello, a efectos de determinar la licitud del acceso y obtención de mensajes y comunicaciones electrónicas para su aportación como fuente de prueba en un proceso penal por violencia de género digital, debemos distinguir diversos supuestos, según que la parte que los aporta haya sido o no emisora o receptora de los mismos[59].

2.1. Obtención y aportación al proceso de comunicaciones electrónicas recibidas por la parte procesal

La obtención y aportación al proceso de mensajes y comunicaciones electrónicas recibidas por la propia parte no plantea, *a priori*, problemas de licitud, ya que, como se indicó, cualquiera de los interlocutores en la comunicación puede obtener y aportar lícitamente al proceso estos mensajes sin que se pueda entender vulnerado el derecho al secreto de las comunicaciones; y ello, aunque no sea el destinatario exclusivo de los mensajes en cuestión. Por ejemplo, tratándose de un mensaje recibido en un grupo de *WhatsApp* o a través de un correo electrónico enviado a un colectivo, cualquiera de los receptores puede aportar lícitamente al proceso dicho mensaje.

58. AAP de Pontevedra 893/2017, de 25 de octubre (JUR 2017, 308428).

59. *Vid.*, RICHARD GONZÁLEZ, M., «Valor como prueba de los mensajes y comunicaciones electrónicas...», *op. cit.*, págs. 228 a 232.

En este sentido, es clara la SAP de Asturias 280/2018, de 29 de junio, al señalar que «quien graba una conversación de otro atenta contra el derecho al secreto de las comunicaciones; pero quien graba una conversación con otro, no incurre en esta infracción, porque no hay secreto para aquel a quien la conversación se dirige»[60]. Por ello, concluye que no existe prueba ilícita cuando una parte aporta al proceso archivos de audio de conversaciones mantenidas con terceros en calidad de interlocutor. Es más, sería lícita incluso la obtención y aportación de los mensajes al proceso por la persona titular del dispositivo electrónico en el que se han recibido tales mensajes, aunque no fuese ella directamente la destinataria de los mismos. Por ejemplo, cuando en la comunicación se utiliza el dispositivo o aplicación de mensajería de otra persona que luego encuentra dichos mensajes, o cuando, por error, se envían al destinatario equivocado. En este sentido, declara la SAP de Madrid 702/2015, de 24 de noviembre, que no concurre causa de nulidad porque los mensajes «han sido aportados al proceso por la propia persona titular del dispositivo electrónico que ha recibido los mensajes»[61].

En definitiva, la aportación al proceso como fuente de prueba de los mensajes y comunicaciones electrónicas que ha recibido la propia parte que los aporta es lícita ya que no vulnera el derecho al secreto de la comunicación, en tanto que la parte es interlocutora en la comunicación o titular del dispositivo o aplicación desde el que se transmite o recibe el mensaje. Y, en principio, la utilización de estas comunicaciones como fuente de prueba en un proceso, tampoco vulnera el derecho a la intimidad, siempre que su contenido sea útil y pertinente (necesario) para probar hechos relevantes en el proceso[62].

2.2. Obtención y aportación al proceso de comunicaciones electrónicas transmitidas o recibidas por la parte contraria o por un tercero

La licitud de la obtención y aportación al proceso como fuente de prueba de comunicaciones electrónicas transmitidas o recibidas por la parte contraria o un tercero queda supeditada a que se hayan respetado el derecho al secreto de las comunicaciones y el derecho a la intimidad de los interlocutores. Pero esto no significa que, en ningún caso, una parte pueda obtener y aportar lícitamente al proceso mensajes o comunicaciones de los que no es interlocutora. A este respecto, la doctrina y la jurisprudencia ha hecho algunas matizaciones.

60. SAP de Asturias 280/2018, de 29 de junio (JUR 2018, 240840).
61. SAP de Madrid 702/2015, de 24 de noviembre (ARP 2015, 1313).
62. *Vid.*, RICHARD GONZÁLEZ, M., «Valor como prueba de los mensajes y comunicaciones electrónicas...», *op. cit.*, pág. 231.

Por supuesto, no es admisible ningún tipo de interceptación por la parte de las comunicaciones de otra persona (sea la otra parte o un tercero) para poder aportarlas al proceso como fuente de prueba[63]; y ello, aunque exista vínculo personal o afectivo de especial confianza con el interviniente en la comunicación. La intervención de las comunicaciones, únicamente, está permitida cuando exista una resolución judicial que la autorice en el contexto de una investigación penal y con los límites y condiciones legalmente previstos (arts. 588 bis a) y ss. LECrim).

En cambio, no existe impedimento para obtener y aportar al proceso datos personales (por ejemplo, ubicación, fotografías) y comunicaciones de terceros (mensajes de texto, audio o video) a los que se puede acceder en abierto a través de internet. Los titulares de perfiles en la red pueden establecer los niveles de privacidad que quieren aplicar[64]. Por tanto, si establecen un nivel de libre acceso, sea absoluto o limitado, a su perfil, cualquier usuario de la aplicación que tenga autorizado el acceso al mismo podrá acceder y obtener copias de sus contenidos para aportarlos lícitamente al proceso[65]. En este sentido, el TS ha señalado que, efectivamente, las comunicaciones a través de internet se encuentran protegidas por el derecho al secreto del art. 18.3 CE; pero siempre que quede constatada la voluntad de los interlocutores de realizar dicha comunicación en el ámbito de la privacidad y en el ejercicio de su derecho a la intimidad, excluyendo toda injerencia de terceros en dicha comunicación, lo que habrá que valorar atendiendo a las circunstancias de cada caso concreto. Y no parece que tal voluntad exista cuando es el propio comuni-

63. *Vid.*, SAP de Asturias 39/2017, de 15 de febrero (ARP 2017, 412). Como señala CUAIRÁN («La aportación de WhatsApps como medio de prueba en el procedimiento penal», *Diario La Ley*, n.º 9219, Sección Tribuna, 15 de junio de 2018 (La Ley 5337/2018), pág. 2), el acceso no consentido a conversaciones de terceros podría vulnerar el derecho fundamental a la intimidad y/o al secreto de las comunicaciones, lo que conllevaría que, además de ser considerada como prueba ilícita, dicha conducta fuera constitutiva de un delito de descubrimiento y revelación de secretos previsto y penado en el art. 197 CP. En el mismo sentido, DELGADO MARTÍN, J., «La prueba del Whatsapp», *Diario La Ley*, n.º 8605, Sección Tribuna, 15 de septiembre de 2015 (La Ley 5350/2015), pág. 1.; MAGRO SERVET, V., «¿Cómo aportar la prueba digital en el proceso penal?», *Diario La Ley*, n.º 9824, Sección Doctrina, 7 de abril de 2021 (La Ley 3855/2021), pág. 8.

64. Por lo general las plataformas ofrecen tres niveles de privacidad/publicidad: a) accesibilidad a amigos; b) accesibilidad a amigos de amigos; y c) accesibilidad plena a toda la red (*vid.*, FISCALÍA GENERAL DEL ESTADO, *Dictamen 1/2016 sobre la valoración de las evidencias en soporte papel..., op. cit.*, pág. 11).

65. *Vid.*, ARMENTA DEU, T., «Regulación legal y valoración probatoria de fuentes de prueba digital...», *op. cit.*, pág. 74.

cante el que permite que sus mensajes y comunicaciones sean conocidos por terceros[66].

Un tercer supuesto, que se plantea de modo relativamente frecuente en el ámbito familiar y de pareja, es el de los dispositivos y aplicaciones de mensajería compartidos, o de titularidad personal, pero con acceso y uso autorizado a otros miembros del núcleo familiar. Por ejemplo, la pareja o los miembros de la unidad familiar comparten el uso del ordenador, la tablet, una cuenta de correo electrónico, o una aplicación bancaria; y lo mismo cabe decir de los grupos de WhatsApp. En estos casos, se considera lícito que cualquiera de los sujetos autorizados para el uso de estos dispositivos o aplicaciones pueda acceder a ellos y obtener los mensajes y comunicaciones transmitidos o recibidos a través de los mismos. No se vulnera con ello el derecho al secreto de la comunicación porque todos han aceptado, expresa o tácitamente, el acceso de los demás sujetos autorizados. Ahora bien, podría vulnerarse el derecho a la intimidad si la información personal de alguno de los sujetos autorizados así obtenida se utiliza con fines ilícitos, para causarle un perjuicio[67]; lo cual no es el caso de que se utilice como fuente de prueba en un proceso penal.

Otro supuesto que también se da con frecuencia en el ámbito familiar es el del acceso por parte de un progenitor a los mensajes albergados en los dispositivos o aplicaciones de sus hijos menores de edad. En este sentido, la jurisprudencia ha admitido como lícito el acceso del progenitor a los mensajes albergados en el teléfono móvil de su hijo menor de edad, especialmente, cuando es el propio progenitor el que asume los gastos del dispositivo y de la conexión a internet, por entender que la vigilancia por los padres de la actividad en las redes sociales de los hijos menores de edad se incluye entre las obligaciones inherentes a la patria potestad del art. 154 CC. Así, el AAP de Pontevedra 893/2017, de 25 de octubre, ante la denuncia presentada por la madre contra el padre, porque éste se habría apoderado de las conversaciones que mantuvo su hija a través de su teléfono móvil con su progenitora y denunciante, ha considerado lícito que, en virtud de este deber del padre conforme al art. 154 CC, que comparte con la denunciante la patria potestad de su hija menor, éste haya revisado en presencia de la hija determinadas conversaciones de WhatsApp mantenidas por ésta[68].

---

66. *Vid.*, SSTS 292/2008, de 28 de mayo (RJ 2008, 3241) y 1299/2011, de 17 de noviembre (RJ 2012, 1540).
67. *Vid.*, RICHARD GONZÁLEZ, M., «Valor como prueba de los mensajes y comunicaciones electrónicas...», *op. cit.*, pág. 229.
68. *Vid.*, AAP de Pontevedra 893/2017, de 25 de octubre (JUR 2017, 308428).

Finalmente, también se considera lícita la aportación al proceso como fuente de prueba de los mensajes y comunicaciones electrónicas que han sido remitidos al abogado por la parte contraria o el abogado de ésta, proporcionándole cierta información relevante para el proceso, por ejemplo, a efectos de intentar algún acuerdo. Nada impide que tales comunicaciones se aporten al proceso por cualquiera de los intervinientes en las mismas, salvo que estén protegidas por un deber de confidencialidad (por ejemplo, la que se puede derivar de haberse intentado previamente una mediación). Con todo, ello no obsta para que el abogado que así actúa pueda incurrir en algún tipo de responsabilidad disciplinaria por incumplir las normas deontológicas relativas a las comunicaciones entre letrados[69].

3. APORTACIÓN AL PROCESO DE LA FUENTE DE PRUEBA DIGITAL: EL MEDIO DE PRUEBA

Los mensajes o comunicaciones electrónicas obtenidos lícitamente por las partes pueden introducirse o aportarse al proceso de distintas formas, aunque, *a priori*, ninguna de ellas garantiza absolutamente su autenticidad e integridad, porque tanto la autoría como el contenido del mismo son susceptibles de manipulación o alteración. Por tanto, como veremos, la validez y suficiencia probatoria de estas fuentes de prueba dependerá en buena medida del cauce procesal o medio de prueba a través del cual se introduzcan en el proceso y de la actitud que adopte respecto de ellas la parte contraria a la que perjudique la prueba, es decir, según admita su validez o impugne su autoría o autenticidad. Esta impugnación abrirá la posibilidad, según el criterio judicial, de que la parte que aportó las pruebas digitales impugnadas desarrolle una actividad probatoria complementaria para tratar de acreditar la validez, autenticidad e integridad de las comunicaciones electrónicas aportadas, por ejemplo, mediante una prueba pericial informática. Pero esto es una cuestión que afecta al valor probatorio del medio de prueba, que luego veremos, no a lo que ahora interesa que son las formas admisibles de introducir en el proceso estas fuentes de prueba; o dicho de otro modo, ¿cuáles son los medios de prueba a través de los cuales se pueden introducir en el proceso estas fuentes de prueba digitales?

A falta de una previsión legal sobre específicos medios de prueba para introducir en el proceso estas nuevas fuentes electrónicas o digitales, tendremos que echar mano de los medios de prueba tradicionales que mejor

69. *Vid.*, RICHARD GONZÁLEZ, M., «Valor como prueba de los mensajes y comunicaciones electrónicas...», *op. cit.*, pág. 231.

se adecúen a la naturaleza y características de estas fuentes[70], siendo recomendable la utilización de varios de estos medios de forma cumulativa para afianzar su valor probatorio[71]. Así, aunque se podrá utilizar otros, los más habituales serán los siguientes: la prueba de reconocimiento judicial (arts. 299.2 y 382 y 384 LEC), la prueba documental y la prueba testifical (o interrogatorio del acusado).

3.1. La prueba de reconocimiento judicial: reproducción y visionado de webs y comunicaciones aportadas en formato electrónico

Puesto que se trata de fuentes de prueba en formato electrónico, lo normal sería aportarlos al proceso en ese mismo formato, al amparo de los arts. 299.2, 382 y 384 LEC, para que puedan ser objeto de un reconocimiento judicial por el órgano enjuiciador.

Esta forma de aportación sería particularmente indicada cuando se pretende incorporar como prueba el contenido de páginas web o redes sociales. En tal caso, al proponer la prueba en el correspondiente escrito de alegaciones, se debe indicar la web o red social que se ha de visionar en la audiencia, y solicitar que ese día estén disponibles en la sala de vistas los medios técnicos necesarios para poder realizar esta reproducción y visionado (u ofrecerse la parte proponente a aportarlos). Pero, dada la volatilidad de estas fuentes de prueba, esta forma de aportación comporta el riesgo de que el contenido que se pretende visionar sea retirado por la parte contraria con anterioridad al día fijado para la celebración de la audiencia. Por ello, es conveniente proceder al «aseguramiento de la prueba digital», y una forma de hacerlo sería aportándola también de modo documental, por ejemplo, mediante un acta notarial, en la que se deje constancia del contenido que el notario pudo visionar en dicha página web o red social[72].

70. *Vid.*, MAGRO SERVET, V., «¿Cómo aportar la prueba digital...?», *op. cit.*, págs. 5 a 8. En el mismo sentido, ARRABAL PLATERO, P., «La prueba documental como medio para aportar evidencias tecnológicas», *Elderecho.com*, https://elderecho.com/la-prueba-documental-como-medio-para-aportar-evidencias-tecnologicas; DELGADO MARTÍN, J., «La prueba del Whatsapp...», *op. cit.*, págs. 2 y 3; FUENTES SORIANO, O., «Los procesos por violencia de género. Problemas probatorios tradicionales y derivados del uso de las nuevas tecnologías», *Revista General de Derecho Procesal*, núm. 44, 2018, pág. 19; GÓMEZ CONESA, A., «El papel de whatsapp y redes sociales en el proceso penal del Siglo XXI (1)», *Diario La Ley*, núm. 9858, Sección Tribuna, 26 de mayo de 2021, (La Ley 5309/2021), págs. 8 y 9.

71. *Vid.*, BUENO BENEDÍ, M., «La prueba en los procedimientos de violencia sobre la mujer cometidos a través de las nuevas tecnologías», *Revista Acta Judicial*, núm. 7, enero-junio 2021, pág. 24; DELGADO MARTÍN, J., «La prueba del Whatsapp...», *op. cit.*, pág. 3; FUENTES SORIANO, O., «Los procesos por violencia de género. Problemas probatorios...», *op. cit.*, pág. 19.

72. *Vid.*, MAGRO SERVET, V., «¿Cómo aportar la prueba digital...?», *op. cit.*, pág. 8.

También podrán ser objeto de este reconocimiento judicial los mensajes y comunicaciones electrónicas (por ejemplo, los mensajes de WhatsApp o de correo electrónico con archivos de imagen, audio o vídeo). A tal efecto, se puede aportar y consignar ante el Letrado de la Administración de Justicia, a fin de garantizar la cadena de custodia, el propio dispositivo en el que se recibió el mensaje (teléfono móvil, tablet, etc.), el disco duro del ordenador, o una memoria USB o tarjeta de memoria en la que se hayan almacenado los mensajes, y pedir que sean visionados en la audiencia o examinados por el Juez (art. 384.1 LEC). A estos efectos, tratándose de mensajes de WhatsApp, se vería reforzado su valor probatorio si se aportasen los dos terminales o dispositivos implicados en la comunicación (el de emisión y el de recepción), porque, dadas las características técnicas de esta aplicación de mensajería, ello permitiría el reconocimiento y cotejo de los mismos por el juez, a efectos de acreditar el contenido de los mensajes y su presencia en los terminales de emisión y recepción[73].

En cualquier caso, será conveniente que, además de aportar los mensajes o correos en formato electrónico, también se acompañe la impresión o transcripción de los mismos (con o sin el apoyo de un informe pericial informático o acta notarial) para facilitarle al tribunal el acceso al contenido de esas comunicaciones electrónicas.

3.2. La prueba documental: aportación mediante la transcripción del mensaje o impresión de la captura de pantalla

El medio de prueba más común para aportar al proceso las fuentes de prueba digitales, en particular cuando se trata de mensajes de texto o, incluso, de imagen y audio, es la prueba documental. Es decir, se puede imprimir los mensajes de texto o la captura de pantalla en la que aparece el mensaje (el llamado «pantallazo»), o transcribir los mensajes de audio, y presentarlos ante el Fiscal instructor como prueba documental[74]. No obstante, a efectos de reforzar la solidez y valor de esta prueba, es decir, la

73. *Vid.*, ARMENTA DEU, T., «Regulación legal y valoración probatoria de fuentes de prueba digital...», *op. cit.*, pág. 73; CUAIRÁN, J., «La aportación de WhatsApps como medio de prueba...», *op. cit.*, pág. 4; DELGADO MARTÍN, J., «La prueba del WhatsApp...», *op. cit.*, pág. 7.

74. Esta forma de aportación ha sido admitida, entre otras, por las SSTS 300/2015, de 19 de mayo (RJ 2015, 1920); 754/2015, de 27 de noviembre (RJ 2015, 5552); 375/2018, de 19 de julio (RJ 2018, 3771); o 332/2019, de 27 de junio (RJ 2019, 2792). No obstante, la STSJ de Galicia 556/2016, de 28 enero (JUR 2016, 45246), se muestra más exigente y declara que no basta con la aportación de la impresión del pantallazo como documento privado, sino que es necesario aportar también su trascripción, y exige fe pública sobre la concordancia entre ambos y sobre que dicha conversación se contiene en el teléfono correspondiente.

confianza en su autenticidad e integridad, es conveniente tener en cuenta dos aspectos. En primer lugar, será conveniente que la impresión recoja toda la cadena de mensajes que se refieren al mismo hecho relevante que se pretende acreditar, pues ello permite al Juez conocer y comprender mejor el contexto general de la comunicación en el que se remite el mensaje. Y, en segundo, tratándose de correos electrónicos, es conveniente que el «pantallazo» incluya la «cabecera del correo», pues en ella figuran datos relevantes para acreditar la autenticidad e integridad del correo, tales como el remitente, el destinatario, el asunto, la fecha y hora en que fue redactado, la fecha y hora en que fue recibido, los servidores por los que ha pasado, etc.

Esta impresión o transcripción que se aporta al proceso la puede hacer la propia parte privadamente, pero ello ofrecería pocas garantías sobre la autenticidad e integridad del mensaje documentado. Por ello, el valor probatorio de esta prueba documental se puede ver reforzado de tres modos.

El primero consistiría en la aportación de los mensajes documentados mediante acta notarial, es decir, mediante la intervención del notario como fedatario público. Pero con tal intervención del notario tampoco se garantiza de modo indubitado la autenticidad e integridad de la comunicación, sino únicamente el hecho concreto del que da fe el notario, y que dependerá del tipo de intervención que se le pida. Así, la intervención del notario puede consistir simplemente en protocolizar la impresión o transcripción del mensaje electrónico que le presenta la parte, de modo que solo da fe de la identidad del sujeto que solicita la protocolización, del contenido del documento entregado (la impresión o transcripción del mensaje) y de la fecha en que lo recibe. Pero la intervención del notario también puede consistir en acceder directamente al mensaje almacenado en el terminal o dispositivo electrónico, y levantar un acta de su contenido. En tal caso, daría fe del contenido del mensaje y de que éste se encuentra almacenado en dicho dispositivo; lo que, a su vez, permitirá acreditar que, a partir de ese momento, el mensaje no fue manipulado. Pero el notario no puede dar fe de la autenticidad e integridad del mensaje, porque pudo haber sido manipulado anteriormente[75]. Finalmente, el notario también puede actuar como depositario del terminal o dispositivo electrónico en el que se almacenan los mensajes, a efectos de su aportación posterior al proceso, lo que permitirá garantizar que, a partir de ese momento, no se produce ninguna manipulación del dispositivo ni de la autoría y contenido del mensaje.

75. *Vid.*, CUAIRÁN, J., «La aportación de WhatsApps como medio de prueba...», *op. cit.*, pág. 4; FUENTES SORIANO, O., «Los procesos por violencia de género. Problemas probatorios...», *op. cit.*, pág. 19; GÓMEZ CONESA, A., «El papel de whatsapp y redes sociales...», *op. cit.*, pág. 8.

En segundo lugar, esta función del notario también la puede realizar el LAJ, aunque no es frecuente que se presten a ello, si bien no existe ninguna norma que lo prohíba. Si se le presenta el terminal o dispositivo en el que se almacenan los mensajes, junto con la impresión o transcripción de los mismos, el LAJ puede acceder al terminal, verificar la existencia y contenido de los mensajes y levantar un acta por la que da fe de que la impresión o transcripción aportada es fiel reflejo del contenido de los mensajes almacenados en el terminal, así como del modelo y número de dicho terminal. Con ello se daría fe del contenido de los mensajes y de que se recibieron en dicho dispositivo concreto[76].

Como se ha dicho, a través de estas formas de aportación que hemos visto se puede acreditar que un mensaje electrónico ha sido recibido en un determinado dispositivo o terminal, y cuál es su contenido. También se podría acreditar que, a partir de un determinado momento (por ejemplo, desde que se deposita el dispositivo ante el notario o el LAJ) tal comunicación no ha sido manipulada o alterada. Pero tales formas de aportación no permiten acreditar de modo indubitado la autenticidad (es decir, la autoría real) y la integridad (es decir, que su contenido original no fue manipulado o alterado antes de su aportación) del mensaje electrónico. Tales extremos solo se pueden acreditar fehacientemente mediante un análisis pericial informático del dispositivo. Ahora bien, tal informe pericial informático no es necesario siempre que se trate de aportar al proceso una fuente de prueba de carácter electrónico. Solo será necesario, en su caso, si la parte adversa la impugna, cuestionando la autenticidad o integridad del mensaje. Si no las cuestiona, o incluso admite expresamente dicha comunicación y su contenido, bastará la aportación como prueba documental de la impresión o transcripción del mensaje para probar su realidad y contenido.

3.3. La prueba testifical: aportación mediante la declaración testifical de terceros que hayan visto el mensaje en el dispositivo

Finalmente, las fuentes de prueba electrónicas o digitales también se pueden introducir en el proceso a través de la prueba testifical (o interrogatorio del acusado). Es decir, la existencia y contenido del mensaje o

76. En este sentido, la SAP de Córdoba 159/2014, de 2 de abril (JUR 2014, 168647) y la SAP de Alicante 753/2015, 9 de diciembre (JUR 2016, 132447) declaran que «En el caso de los mensajes de WhatsApp, se requiere a la parte que los alega para que acuda al juzgado con el dispositivo móvil y se proceda, por parte del secretario judicial, a cotejar su contenido desde el propio dispositivo con las transcripciones aportadas en papel, levantando acta por la que se de fe de que dicha documental es fiel reflejo del contenido de la conversación guardada en el móvil, así como del modelo y número de teléfono del mismo».

comunicación electrónica en cuestión también se puede acreditar en el proceso a través de la declaración testifical de personas que hayan visto dicho mensaje y su contenido en el dispositivo o terminal de envío o recepción (o mediante el interrogatorio del acusado sobre el envío de tal mensaje).

4. IMPUGNACIÓN Y VALOR PROBATORIO DE LA PRUEBA DIGITAL

Al igual que para las demás pruebas en el proceso penal, para la valoración probatoria de estas fuentes de prueba electrónicas o digitales rige el principio de libre valoración de la prueba, es decir, el juez debe valorarlas conforme a las reglas de la sana crítica y según las máximas de experiencia (así resulta de los arts. 382.3 y 384.3 LEC, que son de aplicación subsidiaria a todas las jurisdicciones, y del art. 741 LECrim), y teniendo en cuenta las demás pruebas practicadas (valoración conjunta de la prueba)[77].

Esto significa que el valor probatorio que pueden alcanzar estas fuentes de prueba dependerá de varios factores[78]: a) la propia tecnología de comunicación utilizada y, en particular, la facilidad de manipulación de la misma; b) el medio de prueba a través del cual se ha introducido en el proceso, lo que, a su vez determina la solidez de la autenticidad e integridad de la fuente de prueba (por ejemplo, si se ha aportado la simple impresión de la

---

77. A este respecto, señala DELGADO MARTÍN («La prueba del Whatsapp...», *op. cit.*, págs. 4, 6 y 7) que la libre valoración de la prueba electrónica, «en primer lugar, quiere decir que la Ley no obliga al Juez a tener por probados los hechos que surjan de una prueba electrónica; salvo los supuestos de documento público electrónico. En segundo lugar, significa que la Ley no determina que la prueba electrónica solamente puede tener eficacia probatoria si se cumplen ciertos presupuestos legales; sino que cualquier prueba electrónica puede, en principio, desplegar efectos para acreditar un hecho relevante para el proceso. Otra cosa es la verosimilitud o eficacia probatoria que el Juez otorgue a una concreta prueba digital de conformidad con las reglas de la sana crítica. En tercer lugar, también quiere decir que el Juez valorará la prueba electrónica conforme a las reglas de sana crítica según la naturaleza del soporte en que se hayan aportado los datos; en definitiva, una valoración conforme a las reglas de criterio racional, es decir, de forma ajustada a las reglas de la lógica, los principios de la experiencia y los conocimientos científicos. En cuarto lugar, el alto componente tecnológico de la prueba electrónica determinará con frecuencia la importancia de los conocimientos científicos en su valoración, por lo que la prueba pericial tiene una especial relevancia en este ámbito. En quinto lugar, en la valoración conforme a la sana crítica el Juez habrá de tener en cuenta la postura procesal de cada una de las partes en relación con la concreta prueba electrónica: especialmente, si ha existido impugnación por la parte no proponente y el fundamento de dicha impugnación» En el mismo sentido, FISCALÍA GENERAL DEL ESTADO, *Dictamen n.º 1/2016 sobre la valoración de las evidencias en soporte papel..., op. cit.*, pág. 8.
78. *Vid.*, BUENO BENEDÍ, M., «La prueba en los procedimientos de violencia sobre la mujer...», *op. cit.*, pág. 26; DELGADO MARTÍN, J., «La prueba del Whatsapp...», *op. cit.*, págs. 3 y 4; FUENTES SORIANO, O., «Los procesos por violencia de género. Problemas probatorios...», *op. cit.*, pág. 20.

captura de pantalla o se aportó acta notarial con la transcripción del mensaje); y, c) fundamentalmente, dependerá de la actitud procesal de la parte a la que perjudica esta prueba, es decir, de si impugna o no la autenticidad e integridad de la comunicación.

4.1. La parte contraria no impugna la autenticidad y/o integridad de la fuente de prueba

Si, ante la aportación de la fuente de prueba electrónica o digital en cualquiera de las modalidades que hemos visto, la parte contraria a la que perjudica no impugna su autenticidad y/o integridad, ésta podría alcanzar pleno valor probatorio, y, en base a ella, el juez podría dar por probada la existencia, autoría y contenido de la comunicación electrónica en cuestión. Y ello, sin necesidad de ninguna prueba adicional sobre su autenticidad o integridad. Además, a estos efectos, por no impugnación cabe entender tanto la ratificación o reconocimiento expreso de la existencia y contenido de la comunicación por parte de los interlocutores, como el silencio de la parte a la que perjudica la prueba[79].

Que alcance o no este valor probatorio pleno dependerá de la aplicación que haga el juez del criterio de la libre valoración de la prueba, que deberá motivar en la sentencia. Y, como dijimos, a tal efecto será determinante la facilidad de manipulación del tipo de tecnología de comunicación utilizada, la confianza sobre la autenticidad e integridad que proporcione el concreto medio de prueba utilizado, así como el resto de las pruebas válidamente practicadas en el proceso.

Este valor probatorio responde a la máxima de experiencia conforme a la cual, si la parte a la que perjudica la prueba no impugna la autenticidad o integridad de la comunicación, el juez puede tenerla por cierta y acreditada; y ello, aunque en la realidad pueda haber sido falseada. Pero, si la parte a la que perjudica la prueba no la impugna, no existe razón alguna que justifique gravar a la parte que la aporta con la carga de tener que aportar un informe pericial informático u otra prueba adicional sobre la autenticidad e integridad de la comunicación que nadie ha cuestionado[80].

---

79. *Vid.*, STS 469/2017, de 22 de junio (RJ 2017, 3569); SAP de Córdoba 159/2014, de 2 de abril (JUR 2014, 168647); o SAP de Teruel 23/2017, de 21 de junio (ARP 2017, 1057).

80. *Vid.*, BUENO BENEDÍ, M., «La prueba en los procedimientos de violencia sobre la mujer...», *op. cit.*, pág. 26; FUENTES SORIANO, O., «Los procesos por violencia de género. Problemas probatorios...», *op. cit.*, pág. 20; GONZÁLEZ LAGE, J., «La prueba pericial en la práctica judicial penal: las redes sociales en el proceso penal», en *Peritaje y prueba pericial* (Dir., Picó i Junoy, J.), Bosch, Barcelona, 2017, pág. 565. *Vid.*, asimismo, STS 300/2015, de 19 de mayo (RJ 2015, 1920).

4.2. La parte contraria impugna la autenticidad y/o integridad de la fuente de prueba

Si la parte contraria, a la que perjudica la prueba electrónica o digital, la impugna[81], poniendo en cuestión su autenticidad y/o integridad, no por ello pierde automáticamente todo su valor probatorio, porque continúa rigiendo el principio de libre valoración de la prueba. Por tanto, pese a la impugnación, a partir de la valoración conjunta de toda la prueba aportada, y de todas las circunstancias concurrentes, el tribunal puede dar por probada igualmente la existencia, autoría y contenido de la comunicación.

Es decir, la impugnación de la prueba no conlleva la sustitución automática del principio de libre valoración de la prueba por una distribución formal de la carga de la prueba, en el sentido de que se produzca una «inversión de la carga de la prueba», de modo que, si la parte a la que beneficia la prueba no consigue acreditar fehacientemente su autenticidad e integridad, el juez no pueda tenerla por válida. No, sigue rigiendo el principio de libre valoración de la prueba, conforme a las reglas de la sana crítica y las máximas de experiencia. Pero, precisamente por eso, las alegaciones impugnatorias con suficiente seriedad por la parte adversa de la validez de esta prueba, puede determinar la necesidad de reforzarla con otra actividad complementaria tendente a acreditar o afianzar la existencia, autenticidad e integridad de la comunicación. Es decir, a la parte a la que favorezca la prueba ya no le basta con aportarla por alguno de los medios que hemos visto, sino que deberá aportar prueba complementaria sobre la autenticidad e integridad de la comunicación[82].

Pero, a este respecto, se plantean dos cuestiones importantes. La primera es, ¿cómo debe ser la impugnación?; es decir, ¿basta con negar la autenticidad o integridad de la comunicación o debe estar fundamentada tal impugnación? Y, la segunda, ante tal impugnación, ¿qué medios se pueden utilizar para tratar de acreditar la autenticidad e integridad cuestionada?

Por lo que se refiere al primer interrogante, cabe destacar que no cualquier impugnación de la autenticidad e integridad de la fuente de prueba electrónica va a determinar la necesidad de una actividad probatoria complementaria para acreditar tales extremos. Ha de tratarse de una impugnación con suficiente seriedad. Y, a los efectos de valorar ésta, deben tenerse

81. Sobre el momento y forma de impugnar la prueba electrónica o digital, *vid.*, MAGRO SERVET, V., «¿Cómo aportar la prueba digital...?», *op. cit.*, pág. 5.

82. *Vid.*, BUENO BENEDÍ, M., «La prueba en los procedimientos de violencia sobre la mujer...», *op. cit.*, págs. 30 y 31; DELGADO MARTÍN, J., «La prueba del Whatsapp...», *op. cit.*, págs. 5 y 6; FUENTES SORIANO, O., «Los procesos por violencia de género. Problemas probatorios...», *op. cit.*, pág. 25.

en cuenta, al menos, dos elementos[83]. En primer lugar, se deberá atender al contenido y fundamento de la impugnación, es decir, tal impugnación ha de tener un respaldo alegatorio, ha de estar fundada en argumentos e indicios serios, claros y exhaustivos, que permitan poner en duda la autenticidad e integridad de la comunicación[84]. Así, por ejemplo, la SAP de Vizcaya 90308/2014, de 24 de julio, considera insuficiente a estos efectos la mera alegación genérica de que «el WhatsApp es fácilmente manipulable»[85]. Y, en segundo lugar, también se deberá valorar la diligencia de la parte que impugna la prueba a la hora de proponer otros medios probatorios que puedan poner en cuestión la autenticidad e integridad de la prueba digital. Por ejemplo, se podría cuestionar la autoría del mensaje, si se acredita que, en el momento del envío de tal mensaje, el teléfono estaba extraviado y no tenía contraseña de acceso, de modo que cualquier persona que lo tuviera en su poder podría haber enviado dicho mensaje[86].

A su vez, en cuanto a los medios que se pueden utilizar por la parte proponente para tratar de acreditar o corroborar la autenticidad e integridad de la comunicación electrónica impugnadas, ello dependerá de cuál haya sido el canal o medio tecnológico que se ha utilizado para dicha comunicación, pues a tal efecto resultan determinantes las específicas características técnicas de unos y otros.

4.2.1. *En el caso de aplicaciones de mensajería instantánea (WhatsApp)*

La aplicación de mensajería instantánea de WhatsApp presenta dos importantes vulnerabilidades que repercuten en la fiabilidad de sus men-

83. *Vid.*, BUENO BENEDÍ, M., «La prueba en los procedimientos de violencia sobre la mujer...», *op. cit.*, págs. 31 y 32; DELGADO MARTÍN, J., «La prueba del Whatsapp...», *op. cit.*, pág. 6.; GONZÁLEZ LAGE, J., «La prueba pericial en la práctica judicial penal...», *op. cit.*, págs. 565 y 566.
84. Como señala ARRABAL PLATERO («La prueba documental...», *op. cit.*,), si bien la jurisprudencia no pide un «principio de prueba» a la parte impugnante, sí le pide que introduzca elementos de duda sobre la autenticidad e integridad de la prueba aportada de opuesto que se adicionen al acervo probatorio y contribuyan a desacreditar la prueba impugnada, descartando las tesis impugnatorias que resultan del todo rocambolescas y ausentes de más justificación que las únicas afirmaciones del impugnante.
85. SAP de Vizcaya 90308/2014, de 24 de julio (JUR 2014, 268182).
86. En este sentido, la STS 300/2015, de 19 de mayo (RJ 2015, 1920), desestimó la impugnación de la autenticidad de una conversación mantenida en Tuenti, formulada por la defensa, entre otros motivos, porque la acusación particular puso a disposición del Juzgado de Instrucción las claves personales de la víctima en Tuenti para que, si la conversación era cuestionada, se pudiese oficiar a Tuenti España para que se certificara el contenido de esa conversación, sin que la defensa hubiese hecho petición alguna al respecto.

sajes como fuente de prueba y en el modo en que se puede tratar de acreditar la misma[87].

La primera es la facilidad con la que pueden ser manipulados los mensajes de WhatsApp, de modo que incluso existen aplicaciones que permiten crear conversaciones de WhatsApp ficticias (por ejemplo, WhatsApp Fake Chat). De ella se hacen eco, entre otras, las SSTS 300/2015, de 19 de mayo, 375/2018, de 19 de julio y 332/2019, de 27 de junio[88], señalando que «la prueba de una comunicación bidireccional mediante cualquiera de los múltiples sistemas de mensajería instantánea debe ser abordada con todas las cautelas. La posibilidad de una manipulación de los archivos digitales mediante los que se materializa ese intercambio de ideas, forma parte de la realidad de las cosas. El anonimato que autorizan tales sistemas y la libre creación de cuentas con una identidad fingida, hacen perfectamente posible aparentar una comunicación en la que un único usuario se relaciona consigo mismo. De ahí que la impugnación de la autenticidad de cualquiera de esas conversaciones, cuando son aportadas a la causa mediante archivos de impresión, desplaza la carga de la prueba hacia quien pretende aprovechar su idoneidad probatoria».

Y la segunda vulnerabilidad referida, radica en que las conversaciones de WhatsApp no quedan almacenadas en ningún servidor externo del proveedor del servicio, sino únicamente en los dispositivos de envío y recepción, por lo que no es posible solicitar copias de los mensajes ni certificación de sus contenidos al proveedor. El proveedor del servicio únicamente conserva una información limitada sobre datos de tráfico o los relativos a identificación de usuarios, número de abonado telefónico o identificación de direcciones IP. Por tanto, la única forma de acreditar indubitadamente la autenticidad e integridad de los mensajes de WhatsApp, es decir, su existencia, autoría y contenido original, será a través de un análisis pericial consistente en el cotejo de los terminales de envío y recepción. Pero, si los comunicantes eliminan los mensajes de sus terminales, será muy difícil la práctica de una pericia informática capaz de acreditar al cien por cien su autenticidad e integridad.

Pero, aun en este caso, cabría alguna posibilidad de corroborar la autenticidad e integridad de los mensajes en ciertos supuestos[89]. Ello es así porque

87. *Vid.*, CUAIRÁN, J., «La aportación de WhatsApps como medio de prueba...», *op. cit.*, pág. 2 y 3.

88. *Vid.*, SSTS 300/2015, de 19 de mayo (RJ 2015, 1920); 375/2018, de 19 de julio (RJ 2018, 3771); y 332/2019, de 27 de junio (RJ 2019, 2792).

89. *Vid.*, CUAIRÁN, J., «La aportación de WhatsApps como medio de prueba...», *op. cit.*, págs. 3 y 4; FISCALÍA GENERAL DEL ESTADO, *Dictamen 1/2016 sobre la valoración de las evidencias en soporte papel...*, *op. cit.*, págs. 9 y 10.

la aplicación de WhatsApp permite al usuario usar servicios de almacenamiento en la nube (ICloud o Google Drive) para hacer copias de seguridad de los mensajes, que se suelen hacer automáticamente. En tal caso, se podría solicitar a estos proveedores copia de los mensajes guardados y cotejarlos con las evidencias aportadas al proceso. Pero lo que no se podría es acreditar que tales mensajes no han sido manipulados antes de hacerse la copia de seguridad. Además, en el caso de conversaciones mantenidas a través de un grupo de WhatsApp, todos los usuarios del grupo han recibido el mensaje, por lo que la aportación de una copia de esta conversación, junto con la declaración testifical de varios miembros del grupo sería de gran relevancia para acreditar la autenticidad e integridad de la comunicación.

Con todo, la imposibilidad de esta prueba pericial no implica que estos mensajes pierdan todo su valor probatorio en caso de impugnación. Es decir, la prueba pericial informática no es el único e indispensable medio de dotar de valor probatorio al mensaje de WhatsApp, porque continúa rigiendo el principio de libre valoración de la prueba, por lo que el convencimiento del juez sobre la autenticidad e integridad de los mensajes puede apoyarse en otros elementos probatorios, como la declaración de testigos, o las manifestaciones de las partes[90].

4.2.2. En el caso de plataformas de redes sociales (Facebook, Instagram,...)

Las plataformas de redes sociales presentan otras características y vulnerabilidades a efectos de su utilización como fuente de prueba distintas a las de las aplicaciones de mensajería instantánea, lo que determina que su tratamiento sea distinto a estos efectos.

En principio, por sus propias características, no plantea excesiva dificultad corroborar la integridad de la comunicación difundida a través de estas plataformas, es decir, el contenido de la comunicación, porque, aunque los usuarios pueden establecer distintos niveles de privacidad, en principio están destinadas a la difusión pública de los contenidos, por lo que, si se impugna la integridad de la comunicación, ésta se puede corroborar a partir de la información facilitada por cualquier de los usuarios que hayan tenido acceso al mismo.

Además, la información publicada a través de estas redes sociales suele conservarse en los servidores de los operadores de las mismas (durante aproximadamente 90 días), aunque el perfil correspondiente se haya elimi-

90. *Vid.*, BUENO BENEDÍ, M., «La prueba en los procedimientos de violencia sobre la mujer...», *op. cit.*, págs. 30 y 31; FUENTES SORIANO, O., «Los procesos por violencia de género. Problemas probatorios...», *op. cit.*, págs. 24 y 25.

nado, por si el usuario desea activarlo de nuevo. Por ello, se podrá obtener de los mismos, con autorización judicial, la información conservada cuando sea necesario verificar la integridad de las fuentes de prueba o evidencias aportadas por las partes al proceso. Y, a estos efectos, la propia policía podrá ordenar al operador la conservación de la información almacenada en sus servidores hasta obtener la autorización judicial para la cesión de la misma (art. 588 octies LECrim)[91].

Más complejo puede resultar verificar la autoría o autenticidad de la comunicación difundida. Como es sabido, para acceder y operar a través de estas plataformas y redes es necesario crear una cuenta de dominio, un perfil, con nombre de usuario y contraseña; y, frecuentemente, sobre todo para delinquir, se utilizan identidades falsas o seudónimos. Pero, al utilizar estas plataformas, con cada acto de comunicación, se generan unos datos de tráfico y localización que quedan almacenados y que los operadores de servicios de comunicaciones electrónicas deben conservar (normalmente, durante 12 meses desde la fecha de la comunicación) y, en su caso, ceder con fines de investigación y enjuiciamiento penal, conforme a la Ley 25/2007, de 18 de octubre, de conservación de datos relativos a las comunicaciones electrónicas y a las redes públicas de comunicaciones[92]. Por tanto, a partir de estos datos, se puede hacer un rastreo que permita identificar al verdadero autor de la comunicación[93].

Este rastreo se puede hacer a partir de los datos almacenados y cedidos por parte de los operadores de servicios de comunicación, para lo cual será necesario contar con la correspondiente autorización judicial (arts. 1 y 7 Ley 25/2007 y 588 ter j) LECrim). Y hasta que se obtenga tal autorización, el MF o la policía podrán ordenar la conservación y protección de tales datos (art. 588 octies LECrim)[94].

---

91. *Vid.*, FISCALÍA GNERAL DEL ESTADO, *Dictamen 1/2016 sobre la valoración de las evidencias en soporte papel...*, *op. cit.*, págs. 11 y 12.
92. Los datos que los operadores deben conservar son los previstos en el art. 3.1 Ley 25/2007: a) datos para rastrear e identificar el origen de la comunicación (identificación de usuario y número de teléfono asignados); b) datos para identificar el destino de la comunicación; c) datos para determinar la fecha, hora y duración de la comunicación; d) datos para identificar el tipo de comunicación (servicio de internet utilizado); e) datos para identificar el equipo de comunicación; o, f) datos necesarios para identificar la localización del equipo de comunicación. En cambio, en virtud de esta ley, no podrá conservarse ningún dato que revele el contenido de la comunicación (art. 3.2 Ley 25/2007).
93. *Vid.*, FUENTES SORIANO, O., «Los procesos por violencia de género. Problemas probatorios...», *op. cit.*, págs. 30 a 32.
94. A este respecto, es necesario recordar que la Ley 25/2007, de 18 de octubre, se aprobó con objeto de transponer la Directiva 2006/24/CE del Parlamento Europeo y del Consejo, de 15 de marzo de 2006, que fue declara inválida por la sentencia del TJUE (Gran

Pero también se puede hacer a partir de otros datos que puede recabar directamente la policía, sin necesidad de autorización judicial, conforme a los arts. 588 ter k) a m) LECrim: a) acceso por la policía a una dirección IP (y luego solicitar autorización judicial para la cesión por el proveedor de servicios de los datos que permitan la identificación y localización del equipo y la identificación del usuario); b) captación por la policía de números IMSI o IMEI o de cualquier otro dato que identifique un equipo de comunicación o la tarjeta de acceso a la red de comunicaciones (y luego pedir autorización judicial para intervenir las comunicaciones); y, c) solicitar de los prestadores de servicios de comunicaciones la identificación del titular de un número de teléfono o el número de teléfono de un determinado titular o los datos identificativos de cualquier medio de comunicación[95].

Finalmente, si no fuese posible la corroboración de la autenticidad de la fuente de prueba impugnada a través de los medios tecnológicos señalados, todavía sería posible acreditarla por otras vías. Por ejemplo, si las partes o testigos admiten o declaran que el seudónimo utilizado en la comunicación es el que utiliza habitualmente el acusado; o si los testigos declaran que el acusado había anunciado su intención de comunicarse por esta vía con la víctima. Por tanto, como señala FUENTES SORIANO, aun cuando la autenticidad de la comunicación aportada como fuente de prueba no se hubiese podido acreditar en virtud de una investigación tecnológica, sería posible otorgar valor probatorio, más o menos contundente, a esa comunicación a partir del acervo probatorio existente en el caso concreto. Ahora bien, dada la relativa facilidad con que puede adverarse la información transmitida a través de estas plataformas de redes sociales (a diferencia de lo que sucede con las aplicaciones de mensajería instantánea), el valor probatorio que pueda alcanzar dicha comunicación a partir de otros posibles medios de

---

Sala) de 8 de abril de 2014, *Digital Rights Ireland*, C-293/12, sobre la base de que el Derecho de la Unión Europea se opone a medidas legislativas nacionales que establezcan, con carácter preventivo, una conservación generalizada e indiferenciada de los datos de tráfico y de localización relativos a las comunicaciones electrónicas con fines de lucha contra la delincuencia grave. Si bien la referida Ley no se ve anulada como efecto directo de esta sentencia, pues no está así previsto en el Derecho Comunitario, no puede obviarse la repercusión que la misma puede tener en los procedimientos judiciales en los que se haga uso de esta conservación y cesión de datos reguladas por esta Ley. Por tanto, deberán ser los jueces y tribunales españoles los que valoren caso por caso la aplicación de la Ley 25/2007, de 18 de octubre, tratando de ajustarse al principio de proporcionalidad en los términos fijados en la referida sentencia del TJUE.

95. *Vid.*, LARO GONZÁLEZ, M.ª E., «Prueba electrónica: situación actual en el proceso penal y perspectivas de futuro», en *La justicia digital en España y en la Unión Europea* (Dir., Conde Fuentes, J. y Serrano Hoyo, G.), Atelier, Barcelona, 2019, pág. 248.

prueba practicados debería ser totalmente fiable e incuestionado, y reflejarse así en la fundamentación de la sentencia[96].

No obstante, estas formas de corroborar la autenticidad de la comunicación aportada como fuente de prueba plantean en la práctica dos problemas. En primer lugar, conforme al art. 1 Ley 25/2007, la obligación de los operadores de servicios de comunicaciones electrónicas de conservar y ceder los datos de tráfico que se generan y tratan se limita a la investigación y enjuiciamiento de «delitos graves», por lo que quedarían fuera de su ámbito un buen número de delitos cometidos constitutivos de esta violencia de género digital, que no tienen la consideración de graves conforme a los arts. 13 y 33 CP. Pese a ello, a raíz del AAP de Madrid 131/2015, de 25 de febrero[97], se va consolidando la tesis de que, a estos efectos, la «gravedad» del delito no puede medirse exclusivamente atendiendo a su «penalidad»; sino que, habrá que tener en cuenta también otros criterios tales como la importancia y relevancia social del bien jurídico protegido, la trascendencia social de los efectos del delito o su comisión por organizaciones criminales. Por tanto, a la vista de estas circunstancias, se podrían utilizar estos medios de investigación aun tratándose de delitos que, por su penalidad, tengan la consideración de «menos graves»[98].

El segundo problema apuntado se refiere a que la mayoría de estos proveedores de servicios de comunicaciones electrónicas tiene su sede fuera de nuestro país, generalmente en EEUU, lo que obligaba, en un buen número de casos, a acudir a solicitudes de auxilio judicial internacional para recabar su colaboración a efectos de la obtención de los referidos datos de las comu-

96. FUENTES SORIANO, O., «Los procesos por violencia de género. Problemas probatorios...», *op. cit.*, pág. 32.
97. AAP de Madrid 131/2015, de 25 de febrero (JUR 2015, 66473). Declara este Auto que «entendemos que los "delitos graves" a que se refiere la Ley 25/2007 no son exclusivamente los delitos castigados con pena superior a cinco años, sino que también han de incluirse en tal expresión aquellos otros delitos castigados con pena inferior y que, por tanto, tienen la calificación legal de "delitos menos graves", pero que merezcan la consideración de graves en atención a otros parámetros, tales como la importancia del bien jurídico protegido, la trascendencia social de los efectos que el delito genera o la inexistencia de medios alternativos, menos gravosos, que permitan su investigación y esclarecimiento. En este punto no puede desconocerse que los efectos socialmente nocivos de determinados hechos delictivos pueden verse incrementados exponencialmente desde el momento en que se alcanza la convicción social de su impunidad, con el consiguiente fracaso de los fines preventivos que su tipificación penal persigue».
98. FUENTES SORIANO, O., «Los procesos por violencia de género. Problemas probatorios...», *op. cit.*, págs. 27 y 28.

nicaciones electrónicas[99]. Un paso importante para la superación de estas trabas procesales ha sido la reciente aprobación, en julio de 2023, del Reglamento (UE) 2023/1543 del Parlamento Europeo y del Consejo de 12 de julio de 2023, sobre las órdenes europeas de producción y las órdenes europeas de conservación a efectos de prueba electrónica en procesos penales y de ejecución de penas privativas de libertad a raíz de procesos penales[100], así como de la Directiva (UE) 2023/1544 del Parlamento Europeo y del Consejo de 12 de julio de 2023, por la que se establecen normas armonizadas para la designación de establecimientos designados y de representantes legales a efectos de recabar pruebas electrónicas en procesos penales[101].

El nuevo Reglamento permite a una autoridad judicial de un Estado miembro solicitar directamente a un proveedor de servicios de comunicaciones electrónicas que preste sus servicios en la UE que entregue o conserve los datos electrónicos necesarios para la investigación y el enjuiciamiento de delitos, independientemente de la ubicación de estos datos. Para ello, el texto introduce dos nuevas medidas de investigación: la orden europea de producción y la orden europea de conservación de pruebas electrónicas. A su vez, la Directiva obliga a estos prestadores de servicios que operen en la UE a designar un establecimiento o un representante legal en al menos un Estado miembro de la UE, como punto de contacto que será el encargado de recibir y ejecutar las referidas órdenes emitidas por las autoridades competentes de todo el territorio de la UE.

99. *Vid.*, FISCALÍA GENERAL DEL ESTADO, *Dictamen 1/2016 sobre la valoración de las evidencias en soporte papel..., op. cit.*, pág. 12.

100. *Vid., Reglamento (UE) 2023/1543 del Parlamento Europeo y del Consejo de 12 de julio de 2023, sobre las órdenes europeas de producción y las órdenes europeas de conservación a efectos de prueba electrónica en procesos penales y de ejecución de penas privativas de libertad a raíz de procesos penales* (https://www.boe.es/doue/2023/191/L00118-00180.pdf).

101. *Vid., Directiva (UE) 2023/1544 del Parlamento Europeo y del Consejo de 12 de julio de 2023, por la que se establecen normas armonizadas para la designación de establecimientos designados y de representantes legales a efectos de recabar pruebas electrónicas en procesos penales* (https://www.boe.es/doue/2023/191/L00181-00190.pdf).

Capítulo VII

Vigencia del principio de oportunidad

SUMARIO: I. PRINCIPIO DE OPORTUNIDAD EN EL PROCESO PENAL DE MENORES. II. ADMISIBILIDAD DE LA MEDIACIÓN EN EL PROCESO PENAL DE MENORES POR VIOLENCIA DE GÉNERO. *1. Sobreseimiento del proceso por conciliación o reparación entre el menor y la víctima o el perjudicado. 2. Sustitución de las medidas por conciliación entre el menor y la víctima. 3. Ventajas de la mediación como respuesta ante la violencia de género. Especial atención a la ciberviolencia de género. 4. Conveniencia de la introducción de otros mecanismos de justicia restaurativa ante la violencia de género ejercida por menores de edad.* III. DESISTIMIENTO DE LA INCOACIÓN DEL EXPEDIENTE DE REFORMA.

I. PRINCIPIO DE OPORTUNIDAD EN EL PROCESO PENAL DE MENORES

En coherencia con la normativa internacional sobre delincuencia juvenil, la LORPM introduce a lo largo de su articulado distintas previsiones que suponen claras manifestaciones del principio de oportunidad, algunas con el objeto de mantener al menor alejado del sistema de justicia penal, y otras que permiten, una vez iniciado el proceso, ponerle fin de forma anticipada con la adopción de una medida extrajudicial o, finalmente, para modificar o suspender la medida impuesta en la sentencia condenatoria[1]. En todo caso, se trata de evitar la estigmatización que para el menor supone su paso por el sistema de justicia.

1. La normativa internacional sobre justicia juvenil incluye diversas disposiciones que resaltan la conveniencia de introducir medidas tendentes a la desjudicialización de los asuntos en que los menores se vean involucrados en la comisión de delitos. Así, la CDN estableció en su art. 40.3 que «Los Estados tomarán todas las medidas apropiadas para promover el establecimiento de leyes, procedimientos, autoridades e

Así, aunque en nuestro sistema de justicia juvenil rige de forma plena el principio de legalidad que supone que, ante la presunta comisión de un delito por el menor, se iniciará el proceso que deberá tramitarse siguiendo los cauces previstos legalmente hasta la sentencia en la que se impondrá, en su caso, la medida que corresponda que será ejecutada en los términos legales[2], se permite un amplio margen al principio de oportunidad en distintos momentos del proceso, incluso en la fase de ejecución de las medidas impuestas en la sentencia. En concreto, antes del inicio de la fase de instrucción propiamente dicha, y tras la práctica de las diligencias preliminares, el Fiscal puede acordar el desistimiento de la incoación del expediente conforme a lo previsto en el art. 18 LORPM; posteriormente, iniciada la instrucción, es posible que se decrete el sobreseimiento del expediente por diferentes razones (arts. 19 y 27.4 LORPM); ya en la fase intermedia del proceso, o, al inicio de la fase de audiencia, cabe la terminación anticipada del proceso por conformidad del menor (arts. 32 y 36 LORPM). A su vez, tras la sentencia en la que se imponga al menor infractor alguna de las medidas legalmente previstas, el principio de oportunidad reglada se manifiesta tanto en la posibilidad de suspensión condicional de la ejecución del

---

instituciones específicos para los niños de quienes se alegue que han infringido las leyes penales o a quienes se acuse o declare culpables de haber infringido esas leyes, y en particular: b) Siempre que sea apropiado y deseable, la adopción de medidas para tratar a esos niños sin recurrir a procedimientos judiciales, en el entendimiento de que se respetarán plenamente los derechos humanos y las garantías legales». De forma más concreta, la regla 11.1 de las Reglas de Beijing señala expresamente que «se examinará la posibilidad, cuando proceda, de ocuparse de los menores delincuentes sin recurrir a las autoridades competentes, mencionadas en la regla 14.1 infra, para que los juzguen oficialmente», así, se alude a la «remisión de casos», entendiendo que es la reacción más adecuada, atendiendo a las consecuencias que la respuesta penal pudiera tener en los menores inmersos en un conflicto penal. En esa misma línea las Directrices de Riad consideran la posibilidad de establecer un puesto de mediador o un órgano análogo independiente para los jóvenes que garantice el respeto de su condición jurídica, sus derechos y sus intereses, así como la posibilidad de remitir los casos a los servicios disponibles. En este sentido, debe existir personal capacitado para remitir a los jóvenes a sistemas alternativos a la justicia penal (directrices 57 y 58). A nivel europeo, la Recomendación (87) del Comité de Ministros del Consejo de Europa sobre Reacciones sociales ante la delincuencia juvenil, en su apartado II.2, también hace un llamamiento a los Estados miembros para instaurar procedimientos de desjudicialización, considerando que el proceso penal juvenil debe ser el último recurso.

2. La vigencia del principio de legalidad queda patente en los siguientes preceptos de la LORPM: a) la responsabilidad penal del menor sólo surge por la comisión de hechos tipificados legalmente como delitos (art. 1 LORPM); b) sólo se pueden imponer al menor las medidas que prevé la Ley (art. 7 LORPM); c) tales medidas sólo se pueden imponer y ejecutar en virtud de sentencia firme dictada de acuerdo con el procedimiento regulado en la LORPM (art. 43.1 LORPM); y, d) las medidas impuestas se deben ejecutar en la forma prevista por la LORPM y en los reglamentos de desarrollo (art. 43.2 LORPM).

fallo (art. 40 LORPM), como en la eventual sustitución de las medidas impuestas por otras más adecuadas (arts. 51 y 14 LORPM).

Todas estas manifestaciones del principio de oportunidad tienden a hacer efectivos los principios de subsidiariedad o intervención mínima del derecho penal y el del superior interés del menor, buscando otras posibles soluciones que sean menos represivas y más educativas y que faciliten la resocialización del menor. Tratándose de un proceso por violencia de género, las que revisten mayor interés son la posibilidad de sobreseimiento del proceso por conciliación o reparación (art. 19 LORPM) y la de sustitución de la medida impuesta por conciliación (art. 51 LORPM). Se trata de manifestaciones del principio de oportunidad que pueden ir precedidas de un intento de mediación entre el menor infractor y la víctima y, en consecuencia, las que han suscitado más controversia dada la prohibición genérica de mediación contemplada en el art. 44.5 LOMPIVG y la que se incluye, desde la reforma operada por la disposición final 12.1 LO 10/2022, de 6 de septiembre, de garantía integral de la libertad sexual, en el inciso segundo del art. 3.1 EVD. Además, aunque su ámbito de aplicación es reducido en los supuestos de violencia de género, a la vista de los requisitos incluidos en el art. 18 LORPM, también tiene interés el desistimiento de la incoación del expediente. Ambas manifestaciones del principio de oportunidad serán analizadas en las páginas siguientes.

No se hará alusión, en cambio, a la conformidad, regulada en los arts. 32 y 36 LORPM, ni a la suspensión de la ejecución del fallo, prevista en el art. 40 LORPM, en cuanto no presentan particularidades reseñables cuando el proceso penal de menores venga motivado por actos de violencia de género.

Procede, no obstante, hacer un breve comentario sobre las amplias posibilidades de que el proceso penal de menores, incluso cuando se trate un supuesto de violencia de género, termine con una sentencia de conformidad, a la vista de cómo está configurada en los arts. 32 y 36 LORPM[3]. La razón de esta regulación está directamente vinculada con el interés del menor, evitándole la estigmatización que supone la celebración del juicio. No obstante, no se debe perder de vista que, cuando se alcanza un acuerdo de conformidad, la víctima no participa en esa decisión y, en consecuencia,

3. En efecto, los datos evidencian que un alto porcentaje de procesos de menores finalizan con una sentencia de conformidad. Como muestra de ello, de acuerdo con los datos publicados por el Consejo General del Poder Judicial, de las 2.520 sentencias dictadas por los Juzgados de Menores, con o sin imposición de medidas, 1.180 fueron sentencias de conformidad. *Vid.* https://www.poderjudicial.es/cgpj/es/Temas/Estadistica-Judicial/

no se tendrán en cuenta sus intereses y necesidades. Además, con respecto al menor infractor, tampoco la conformidad cumple la función educativa y resocializadora que exige la LORPM. Las carencias de la conformidad nos lleva a considerar mucho más convenientes los instrumentos de justicia restaurativa que permiten a ambas partes, víctima y victimario, alcanzar una solución del conflicto derivado del delito que satisfaga los intereses de ambos y también los de la sociedad en su conjunto, tal como se expone en los apartados siguientes.

II. ADMISIBILIDAD DE LA MEDIACIÓN EN EL PROCESO PENAL DE MENORES POR VIOLENCIA DE GÉNERO

La mediación en el marco del proceso penal de menores tiene en nuestro ordenamiento un estricto carácter reglado, ya que la LORPM fija tanto los momentos procesales como los requisitos o presupuestos para hacer uso de la misma, así como sus efectos. Además, también establece mecanismos de control para asegurar que se respetan estos límites legales y las garantías jurídicas básicas de las partes intervinientes en la mediación.

A la hora de analizar la viabilidad de la mediación en los procesos penales por violencia de género ejercida por menores, hemos de tomar como referencia las previsiones de la LORPM, por lo que, *a priori*, no supone obstáculo alguno para su admisibilidad la prohibición general de mediación que a este respecto se contiene en el art. 44.5 LOMPIVG. Tampoco debe impedir la posibilidad de acudir a este medio de solución extrajudicial de conflictos en el proceso penal de menores la previsión que se ha introducido en el apdo. 1 del art. 3 EVD por la LO 10/2022, de 6 de septiembre, de garantía integral de la libertad sexual que, de forma expresa, veta la mediación y la conciliación en los supuestos de violencia sexual y de género. Nuevamente, el principio de especialidad nos lleva entender inaplicable esta prohibición en el ámbito de la justicia juvenil. Esta posición viene corroborada por la Disp. final séptima de la propia LO 10/2022, que introduce un inciso en el art. 19.2 LORPM, por el que se incluyen nuevos condicionantes para la eficacia del sobreseimiento por conciliación o reparación en supuestos de violencia de género, tal como se expondrá seguidamente. Con esta disposición se despeja cualquier duda sobre la admisibilidad de la mediación en supuestos de violencia de género ejercida por menores[4].

Ahora bien, puesto que uno de los motivos determinantes de la prohibición de la mediación en un contexto de violencia contra la mujer es la

4. GRANDE SEARA, P., «La justicia penal española ante la violencia de género ejercida por menores», en *Violencia de género en el ámbito de la justicia penal juvenil. Una visión iberoamericana*, (Dir. Pillado González), Dykinson, Madrid, 2024, pág. 151.

habitual desigualdad de posiciones entre el autor del acto de violencia de género y la víctima, al valorar la conveniencia y viabilidad de la mediación en estos supuestos, el Fiscal y el Equipo Técnico deberán estar muy atentos a cualquier indicio de desequilibrio entre las posiciones de las partes, evitando que el inicio del procedimiento de mediación o poniéndole fin si aprecian esa situación de desigualdad una vez que este se haya iniciado. En tales casos, si el Ministerio Fiscal o el Equipo Técnico estiman que, por las circunstancias del menor infractor y en atención a su interés, conviene poner fin al proceso a través de alguna solución extrajudicial, deberá acudirse a otra fórmula distinta de la mediación, como puede ser el sobreseimiento por haber aceptado el menor la actividad educativa propuesta por el Equipo Técnico en su informe.

1. SOBRESEIMIENTO DEL PROCESO POR CONCILIACIÓN O REPARACIÓN ENTRE EL MENOR Y LA VÍCTIMA O EL PERJUDICADO

En todos aquellos casos en que el Fiscal, a la vista de las circunstancias concurrentes con relación a la presunta comisión del delito por parte del menor, descarta la adecuación del desistimiento, deberá dictar decreto de incoación del expediente de reforma. Iniciada formalmente la fase de instrucción, en atención a las diligencias de investigación practicadas y teniendo en cuenta el contenido del informe elaborado por el Equipo Técnico, podrá ponerle fin de forma anticipada solicitando al Juez de Menores el sobreseimiento y archivo de las actuaciones; para ello, atenderá a la gravedad y circunstancias de los hechos y del menor, de modo particular a la falta de violencia o intimidación graves en su conducta, y condicionando tal posibilidad a la observancia por parte del menor de alguna de las siguientes conductas: que se haya conciliado con la víctima, que haya asumido el compromiso de reparar el daño causado a la víctima o al perjudicado por el delito, o que se haya comprometido a cumplir la actividad educativa propuesta por el Equipo Técnico en su informe (art. 19.1 LORPM)[5]. No obstante, si bien se observa, sólo en los dos primeros casos apuntados

5. También procedería en este momento un sobreseimiento a propuesta del Equipo Técnico ante la inconveniencia de continuar la tramitación del expediente en interés del menor en los supuestos previstos en el art. 27.4 LORPM; de un lado, cuando se hubiera expresado suficientemente al menor el reproche que merece su conducta a través de los trámites ya practicados, en el sentido de que por el simple hecho de que el menor haya estado sometido al proceso de menores hasta este momento ya constituye un reproche suficiente. De otro, cuando resulte inadecuada cualquier intervención por el tiempo transcurrido desde la comisión de los hechos, debido a que ha pasado mucho tiempo desde que el menor cometió los hechos y ya carece de sentido llevar a cabo una actividad educativa.

(los de conciliación o reparación entre el menor y la víctima), se puede hablar de una auténtica mediación víctima/menor infractor, pues en el tercero lo que se produce es la aceptación y cumplimiento por el menor de la actividad educativa que le propone el Equipo Técnico, sin intervención alguna de la víctima o perjudicado, y como una alternativa a la imposibilidad de conciliación o reparación o porque el Equipo Técnico lo considere más adecuado al interés del menor[6].

Esto es, el Fiscal, dentro del margen de discrecionalidad que le permite la LORPM, valorará si, de toda la información de que dispone en relación con el menor presunto infractor y al delito, y siempre que entienda necesaria una respuesta dentro del sistema de justicia juvenil, es adecuada la celebración de la audiencia con la consiguiente práctica de prueba que permita fundamentar una sentencia, o es más conveniente, a la vista del interés del menor, una medida extrajudicial[7].

La viabilidad del sobreseimiento del proceso derivado de la mediación que regula el art. 19 LORPM se condiciona a la concurrencia de tres presupuestos concretos. En primer término, que el hecho imputado al menor constituya delito menos grave o leve, entendiendo, que la adecuada comprensión del precepto exige la remisión a los correspondientes preceptos del CP[8]; por supuesto, la comprobación del cumplimiento de este requisito requerirá la práctica de las diligencias de investigación que sean necesarias para la calificación de los hechos, tal como apunta la jurisprudencia[9].

En segundo lugar, que los hechos se hayan cometido sin violencia o intimidación graves, lo que supone que se podría decretar el sobreseimiento, aunque haya existido cierta violencia o intimidación en la actuación del menor, siempre que no se puedan calificar de graves[10]. Por lo demás, se

6. *Vid.* ÁLVAREZ RAMOS, F., «Mediación penal juvenil y otras soluciones extrajudiciales», *International e-Journal of Criminal Sciences*, Artículo 3, núm. 2, 2008, http://www.ivac.ehu.es.
7. Tal como apunta la SAP de Navarra 155/2002, de 21 de diciembre (JUR 2002, 284756), la mediación no es obligatoria en ningún caso, sin que requiera que el Fiscal, de cumplirse los requisitos del art. 19 LORPM, valore las circunstancias concurrentes; en el mismo sentido, el Equipo Técnico, si así lo considera, a la vista del interés el menor, puede incluir en su informe esta medida extrajudicial.
8. Por tanto, se rechaza la aplicación del art. 19 LORPM cuando se trata de la presunta comisión de un delito grave. *Vid.* AAAP de Barcelona 1014/2012, de 31 de octubre (JUR 2012, 404373); Barcelona 24/2013, de 9 de enero (JUR 2013, 66583).
9. SAP de Valencia 1308/2021, de 27 de diciembre de 2022 (JUR 2022, 171098).
10. *Vid.*, CALLEJO CARRIÓN, S., «El principio de oportunidad en la LO 5/2000, de 12 de enero, reguladora de la Responsabilidad Penal de los Menores», *Diario La Ley*, núm.

debe entender que esta violencia grave que excluye la posibilidad de sobreseimiento es la cometida sobre las personas, evidenciando una falta de respeto a los valores fundamentales de la convivencia, puesto que la violencia referida exclusivamente a las cosas puede ocasionar un perjuicio patrimonial que siempre es susceptible de reparación[11].

En otro orden de cosas, también cabe destacar que el art. 19 LORPM nada dice sobre la necesidad de que el menor no sea reincidente o no haya cometido con anterioridad otros hechos similares; tal circunstancia se puede entender implícita en la referencia legal a las «circunstancias de los hechos y del menor» que deben ser valoradas por el Fiscal antes de decidir sobre la procedencia del sobreseimiento, ya que parece lógico incluir entre tales circunstancias los antecedentes del menor[12]. En este sentido, la FGE considera que este tipo de medidas extrajudiciales son adecuadas cuando se trate de dar una respuesta puntual a infracciones igualmente puntuales cometidas por menores, debiendo descartarse cuando el hecho o circunstancias del menor demanden una respuesta global[13].

En tercer término, exige el art. 19 LORPM que el menor se haya conciliado con la víctima o haya asumido el compromiso de reparar el daño causado a la víctima o perjudicado; y determina el propio precepto qué se debe entender por conciliación o reparación a efectos de instar el sobreseimiento.

En concreto, de acuerdo con el art. 19.2 LORPM, se entiende producida la conciliación «cuando el menor reconozca el daño causado y se disculpe ante la víctima, y ésta acepte sus disculpas» (art. 19.2 LORPM). De esta disposición se deduce que la conciliación requiere necesariamente la concurrencia de dos voluntades, la del menor infractor, que debe reconocer el

6366, 24 de noviembre de 2005, pág. 7; ORNOSA FERNÁNDEZ, R., *Derecho Penal de Menores*, Bosch, Barcelona, 2007, pág. 280. A efectos de calificar la violencia o intimidación como «graves», GARCÍA ESTEBAN y GUTIÉRREZ ALBENTOSA («Criterios para la interpretación del término "graves" del art. 19.1 de la Ley penal del menor en el proceso de mediación», *La Ley-penal*, núm. 156, 2022, págs. 7 y 8) establecen un catálogo abierto de pautas orientativas entre las que incluyen el trato degradante, las lesiones, el uso de armas o medios peligrosos o la utilización de violencia excesiva, desproporcionada e innecesaria.

11. De acuerdo con la jurisprudencia, tampoco la violencia ejercida contra los animales impediría el cumplimento del requisito del art. 19.2 LORPM, *vid.* SAP de Málaga 934/2022, de 8 de noviembre de 2023 (JUR 2023, 286196).
12. *Vid.* CALLEJO CARRIÓN, S., «El principio de oportunidad en la LO 5/2000, de 12 de enero...», *op. cit.*, pág. 7.
13. FISCALÍA GENERAL DEL ESTADO, *Circular 9/2011, de 16 de noviembre, sobre criterios para la unidad de actuación especializada del Ministerio Fiscal en materia de reforma de menores* (apdo. IV.5.2).

daño causado y disculparse ante la víctima; y la de ésta, que debe aceptar dichas disculpas[14].

Por ello, si el menor reconoce el daño causado y pide disculpas, pero la víctima no las acepta, no habrá conciliación a los efectos del art. 19 LORPM, de modo que, en principio, no se cumplirían las condiciones que exige este precepto para que se pueda decretar el sobreseimiento y debería continuarse la tramitación de la causa. No obstante, hemos de distinguir dos aspectos que parecen confundirse: la necesidad de aceptación de las disculpas por parte de la víctima para que exista conciliación y la necesidad de tal aceptación para que se pueda decretar el sobreseimiento. Efectivamente, no existe conciliación sin la concurrencia de voluntades del infractor y de la víctima y, en consecuencia, no se podrá hablar de sobreseimiento por conciliación al amparo del art. 19.2 LORPM. Cuestión distinta es que la aceptación de las disculpas del menor sea indispensable para que se pueda decretar el sobreseimiento del proceso, pues el propio art. 19.4 LOPRM prevé que el Ministerio Fiscal pueda dar por concluida la instrucción y solicitar del Juez de Menores el archivo de las actuaciones cuando la conciliación «no pudiera llevarse a efecto por causas ajenas a la voluntad del menor»[15].

Por tanto, nada impide que el Fiscal pueda dar por concluida la instrucción y solicitar al Juez de Menores el sobreseimiento cuando el menor haya reconocido el daño causado y presentado sus disculpas a la víctima y, ante la negativa de ésta a aceptarlas, se comprometa a cumplir la actividad educativa que propone el Equipo Técnico en su informe[16]. A su vez, la falta de anuencia de la víctima a la petición de disculpas del infractor puede ser valorada por el Equipo Técnico a los efectos de proponer el sobreseimiento del expediente en interés del menor por entender que ya se ha expresado suficientemente el reproche al mismo a través de los trámites ya practicados

14. En este sentido, el AAP de Ciudad Real 223/2008, de 14 noviembre (JUR 2009, 411871) entiende que no se han cumplido los requisitos de la mediación por conciliación porque las víctimas no habían considerado suficientes las disculpas y, por tanto, no se sienten reparadas; es más, las víctimas ni siquiera han sido citadas para ser escuchadas, acordándose el archivo a sus espaldas, no arbitrándose los mecanismos de conciliación previstos en el art. 19 LORPM.

15. *Vid.*, DÍAZ MARTÍNEZ, M., y LUACES GUTIÉRREZ, A. I., «El proceso penal de menores (I)», en *Derecho Penal Juvenil* (Edit. Vázquez González y Serrano Tárraga), Dykinson, Madrid, 2008, pág. 368; SAMANES ARA, C., «La instrucción del procedimiento», *La responsabilidad penal de los menores*, (Coord., Samanes Ara), El Justicia de Aragón, Zaragoza, 2003, pág. 158. *Vid.*, asimismo, AAP de Barcelona 320/2008, de 15 de mayo (JUR 2008, 204991); de Las Palmas 184/2010, de 22 de marzo (JUR 2010, 419218); de Málaga 848/2020, de 13 de noviembre (JUR 2022, 11887).

16. FISCALÍA GENERAL DEL ESTADO, *Circular 9/2011* (Apdo. IV.5.). Igualmente, AAP de Málaga 934/2022, de 8 de noviembre (JUR 2023, 286196).

o por considerar inadecuada cualquier intervención respecto del menor, dado el tiempo ya transcurrido desde la comisión de los hechos (art. 27.4 LORPM).

La segunda actuación que puede realizar el menor a fin de que se decrete el sobreseimiento del expediente de reforma es la reparación del daño causado a la víctima o al perjudicado por el hecho delictivo. Y, a estos efectos, el art. 19.2 LORPM define esta reparación como «el compromiso asumido por el menor con la víctima o perjudicado de realizar determinadas acciones en beneficio de aquéllos o de la comunidad, seguido de su realización efectiva». Es decir, a diferencia de la conciliación, se trata aquí de proporcionar al ofendido o perjudicado una satisfacción de carácter material, de la que pueden beneficiarse ellos directamente, o bien la comunidad.

Para que se decrete el sobreseimiento del proceso, no basta, en principio, con el simple compromiso del menor de reparar, sino que se requiere además la realización efectiva de la actividad reparadora comprometida. Por ello, el Equipo Técnico debe mantener informado al Fiscal de los compromisos adquiridos por el menor y de su grado de cumplimiento (art. 19.3 LORPM); y aquél sólo podrá dar por concluida la instrucción y solicitar del Juez el sobreseimiento, una vez cumplidos los compromisos de reparación o cuando se constate que éstos no se pudieron llevar a efecto por causas ajenas a la voluntad del menor (art. 19.4 LORPM).

Debe tenerse en cuenta que, al igual que ocurre con la conciliación, la reparación implica un «compromiso asumido por el menor con la víctima o perjudicado» (art. 19.2 LORPM), y si ésta es menor de edad o incapaz, tal compromiso «habrá de ser asumido por el representante legal de la misma, con la aprobación del Juez de Menores» (art. 19.6 LORPM). Por tanto, la reparación también exige la concurrencia de las voluntades de los sujetos implicados[17].

En lo que respecta al contenido de la actividad reparadora que puede llevar a cabo el menor, el legislador se limita a disponer que podrá consistir en «determinadas acciones» en beneficio de la víctima o perjudicado o de la comunidad; por tanto, habrá de entenderse que tiene cabida cualquier tipo de actuación por parte del menor que tenga un efecto reparador para la víctima o perjudicado (vgr., sacar a pasear a una persona dependiente al

17. Tal exigencia queda patente en la regulación que hace el art. 5.1 RD 1774/2004 de la mediación que a estos efectos debe llevar a cabo el Equipo Técnico, en la que se exige que ambas partes manifiesten previamente su disponibilidad a participar en este procedimiento y que, en su caso, quede constancia de los acuerdos de reparación adoptados.

cuidado de la víctima de violencia de género) o que se realice a favor de la comunidad (vgr., colaborar en las actividades de una ONG dedicada a la atención y cuidado de mujeres víctimas de violencia de género), correspondiendo al Equipo Técnico proponer en cada caso aquéllas que estime más adecuadas para la reeducación del menor (art. 27.3 LORPM).

Es importante destacar que la reparación *ex* art. 19 LORPM es de carácter «penal y educativa», y por tanto no coincide con la reparación que integra el contenido de la responsabilidad civil previsto en los arts. 110 y 112 CP. Por eso, el propio art. 19.2 *in fine* señala que la misma se entiende «sin perjuicio del acuerdo al que hayan llegado las partes en relación con la responsabilidad civil». Esto significa que, en principio, dicha reparación no extingue la acción civil para obtener el resarcimiento de todos los daños y perjuicios causados por el hecho delictivo; por tanto, de prosperar el sobreseimiento, se podrá ejercitar ante la jurisdicción civil a través del proceso declarativo que corresponda por razón de la cuantía, salvo que las partes en el marco de la propia mediación hubieran acordado otra cosa[18].

En coherencia con la finalidad reeducadora de la reparación, se ha de buscar que el menor sea consciente del daño causado y acepte el acto reparador como adecuado y proporcionado. Por ello, la actividad reparadora que se le imponga al menor debe guardar en cada caso una cierta relación o conexión con el bien jurídico lesionado o puesto en peligro por el hecho delictivo cometido, así como una proporcionalidad con la gravedad de tal delito y la intensidad del daño causado por el mismo[19].

Finalmente, como se ha adelantado, la LO 10/2022 introduce un inciso en el art. 19.2 LORPM que incluye un nuevo condicionante para la eficacia de la conciliación y la reparación en los supuestos de violencia de género. Conforme al referido precepto, «cuando la medida sea consecuencia de la comisión de alguno de los delitos tipificados en los Capítulos I y II del Título VIII del Código Penal, o estén relacionados con la violencia de género, no tendrá efecto de conciliación, a menos que la víctima lo solicite expresamente y que el menor, además, haya realizado la medida accesoria de educación sexual y de educación para la igualdad». No ha sido muy afortunado el legislador a la hora de redactar el precepto, cuya lectura genera dudas de

18. *Vid.* FISCALÍA GENERAL DEL ESTADO, *Circular 1/2007, de 23 de noviembre, sobre criterios interpretativos tras la reforma de la legislación penal de menores de 2006* (apdo. VIII. 5).
19. *Vid.* CALLEJO CARRIÓN, S., «El principio de oportunidad en la LO 5/2000, de 12 de enero...», *op. cit.*, pág. 8; CRUZ MÁRQUEZ, B., «La mediación en la Ley Orgánica 5/2000, reguladora de la responsabilidad penal de los menores: conciliación y reparación del daño», *Revista Electrónica de Ciencia Penal y Criminología*, 2005, pág. 9.

interpretación no sólo porque no queda claro qué debe solicitar expresamente la víctima (¿la conciliación?), sino porque tampoco se clarifica si la medida «accesoria» de educación sexual y de educación para la igualdad condiciona el sobreseimiento por mediación tanto en caso de conciliación como de reparación. Además, alude el legislador a una medida «accesoria» en un momento en que procederá, en su caso, un sobreseimiento porque ha habido una conciliación entre infractor y víctima o el cumplimiento de un compromiso de reparación que la víctima ha aceptado, pero no la imposición de una medida que solo se podrá acordar en la sentencia que se dictará una celebrada la audiencia.

Quizás la forma más coherente de entender esta nueva disposición a la vista del propio espíritu de la LO 10/2022 y del interés superior del menor que inspira la LORPM, será que, cuando se trate de alguno de los delitos que el precepto enumera, en caso de conciliación o reparación, voluntariamente aceptada por ambas partes, imprescindible para que sea posible la mediación, su efectividad se condicione a que el menor realice un programa educativo en materia de educación sexual y educación para la igualdad y a que la víctima acepte el archivo; es decir, que la víctima expresamente acepte que, realizado el programa educativo, tenga los efectos del sobreseimiento del proceso.

La mediación será realizada por el Equipo Técnico que deberá seguir las pautas establecidas en el art. 5 RD 1774/2004. Siendo la voluntariedad uno de los principios esenciales de la mediación, es especialmente importante que, tal como ya se ha adelantado, ambas partes acepten su participación en la misma. Para ello, el Equipo Técnico recabará primeramente la aceptación del menor y, a continuación, de sus representantes legales, para, posteriormente hacer lo mismo con la víctima, resultando necesario, si ésta es menor, también la anuencia de sus representantes legales. Tratándose de un acto de violencia de género, el papel del Equipo Técnico será esencial, para garantizar que se respete el principio de igualdad entre las partes, empoderando a la víctima y garantizando que acepta participar y mantenerse en el procedimiento de mediación de forma libre y voluntaria.

Si ambas partes muestran su conformidad a participar en el procedimiento de mediación, se concertará un encuentro por el Equipo Técnico para concretar el acuerdo de conciliación o reparación, salvo que no se considere conveniente reunir a las partes, en cuyo caso, las sesiones de mediación se realizarán de forma separada.

A efectos de evitar cualquier duda sobre una posible limitación del principio de presunción de inocencia, debe tenerse en cuenta que, cuando el menor acepta acudir a mediación, no está propiamente reconociendo su participación en la comisión de los hechos delictivos, sino que únicamente está mostrando su disposición para alcanzar un acuerdo de conciliación o reparación con la víctima. Es decir, no se puede equiparar la conformidad del menor de iniciar un procedimiento de mediación con una confesión de los hechos objeto de acusación[20]; porque si así fuera, se estaría vulnerando el principio de presunción de inocencia. En aquellos casos en que no se alcance un acuerdo en el procedimiento de mediación y el proceso penal tenga que seguir su curso, la plena vigencia del principio de presunción de inocencia impedirá que el Juez de Menores pueda tener en cuenta, en el momento de la sentencia, su conocimiento sobre la existencia de una propuesta al menor de participación en un procedimiento de mediación o su efectiva intervención en el mismo. Aunque esta segunda situación suele ser poco habitual, pues en gran parte de las ocasiones, si no se alcanza acuerdo de conciliación o reparación, el Fiscal suele instar el sobreseimiento por realización de una actividad educativa a propuesta del Equipo Técnico. Normalmente, suelen ser supuestos en que la víctima no acepta el contenido del acuerdo reparador o las disculpas que se ofrecen por el menor, que han sido supervisados por el Equipo Técnico que dirige el procedimiento de mediación.

Tal como señala el art. 19.4 LORPM, «una vez producida la conciliación o cumplidos los compromisos de reparación asumidos con la víctima o perjudicado por el delito o falta cometido, o cuando una u otros no pudieran llevarse a efecto por causas ajenas a la voluntad del menor, el Ministerio Fiscal dará por concluida la instrucción y solicitará del Juez el sobreseimiento y archivo de las actuaciones, con remisión de lo actuado». No hace referencia el precepto transcrito a la posible oposición de la acusación particular a la petición de sobreseimiento del Fiscal, lo que hace surgir la duda sobre si cabe que la acusación particular sostenga la acción penal al margen del Ministerio Fiscal que ha instado el archivo. Pese a que no existe una posición unánime en la jurisprudencia, la mayoritaria entiende que, aunque, tras la reforma del art. 25 LORPM se reconoció a la víctima el derecho a personarse como acusación particular, reforzándose su papel en el proceso por la LO 8/2006, que modifica, entre otros, el art. 19 LORPM, «sigue siendo una facultad exclusiva del Ministerio Fiscal la de pedir el desistimiento, sin que en dicho trámite se otorgue ninguna intervención a la acusación particular, por lo que debemos concluir que, en estos casos, la petición de la

20. En este sentido, ARANDA JURADO, M., *La mediación penal juvenil en España*, Tirant Lo Blanch, Valencia, 2022, pág. 203 y ss.; CRUZ MÁRQUEZ, B., «La mediación en la Ley Orgánica 5/2000, reguladora de la responsabilidad penal de los menores...», *op. cit.*, págs. 8 y 9.

acusación particular solicitando la continuación del procedimiento carece de relevancia. En consecuencia, el Juzgado de Menores, tal y como establece el art. 33.c) de la Ley de Responsabilidad Penal de los Menores, deberá proceder al archivo por sobreseimiento de las actuaciones cuando el Ministerio Fiscal solicite el desistimiento»[21].

A lo expuesto por la jurisprudencia, debe añadirse otra consecuencia que podría derivarse de la posible apertura de la audiencia al menor infractor por la oposición de la acusación particular al sobreseimiento del Fiscal y que apoya este posicionamiento; a saber, si el menor, después de cumplir los acuerdos de conciliación o reparación alcanzados en el procedimiento de mediación o la actividad educativa a la que se hubiera comprometido, se ve sometido a una audiencia a instancias de la acusación, además de que podría ser perjudicial para su propio desarrollo personal, contraviniendo el espíritu de la LORPM, supondría una vulneración del principio *non bis in idem*[22].

2. SUSTITUCIÓN DE LAS MEDIDAS POR CONCILIACIÓN ENTRE EL MENOR Y LA VÍCTIMA

Como hemos apuntado, el segundo momento en el que la LORPM permite acudir a la mediación entre el menor infractor y la víctima es el previsto en el art. 51.3 LORPM, es decir, cuando ya se ha dictado la sentencia imponiendo al menor alguna de las medidas legalmente previstas y ésta se está ejecutando. Se trata, por tanto, de una posibilidad de mediación postsentencial.

En concreto, el art. 51.3 LORPM dispone que «la conciliación del menor con la víctima, en cualquier momento en que se produzca el acuerdo entre ambos a que se refiere el artículo 19 de la presente Ley, podrá dejar sin efecto

21. AAP de Barcelona 320/2008, de 15 de mayo (JUR 2008, 204991). Igualmente, AAAP de Segovia 66/2012, de 6 de marzo (JUR 2012, 129417); Las Palmas 184/2010, de 22 marzo (JUR 2010, 419218); de Barcelona 712/2009, de 4 de noviembre (JUR 2010, 45352); de Segovia 93/2008, de 12 de septiembre de 2009 (JUR 2009, 41962). Esta misma posición es mantenida por la FISCALÍA GENERAL DEL ESTADO (*Dictamen 1/2016, sobre adaptación de la Ley 4/2015, del Estatuto de la Víctima del delito, al ámbito de la justicia* juvenil). Incluso la Fiscal de Sala Coordinadora de Menores formuló propuesta de modificación de los arts. 19 y 27.4 de la LORPM para excluir expresamente la posibilidad de oposición de la acusación particular al archivo en estos supuestos. *Vid.* FISCALÍA GENERAL DEL ESTADO, *Memoria de 2014* (apdo. 3.2 del Capítulo VI).

22. GARCÍA INGELMO, F. M., «Ejercicio del principio de oportunidad en la jurisdicción de menores. Supuestos legales. Cuestiones prácticas y Directrices de la FGE», en Curso: Seminario de especialización en menores: Responsabilidad penal y protección. Novedades legislativas, Madrid, del 29 al 31 de marzo de 2017, https://www.fiscal.es, pág. 33.

la medida impuesta cuando el Juez, a propuesta del Ministerio Fiscal o del letrado del menor y oídos el equipo técnico y la representación de la entidad pública de protección o reforma de menores, juzgue que dicho acto y el tiempo de duración de la medida ya cumplido expresan suficientemente el reproche que merecen los hechos cometidos por el menor». Tal disposición se desarrolla, a su vez, por los arts. 5.3 y 15 RD 1774/2004, que regulan los aspectos procedimentales de esta mediación tendente a lograr una conciliación entre el menor y la víctima, que, en su caso, permita «dejar sin efecto» la medida que aquél está cumpliendo.

Lo primero que llama la atención al analizar estos preceptos es la discordancia existente entre la regulación legal y la reglamentaria en lo que se refiere al resultado de la mediación que posibilita la sustitución de la medida. Si bien se observa, el art. 51.3 LORPM permite dejar sin efecto la medida únicamente en el caso de que la mediación concluya con una «conciliación» entre el menor y la víctima en los términos del art. 19 LORPM, es decir, con el reconocimiento del daño y la petición de disculpas por parte del menor y la aceptación de tales disculpas por la víctima. En cambio, el art. 15.1 RD 1774/2004 contempla la posibilidad de que la sustitución de la medida también se produzca cuando la mediación desemboque en la «reparación» del daño causado a la víctima o perjudicado[23].

A nuestro juicio, la exclusión de la reparación como vía para dejar sin efecto una medida que ya se está ejecutando tiene su razón de ser, especialmente, cuando el menor ya haya cumplido buena parte del tiempo de duración de la medida, porque la reparación en ese momento podría constituir un *bis in ídem*. Supondría imponerle al menor el deber de reparar a la víctima o perjudicado como condición para dejar sin efecto una medida sancionadora-educativa que ya cumplió, al menos parcialmente, y que le fue impuesta por los mismos hechos por los que se le exige la reparación. Ciertamente, no se plantearía el problema que apuntamos si el acuerdo de reparación y su consiguiente cumplimiento tuviesen lugar en un momento muy inicial de la ejecución de la medida. Pero, atendiendo a la regulación legal, esta posibilidad tampoco parece factible por cuanto la sustitución de la medida no se condiciona únicamente a que haya existido conciliación (o,

23. Algunos autores achacan esta discordancia a un olvido del legislador, entendiendo que la sustitución de la medida prevista en el art. 51.3 LORPM también sería posible si en el curso de su ejecución se llegase a un acuerdo de reparación entre el menor y la víctima o perjudicado en los términos del art. 19.2 LORPM. *Vid.*, CRUZ MÁRQUEZ, B., «La mediación en la Ley Orgánica 5/2000, reguladora de la responsabilidad penal de los menores...», *op. cit.*, pág. 11; PERIS RIERA, J., «El modelo de mediación y reparación en el nuevo marco de la responsabilidad penal de los menores previsto por la Ley Orgánica 5/2000», *Diario La Ley*, Núm. 5250, 2001 (www.laley.net), pág. 2.

en su caso, reparación), sino que es necesario que esta actuación unida al «tiempo de duración de la medida ya cumplido» exprese suficientemente el reproche que merecen los hechos cometidos por el menor, de modo que difícilmente la sustitución de la medida ex *art.* 51.3 LORPM se podrá producir en un momento inicial de su ejecución. En cualquier caso, lo que sí parece quedar claro, por la misma razón apuntada, es que la dejación sin efecto de la medida que se está ejecutando tiene que apoyarse necesariamente en una solución participada y aceptada por la víctima, sin que tengan cabida en este momento otras fórmulas alternativas de «reparación social» como son la realización de tareas socioeducativas o la prestación de servicios en beneficio de la comunidad, ya que ni la LORPM ni el RD 1774/2004 aluden a ellas[24].

Aclarado este extremo, y por lo que respecta a los presupuestos de esta mediación postsentencial previstos en los arts. 51.3 LORPM y 5.3 y 15 RD 1774/2004 y a su posible aplicación a los actos de violencia de género cometidos por menores, conviene destacar que, a diferencia de lo que sucede en la conciliación presentencial, la LORPM no establece ninguna limitación o exclusión por razón de la gravedad de los hechos delictivos enjuiciados, su modalidad comisiva o la gravedad de la medida impuesta, por lo que sería factible dejar sin efecto la medida si se cumplen las condiciones del art. 51.3 LORPM, aunque ésta viniese motivada por la comisión de un delito grave o en cuya comisión se hubiese empleado violencia o intimidación graves[25]. Por tanto, *a priori*, queda abierta la posibilidad de sustitución de la media que se está ejecutando y que fue impuesta por haber cometido el menor un acto de violencia de género en el que suele concurrir violencia o intimidación.

Pero también es cierto que la dejación sin efecto de la medida no depende exclusivamente de un dato totalmente objetivo como es la existencia de conciliación entre el menor y la víctima, sino que el art. 51.3 LORPM añade un presupuesto adicional que se concreta en una apreciación subjetiva del Juez de Menores, en cuanto se requiere que éste «juzgue que dicho acto (la conciliación) y el tiempo de duración de la medida ya cumplido expresan suficientemente el reproche que merecen los hechos come-

24. *Vid.*, ÁLVAREZ RAMOS, F., «Mediación penal juvenil y otras soluciones extrajudiciales...», *op. cit.*, pág. 17.

25. *Vid.*, SANZ HERMIDA, M.ª A., «La mediación en la justicia de menores», en *Mediación: un método de? conflictos* (Dir. González-Cuéllar Serrano), Colex, Madrid, 2010, pág. 171. Es más, como apunta ÁLVAREZ RAMOS («Mediación penal juvenil y otras soluciones extrajudiciales...», *op. cit.*, pág. 17), lo más probable es que el delito cometido por el menor sea grave, ya que ha supuesto la imposición de una medida duradera y de ella el menor ya ha cumplido una parte.

tidos por el menor». Es decir, el legislador introduce aquí un segundo requisito de carácter valorativo que se concreta en que el Juez ha de entender que el tiempo de ejecución de la medida ya cumplido, unido al hecho de que el menor se haya tenido que conciliar con la víctima, ya constituyen un «castigo» suficiente para el menor por la infracción cometida, o dicho en palabras de la LORPM, ya «expresan suficientemente el reproche» que merece la conducta del menor. Por ello, el Juez sólo ha de dejar sin efecto la medida si, atendiendo a las circunstancias apuntadas, puede apreciar una evolución positiva en el menor, quien ha podido «percibir o entender» la reprochabilidad de la infracción que cometió[26].

Finalmente, también hemos de destacar que, aunque el art. 51 LORPM no fue directamente modificado por la LO 10/2022 y, en consecuencia, no se condiciona la sustitución de la medida impuesta en la sentencia por un delito de violencia de género a la realización de un programa formativo de educación sexual y de educación en igualdad, la remisión que se realiza al art. 19 LORPM nos lleva a entender que es un requisito para dejar sin efecto la medida que el menor se haya sometido a los citados programas formativos. Y todo ello pese a que el art. 13, al que se remite también el art. 51.1 LORPM, al efecto de imponer al menor la citada medida accesoria prevista en el art. 7.5 LORPM sólo alude a los delitos de carácter sexual y no a los relacionados con violencia de género. Nos encontramos ante una nueva muestra de la falta de técnica legislativa del legislador que genera dudas de interpretación y aplicación que deben ser resueltas en interés del menor y sus necesidades educativas a fin de facilitar su reinserción social, de ahí la conveniencia de extender ese condicionante a los supuestos de violencia de género.

3. VENTAJAS DE LA MEDIACIÓN COMO RESPUESTA ANTE LA VIOLENCIA DE GÉNERO. ESPECIAL ATENCIÓN A LA CIBERVIOLENCIA DE GÉNERO

A la vista de los requisitos expuestos en los apartados anteriores, esta medida extrajudicial resulta muy conveniente ante las infracciones de género cometidas por los menores, especialmente aquellas que se cometen en el ciberespacio. La propia FGE considera el sobreseimiento por mediación o por cumplimiento de una actividad educativa como la vía natural para la resolución de problemas sociales como el acoso escolar o la utiliza-

26. *Vid.*, ÁLVAREZ RAMOS, F., «Mediación penal juvenil y otras soluciones extrajudiciales...», *op. cit.*, pág. 17; ORNOSA FERNÁNDEZ, R., *Derecho Penal de Menores..., op. cit.*, págs. 484.

ción de internet y las nuevas tecnologías para la comisión o difusión de delitos[27].

Más en concreto, y teniendo en cuenta que en el momento de la comisión de los ciberdelitos gran parte de los menores, en muchas ocasiones, no son conscientes de que están realizando una actividad delictiva y, además, que el hecho mismo de su comisión es una muestra de un déficit educativo en el manejo de internet y las redes sociales y en materia de sexualidad, el sobreseimiento por conciliación o reparación pueden ofrecer una respuesta adecuada ante este tipo de criminalidad, soslayando el efecto estigmatizador que para el menor supone la celebración de la audiencia y reforzando además la finalidad educativa con el objetivo final de evitar la reincidencia. Así, en los supuestos de *ciberstalking, sexting, sextorsión, hacking* o *doxxing* a la pareja o expareja, la mediación va a facilitar que los infractores se enfrenten al daño causado por la acción delictiva y asuman la responsabilidad de sus actos.

De los dos supuestos de sobreseimiento previstos en el art. 19 LORPM, el que tiene como base la mediación por conciliación o reparación, aparece como el instrumento más idóneo para responder ante la ciberdelincuencia juvenil porque, al componente educativo, se une la atención a la víctima, que va a encontrar una reparación ante al daño que le ha provocado la acción delictiva.

Como se ha adelantado, con carácter general y de forma más evidente en la ciberviolencia de género, en un número elevado de casos, el menor infractor no es consciente de que ha cometido un delito y, en consecuencia, desconoce las consecuencias perjudiciales para la víctima derivadas de sus acciones. Por eso, es tan conveniente la mediación que va a suponer para el menor no sólo la toma de conciencia de la infracción cometida y sus efectos, sino que, además, implica asumir las consecuencias de sus actos y responder por lo que se ha hecho, reparando el daño causado. El componente educativo derivado de este ejercicio de asunción de responsabilidad por el menor es evidente, en cuanto una de las premisas de todo proceso educativo es la responsabilización individual sobre sus propios actos, que se presenta como un factor esencial en el desarrollo de la propia identidad. La responsabilidad individual por la comisión del delito implica confrontar al menor con su acción, haciéndole comprender el daño ocasionado a la víctima, a la sociedad en general y a sí mismo[28].

27. FISCALÍA GENERAL DEL ESTADO, *Circular 9/201* (apdo. IV.5.2).
28. GONZÁLEZ PILLADO, E., «La mediación como manifestación del principio de oportunidad en la Ley de Responsabilidad Penal de Menores», en *Mediación con menores*

En cuanto a las víctimas, se les ofrece un espacio en el que poder plantear los miedos e inseguridades que les ha provocado el delito, permitiéndoles que obtengan una reparación del daño causado no sólo material, sino también moral y psicológica que en el proceso penal quedaba olvidada. Este protagonismo de la víctima tiene enorme importancia en el proceso penal de menores donde, inicialmente, se consideró que su intervención en el proceso no encajaba con el interés superior del menor en cuando principio inspirador de todo el sistema de justicia juvenil. La inclusión de la mediación como solución extrajudicial del conflicto derivado del delito cometido por un menor de edad permite equilibrar ese interés del menor con la atención a las necesidades e intereses de la víctima. Por ese protagonismo que se reconoce a la víctima, que va a ser tenida en cuenta y escuchada, la mediación, a diferencia del desistimiento, suele tener una gran aceptación social.

No obstante, las ventajas anteriores sólo serán posibles si tanto el menor infractor como la víctima se encuentran en la situación psicológica y física que requiere todo procedimiento mediador, de ahí el papel del Equipo Técnico, que deberá garantizar la igualdad entre las partes en el procedimiento de mediación y que ambas han tenido la información suficiente para prestar su consentimiento para participar en el mismo. Además, tratándose de un acto de violencia de género, el Equipo Técnico deberá prestar especial atención a la víctima, evitando cualquier atisbo de victimización secundaria.

Para que la mediación cumpla plenamente sus finalidades educativas, reparadoras para la víctima y de prevención de la reincidencia, el Equipo Técnico deberá poner fin al procedimiento si el menor infractor no exterioriza de una forma clara su intención de no volver a cometer actos del mismo tipo y si la víctima no se encuentra en condiciones de tomar parte del procedimiento mediador. Especial atención deberá prestarse a la víctima cuando es menor de edad, de tal manera que tanto en el desarrollo del procedimiento como en el momento de adoptar cualquier decisión que le afecte habrá de valorarse y considerar como primordial su interés, tal como prevé de forma general el art. 2 LOPJM.

A la vista de las grandes ventajas que la mediación aporta a víctima y victimario, el sobreseimiento del expediente por el compromiso del menor de realizar la actividad educativa propuesta por el Equipo Técnico, deberá utilizarse solo en aquellos casos en que, siendo de interés evitar la celebración de la audiencia, la mediación no resulta conveniente, o cuando ambas

infractores en España y los países de su entorno, (Coord. González Pillado), Tirant Lo Blanch, Valencia, 2012, págs. 53 y ss., pág. 84.

partes o una de ellas no acepta participar en un procedimiento de mediación o no se encuentra en una situación personal que permita esa participación.

Pese a las grandes ventajas del sobreseimiento por mediación, según los datos publicados por la FGE en sus memorias, el número de expedientes archivados conforme al art. 19 LORPM no son muy elevados y van oscilando, en los últimos 5 años, entre el 17,68 % del año 2019 hasta del 20,16 % del año 2023, que aumentó en un 3,66% frente al número de sobreseimiento del año 2022[29], aunque en ese año se produjo un descenso del 3,79% respecto del 2021[30].

Es necesaria una apuesta clara por la mediación penal juvenil, con más equipos técnicos especializados en materia de mediación que, de forma exclusiva se dediquen a esta función, así como un aumento de la inversión para los equipos de medio abierto. Además, deberán evitarse dos situaciones que se repiten en la práctica y que llevan a desechar esta medida desjudicializadora. De un lado, la exclusión prácticamente automática de la medición cuando se trate de un menor reincidente; y, de otro, la vinculación de la posibilidad de mediación al pago de la responsabilidad civil[31], pues se trata de cuestiones distintas y, en muchas ocasiones, puede dar lugar a un trato discriminatorio entre menores por su situación social y económica[32].

Transcurridos ya más de 20 años desde la entrada en vigor de la LORPM, es necesario replantearse la regulación de la mediación penal juvenil si queremos apostar por su efectividad, en cuanto la misma tiene un gran hándicap derivado de su limitado ámbito de aplicación a los delitos menos

29. FISCALÍA GENERAL DEL ESTADO, *Memoria de 2023* (apdo. 6.2.3.3.2 del Capítulo III).
30. FISCALÍA GENERAL DEL ESTADO, *Memoria de 2022* (apdo. 6.2.3.3.2 del Capítulo III).
31. Esto no quita para que, tal como se apunta por la FISCALÍA GENERAL DEL ESTADO (*Circular 9/201*), en aquellos casos en que consta el abono efectivo de la responsabilidad civil o existe una voluntad clara y real de llevarla a cabo, los fiscales tengan este elemento muy en cuenta a efectos de impulsar las soluciones extrajudiciales del art. 19 LORPM. Aunque, siempre teniendo presente que la satisfacción de las responsabilidades civiles, aun siendo un factor muy positivo que el Fiscal puede tener presente, no es el objetivo final pretendido con las soluciones extrajudiciales del art. 19. *Vid.* FISCALÍA GENERAL DEL ESTADO, *Dictamen 1/2014, sobre pago de indemnizaciones y consignación de cantidades en las soluciones extrajudiciales.*
32. La propia FISCALÍA GENERAL DEL ESTADO en su *Memoria de 2018* (apdo. 6.2.3.3.2 del Capítulo III) alude a la situación que se produce en Guadalajara donde, en los casos de menores tutelados expedientados, aunque éstos reconozcan los hechos y asuman los compromisos del art. 19 LORPM, no se llevan a efecto, al oponerse sistemáticamente la Junta de Castilla La Mancha al pago de las indemnizaciones.

graves o leves cometidos sin violencia o intimidación graves[33]; además, tampoco parece conveniente que las únicas posibilidades de acuerdo se reduzcan a la conciliación o reparación entre víctima y victimario. Estas limitaciones, junto con la falta de medios y de formación en justicia restaurativa de algunos operadores jurídicos, es otra de las razones del elevado número de conformidades en el ámbito juvenil, con las consecuencias negativas a las que ya se ha aludido.

Así, sería muy conveniente modificar el art. 19 LORPM en dos aspectos concretos. De un lado, la eliminación de los límites para la utilización de la mediación penal juvenil con relación al delito cometido, permitiéndose siempre que, a la vista de las circunstancias concurrentes, el Fiscal y el Equipo Técnico así lo consideren, y requiriéndose, por supuesto, que víctima y victimario acepten voluntariamente participar en el procedimiento. De otro lado, el acuerdo de mediación no puede verse reducido a la posibilidad de una conciliación o un compromiso de reparación, sino que las finalidades educativa y reparadora del procedimiento junto con la flexibilidad característica del mismo deben permitir una amplitud y variedad en el contenido del acuerdo en el sentido que mejor se considere por víctima y victimario, siempre con el apoyo del Equipo Técnico, quien, en su caso, podrá proponer de forma complementaria una actividad socio-educativa que trate de cubrir las carencias que han llevado al menor a delinquir[34].

En todo caso, se insiste, la conveniencia de la mediación debería estar directamente conectada con el interés del menor en la búsqueda de la solución al conflicto derivado del delito que sea más beneficiosa, sin condicionantes derivados del tipo de delito cometido ni de su gravedad, y buscando además un equilibrio con las necesidades e intereses de la víctima.

4. CONVENIENCIA DE LA INTRODUCCIÓN DE OTROS MECANISMOS DE JUSTICIA RESTAURATIVA ANTE LA VIOLENCIA DE GÉNERO EJERCIDA POR MENORES DE EDAD

Una vez que se han destacado las ventajas que reportan a la víctima y al victimario los procedimientos de mediación, debe valorarse la conveniencia de introducir en la LORPM otros mecanismos de justicia restaurativa que puedan ser utilizados para ajustar más la respuesta del sistema de

33. Especialmente crítica con el ámbito de aplicación de la mediación se muestra CRUZ MÁRQUEZ («La mediación en la Ley Orgánica 5/2000, reguladora de la responsabilidad penal de los menores...», *op. cit.*, pág. 18), al vedar las posibilidades de sobreseimiento por conciliación o reparación en supuestos de delitos de mediana gravedad.
34. Por ejemplo, un curso de manejo de redes sociales o de educación sexual o de autocontrol de impulsos.

justicia a las necesidades de ambos, así como ante los intereses de la sociedad, pues la mediación no siempre es el instrumento capaz de cubrir todas las necesidades e intereses en juego[35].

Una regulación general de la justicia restaurativa en el ámbito de la justicia juvenil permitiría la utilización del instrumento más idóneo y ajustado para afrontar las consecuencias del delito[36]. Ante la violencia de género ejercida por menores de edad, pueden ser muy útiles las conferencias de grupo familiar o conferencias comunitarias en cuanto procedimientos de estilo mediatorio en los que, además del infractor y la víctima principal, intervienen víctimas secundarias (como familiares o amigos de la víctima), así como familiares o amigos del infractor, y también personas del entorno escolar, social o profesional, de una forma equilibrada, conducidas por una persona facilitadora[37]. Al ampliar el círculo de participantes, se rompe la dinámica binaria de la mediación entre víctima y victimario y, por ello, para muchas víctimas es más tranquilizador ese encuentro múltiple en el que se sienten respaldadas por su círculo de afecto; además, las personas de apoyo de víctima y victimario pueden contribuir en la búsqueda de fórmulas para superar el daño provocado por el delito y tienen la oportunidad de expresar en qué forma y modo el delito les ha afectado indirectamente[38].

De acuerdo con el Manual sobre Programas de Justicia Restaurativa de Naciones Unidad, se trata de confrontar al infractor con las consecuencias del delito y desarrollar un plan reparador, además de ofrecer apoyo a los participantes, facilitando la superación del delito y en casos más graves determinar la necesidad de supervisión más restrictiva y/o custodia[39].

35. Todo ello, en la línea del Anteproyecto de LECrim de 2020, que no regula la mediación penal, sino que dedica el Capítulo III del Título IV del Libro I, a la justicia restaurativa, dejando abierta la posibilidad de utilizar aquel mecanismo restaurativo que resulte más conveniente. *Vid.* OTERO OTERO, B., «Víctima y justicia restaurativa en la justicia de menores», en *La víctima en el proceso penal de menores. Tratamiento procesal e intervención socioeducativa* (Dir., Pillado González), Dykinson, Madrid, 2021, págs. 160 y ss.

36. *Vid.* el interesante trabajado de GEMME que recoge los distintos proyectos en España que ofrecen justicia restaurativa y mediación; GRUPO EUROPEO DE MAGISTRADOS POR LA MEDIACIÓN, «Aportes del grupo de trabajo de Justicia Restaurativa. Mapa preliminar de Justicia Restaurativa en España», págs. 7 y ss., https://mediacionesjusticia.com/aportes-alep

37. *Vid.* TAMARIT SUMAYA, J., «Procesos restaurativos más allá de la mediación: perspectivas de futuro», *Cuadernos Penales José María Lidón*, núm. 9, 2013, págs. 318 y 319, http://www.deusto-publicaciones.es/deusto/pdfs/lidon/lidon09.pdf.

38. VALL RÍUS, A. M.ª, «Posibilidades y ventajas de introducir el coferencing o encuentros restaurativos en nuestro sistema jurídico», Revista Aranzadi de Derecho y Proceso Penal, núm. 71, 2023, BIB2023/2182, pág. 6.

39. Apdo. 2.4 del *Manual sobre programas de justicia restaurativa*, Serie Manuales de Justicia Penal, Naciones Unidas, Nueva York, 2006.

Tiene un claro componente educativo y resocializador que el menor infractor compruebe en ese encuentro restaurativo que el delito cometido ha provocado daños a otras personas distintas a la víctima directa (a sus padres, hermanos, amigos...), de ahí la importancia de facilitar su participación. Incluso en el contexto del actual art. 19 LORPM, a los efectos de alcanzar la conciliación o reparación a que se alude en el mismo, se podrían articular a través de un encuentro restaurativo más amplio que la mediación, permitiendo escuchar a personas del entorno de víctima y victimario[40].

En los delitos de la violencia de género, facilitar la participación de familiares de la víctima o personas de su entorno va a reducir, o incluso evitar, los riesgos que la dinámica bilateral entre víctima y victimario, propia de la mediación, pudiera comportar; el apoyo que brindarán a la víctima esas personas con su presencia en el encuentro restaurativo compensa la debilidad en la que pudiera sentirse frente al autor de delito. Además, cuando el menor infractor adopta un compromiso de reparación ante personas de su círculo de confianza (sus padres, sus hermanos, amigos), suelen ser más sólidos y será más fácil su cumplimiento[41].

De lo expuesto se deriva la necesidad de introducir en la LORPM otros instrumentos de justicia restaurativa que permitan una mejor atención a las necesidades e intereses de víctima, victimario y sociedad en su conjunto. En todo caso, esa regulación debe respetar las garantías y principios básicos de todo procedimiento de justicia restaurativa, como la voluntariedad, la confidencialidad de los debates y el respeto de todos los derechos y garantías de ambas partes en la línea de los establecido en el Manual sobre Programas de Justicia Restaurativa de Naciones Unidas[42].

III. DESISTIMIENTO DE LA INCOACIÓN DEL EXPEDIENTE DE REFORMA

Tal como señala la FGE, el desistimiento de la incoación del expediente es la manifestación «más radical» del principio de oportunidad pues, cumpliéndose los requisitos legales, depende únicamente de una decisión del Ministerio Fiscal, sin exigirse una previa propuesta del Equipo Técnico ni una conducta concreta del menor, como ocurre en el sobreseimiento pre-

40. VALL RÍUS, A. M.ª, «Posibilidades y ventajas de introducir el coferencing o encuentros restaurativos en nuestro sistema jurídico...», *op. cit.*, pág. 8.
41. TAMARIT SUMAYA, J., «Procesos restaurativos más allá de la mediación: perspectivas de futuro», Cuadernos Penales José María Lidón, núm. 9, 2013, págs. 317 y ss. http://www.deusto-publicaciones.es/deusto/pdfs/lidon/lidon09.pdf
42. Apdo. 3 del *Manual sobre programas de justicia restaurativa...*, *op. cit.*

visto en los arts. 19 y 27.2 LORPM[43]; además, acordándose a través del decreto del Ministerio Fiscal, el desistimiento no es recurrible.

Las circunstancias que condicionan la facultad del Fiscal de desistir de la incoación del expediente están previstas en el art. 18 LORPM en los términos siguientes; en primer lugar, debe tratarse de hechos que estén tipificados en el CP o en otras leyes penales especiales como delito menos grave (arts. 13.3 y 33.4) o leve (arts. 13.2 y 33.2). En segundo término, en el caso de los delitos graves, se requiere que no concurra violencia o intimidación en las personas, lo que no se exige en el caso de los delitos leves. Por último, que el menor no haya cometido «con anterioridad otros hechos de la misma naturaleza». Esta expresión utilizada por el legislador ha suscitado dudas interpretativas; de un lado, sobre si la posibilidad de acordar el desistimiento viene condicionada a la previa condena del menor por la comisión de un hecho delictivo o si, como sostiene la FGE, no se exige que haya sido condenado, puesto que la LORPM se refiere a hechos, no a delitos ni a condenas[44]. Frente a esta exégesis, no se puede olvidar que es preciso que «conste» que el menor ha cometido con anterioridad esos hechos, por lo que, si bien no se requiere la existencia de una sentencia de condena previa, sí es obligado que de algún modo se haya dejado acreditada la comisión de tales hechos por el menor[45], como puede ser, por ejemplo, si ya se ha desistido de la incoación del expediente en un momento anterior.

De otro lado, la exigencia de que el menor no haya cometido hechos de la misma naturaleza con anterioridad, también ha generado dudas de aplicación. La FGE, en su Circular1/2000, se ha decantado por una interpretación amplia de esta fórmula, prohibiendo el desistimiento cuando el menor hubiere incurrido con anterioridad en hechos constitutivos de delito grave o, si se trata de delito menos grave, que en su ejecución se haya empleado violencia o intimidación, aunque los hechos presenten una naturaleza diversa. En cambio, si los hechos anteriores eran constitutivos de delito

43. FISCALÍA GENERAL DEL ESTADO, *Circular 9/2011* (apdo. IV.5.1).

44. FISCALÍA GENERAL DEL ESTADO, *Circular 1/2000, de 18 de diciembre, relativa a los criterios de aplicación de la Ley Orgánica 5/2000, de 12 de enero, por la que se regula la responsabilidad penal de los menores* (apdo. VI.2.c).

45. Como señala GARCÍA INGELMO («Ejercicio del principio de oportunidad en la jurisdicción de menores...», *op. cit.*, pág. 13), desde la entrada en vigor de la LORPM, para verificar ese extremo, se han consultado los antecedentes que obran en las bases de datos de las Fiscalías de diligencias preliminares o expedientes que previamente se le hubiesen abierto al menor; Cuestión distinta es que tales bases y aplicaciones informáticas presenten múltiples deficiencias y no estén comunicadas entre sí, de manera que en ninguna Sección provincial es posible conocer los antecedentes de causas que se le hayan abierto a un menor en la Fiscalía de otra provincia, aunque sean provincias de la misma Comunidad Autónoma.

menos grave o leve cometido sin violencia o intimidación, sólo impiden el desistimiento si tienen la misma naturaleza que el hecho actual, atendiendo a si se ha visto lesionado el mismo bien jurídico de un modo semejante[46]. Continuando con esa misma línea restrictiva, en su Circular 9/2011, la FGE señala que la norma debe ser interpretada con prudencia y a partir de la consideración de que el desistimiento es un beneficio pensado para infractores primarios; así, tendrá carácter excepcional el desistimiento cuando consten antecedentes, careciendo de sentido cuando se acumulen diligencias abiertas por diferentes tipos penales[47].

Finalmente, debe tenerse en cuenta que, aunque el art. 18 LORPM lleva como rúbrica, desistimiento de la incoación del expediente por corrección en el ámbito educativo y familiar[48], esta condición no se contempla expresamente en el texto del art. 18 LORPM; sin embargo, las circunstancias que rodean al menor serán tenidas en cuenta como un elemento más de valoración dentro del margen de discrecionalidad del Fiscal a la hora de la toma de decisión.

A la vista de los requisitos anteriores, y teniendo en cuenta los propios criterios establecido en la Circular 9/2011 de la FGE, el Fiscal, ante la posibilidad de desistir de la incoación del expediente debe tener en cuenta que se trate de un hecho delictivo aislado que responda a una conducta antisocial propia de la adolescencia. También habrá de valorarse el tiempo transcurrido desde la comisión del delito puesto que, si es demasiado, la intervención carecerá de sentido; esto ocurre en los casos en que el autor ha alcanzado la mayoría de edad, pues ya no procede la adopción de medidas que están concebidas para menores.

Además, pese al silencio del art. 18 LORPM, el Fiscal debería tomar declaración a la víctima, si es individualizable, no sólo para tener una idea clara de las circunstancias que rodean la comisión del delito, sino también para que se sienta partícipe de la resolución del conflicto que se ha generado

46. FISCALÍA GENERAL DEL ESTADO, *Circular 1/2000* (apdo. VI.2.c).
47. FISCALÍA GENERAL DEL ESTADO, *Circular 9/2011* (apdo. IV.5.1).
48. Esa referencia al ámbito educativo y familiar es prácticamente lo único que queda de la redacción del Proyecto de 1998, cuyo art. 18 era mucho más restrictivo y señalaba que «El Ministerio Fiscal podrá desistir de la incoación de expediente cuando, tratándose de menores de dieciséis años, los hechos denunciados puedan encontrar su corrección en el ámbito educativo familiar o comunitario, y a ello se comprometan los padres o representantes legales del menor, o los responsables de las correspondientes instituciones sociales. En tal caso, el Ministerio Fiscal dará traslado de lo actuado a la entidad pública de protección de menores para la aplicación, si procede, de lo establecido en el art. 3-1 de la presente Ley».

con la acción delictiva. Además, aunque no se incluye como requisito para el desistimiento el pago de la responsabilidad civil, se trata de un elemento que puede ser valorado por el Fiscal a la vista de las circunstancias concurrentes; no obstante, su impago no debería condicionar su decisión para evitar discriminaciones entre los menores.

Por supuesto, el decreto que dicte el Ministerio Fiscal, pese al silencio del art. 18 LORPM debe estar motivado, y no es susceptible de recurso al no ser una resolución judicial, tal como ya se ha apuntado[49]; todo ello con independencia de que sea necesaria su notificación a ofendidos y perjudicados, tal como prevén los arts. 4.5 y 18.1 LORPM[50]. Además, pese a no exigirse por al citado precepto, también debería comunicarse esta resolución a los representantes legales del menor, para evitar que desconozcan que el menor ha cometido una infracción penal[51].

---

49. Tampoco cabe aquí ninguna revisión por parte del Juez de Menores, que carecería de competencia funcional para ello.
Se ha cuestionado mucho la imposibilidad de recurrir esta resolución, sobre todo, a la vista de las previsiones contenidas en el Estatuto de la Víctima del delito relativas al derecho de la víctima a recurrir las resoluciones de sobreseimiento, incluso cuando no está personada en el procedimiento. Al respecto, en el Dictamen 1/2016, del Fiscal de Sala coordinador de Menores, *sobre adaptación de la Ley 4/2015, del Estatuto de la víctima del delito, al ámbito de la Justicia Juvenil*, señala que el art. 12.2 Estatuto de la Víctima del Delito, reconoce el derecho de la víctima a recurrir las resoluciones de sobreseimiento, «conforme a lo dispuesto en la Ley de Enjuiciamiento Criminal, sin que sea necesario para ello que se haya personado anteriormente en el proceso», de acuerdo con su tenor literal, sólo es aplicable en el contexto de un procedimiento judicial, pero no en las diligencias preliminares, que, en cuanto diligencias de investigación, tienen un carácter preprocesal. Ahora bien, para evitar situaciones de indefensión, «según las circunstancias y gravedad del asunto, cuando la víctima hubiera manifestado en preliminares su intención de personarse, o concurra cualquier otro motivo relevante, puede valorarse por el Fiscal, aunque aprecie motivos para acordar el sobreseimiento conforme al art. 16.1 LORPM, la posibilidad de solicitarlo del Juez de Menores tras incoar expediente, habilitando así al perjudicado para que pueda recurrir y personarse en el expediente abierto».
Se trata de una cuestión, la irrecurribilidad de la decisión del Fiscal de desistir de la incoación del expediente, que habrá que replantearse en una futura reforma de la LORPM para garantizar de forma adecuada los derechos de las víctimas en el ámbito de la justicia juvenil.
50. También se prevé expresamente en el art. 18 LORPM el traslado de lo actuado a la entidad pública de protección de menores para la aplicación de las previsiones contenidas en el art. 3 LORPM relativas a la actuación ante la comisión de delitos por menores de 14 años; no obstante, sólo se procederá a este traslado cuando, a la vista de las circunstancias concurrentes, se observe una situación de riesgo o desamparo que requiera la intervención de la citada entidad. *Vid.* FISCALÍA GENERAL DEL ESTADO, *Circular 1/2000* (apartado VI.2).
51. GARCÍA INGELMO, F. M., «Ejercicio del principio de oportunidad en la jurisdicción de menores...», *op. cit.*, pág. 17.

Una buena práctica es la toma de declaración del menor, antes de la adopción del decreto de desistimiento pues permite un «cara a cara» con el Fiscal que va a permitir a este último constatar su arrepentimiento por el hecho y hacerse una idea más aproximada de su situación personal y familiar. Sirve, asimismo, para informar al menor de las consecuencias de su conducta y para que sus padres tengan conocimiento de la infracción[52].

A vista de lo expuesto, el ámbito para acordar el desistimiento en los supuestos de violencia de género es escaso pues, en este contexto, son constitutivos de delito grave o menos grave todos los actos de «violencia física o psíquica», por leve que esta sea (arts. 153.1 y 173.2 CP), así como la práctica totalidad de las conductas intimidatorias que constituyan amenaza o coacción (arts. 171.4 y 172.2 CP), por lo que el Fiscal tendría prácticamente vedada la posibilidad de desistimiento *ex* art. 18 LORPM. A lo sumo, sería viable ante un hecho constitutivo de amenazas (art. 171.7.II CP), coacciones (art. 172.3. II CP) o vejaciones injustas (art. 173.4 CP), todas ellas de carácter leve. Sí podría ser de utilidad como medida de desjudicialización en algunos supuestos de ciberviolencia de género. Así en relación con los delitos contra la intimidad, ya se trate de *sexting* o de relevación y difusión de contenidos de carácter vejatorio o denigrante para la víctima. También en el caso del *hacking* o espionaje dentro de la pareja, o el *ciberstalking* o *ciberbullying* siempre que no conlleven amenazas o coacciones. En todos estos casos, puede no ser necesaria una respuesta desde el sistema de justicia juvenil, siendo suficiente que la familia o la escuela adopten medidas en relación con el menor y el delito. El fiscal examinará las circunstancias concurrentes que rodean la comisión del delito y al propio menor, debiendo escuchar a la víctima y, en todo caso, dar audiencia al menor para que se enfrente a las consecuencias de sus actos delante del Fiscal y constatar si es consciente del daño causado y se arrepiente de su actuación.

En todo caso, antes de la adopción por el Fiscal del decreto de desistimiento de la incoación del expediente, una práctica muy conveniente no sólo para la víctima, sino también con un claro contenido para el menor infractor, sería ofrecer a ambas un encuentro restaurativo con participación de sus familiares o personas de su entorno cercano. Pues, en estos casos, pese a no abrirse la vía judicial, estamos ante la comisión de un delito, aunque de escasa relevancia, que ha producido un daño; con este instrumento de justicia restaurativa puede cerrarse este conflicto de forma satisfactoria para ambas partes.

52. GARCÍA INGELMO, F. M., «Ejercicio del principio de oportunidad en la jurisdicción de menores...», *op. cit.*, pág. 20.

Capítulo VIII

Medidas aplicables al menor autor de violencia de género

SUMARIO: I. PRINCIPIOS INFORMADORES DE LA ADOPCIÓN DE MEDIDAS AL MENOR INFRACTOR. *1. Flexibilidad en la imposición de la medida. 2. Flexibilidad en la ejecución de la medida impuesta.* II. MEDIDAS APLICABLES AL MENOR AUTOR DE VIOLENCIA DE GÉNERO. III. LIBERTAD VIGILADA. IV. PROHIBICIÓN DE APROXIMARSE O COMUNICARSE CON LA VÍCTIMA O CON AQUELLOS DE SUS FAMILIARES U OTRAS PERSONAS QUE DETERMINE EL JUEZ. V. PRESTACIONES EN BENEFICIO DE LA COMUNIDAD. VI. REALIZACIÓN DE TAREAS SOCIOEDUCATIVAS. VII. INTERNAMIENTO.

I. PRINCIPIOS INFORMADORES DE LA ADOPCIÓN DE MEDIDAS AL MENOR INFRACTOR

Tramitada la fase de audiencia, a la vista de la petición de las partes acusadoras y teniendo en cuenta el informe del Equipo Técnico, corresponde al Juez de Menores dictar sentencia en la que impondrá, en su caso, alguna de las medidas previstas con carácter general en el art. 7 LORPM.

Para atender al superior interés del menor, principio rector del proceso penal de menores y de las medidas que se adopten, las respuestas sancionadoras que se imponen al infractor no atienden a la proporcionalidad con el hecho cometido, que sólo debe tomarse en consideración de manera conjunta con los factores psico-socio-familiares y han de tener siempre una clara orientación educativa.

Así, el art. 7 LORPM, que enumera el catálogo de medidas sancionadoras, indica que, en su elección, el Juez de Menores, además de atender a la prueba y a la valoración jurídica de los hechos, tendrá en cuenta la edad, circunstancias familiares y sociales y la personalidad e interés del menor; también el art. 13 LORPM prevé la posibilidad de modificar la medida impuesta al menor infractor en la sentencia si en el transcurso de su cumplimiento la propia evolución del menor así lo aconseja; por último, el art. 47.5 e) LORPM alude al interés del menor para permitir la alteración del orden de cumplimiento de las medidas establecido en ese mismo precepto, a la vista de las necesidades del menor[1].

Se puede afirmar que la justicia juvenil es una justicia personalizada, en tanto no sólo a la hora de fijar las medidas en la sentencia se atienden las necesidades y circunstancias personales, psicológicas, familiares y sociales del menor, las cuales condicionan en gran parte la elección de la medida, sino que aquéllas marcan todas las vicisitudes de su ejecución, siendo necesaria su adaptación constante a través del instrumento de la sustitución de la medida.

Corresponde a la autoridad judicial ponderar en cada caso la concurrencia y efectos de lo que se considera interés del menor, pero serán los Equipos Técnicos los que determinen su contenido, que valorarán en función de las circunstancias y necesidades del menor que evolucionan con el tiempo, lo que requiere una actualización. Para ello, la LORPM garantiza la intervención de estos equipos multidisciplinares durante todo el proceso, incluida la ejecución de las medidas, a través de sus informes orales o escritos.

Pese a lo expuesto y tal como se expondrá seguidamente, el interés superior del menor ha pasado a un segundo plano con las sucesivas modificaciones de los arts. 7, 10 y 13 LORPM operadas desde 2006 hasta la actualidad que han ido limitando el margen de discrecionalidad judicial imponiéndole la adopción de medidas concretas en los supuestos definidos por los citados preceptos; con ello, se da preferencia al carácter retribucionista de la LORPM, sin tener en cuenta su finalidad educativa y resocializadora.

1. FLEXIBILIDAD EN LA IMPOSICIÓN DE LA MEDIDA

Teniendo en cuenta el interés superior del menor, como ya se ha expuesto, la LORPM parte del principio de flexibilidad en la adopción de la respuesta penal que resulte más adecuada ante la comisión de la infrac-

1. El interés superior del menor aparece también mencionado de forma genérica en el art. 6 RD 1774/2004, como principio preferente en la actuación de los profesionales, organismos e instituciones en la ejecución de todas las medidas impuestas al menor en la sentencia.

ción penal por el menor infractor. Así, aunque el art. 7 LORPM enumera las medidas que pueden ser impuestas por el Juez de Menores, no se relaciona cada hecho delictivo con una medida concreta, como ocurre en el derecho penal de adultos, sino que el Juez de Menores, auxiliado por el Equipo Técnico y dentro de ciertos límites, puede elegir aquella medida que sea más adecuada para su reeducación. Esto es, se consagra en la LORPM un modelo de discrecionalidad judicial que tiene por objeto favorecer la individualización de la medida, así como su forma de ejecución, lo que redundará en una mejor atención a las necesidades reeducadoras del menor[2].

La LORPM contiene un amplio catálogo de medidas en su art. 7.1 en coherencia con lo declarado por el art. 40.4 CDN, que establece que el Juez de Menores debe contar con un amplio repertorio de instrumentos para facilitar una flexible intervención que permita una respuesta individualizada conforme a las necesidades e intereses de cada menor, debiéndose crear para ello alternativas a la privación de libertad. De este modo, y a diferencia de la rigidez característica de las reglas de determinación de la pena contenidas en el CP para los adultos infractores, la LORPM prevé un sistema eminentemente flexible en el que, de acuerdo con lo dispuesto en el art. 7.3 LORPM, el Juez de Menores, en el momento de la imposición de la medida, deberá atender «no sólo a la prueba y valoración jurídica de los hechos, sino especialmente a la edad, las circunstancias familiares y sociales, la personalidad y el interés del menor».

Sin embargo, como ya se adelantó, el legislador ha ido reduciendo el ámbito de discrecionalidad judicial imponiendo en determinados casos al Juez de Menores la medida concreta que debe acordar en la sentencia, dejando de lado las concretas necesidades educativas del menor infractor y potenciando la finalidad retributiva de la LORPM. Esta tendencia se inició con la LO 8/2006 cuyo objetivo esencial era, tal como se plasma en su Exposición de Motivos, lograr «una mayor proporcionalidad entre la respuesta sancionadora y la gravedad del hecho cometido» con el fin de evitar el desgaste de la credibilidad de la LORPM por la sensación de impunidad de las infracciones cometidas por menores; y se perpetúa con la LO 10/2022, tal como se expondrá en los apartados siguientes.

2. FLEXIBILIDAD EN LA EJECUCIÓN DE LA MEDIDA IMPUESTA

De acuerdo con el principio de flexibilidad, el Juez de Menores, al amparo del art. 13 LORPM, podrá, de oficio o a instancia del Ministerio Fiscal o del letrado del menor, previa audiencia de éstos e informe del

2. MARTÍNEZ PARDO, V. J., *La ejecución de las medidas en el proceso penal de menores*, Valencia, Tirant Lo Blanch, 2012, www.tirantonline.com.

Equipo Técnico y, en su caso, de la entidad pública de protección o reforma de menores, dejar sin efecto en cualquier momento la medida impuesta, reducir su duración o sustituirla por otra, siempre que la modificación redunde en el interés del menor y se exprese suficientemente a éste el reproche merecido por su conducta[3].

También el Juez de Menores puede fijar el orden de cumplimiento de las medidas cuando sean varias las impuestas o alterar ese orden si conviene al menor. Así, el principio de flexibilidad aparece como un criterio instrumental al servicio de otros principios de relevancia sustancial como los de resocialización del menor o intervención mínima.

Además de esta previsión general contenida en el art. 13 LORPM, la flexibilidad propia de la ejecución de la medida se refleja en otras disposiciones de la LORPM; en concreto, el Juez de Menores, de oficio o a instancia del Ministerio Fiscal o del letrado del menor, y tras oír en todo caso a éstos y a los representantes tanto del Equipo Técnico como de la entidad pública de protección o reforma de menores, podrá actuar de acuerdo con lo previsto en los arts. 40 y 51 LORPM.

En primer lugar, el art. 40 LORPM regula los términos y condiciones en los que se puede acordar la suspensión de la ejecución del fallo. Tal decisión, que no puede afectar al pronunciamiento sobre la responsabilidad civil, podrá adoptarse únicamente cuando la medida impuesta tenga una duración no superior a dos años y sólo se podrá mantener durante un tiempo determinado que no puede exceder de dos años.

Se trata de una suspensión condicional, en cuanto se supedita a que el menor infractor cumpla dos condiciones: que no sea condenado en sentencia firme por delito cometido durante el tiempo que dure la suspensión (si ha alcanzado la mayoría de edad) o que no se le aplique ninguna medida conforme a la LORPM durante ese mismo tiempo; y que asuma el compromiso de mostrar una actitud y disposición de reintegrarse en la sociedad, no incurriendo en nuevas infracciones. Además, el Juez de Menores puede aplicarle un régimen de libertad vigilada durante el plazo de suspensión o la obligación de realizar una actividad socio-educativa, recomendada por el Equipo Técnico o la entidad pública de protección o reforma de menores. El incumpliendo de cualquiera de las condiciones llevará al alzamiento de la suspensión y se procederá a ejecutar la sentencia en todos sus extremos.

---

3. *Vid.*, CALLEJO CARRIÓN, S., «El principio de oportunidad en la LO 5/2000, de 12 de enero, reguladora de la Responsabilidad Penal de los Menores», *Diario La Ley*, núm. 6366, 24 de noviembre de 2005, pág. 11.

En segundo término, el apdo. 1 del art. 51 LORPM reitera la previsión del art. 13 LORPM, que permite al juez competente para la ejecución dejar sin efecto las medidas que se están ejecutando o sustituirlas por otras más adecuadas o reducir su duración[4]; además, en su apdo. 3, tal como ya se expuso, permite una mediación postsentencia en los casos en que «el menor reconozca el daño causado y se disculpe ante la víctima, y ésta acepte sus disculpas».

También en la ejecución de la medida se ha limitado la flexibilidad judicial pues a través de las reformas operadas por la LO 8/2006 y LO 10/2022, se ha restringido el margen de discrecionalidad del Juez de Menores a la hora de modificar, suspender o sustituir las medidas adoptadas.

II. MEDIDAS APLICABLES AL MENOR AUTOR DE VIOLENCIA DE GÉNERO

El art. 7 LORPM incluye un listado de medidas aplicables a los menores; en concreto, internamientos, en régimen cerrado, semiabierto, abierto o internamiento terapéutico (igualmente, en régimen cerrado, semiabierto o abierto); tratamiento ambulatorio; asistencia a un centro de día; permanencia de fin de semana; libertad vigilada; prohibición de aproximarse o comunicarse con la víctima o con aquellos de sus familiares u otras personas que determine el Juez; convivencia con una familia o con un grupo educativo; prestaciones en beneficio a la comunidad; realización de tareas socio-educativas; amonestación; privación del permiso de conducción de ciclomotores o vehículos a motor, del derecho a obtenerlos, o de licencias administrativas para caza o pesca o de licencias administrativas para el uso de cualquier tipo de arma; e inhabilitación absoluta. Además, desde la reforma operada por la LO 10/2022, el Juez de Menores deberá imponer de forma accesoria, en todo caso, ante la comisión de un delito de los previstos en los Capítulos I y II del Título VIII CP, la obligación de someterse a programas formativos de educación sexual y de educación en igualdad (art. 7.5 LORPM). El carácter imperativo de la medida accesoria impide al Juez de Menores dejar sin efecto la medida impuesta en la sentencia de condena por una agresión sexual, si no se ha acreditado que el menor condenado ha cumplido la medida accesoria prevista en el citado precepto.

---

4. Ahora bien, el art. 51.2 LORPM prevé el carácter reversible de la sustitución e incluso el eventual agravamiento de la medida inicialmente impuesta si, tras la sustitución, el menor evoluciona desfavorablemente, lo que merece ser criticado, por contravenir el principio de legalidad en la ejecución al suponer una medida más grave que la impuesta en la sentencia.

La redacción de estos preceptos contrasta con el inciso segundo del art. 19.2 LORPM que, como ya se ha expuesto, condiciona la efectividad del sobreseimiento por conciliación o reparación en los casos de agresiones sexuales y delitos relacionados con violencia de género a que el menor «haya realizado la medida accesoria de educación sexual y de educación para la igualdad».

Llama la atención que el carácter imperativo de la obligación de someterse a programas formativos de educación sexual y de educación en igualdad se prevea de forma imperativa únicamente en los supuestos de comisión de agresiones sexuales en el momento de dictarse la sentencia y cuando, una vez impuesta, la medida quiera dejarse sin efecto, y que su obligatoriedad se amplíe a la violencia de género a los efectos de condicionar la efectividad del sobreseimiento por conciliación o reparación.

No es fácil averiguar si la intención del legislador era la aplicación obligatoria de la medida accesoria sólo ante la comisión de alguno de los delitos contenidos en los Capítulos I y II del Libro VIII CP o también a los supuestos de violencia de género, pero la vigencia del principio de legalidad obliga a la aplicación literal de los arts. 7.5 y 13.1 LORPM de manera que el Juez de Menores deberá imponer la obligación de someterse a programas de educación sexual y para la igualdad sólo cuando se trata de un menor autor de una agresión sexual. Esto no quita que, ante un delito de violencia de género, si así se considera oportuno para atender a las necesidades educativas del menor, se incluya la citada obligación ya sea como medida accesoria o como una pauta más dentro de la libertad vigilada. Aunque no debe perderse de vista que, en muchas ocasiones, las agresiones sexuales se comenten en un contexto de violencia de género, lo que llevaría a la aplicación de los arts. 7.5 y 13.1 LORPM.

Las medidas previstas en el art. 7 LORPM se pueden agrupar en dos categorías, atendiendo a si traen consigo o no la privación de libertad del autor del delito; entre las primeras se incluyen el internamiento en sus distintas modalidades (en régimen cerrado, semiabierto o abierto), el internamiento terapéutico (en régimen cerrado, semiabierto y abierto) y la permanencia de fin de semana. Las restantes sanciones que recoge el mismo precepto no son privativas de libertad, sino que limitan otros derechos; se trata de las medidas de tratamiento ambulatorio, asistencia a centro de día, libertad vigilada, prohibición de aproximarse o comunicarse con la víctima o con aquellos de sus familiares u otras personas que determine el Juez, convivencia con otra persona, familia o grupo educativo, prestaciones en beneficio de la comunidad, realización de tareas socio-educativas, amonestación, privación del permiso de conducir ciclomotores y vehículos a motor, o del derecho a obtenerlo, o de las licencias administrativas para caza o para uso de cualquier tipo de armas e inhabilitación absoluta.

Opta, por tanto, el legislador por el establecimiento de un catálogo de medidas que van de una mayor o una más leve restricción de derechos del menor infractor; desde la total privación de libertad que supone el internamiento en régimen cerrado hasta la simple amonestación por parte del juez.

En este catálogo de medidas, la LORPM no establece ninguna relación clara entre las privativas y no privativas de libertad, a diferencia de lo que se prevé en otras legislaciones, que recogen de forma expresa que, de acuerdo con el principio de subsidiariedad, sólo cabe recurrir a las medidas privativas de libertad en los casos en que las otras medidas no sean suficientes. Ahora bien, no se debe olvidar que el principio de subsidiariedad aparece consagrado en el art. 37 b) CDN que proclama expresamente que «la detención, el encarcelamiento o la prisión de un niño se llevará a cabo de conformidad con la Ley y se utilizará tan sólo como medida de último recurso y durante el período más breve que proceda». Además, para poder cumplir con ese mandato, el art. 40.4 CDN exige que se introduzcan en las legislaciones medidas alternativas a las privativas de libertad.

Pues bien, el Juez de Menores, ante la comisión de un acto de violencia de género por el menor, deberá escoger, entre el catálogo de medidas previsto en el art. 7 LORPM, aquellas que permitan al menor adquirir nuevas pautas de comportamiento en sus relaciones de pareja, evitando en el futuro que se repitan estas situaciones de violencia, física, psíquica o sexual.

Con carácter general, debe apuntarse que, ante la comisión de un acto de violencia de género, el Juez de Menores podrá adoptar cualquiera de las medidas previstas en el catálogo del art. 7 LORPM. Ahora bien, de todas ellas aparecen como más idóneas, por las razones que se exponen en los apartados siguientes, las medidas de libertad vigilada, la prohibición de aproximarse o comunicarse con la víctima o con aquellos de sus familiares u otras personas que determine el Juez, la realización de actividades socioeducativas o prestaciones en beneficio de la comunidad o, en los supuestos de mayor gravedad, el internamiento en cualquiera de las modalidades previstas en la LORPM.

Además, como ya se ha apuntado, en el caso de agresión sexual cometida en un contexto de violencia de género, el Juez de Menores deberá imponer al menor infractor la obligación de someterse a programas formativos de educación sexual y de educación en igualdad (art. 7.5 LORPM).

En los apartados siguientes se destacarán los aspectos que puedan ser de interés en el caso de adopción de una medida en la sentencia de condena al menor autor de un acto de violencia de género.

III. LIBERTAD VIGILADA

La libertad vigilada, por su finalidad educativa, se presenta como la medida definitiva más adecuada para la reeducación y resocialización de los menores autores de violencia de género[5]. Esta medida ya ha sido analizada con detalle en el apartado correspondiente a las medidas cautelares, al que en este momento se hace una remisión general[6], aunque procede realizar alguna matización puesto que la libertad vigilada que el Juez de Menores impone en la sentencia no es una medida cautelar, sino definitiva; en coherencia con ello, su objetivo se concreta no ya en evitar un eventual *periculum in mora* y proteger a la víctima frente a los posibles comportamientos del menor durante la tramitación del proceso, sino en dar una respuesta sancionadora-educativa al menor infractor que responda adecuadamente a su necesaria reeducación y reinserción social. En consecuencia, en este momento procede imponer, además de alguna o algunas de las reglas de conducta que se enumeran en el apdo. h del art. 7.1 LORPM, la obligación de someterse a los programas de intervención de tipo formativo o educativo determinado por el Equipo Técnico con el objeto de que adquiera pautas de comportamiento centradas en el respeto a los derechos de los demás, a la igualdad entre hombres y mujeres, así como el aprendizaje de técnicas de control de impulsos y de resolución de conflictos de forma pacífica. Esto es, debe dotarse al menor infractor de una mayor capacidad y autonomía a la hora de resolver posibles situaciones futuras de violencia de género de forma pacífica, desarrollando las habilidades personales y sociales que sean más adecuadas para ello. Así, deberán plasmarse en el Proyecto Educativo Individualizado del menor los objetivos que se persiguen con esta medida que le permitan adquirir unos hábitos y pautas de conducta respetuosos con las mujeres y evitar la reincidencia; para el cumplimiento de esos objetivos deberán incluirse, entre otros, programas de control de impulsos, de resolución pacífica de conflictos y de igualdad de género y relaciones afectivas.

5. Así se destaca por la FISCALÍA GENERAL DEL ESTADO, *Dictamen 7/2012 sobre criterios de actuación en supuestos de violencia de género* (apdo. VIII.2); igualmente, en el *V Plan de Justicia Juvenil de la Comunidad Autónoma del País Vasco* (2020-2024), Departamento de Igualdad, Justicia y Políticas Sociales. Gobierno Vasco, pág. 161 (www.euskadi.eus).
6. *Vid.* apdo. 5 del Capítulo V.

Se trata, en definitiva, de acordar en relación al menor una intervención socio-educativa individualizada que trate de reeducarlo con el objeto de evitar nuevos episodios de violencia hacia las mujeres; además, pese a que, sin duda, el destinatario de esta medida es el menor, en ocasiones también será necesario intervenir en su medio familiar para lograr que la finalidad de la medida se cumpla.

Como ya se ha apuntado, en todos aquellos casos de comisión de una agresión sexual en un contexto de violencia de género, lo habitual era incluir en ese Proyecto Educativo Individualizado un programa formativo de educación sexual y de educación en igualdad; actualmente, desde la reforma de la LORPM operada por la LO 10/2022, tal como ya se ha apuntado, el Juez de Menores está obligado a imponer esos programas de formación como medida accesoria.

IV. PROHIBICIÓN DE APROXIMARSE O COMUNICARSE CON LA VÍCTIMA O CON AQUELLOS DE SUS FAMILIARES U OTRAS PERSONAS QUE DETERMINE EL JUEZ

Otra de las medidas definitivas más utilizadas en la práctica ante la comisión de un acto de violencia de género por un menor es la prohibición de aproximarse o comunicarse con la víctima o con su entorno. Esta medida tiene en esta jurisdicción siempre carácter potestativo, a diferencia de la de adultos, en la que el mandato imperativo contenido en el art. 57.2 CP, obliga a imponerla en los delitos de violencia de género perpetrados por un mayor de edad. No obstante, si existe un riesgo cierto y objetivable para la víctima, la imposición del alejamiento debe ser la pauta general de actuación,[7].

Ahora bien, ante la falta de contenido educativo de esta medida definitiva, que tiene como primera finalidad dar una adecuada protección a la víctima del delito, lo habitual es adoptarla conjuntamente con una medida de la libertad vigilada junto con otra u otras pautas de conductas de las incluidas en el art. 7.1 h) LORPM, como ya se expuso al analizar las medidas cautelares.

V. PRESTACIONES EN BENEFICIO DE LA COMUNIDAD

Además de la libertad vigilada y la orden de alejamiento, a la vista de las circunstancias concurrentes en el caso concreto, también puede ser adecuado para la reeducación y resocialización del menor autor de un acto de violencia de género, la imposición en la sentencia de la realización de acti-

7. FISCALÍA GENERAL DEL ESTADO, *Dictamen 7/2012* (apdo. VIII).

vidades no retribuidas de interés social o en beneficio de personas en situación de precariedad (art. 7.1.k LORPM).

Como dispone el apdo. 15 de la Exposición de Motivos LORPM «la medida de prestaciones en beneficio de la comunidad, que, en consonancia con el art. 25.2 de nuestra Constitución, no podrá imponerse sin consentimiento del menor, consiste en realizar una actividad, durante un número de sesiones previamente fijado, bien sea en beneficio de la colectividad en su conjunto, o de personas que se encuentren en una situación de precariedad por cualquier motivo. Preferentemente, se buscará la naturaleza de la actividad en que consista esta medida con la de los bienes jurídicos afectados por los hechos cometidos por el menor».

Con esta medida, tratará de relacionarse la naturaleza de las actividades impuestas con la del bien jurídico lesionado por los hechos cometidos por el menor, en cuanto su objetivo será educarlo en el valor social del bien infringido y hacerle comprender que actuó de modo incorrecto; el menor ha de comprender, durante su realización, que la colectividad o determinadas personas han sufrido de modo injustificado unas consecuencias negativas derivadas de su conducta. Se pretende que el sujeto comprenda que actuó de modo incorrecto, que merece el reproche formal de la sociedad y que la prestación de los trabajos que se le exigen es un acto de reparación justo. Por ejemplo, el menor infractor por un acto de violencia de género podrá colaborar en un centro de acogida de mujeres maltratadas donde entrará en contacto directo con personas que sufren las consecuencias de la violencia de género.

VI. REALIZACIÓN DE TAREAS SOCIOEDUCATIVAS

También se presenta como una medida idónea para la reeducación y reinserción de un menor autor de violencia de género la realización «sin internamiento ni libertad vigilada, de actividades específicas de contenido educativo encaminadas a facilitarle el desarrollo de su competencia social» (art. 7.1 L LORPM); esto es, actividades que le ayuden a su desarrollo como persona y a su adaptación a la sociedad, tales como acudir a talleres de aprendizaje sobre resolución de conflictos, aulas de educación en la igualdad, control de impulsos, adquisición de habilidades sociales, prevención del consumo de sustancias tóxicas, entre otras. Todas estas actividades se incluirán en el Proyecto Educativo Individualizado del menor.

Este tipo de tareas tiene un contenido más específico que las incluidas en el programa de intervención de una medida de libertad vigilada, que se adoptará cuando el menor manifieste una conflictividad generalizada; en cambio, la imposición de actividades socio-educativas es adecuada cuando el menor necesita una intervención únicamente en el área de la violencia hacia su pareja. En definitiva, a través de esta medida se intentan cubrir aquellas necesidades concretas del menor, que se perciben como limitadoras de su desarrollo integral.

VII. INTERNAMIENTO

Aunque las expuestas son las medidas definitivas más habitualmente impuestas por los Jueces de Menores ante la comisión de un acto de violencia de género, a la vista de la gravedad del delito y teniendo en cuenta las circunstancias concurrentes, procederá la imposición de un internamiento en cualquiera de las modalidades previstas en la LORPM. En concreto, será posible, en primer lugar, el internamiento en régimen cerrado, que supone la medida más controladora y restrictiva de la libertad del menor por cuanto conlleva el traslado al centro tanto de su residencia como del desarrollo de todas sus actividades básicas diarias (formativas, educativas, laborales y de ocio planificadas en el programa individualizado de ejecución de la medida (arts. 7.1 a) LORPM y 24 RD 1774/2004). Por ello, como veremos, su aplicación se deberá restringir a los delitos más graves (supuestos de los arts. 9.2 y 10 LORPM), y siempre que las necesidades educativas del menor la justifiquen.

En segundo término, el internamiento en régimen semiabierto que supone que los menores deben residir en el centro, pero podrán realizar fuera del mismo «alguna o algunas de las actividades formativas», educativas, laborales y de ocio establecidas en el programa individualizado de ejecución de la medida[8]. No obstante, el art. 7.1 b) LORPM, tras la reforma operada por la LO 8/2006, matiza, en su segundo inciso, que la realización de actividades fuera del centro queda condicionada a la evolución del menor y al cumplimiento de los objetivos previstos en las mismas, facultando, en su caso, al Juez de Menores a suspenderlas por un tiempo determinado, pudiendo acordar que todas las actividades se lleven a cabo dentro del centro (arts. 7.1 b) LORPM y 25 RD 1774/2004)[9].

8. Además de poder disfrutar de permisos de salida ordinarios, salidas de fin de semana y salidas programadas en las condiciones estipuladas en los arts. 45, 46 y 48 RD 1774/2004, respectivamente.

9. Esta facultad judicial debe interpretarse en sentido muy restrictivo, pues si se acuerda que todas las actividades del programa de ejecución de la medida se lleven a cabo dentro del centro, este internamiento semiabierto se convertiría *de facto* en un internamiento en régimen cerrado; *Vid.*, CERVELLÓ DONDERIS, V., *La medida de internamiento en el Derecho Penal del Menor*, Tirant lo Blanch, Valencia, 2009, pág. 94. En este

En tercer lugar, el internamiento en régimen abierto constituye la medida de internamiento «más leve», y se caracteriza porque, si bien el menor reside en el centro de internamiento como domicilio habitual, todas las actividades del proyecto educativo (escolares, formativas y laborales) establecidas en el programa individualizado de ejecución de la medida se llevan a cabo en los servicios normalizados del entorno.

Más en concreto, el art. 26.3 RD 1774/2004 prevé que el tiempo mínimo de permanencia diaria del menor en el centro será de 8 horas y que deberá pernoctar en él. No obstante, esta regla tiene dos excepciones que se aplicarán a propuesta de la entidad pública y con autorización del Juez de Menores: en primer lugar, si el menor realiza en el exterior una actividad formativa o laboral cuyas características lo requieren, se podrá autorizar que no pernocte en el centro durante un período determinado de tiempo, debiendo acudir a éste únicamente con la periodicidad que se establezca para realizar determinadas actividades del programa de ejecución de la medida, entrevistas y controles presenciales[10]; como segunda excepción, si las características personales del menor y la evolución de la medida de internamiento en régimen abierto lo aconsejan, el Juez de Menores podrá acordar que el menor resida en viviendas o instituciones de carácter familiar ubicadas fuera del centro, pero bajo el control de la entidad pública, de modo análogo a las unidades dependientes de adultos previstas en el art. 165 RD 190/1996, de 9 de febrero, por el que se aprueba el Reglamento Penitenciario.

Tal como señala el art. 7.2 LORPM, el internamiento constará de dos períodos; el primero se llevará a cabo en el centro correspondiente, conforme al régimen establecido en la sentencia de condena y, el segundo se llevará a cabo en régimen de libertad vigilada, en la modalidad elegida por el Juez. Corresponde al Equipo Técnico informar respecto del contenido de ambos períodos y el Juez expresará la duración de cada uno en la sentencia; en todo caso, la duración total de la medida no excederá del tiempo que se expresa en los arts. 9 y 10. LORPM.

---

sentido, la FISCALÍA GENERAL DEL ESTADO (*Circular 1/2007, de 26 de noviembre, sobre criterios interpretativos tras la reforma de la legislación penal de menores de 2006*) exige que, a efectos de la adopción por parte del Juez de Menores de una decisión de este tipo, se dé audiencia previa al Ministerio Fiscal y al menor, debiendo el juez motivar en todo caso su decisión.

10. En estos casos, algunos autores defienden la posibilidad de utilizar con estos menores dispositivos de control telemáticos permitidos para adultos por el art. 86.4 del Reglamento Penitenciario. *Vid.*, CERVELLÓ DONDERIS, V., *La medida de internamiento...*, *op. cit.*, pág. 95.

Finalmente, el internamiento terapéutico está específicamente pensado para los menores infractores que padezcan anomalías o alteraciones psíquicas, alteraciones en la percepción que determinen una alteración grave de la conciencia de la realidad o la adicción a bebidas alcohólicas, drogas o sustancias psicotrópicas (art. 7.1.d) LORPM), lo que le convierte en la medida más próxima a las medidas de seguridad de los adultos por su carácter terapéutico.

Atendiendo a las finalidades que asigna la LORPM a esta medida, se pueden distinguir dos tipos de actuaciones dentro del internamiento terapéutico; de un lado, el tratamiento de las adicciones a las bebidas alcohólicas, drogas tóxicas o sustancias psicotrópicas. Para la aplicación de este tratamiento, se hace necesario el consentimiento del menor, de modo que, si éste rechaza el tratamiento de deshabituación, no se le puede aplicar coactivamente, sino que el Juez habrá de aplicarle otra medida adecuada a sus circunstancias (arts. 7.1.d) LORPM y 27.3 RD 1774/2004). Ello se explica porque cualquier tratamiento de deshabituación que no cuente con la voluntariedad del menor está condenado al fracaso. No obstante, la LORPM no establece expresamente cuál debe ser esta otra medida alternativa, aunque de lo dispuesto en los arts. 5.2 y 29, se deduce que será el tratamiento ambulatorio[11]. De otro lado, el tratamiento de anomalías o disfunciones psíquicas; en este caso, la LORPM no menciona la necesidad del consentimiento del menor dada su falta de capacidad cognitiva y volitiva como consecuencia de la anomalía o disfunción que padece. Con todo, deberá procurarse dicho consentimiento y estimularse la participación del menor en dicho tratamiento, pues en otro caso difícilmente podrá tener éxito.

A la hora de tomar la decisión sobre si procede o no la imposición de un internamiento, no se debe olvidar que el mismo, en cualquiera de sus modalidades, constituye el «núcleo duro» de las sanciones previstas en la LORPM[12], y que su adopción debe ser, en consecuencia, un hecho excepcional[13], que, se debe basar en todo caso en el criterio de la «necesidad del

11. Recordemos que el art. 5.2 LORPM dispone que «a los menores en quienes concurran las circunstancias previstas en los números 1.º, 2.º, y 3.º del artículo 20 del vigente Código Penal les serán aplicables, en caso necesario, las medidas terapéuticas a las que se refiere el art. 7.1, letras d) y e), de la presente Ley». *Vid.*, CÁMARA ARROYO, S., *Internamiento de menores y sistema penitenciario*, Ministerio del Interior, Madrid, 2011, pág. 624.

12. BERNUZ BENEITEZ, M. J., «Justicia de menores española y nuevas tendencias penales (La regulación del núcleo duro de la delincuencia juvenil)», en *Revista Electrónica de Ciencia Penal y Criminología*, 07-12, 2005, http://criminet.ugr.es/recpc/07/recpc07-12.pdf.

13. GRUPO DE ESTUDIOS DE POLÍTICA CRIMINAL, *Un proyecto alternativo a la regulación de la responsabilidad penal de los menores*, Tirant lo Blanch, Valencia, 2000, pág. 16.

internamiento», y estar fundado siempre en el interés superior del menor y en la finalidad educativa de las medidas. Como manifiesta la FGE, el internamiento no debe ser entendido como una finalidad en sí misma, somo como un medio, siempre proporcional a las circunstancias, para terminar con situaciones que no tengan otra solución inmediata que la contención del menor[14].

Esto es, la privación de libertad sólo procederá cuando se hayan agotado todas las opciones educativas disponibles en el ámbito comunitario, debiendo imponerse siempre la modalidad de internamiento menos restrictiva y por el menor tiempo posible.

Partiendo del carácter excepcional del internamiento en régimen cerrado, la LORPM establece en su art. 9.2 los requisitos para su adopción por el Juez de Menores; en concreto, se requiere que los hechos estén tipificados como delito grave por el CP o las leyes penales especiales; que, tratándose de hechos tipificados como delito menos grave, en su ejecución se haya empleado violencia o intimidación en las personas o se haya generado grave riesgo para su vida o integridad física; y, finalmente, que los hechos tipificados como delito se cometan en grupo o el menor perteneciere o actuare al servicio de una banda, organización o asociación, incluso de carácter transitorio, que se dedicare a la realización de tales actividades.

Corroborado el cumplimiento de los requisitos expuesto, a efectos de tomar una decisión sobre la imposición de esta medida privativa de libertad, el Juez de Menores deberá valorar de forma conjunta tanto aspectos externos relativos al entorno familiar y social del menor, como internos, referidos a su personalidad y desarrollo psicosocial. En todo caso, la aplicación del internamiento debería limitarse a los casos en que, dada la desestructuración del ámbito familiar y social del menor, así como sus carencias psicosociales, no sea suficiente una intervención puntual sobre un aspecto concreto de su conducta, manteniéndolo en dicho entorno familiar y social, sino que se hace necesaria una intervención y control sobre el contexto socio-educativo en su integridad.

Por otra parte, de considerar adecuada la medida de internamiento, el Juez de Menores deberá determinar su régimen, siendo en todo caso preferible el menos restrictivo, esto es el internamiento en régimen abierto; nuevamente, deberá valorarse la situación personal, educativa, familiar y social del menor a efectos de decidir si el programa educativo impuesto por el Equipo Técnico debe ser desarrollado íntegramente en un centro, fuera

14. FISCALÍA GENERAL DEL ESTADO, *Dictamen 7/2012* (Apdo. VIII).

su ambiente familiar y social, por el efecto negativo que éste puede ejercer sobre la evolución del menor.

Lo expuesto es de completa aplicación en el caso de menor autor de un acto de violencia de género, debiendo decidir el Juez de Menores a la vista de las circunstancias concurrentes, no tanto del hecho delictivo cometido o de la peligrosidad del menor, sino de sus circunstancias personales o sociales, la conveniencia de que el mismo desarrolle el programa de reeducación en temas de igualdad y resolución pacífica de conflictos, elaborado por el Equipo Técnico, fuera de su entorno familiar y social, ingresado en un centro de reforma.

Ahora bien, en relación con el internamiento en régimen cerrado, la LORPM establece unos supuestos en los que se anula la flexibilidad judicial a la hora de determinar la medida que procede aplicar al menor, obligando a su imposición. En concreto, el Juez de Menores deberá acordar un internamiento en régimen cerrado en los supuestos siguientes:

En primer lugar, cuando tratándose de los hechos a los que se refiere el art. 9.2 LORPM, revistan extrema gravedad y sean cometidos por menores que tengan dieciséis o diecisiete años. A tales efectos, se entenderá siempre que los hechos revisten extrema gravedad cuando se aprecie reincidencia (art. 10.1 LORPM). Pues bien, a la hora de aplicar esta disposición, se han de tener en cuenta dos consideraciones: de un lado, resulta cuestionable que una consecuencia tan gravosa como la que prevé este precepto, es decir, la imperativa aplicación de la medida de internamiento en régimen cerrado de uno a seis años se haga depender de una fórmula tan vaga como es que «el hecho revista extrema gravedad». Por ello, tal expresión ha de interpretarse en sentido muy restrictivo, debiendo exigirse, para apreciar la extrema gravedad, que en la ejecución de tal hecho se haya empleado violencia o intimidación con una intensidad fuera de lo normal[15].

De otro lado, la alusión a la reincidencia como elemento determinante de la extrema gravedad de los hechos, implica una remisión tácita a lo dispuesto en el art. 22.8.ª CP, que determina que la misma se puede apreciar «cuando, al delinquir, el culpable haya sido condenado ejecutoriamente por un delito comprendido en el mismo título de este Código siempre que sea de la misma naturaleza», es decir, ha de tratarse de delitos que «ataquen del mismo modo el mismo bien jurídico» (Disp. Transitoria Séptima CP). Además, matiza que, a estos efectos, «no se computarán los antecedentes penales cancelados o que debieran serlo». Siguiendo el criterio mantenido

15. En este sentido, CERVELLÓ DONDERIS, V., *La medida de internamiento..., op. cit.*, págs. 66 y 67.

por la FGE, la concurrencia de la reincidencia debe ser interpretada de forma restrictiva, imponiéndose la aplicación supletoria del CP teniendo en cuenta que las medidas de la LORPM no son propiamente penas y que el régimen de cancelación más favorable al reo es el de las medidas de seguridad; ello lleva a aplicar el art. 137 CP, según el cual las anotaciones de las medidas de seguridad impuestas serán canceladas una vez cumplida o prescrita la respectiva medida. Por consiguiente, no se podrá considerar reincidente al menor, aun cuando hubiera sido condenado anteriormente por un delito comprendido en el mismo título del CP y de la misma naturaleza, si en el momento de cometer el nuevo hecho por el que se procede, ya hubiera cumplido la medida anterior, o ésta hubiera prescrito[16]; o dicho de otro modo, la reincidencia sólo se podrá apreciar cuando el nuevo delito se cometiese mientras el menor está cumpliendo la medida anterior o está pendiente de cumplirla.

A lo expuesto, debe añadirse que la previsión por la que se deben considerar supuestos de extrema gravedad aquellos en los que se aprecie la reincidencia del menor supone tratar a los menores infractores de modo más riguroso que a los adultos, por cuanto, la reincidencia de éstos conlleva un agravamiento de la duración de la pena legalmente impuesta, mientras que, en el caso de los menores, determina la elección de la clase de medida, obligándose al juez a aplicar la más restrictiva de derechos. En consecuencia, los jueces deben aplicar tal previsión de modo muy restrictivo, sin que puedan partir de una presunción de extrema gravedad de los hechos[17].

En segundo lugar, conforme a lo dispuesto en el art. 10.2 LORPM, modificado por la LO 10/2022 y la LO 4/2023, de 27 de abril, para la modificación de la Ley Orgánica 10/1995, de 23 de noviembre, del Código Penal, en los delitos contra la libertad sexual, la Ley de Enjuiciamiento Criminal y la Ley Orgánica 5/2000, de 12 de enero, reguladora de la responsabilidad penal de los menores, el Juez de Menores también está obligado a imponer la medida

16. Y no procederá tener en cuenta ningún otro plazo adicional; en concreto, no se aplicará la previsión contenida en el art. 24 RD 95/2009, de 6 de febrero, por el que se regula el Sistema de registros administrativos de apoyo a la Administración de Justicia, conforme al cual: «Trascurridos diez años, a contar desde que el menor hubiera alcanzado la mayoría de edad y siempre que las medidas judicialmente impuestas hayan sido ejecutadas en su plenitud o hayan prescrito, el Ministerio de Justicia procederá de oficio a la cancelación de cuantas inscripciones de sentencias referentes al mismo consten en el Registro».
En este sentido, *vid.*, FISCALÍA GENERAL DEL ESTADO, *Circular 1/2000* (apdo. V. 3) y Circular 1/2007 (apdo. III.5).
17. CERVELLÓ DONDERIS, V, *La medida de internamiento...*, *op. cit.*, pág. 65.

de internamiento en régimen cerrado cuando el hecho cometido por el menor sea constitutivo de los delitos de homicidio (art. 138 CP), asesinato (art. 139 CP), agresiones sexuales (arts. 178.2 y 3, 179, 180, 181.2, 4, 5 y 6 CP, terrorismo (arts. 571 a 580 CP) o de cualquier otro que tenga señalada pena de prisión igual o superior a quince años. A la hora de imponer la medida deberá tenerse en cuenta la edad del menor en el momento de cometer los hechos; si tuviese catorce o quince años, procederá un internamiento en régimen cerrado de uno a cinco años de duración, complementada en su caso por otra medida de libertad vigilada de hasta tres años. Si el menor tuviere dieciséis o diecisiete años, el internamiento tendrá una duración de uno a ocho años, complementada en su caso por otra de libertad vigilada con asistencia educativa de hasta cinco años; en este supuesto, además, solo podrá hacerse uso de las facultades de modificación, suspensión o sustitución de la medida impuesta a las que se refieren los artículos 13, 40 y 51.1 LORPM cuando haya trascurrido, al menos, la mitad de la duración de la medida de internamiento impuesta[18].

De acuerdo con la redacción actual del art. 10.2 LORPM, y en lo que respecta a los delitos sexuales cometidos en un contexto de violencia de género, el Juez de Menores deberá acordar un internamiento en régimen cerrado cuando se haya empleado violencia o intimidación o abuso de una situación de superioridad o de vulnerabilidad de la víctima o cuando ésta tenga anulada por cualquier causa su voluntad (art. 178.2 y 3 CP), en el caso de violación previsto en el art. 179 CP, cuando la agresión sea cualificada por la concurrencia de alguna de las circunstancias previstas en los arts. 180

18. Debe tenerse en cuenta que, de acuerdo con la STS 471/2022 de 17 de mayo (RJ 2022, 3014), dictada en unificación de doctrina, las formas intentadas de los delitos que se mencionan en el art. 10.2 b) LORPM también llevarían a la imposición del internamiento en régimen cerrado; así señala expresamente que «La conclusión a la que llegó la Audiencia Provincial sobre que el régimen de internamiento preceptivo del artículo 10.2 b) LORPM, debe imponerse a supuestos como el que nos ocupa, en el que el menor fue declarado responsable de una violación intentada, se ajusta de forma impecable a los cánones generalmente aceptados de interpretación sistemática y teleológica de nuestro modelo penal. Y muy en particular, a las implicaciones que se derivan de la consideración de la tentativa como una forma de ejecución del correspondiente delito de la parte especial y no como un tipo objetivo independiente....No hay duda que la opción del legislador fijando un régimen preceptivo de internamiento en régimen cerrado por un periodo mínimo no suspendible ni modificable cuando el niño mayor de dieciséis años haya sido declarado responsable de la comisión de los delitos precisados en la norma, no se hace depender de forma necesaria ni de la pena anudada a la infracción ni, desde luego, de la forma o grado alcanzado de ejecución, sino de la gravedad del delito. Y ello sin perjuicio de que por razones de proporcionalidad deban contemplarse los factores de producción y la naturaleza del delito en la determinación del periodo de internamiento».

y 181 CP, pero no cuando se trate de una agresión sexual simple del art. 178 CP[19]/[20].

Como ya se ha expuesto, esta limitación de la flexibilidad judicial que conlleva el automatismo de la imposición del internamiento en régimen cerrado supone apartarse del interés superior del menor al impedir al juez la valoración de las circunstancias personales, familiares y sociales que rodean al menor y, además, adolece de un rigor excesivo, sobre todo en el tramo de edad entre 16 y 17 años en cuanto no se podrá hacer uso de las facultades de modificación, suspensión o sustitución de la medida impuesta a las que se refieren los artículos 13, 40 y 51.1 LORPM, hasta que no haya trascurrido, al menos, la mitad de la duración de la medida de internamiento impuesta (art. 10.2 b) LORPM)[21].

La limitación de la flexibilidad judicial se extiende también a la imposibilidad de aplicar el régimen general de ejecución del internamiento previsto en el art. 7.2 LORPM, tal como se coge en la STS 74/2014 de 12 de febrero de 2014, dictada en unificación de doctrina, que señala que la previsión contenida en el art. 10.2 LORPM es de carácter especial para una situación concreta vinculada a la gravedad del delito cometido que lleva a la inaplicación de las normas previstas con carácter general[22].

19. *Vid.*, en esta misma línea, la posición mantenida por la FISCALÍA GENERAL DEL ESTADO (*Circular 1/2007*, apdo. III.6) en relación con la redacción del art. 10.2 LORPM anterior a la reforma operada por la LO 10/2022.

20. La modificación del art. 10.2 operada por la LO 10/2022 supuso la inclusión de todas las agresiones sexuales como supuestos de aplicación imperativa del internamiento en régimen cerrado, en cuanto hacía una referencia expresa a los delitos tipificados en los arts. 178 a 183 CP, sin ningún tipo de discriminación. Esta previsión suponía una manifiesta desproporción en la aplicación de la respuesta penal ante la comisión de algunos delitos sexuales y, además, incumplía el mandato contenido en el art. 8 LORPM que prohíbe la imposición de consecuencias más graves a los menores que a los adultos. Esta situación se solventa con reforma del art. 10.2 LORPM operada por la LO 4/2023.

21. Antes de la reforma del art. 10.2 LORPM operada por la LO 4/2023, frente al automatismo del internamiento en régimen cerrado, el Juez de Menores podía utilizar la vía de la suspensión de la medida al amparo del art. 40 LORPM; sin embargo, con la redacción actual del art. 10.2 LORPM esa suspensión, también queda limitada a que el menor hay cumplido la mitad de la duración de la medida de internamiento impuesta.

22. Concretamente, la STS 74/2014 de 12 de febrero (RJ 2014, 915) señala que «el régimen de cumplimiento imperativo de una medida de internamiento constituye una disposición especial que siempre deberá aplicarse (art. 10.2. b inciso segundo) en los supuestos de delitos de extrema gravedad en los términos definidos por dicho art. 10 de la L.O.R.P.M. Desde una interpretación gramatical de la norma, parece obvio que el precepto es especial y dispone una formulación específica para una situación especial, cual es la gravedad del hecho objeto del enjuiciamiento y del reproche contenido

En el caso del menor autor de violencia de género, puede tener especial interés el internamiento terapéutico como media a adoptar cuando el mismo padezca anomalías o alteraciones psíquicas, que determinen una alteración grave de la conciencia de la realidad o la adicción a bebidas alcohólicas, drogas o sustancias psicotrópicas (art. 7.1.d) LORPM; en estos casos, se tratará de someter al menor a un tratamiento para paliar esas anomalías o disfunciones psíquicas o de deshabituación del consumo de alcohol, drogas u otras sustancias, respectivamente.

En cuanto a los centros en los que se puede cumplir esta medida, el art. 7.1.d) LORPM da a entender que deben ser centros de naturaleza específicamente terapéutica («En los centros de esta naturaleza se realizará...»), debidamente adaptados y con el personal especializado para atender a los menores infractores que padezcan las referidas alteraciones o adicciones. No obstante, el art. 27 RD 1774/2004, omite cualquier referencia a la naturaleza del centro en el que se ha de cumplir la medida, por lo que parece admitir que se cumpla en un centro que no sea específicamente terapéutico, bastando con que, durante el internamiento, se le preste al menor la atención educativa especializada o el tratamiento adecuado para su anomalía o adicción. Como apunta ORNOSA FERNÁNDEZ, de este modo se evita el coste que conlleva la creación y mantenimiento de los centros de internamiento terapéutico, pero se puede perjudicar gravemente el interés del menor necesitado de esta medida al verse privado del necesario tratamiento en un centro especializado con personal educador y médico formado al efecto[23].

Finalmente, también cabe destacar que, tras la reforma llevada a cabo por la LO 8/2006, el art. 7.1.d) LORPM establece expresamente los tres regímenes en los que puede desarrollarse el internamiento terapéutico (cerrado, semiabierto y abierto), pero no define las peculiaridades de cada uno de ellos, por lo que se deben entender de forma análoga a los regímenes de las medidas de internamiento previstas en los apartados anteriores de este mismo precepto. Ello es un indicio más de que el legislador ha renunciado a que esta medida se tenga que cumplir en centros específicamente terapéuticos, permitiendo que los menores afectados por problemas mentales o drogadicciones sean tratados en centros cerrados, semiabiertos o abiertos, conviviendo con otros menores que tienen otros problemas y están some-

---

en la sentencia. Se trata de un delito muy grave, el delito de agresión sexual, así considerado en el art. 10.2 de la LORPM en la relación de delitos que expresa y al que corresponde unas concretas prevenciones sobre las medidas que corresponde imponer». Igualmente, STS 737/2023 de 5 de octubre (RJ 2023, 4879).

23. ORNOSA FERNÁNDEZ, R., *Derecho Penal de Menores*, Bosch, Barcelona, 2007, pág. 208.

tidos a tratamientos diferentes, lo que, sin duda, pone en riesgo el éxito del tratamiento[24].

24. *Vid.*, CÁMARA ARROYO, S., *Internamiento de menores..., op. cit.*, pág. 628.

Bibliografía

ABADÍAS SELMA, A., CÁMARA ARROYO, S., SIMÓN CASTELLANO, P. (Coords.), *Tratado sobre delincuencia juvenil y responsabilidad penal del menor*, La Ley, Madrid, 2021.

AGUILERA MORALES, M., «Las medidas cautelares en la Ley de Responsabilidad Penal del Menor (o crónica de un despropósito)», *Tribunales de Justicia*, núm. 3, 2003.

ALCÁCER GUIRAO, R., «Testimonio de menores y garantías de un proceso equitativo. Consideraciones al hilo de la STC 174/2011, de 7 de noviembre», *La Ley Penal*, núm. 100, enero-febrero 2013.

ALCALÁ PÉREZ-FLORES, R., «La dispensa del deber de declarar de la víctima de violencia de género: interpretación jurisprudencial» (http://www.poderjudicial.es/stfls/PODERJUDICIAL/DOCTRINA/FICHERO/Alcal%C3%A1%20P%C3%A9rez-Florez,%20Rafael_1.0.0.pdf)

ÁLVAREZ RAMOS, F., «Mediación penal juvenil y otras soluciones extrajudiciales», International e-Journal of Criminal Sciences, Artículo 3, núm. 2, 2008, http://www.ivac.ehu.es

ARANGÜENA FANEGO, C.; DE HOYOS SANCHO, M., PILLADO GONZÁLEZ, E. (Dirs.); Freitas, P., El *proceso penal ante la nueva realidad tecnológica europea*, Aranzadi, Cizur Menor, 2023.

ARANGÜENA FANEGO, C., «Declaración de personas vulnerables y preconstitución de la prueba en el proceso penal», *Revista Brasileira de Direito Processual Penal*, Porto Alegre, v. 8, n. 3, set.-dez. 2022, págs. 1093 a 1125.

ARMENTA DEU, T., «Regulación legal y valoración probatoria de fuentes de prueba digital (correos electrónicos, WhatsApp, redes sociales): entre la insuficiencia y la incertidumbre», *IDP, Revista de Internet, Derecho y Política*, núm. 27, septiembre, 2018.

ARRABAL PLATERO, P., «La prueba documental como medio para aportar evidencias tecnológicas», *Elderecho.com*, https://elderecho.com/la-prueba-documental-como-medio-para-aportar-evidencias-tecnologicas.

ARROM LOSCOS, R., «La protección de las víctimas de violencia de género y de violencia doméstica "ex" art. 544 ter de la LECrim. Especialidades en el caso de víctimas menores de edad», *Revista Aranzadi de Derecho y Proceso Penal*, núm. 28/2012, (BIB 2012, 1020) http://www.aranzadidigital.es/

«La declaración del menor víctima en el proceso penal; en especial el menor víctima de delito sexual. La relevancia del nuevo Artículo 433 de la Ley de Enjuiciamiento Criminal», Riedpa.com, *Revista Internacional de Estudios de Derecho Procesal y Arbitraje*, núm. 3, 2015, http://riedpa.com/COMU/documentos/RIEDPA31501.PDF.

ARANDA JURADO, M., *La mediación penal juvenil en España*, Tirant Lo Blanch, Valencia, 2022.

ASENCIO MELLADO, J. M. y FUENTES SORIANO, O. (Dirs.), *El proceso como garantía*, Atelier, Barcelona, 2023.

BARONA VILAR, S. (Dir.), *Justicia poliédrica en período de mudanza. Nuevos conceptos, nuevos sujetos y nueva intensidad*, Tirant lo Blanch, Valencia, 2022.

BELTRÁN MONTOLIU, A., «Víctima de violencia de género y la dispensa del art. 416 LECrim: evolución jurisprudencial». *Revista de Derecho Penal y Criminología*, núm. 19, 2018.

BERNUZ BENEITEZ, M. J., «Justicia de menores española y nuevas tendencias penales (La regulación del núcleo duro de la delincuencia juvenil)», en *Revista Electrónica de Ciencia Penal y Criminología*, 07-12, 2005 http://criminet.ugr.es/recpc/07/recpc07-12.pdf.

BLÁZQUEZ PEINADO, M. D., «Víctimas vulnerables y menores en el proceso penal en el ámbito de la Unión Europea», *Revista General de Derecho Procesal*, 52 (2020), págs. 1 a 24.

BOADO OLABARRIETA, M., «El defensor judicial en el proceso penal. Reflexiones sobre el artículo 26.2 del Estatuto de la Víctima del Delito», *Revista jurídica de Castilla y León*, núm. 49, 2019, págs. 43 y ss.

BONILLA, J., «La participación en el proceso penal de la víctima menor de edad. El ejercicio de la dispensa de la obligación de declarar», *Teoría & Derecho. Revisa de pensamiento jurídico*, núm. 34, 2023.

BUJOSA VADELL, L., MARTÍN DIZ, F. (Dirs.), *Menores y justicia juvenil,* Thomson Reuters Aranzadi. Cizur Menor, 2021.

Menores infractores: predicción, gestión del riesgo e intervención, Thomson Reuters Aranzadi. Cizur Menor, 2022.

BUENO BENEDÍ, M., «La prueba en los procedimientos de violencia sobre la mujer cometidos a través de las nuevas tecnologías», *Revista Acta Judicial,* núm. 7, enero-junio 2021.

BUENO DE MATA, F., «Reflexiones críticas acerca de las medidas de oportunidad en el proceso de menores: especial referencia a la mediación penal», *La Ley Penal,* núm. 143, 2020.

CABALLERO GEA, J.A., *Violencia de género. Juzgados de violencia sobre la mujer penal y civil. Síntesis y ordenación de la doctrina de los Tribunales y Fiscalía General del Estado,* Dykinson, Madrid, 2013.

CALATAYUD PÉREZ, E., «Capítulo V. Instrucción del procedimiento (Títulos tercero y cuarto. Artículos 28, 29, 30, 31, 32, 33, 34, 35, 36 y 37)», en *Justicia de menores: una justicia mayor (Comentarios a la Ley Reguladora de la Responsabilidad Penal de los Menores),* Consejo General del Poder Judicial, Manuales de Formación Continuada, 9, 2000.

CALLEJO CARRIÓN, S., «El principio de oportunidad en la LO 5/2000, de 12 de enero, reguladora de la Responsabilidad Penal de los Menores», *Diario La Ley,* núm. 6366, 24 de noviembre de 2005, www.laley.net

CÁMARA ARROYO, S., «Estudios criminológicos contemporáneos (IX): La Cibercriminología y el perfil del ciberdelincuente», *Derecho y cambio social,* núm. 60, 2020, págs. 470 y ss.

Internamiento de menores y sistema penitenciario, Ministerio del Interior, Madrid, 2011, pág. 628.

CARRERA DOMÉNECH, J., «La orden de protección en el marco de la justicia penal de adolescentes», *Sentencias de TSJ y AP y otros Tribunales núm. 3/2005. Parte comentario,* BIB 2005/1016, http://aranzadi.aranzadi digital.es

CERVELLÓ DONDERIS, V., *La medida de internamiento en el Derecho Penal del Menor,* Tirant lo Blanch, Valencia, 2009.

COLÁS TURÉGANO, M. A., «La tutela del menor víctima de la violencia de género. Marco normativo procesal y penal», *Revista Boliviana de Derecho,* núm. 32, julio 2021, págs. 650 y ss.

«Mediación juvenil: marco teórico y aproximación estadística» en Meditaciones sobre mediación (ed. Barona Vilar), Tirant Lo Blanch, Valencia, 2022, págs. 437 y ss.

CONDE FUENTES, J. Y SERRANO HOYO, G. (Dirs.), *La justicia digital en España y en la Unión Europea*, Atelier, Barcelona, 2019.

CONSEJO GENERAL DEL PODER JUDICIAL, *Seminario de Formación Organizado por el Consejo General del Poder Judicial para Magistrados pertenecientes a Secciones especializadas en Violencia de Género* (celebrado en Madrid los días 30 de noviembre y 1 y 2 de diciembre de 2005).

Guía de criterios de actuación judicial frente a la violencia de género, 2013, https://www.poderjudicial.es/cgpj/es/Poder_Judicial/En_Portada/Guia_de_criterios_de_actuacion_judicial_frente_a_la_violencia_de_genero

COMITÉ DE DERECHOS DEL NIÑO, *Observación general núm. 25 (2021), relativa a los derechos de los niños en relación con el entorno digital.*

Observación general núm. 24, de 18 de septiembre de 2019, relativa a los derechos del niño en el sistema de justicia juvenil.

Observación general núm 14, de 29 de mayo de 2013, sobre el derecho del niño a que su interés superior sea una consideración primordial.

CRUZ MÁRQUEZ, B., «La mediación en la Ley Orgánica 5/2000, reguladora de la responsabilidad penal de los menores: conciliación y reparación del daño», *Revista Electrónica de Ciencia Penal y Criminología*, 2005, págs. 1 y ss., http://criminet.ugr.es/recpc.

CUAIRÁN, J., «La aportación de WhatsApps como medio de prueba en el procedimiento penal», *Diario La Ley*, núm. 9219, Sección Tribuna, 2018 (La Ley 5337/2018).

CUBILLO LÓPEZ, J. I., *La protección de testigos en el proceso penal*, Thomson Reuters Civitas, Madrid, 2009.

DEFENSOR DEL PUEBLO, *Estudio sobre la escucha del menor, víctima o testigo*, Madrid, 2015, https://www.defensordelpueblo.es/wp-content/uploads/2015/05/Ver-estudio.pdf

DE HOYOS SANCHO, M. (Dir.), *La víctima del delito y las últimas reformas procesales*, Thomson Reuters Aranzadi, Cizur Menor, 2017.

DE LA ROSA CORTINA, J. M., «Medidas cautelares en protección de la víctima y proceso penal de menores», *Diario La Ley*, núm. 6927, de 17 de abril de 2008 (www.laley.net)

«La acusación particular en el proceso penal de menores: primeras reflexiones tras la reforma 15/2003», Thomson-Reuters Aranzadi (BIB 2004, 320).

DELEGACIÓN DEL GOBIERNO CONTRA LA VIOLENCIA DE GENERO, *Guía de derechos para las mujeres víctimas de violencia de género*, 2022, https://violenciagenero.igualdad.gob.es

El ciberacoso como forma de ejercer la Violencia de Género en la Juventud: un riesgo en la sociedad de la información y del conocimiento, Madrid, 2014, https://violenciagenero.igualdad.gob.es/wp-content/uploads/Libro_18_Ciberacoso.pdf.

DELGADO MARTÍN, J., «La prueba del Whatsapp», *Diario La Ley*, núm. 8605, Sección Tribuna, 2015 (La Ley 5350/2015).

DEPARTAMENTO DE IGUALDAD, JUSTICIA Y POLÍTICAS SOCIALES. *Gobierno Vasco, V Plan de Justicia Juvenil de la Comunidad Autónoma del País Vasco* (2020-2024), www.euskadi.eus

DEL POZO PÉREZ, M. Y BUJOSA VADELL, L. (Dirs.), *Proceso penal y víctimas especialmente vulnerables. Aspectos interdisciplinares*, Thomson-Aranzadi, Cizur Menor, 2019.

DE URBANO CASTILLO, E. y DE LA ROSA CORTINA, J. M., *La Responsabilidad Penal de los Menores (Adaptada a la LO 8/2006, de 4 de diciembre)*, Thomson-Aranzadi, Pamplona, 2007.

DÍAZ-AGUADO, M.ª J., MARTÍNEZ ARIAS, R., MARTÍN BARBERO, J. y FALCÓN, L., *La situación de la violencia contra las mujeres en la adolescencia en España*, Delegación del Gobierno contra la Violencia de Género, Madrid, 2021, https://violenciagenero.igualdad.gob.es/wp-content/uploads/Estudio_ViolenciaEnAdolescencia.pdf.

DÍAZ-MAROTO Y VILLAREJO, J. (Dir.), *Comentarios a la Ley Reguladora de la Responsabilidad Penal de los Menores*, Madrid, 2019.

DÍAZ MARTÍNEZ, M., «El Ministerio Fiscal "Director de la Investigación" en el *Proceso Penal de Menores*», en *El Ministerio Fiscal-Director de la Instrucción* (Dir. Gimeno), Iustel, Madrid, 2006.

DÍAZ MARTÍNEZ, M., y LUACES GUTIÉRREZ, A. I., «El proceso penal de menores (I)», *Derecho Penal Juvenil* (Edit. Vázquez González y Serrano Tárraga), Dykinson, Madrid, 2008.

DÍAZ TORREJÓN, P., «La protección de la víctima menor de edad en el proceso penal. Incidencia de la entrada en vigor de la Ley 4/2015 de 27 de abril, del estatuto de la Víctima del delito», http://www.fiscal.es

DOLZ LAGO, M. J., «La instrucción penal del fiscal en el nuevo proceso de menores: contenido y límites», *Justicia Penal de menores y jóvenes (Análisis sustantivo y procesal de la nueva regulación)* (Coords., González Cussac, Tamarit Sumalla; y Gómez Colomer), Tirant lo Blanch, Valencia, 2002, págs. 263 a 310.

ESTEVE MALLENT, L., «La violencia de género entre adolescentes», *La violencia de género en la adolescencia* (Dir. García González), Thomson-Aranzadi, Pamplona, 2012.

FERNÁNDEZ MOLINA, E., «El internamiento de menores. Una mirada hacia la realidad de su aplicación en España», en *Revista Electrónica de Ciencia Penal y Criminología,* núm. 14-18 (2012), pág. 6 (http://criminet.ugr.es/recpc/14/recpc14-18.pdf).

FISCALÍA GENERAL DEL ESTADO, *Circular 1/2000, de 18 de diciembre, relativa a los criterios de aplicación de la Ley Orgánica 5/2000, de 12 de enero, por la que se regula la responsabilidad penal de los menores.*

Circular 4/2005, de 19 de julio, relativa a los criterios de aplicación de la Ley de Medidas de Protección Integral contra la Violencia de Género.

Circular 1/2007, de 26 de noviembre, sobre criterios interpretativos tras la reforma de la legislación penal de menores de 2006.

Circular 3/2009, de 10 de noviembre, sobre protección de los menores víctimas y testigos.

Circular 1/2010, sobre el tratamiento desde el sistema de justicia juvenil de los malos tratos de los menores contra sus ascendientes.

Circular 6/2011, de 2 de noviembre, sobre criterios para la unidad de actuación especializada del Ministerio Fiscal en relación a la violencia sobre la mujer.

Circular 9/2011, sobre criterios para la unidad de actuación especializada del Ministerio Fiscal en materia de reforma de menores.

Consulta 3/2004, de 26 de noviembre, sobre la posibilidad de adoptar la medida cautelar de alejamiento en el Proceso de menores.

Consulta 4/2005, de 7 de diciembre, sobre determinadas cuestiones en torno al derecho a la asistencia letrada en el proceso penal de menores.

Dictamen 7/2012, sobre criterios de actuación en supuestos de violencia de género.

Dictamen 2/2013, sobre posibilidades de aplicación cautelar de determinadas medidas no mencionadas en el art. 28 LORPM.

Dictamen 4/2014, sobre la posibilidad de acordar la retirada de pasaporte a un menor de edad como medida cautelar en la justicia juvenil.

Dictamen 1/2016, sobre adaptación de la Ley 4/20165, del Estatuto de la Víctima del delito, al ámbito de la justicia juvenil.

Dictamen 1/2016, sobre la valoración de las evidencias en soporte papel o en soporte electrónico aportados al proceso penal como medio de prueba de comunicaciones electrónicas.

Instrucción 3/2002, de 1 de marzo, sobre actos procesales que pueden celebrarse a través de videoconferencia.

Instrucción 10/2005, de 6 de octubre, sobre el tratamiento del acoso escolar desde el sistema de justicia juvenil.

Memoria *de la Fiscalía General del Estado 2010* (www.fiscal.es)

Memoria *de la Fiscalía General del Estado 2011* (www.fiscal.es)

Memoria *de la Fiscalía General del Estado 2012* (www.fiscal.es)

Memoria *de la Fiscalía General del Estado 2013* (www.fiscal.es)

Memoria *de la Fiscalía General del Estado 2014* (www.fiscal.es)

Conclusiones del Seminario «*La Dispensa de la Obligación de Declarar del Art. 416 LECrim*» (20 a 22 de mayo de 2009) (http://www.poderjudicial.es/stfls/cgpj/Doc%20Temporales/Publicaciones/Conclusiones%20de%20seminarios/FICHERO/SE0900303_1.0.0.pdf)

FUENTES SORIANO, O., «Los procesos por violencia de género. Problemas probatorios tradicionales y derivados del uso de las nuevas tecnologías», *Revista General de Derecho Procesal*, núm. 44, 2018.

FUNDACIÓN ANAR, *Evolución de la violencia contras las mujeres en la infancia y adolescencia en España (2018-2022), según su propio testimonio*, 2022, https://www.anar.org/fundacion-anar-presenta-un-estudio-sobre-la-evolucion-de-la-violencia-contra-las-mujeres-en-la-infancia-y-adolescencia/

FUNDACIÓN FERNANDO POMBO, *Violencia de género por medios digitales en la adolescencia. Dudas legales más frecuentes*, Madrid, 2021, https://proyectosluzcasanova.org/wp-content/uploads/2022/01/Guia-Violencia-de-genero-por-medios-digitales-en-la-adolescencia.pdf.

GARCÍA-ROSTÁN CALVÍN, G., *El proceso Penal de Menores (Funciones del Ministerio Fiscal y del Juez de la instrucción, el período intermedio y las medidas cautelares)*, Thomson-Aranzadi, Pamplona, 2007.

GARCÍA ESTEBAN M. D., «Cuestiones sobre violencia en los menores y problemas de competencia», *Encuentro sobre el servicio de guardia en los Juzgados de Primera Instancia e Instrucción con competencia en violencia sobre la mujer, Cuadernos Digitales de Formación*, CGPJ, núm. 2, 2013.

«Delitos sexuales entre adolescentes», Tribuna, Lefebvre, 2023, https://elderecho.com/delitos-sexuales-entre-adolescentes

GARCÍA ESTEBAN, D. y GUTIÉRREZ ALBENTOSA, J. M., «Criterios para la interpretación del término "graves" del art. 19.1 de la Ley penal del menor en el proceso de mediación», *La Ley-penal*, núm. 156, 2022.

GARCÍA GONZÁLEZ, J., *La violencia de género en la adolescencia*, Thomson Reuters Aranzadi, Cizur Menor, 2012.

GARCÍA HERNÁNDEZ, G., «Equipo técnico y medidas judiciales», Centro de Estudios Jurídicos, 2013, https://www.cej-mjusticia.es/sede/publicaciones

GARCÍA INGELMO, F. M., «Ejercicio del principio de oportunidad en la jurisdicción de menores. Supuestos legales. Cuestiones prácticas y Directrices de la FGE», en Curso: *Seminario de especialización en menores: Responsabilidad penal y protección. Novedades legislativas*, Madrid, del 29 al 31 de marzo de 2017, https://www.fiscal.es

«Violencia de género en parejas adolescentes. Respuestas desde la jurisdicción de menores» en *II Congreso para el estudio de la violencia contra las mujeres. Sevilla, 28 y 29 de noviembre de 2011* (http://www.congresoestudioviolencia.com/2011/ponencias.php).

«La prueba pericial en el proceso penal de menores. Especial referencia al informe del equipo técnico», *Estudios Jurídicos,* Ministerio de Justicia, 2011.

GARCÍA PÉREZ, O., GARCÍA PÉREZ, O., «La posición del menor y el perjudicado en el Derecho Penal de menores», *Estudios Jurídicos. Ministerio Fiscal,* núm. 1, 2002, págs. 707 y ss.

«La mediación en el sistema español de justicia penal de menores», Criminalidad, 2011, págs. 73 y ss. https://www.policia.gov.co/revistacriminalidad/

GARCÍA RODRÍGUEZ, M. J., «Exploración del menor-víctima durante la fase de instrucción y su valor como prueba preconstituida en el acto del juicio oral: un examen a la luz de la reciente jurisprudencia del Tribunal Supremo», *Revista General de Derecho Procesal,* núm. 36, 2015.

«La respuesta del Derecho Penal de menores a la violencia de género en parejas jóvenes y adolescentes», Revista General de Derecho Procesal, núm. 35, 2021.

GARCÍA-ROSTÁN CALVÍN, G., *El Proceso Penal de Menores (Funciones del Ministerio Fiscal y del Juez en la instrucción, el período intermedio y las medidas cautelares),* Thomson-Aranzadi, Pamplona, 2007.

GARRIDO CARRILLO. F. J., *Principios y garantías del proceso penal de menores,* Aranzadi, Cizur Menor, 2023.

GRUPO EUROPEO DE MAGISTRADOS POR LA MEDIACIÓN, «Aportes del grupo de trabajo de Justicia Restaurativa. Mapa preliminar de Justicia Restaurativa en España», págs. 7 y ss., https://mediacionesjusticia.com/aportes-alep

GIMENO SENDRA, V., *Derecho Procesal Penal,* Thomson-Reuters, Madrid, 2012.

GUIMERÁ FERRER-SAMA, R., «La dispensa de la obligación de declarar de las víctimas de la violencia de género: algunas cuestiones» (http://blog.sepin.es/2013/05/la-dispensa-de-la-obligacion-de-declarar-de-las-victimas-de-la-violencia-de-genero-algunas-cuestiones/).

GÓMEZ COLOMER, J. L., *Violencia de género y proceso,* Tirant lo Blanch, Valencia, 2007 (http://tirantonline.com).

GÓMEZ CONESA, A., «El papel de whatsapp y redes sociales en el proceso penal del Siglo XXI (1)», *Diario La Ley*, núm. 9858, Sección Tribuna, 2021 (La Ley 5309/2021).

GÓMEZ RECIO, F., «El acusador particular en la Ley Orgánica de Responsabilidad Penal de los Menores. Reflexiones tras la reforma efectuada por la Ley Orgánica 15/2003, de 25 de noviembre», *Noticias jurídicas. Artículos doctrinales*, septiembre 2004 (http://noticias.juridicas.com/articulos/65-Derecho%20Procesal%20Penal/200409-547614191110353777.html).

GONZALEZ CANO, I., «Valoración de las reformas procesales operadas por la LO 8/2006, de 4 de diciembre, por la que se modifica la Ley Orgánica de Responsabilidad Penal de los Menores» (I y II), *Diario La Ley*, núms. 6742 y 6743, 25 y 26 de junio de 2007.

GONZÁLEZ CUSSAC, J., TAMARIT SUMALLA, J. y GÓMEZ COLOMER, J. L. (Coord.), *Justicia penal de menores y jóvenes (Análisis sustantivo y procesal de la nueva regulación)*, Tirant lo Blanch, Valencia, 2002.

GONZÁLEZ MONJE, A., *La dispensa del deber de declarar en violencia de género. Problemas planteados y soluciones propuestas*, Thomson Reuters Aranzadi, Cizur Menor, 2019.

«La declaración de la víctima de violencia de género como única prueba de cargo: últimas tendencias jurisprudenciales en España», *Rev. Bras. De Direito Processual Penal*, Porto Alegre, vol. 6, núm. 3, 2020, págs. 1627 a 1660.

GONZÁLEZ PILLADO, E. (Coord.), *Proceso Penal de Menores*, Tirant lo Blanch, Valencia, 2008.

Mediación con menores infractores en España y los países de su entorno, Tirant Lo Blanch, Valencia, 2012.

GONZALO RODRÍGUEZ, M.ª T., «La declaración de la víctima de violencia de género: buenas prácticas para la toma de declaración y valoración judicial», *Revista Jurídica de Castilla-La Mancha*, 2020, núm. 51, págs. 99 a 138.

GRANDE SEARA, P. y PILLADO GONZÁLEZ, E., *La justicia penal ante la violencia de género ejercida por menores*, Tirant Lo Blanch, Valencia, 2016.

GRUPO DE ESTUDIOS DE POLÍTICA CRIMINAL, *Un proyecto alternativo a la regulación de la responsabilidad penal de los menores*, Tirant lo Blanch, Valencia, 2000.

GUZMÁN FLUJA, V., *Anticipación y preconstitución de la prueba en el proceso penal*, Tirant lo Blanch, Valencia, 2006.

HERNÁNDEZ GALILEA, J. M., «Análisis procesal del informe del equipo técnico», *Congreso Justicia Juvenil. Nuevos retos, nuevas propuestas*, Generalitat de Catalunya. Departament de Justícia, Barcelona, 2002.

Guía práctica de la Ley Orgánica 1/2004, de 28 de diciembre, de Medidas de Protección Integral contra la Violencia de Género (elaborada por el Observatorio contra la Violencia Doméstica y de Género (www.poderjudicial.es)

Informe Teléfono ANAR Violencia de género 2014, de la Fundación ANAR (Ayuda a Niños y Adolescentes en Riesgo) (http://www.anar.org/documentacion/)

Informe del Grupo de Expertos en Violencia Doméstica y de Género del Consejo General del Poder Judicial acerca de los problemas técnicos detectados en la aplicación de la Ley 1/2004 de medidas de protección integral contra la violencia de género y sugerencias de reforma legislativa que los abordan (de 20 de abril de 2006) (www.poderjudicial.es).

Informe del Grupo de Expertos y Expertas en Violencia Doméstica y de Género del Consejo General del Poder Judicial acerca de los problemas técnicos detectados en la aplicación de la Ley Orgánica 1/2004, de medidas de protección integral contra la violencia de género, y en la de la normativa procesal, sustantiva u orgánica relacionada, y sugerencias de reforma legislativa que los abordan (de 11 de enero de 2011) (www.poderjudicial.es).

Informe Anual del Observatorio Estatal de Violencia sobre la Mujer, Ministerio de Trabajo y Asuntos Sociales, Madrid, 2007, http://www.msssi.gob.es/ssi/violenciaGenero/publicaciones/observatorioestatalVM/InformesAnuales/Informes_anuales/I_Informe_Anual.htm).

JIMÉNEZ MARTÍN, J., «El derecho a la asistencia letrada del menor de edad sospechoso o acusado: cuestiones derivadas de las directivas europeas», *Revista de estudios europeos, núm. Extraordinario, Cooperación judicial transfronteriza y garantías procesales* (Coord. Arangüena Fanego y de Hoyos Sancho), 2019, págs. 118-143;

«Garantías procesales de los menores sospechosos o acusados en el proceso penal: cuestiones derivadas de la Directiva 2016/800, de 11 de mayo», en *Garantías procesales de investigados y acusados. Situación actual en el ámbito de la Unión Europea* (Dirs. Arangüena Fanego, C. y De Hoyos Sancho), Tirant lo Blanch, Valencia, 2018, págs. 177-200.

LEGAZ CERVANTES, F. (Dir.), BUENO ARÚS, F. (Coord.), *Comentarios al Reglamento de la Ley Orgánica 5/2000, reguladora de la responsabilidad penal de los menores*, Fundación Diagrama, 2008.

LÓPEZ LÓPEZ, A. M., *La instrucción del Ministerio Fiscal en el procedimiento de menores*, Comares, Granada, 2002;

La ley orgánica reguladora de la responsabilidad penal de los menores (Comentarios, concordancias y jurisprudencia), Comares, Granada, 2004.

MADRIGAL MARTÍNEZ-PEREDA, C. «La violencia familiar y de género ejercida por menores», 2009, http://www.poderjudicial.es/cgpj/es/Temas/Violencia_domestica_y_de_genero/Actividad_del_Observatorio/Premios_y_Congresos/relacionados/La_violencia_familiar_y_de_genero_ejercida_por_menores

MAGRO SERVET, V., «Propuestas para una reforma legal integral en materia de violencia doméstica», *La Ley*, núm. 5210, 2000 (www.laley.net).

«La valoración de la declaración de la víctima en el proceso penal (especial referencia a la viabilidad de la prueba pericial acerca de la veracidad de su testimonio)», *Diario La Ley*, núm. 7013, 2008.

«Análisis de la reforma procesal penal de la Ley Orgánica de protección integral a la infancia y la adolescencia frente a la violencia», *Diario La Ley*, núm. 9862, 2021.

«¿Cómo aportar la prueba digital en el proceso penal?», *Diario La Ley*, núm. 9824, Sección Doctrina, 2021.

MANJÓN-CABEZA OLMEDA, A., «Violencia de género: discriminación positiva, perspectiva de género y Derecho Penal. Algunas cuestiones para la competencia de los nuevos Jugados de Violencia sobre la Mujer» en *Tutela penal y tutela judicial frente a la violencia de género*, Colex, Madrid, 2006.

MARAVALL BUCKWALTER, I., *La declaración del menor en el proceso penal. Admisibilidad y práctica en el derecho internacional de los Derechos Humanos*, Tirant lo Blanch, Valencia, 2019.

MARTÍNEZ PARDO, V. J., *La ejecución de las medidas en el proceso penal de menores*, Valencia, 2012, www.tirantonline.com

MAQUEDA ABREU, M. L., «La violencia contra las mujeres: una visión crítica de la ley Integral», *Revista Penal*, núm. 18, 2006.

MILLÁN DE LAS HERAS, M.ª J. «La jurisdicción de menores ante la violencia de género», en *Juventud y violencia de género,* 2009, http://www.injuve.es/sites/default/files/RJ86-10.pdf

MINGO BASAÍL, L., «Posición de las víctimas en el proceso penal de menores. De la prohibición a la aceptación de la acusación particular», *Diario La Ley,* núm. 6099, 2004 (www.laley.es).

MOLINA CABALLERO, M.ª J., «Algunas fronteras de la Ley Integran contra la Violencia de Género: jurisdicción de menores y mediación», *Revista Electrónica de Ciencia Penal y Criminología,* 2015, págs. 17 y ss.

MORENO CATENA, V.; CORTÉS DOMÍNGUEZ, V. Derecho Procesal Penal, Tirant Lo Blanch, Valencia, 2019.

MIRÓ LINARES, F., *El cibercrimen. Fenomenología y criminalidad de la delincuencia en el ciberespacio,* Marcial Pons, Madrid, 2012.

MORENILLA ALLARD, P., *El proceso penal del menor (Actualizado a la LO 8/2006, de 4 de diciembre),* Colex, Madrid, 2007.

NACIONES UNIDAS, *Manual sobre programas de justicia restaurativa,* Serie Manuales de Justicia Penal, Nueva York, 2006. (https://www.unodc.org/documents/justice-and-prison-reform/Manual_sobre_programas_de_justicia_restaurativa.pdf).

OBSERVATORIO NACIONAL DE TECNOLOGÍA Y SOCIEDAD, *Violencia digital de género: una realidad invisible,* Ministerio de Asuntos Económicos y Transformación Digital, 2022, https://portal.mineco.gob.es/RecursosNoticia/mineco/prensa/noticias/2022/220429_i_InformeONTSI.pdf

ORNOSA FERNÁNDEZ, R. (Dir.), *La responsabilidad penal de los menores: aspectos sustantivos y procesales,* CGPJ, Madrid, 2001.

ORNOSA FERNÁNDEZ, R., *Derecho Penal de Menores,* Bosch, Barcelona, 2007.

ORTEGA CALDERÓN, J. L., «La exploración del testigo menor en el proceso penal: reflexiones a la luz de la jurisprudencia, legislación positiva y proyecto de reforma», *Diario La Ley,* n.º 9631, de 13 de mayo de 2020.

PÉREZ MACHÍO, A. I., «Aproximación crítica a la intervención de la acusación particular en el proceso de menores», *Eguzkilore,* núm. 23, diciembre 2009.

PERIS RIERA, J., «El modelo de mediación y reparación en el nuevo marco de la responsabilidad penal de los menores previsto por la Ley Orgánica 5/2000», *Diario La Ley*, Núm. 5250, 2001 (www.laley.net).

PICÓ I JUNOY, J. (Dir.), *Peritaje y prueba pericial*, Bosch, Barcelona, 2017.

PICÓ I JUNOY, J. Y ABELL LLUCH, X. (Dirs.), *Problemática actual de los procesos de familia. Especial atención a la prueba*, Bosch, Barcelona, 2018.

PILLADO GONZÁLEZ, E., «Implicaciones de la Directiva (UE) 2016/800, relativa a las garantías procesales de los menores sospechosos o acusados en los procesos penales, en la Ley de responsabilidad penal del menor» (RI §421435), Revista General de Derecho Europeo, núm. 48, 2019, págs. 58 a 97.

«Las garantías procesales de los menores infractores: ajustes necesarios desde la normativa internacional y europea», en *Hacia un Derecho Procesal europeo: IX Memorial Manuel Serra Domínguez* (Dirs. Aragüena Fanego y De Hoyos Sancho), Atelier, Barcelona, 2024, págs. 63 y ss.

PILLADO GONZÁLEZ, E. (Dir.), *La víctima en el proceso penal de menores. Tratamiento procesal e intervención socioeducativa*, Dykinson, Madrid, 2021.

Violencia de género en el ámbito de la justicia penal juvenil, Un visión iberoamericana¸ Dykinson, Madrid, 2024.

PLANCHADELL GARGALLO, A., «La competencia del Juez de Violencia sobre la Mujer», *La nueva Ley contra la Violencia de Género* (Coords. Boix y Martínez García), Tirant lo Blanch, Madrid, 2005.

POLAINO-ORTS, M., «La legitimación constitucional de un Derecho penal *sui generis* del enemigo frente a la agresión a la mujer Comentario a la STC 59/2008, de 14 de mayo», *Indret*, junio-2008 (www.indret.com).

POLO RODRÍGUEZ, J. J. y HUÉLAMO BUENDÍA, A. J., *La nueva Ley penal del menor*, Colex, Madrid, 2000.

RODRÍGUEZ ÁLVAREZ, A., «Claves de la reforma de la dispensa del deber de declarar *ex* Ley Orgánica 8/2021, de 4 de junio», *Diario La Ley*, n.º 9916, 2021.

RODRÍGUEZ LAINZ, J. L., «Dispensa del deber de declarar contra parientes (Comentario a la STC 94/2010, de 15 de noviembre)», *Diario La Ley*, núm. 7577, 2011 (www.laley.es).

«El nuevo régimen jurídico de la justicia gratuita de las víctimas de violencia de género», *Diario La Ley*, núm. 8242, 2014 (www.laley.es).

ROIG TORRES, M., «La delimitación de la "violencia de género": un concepto *espinoso»*, *Estudios Penales y Criminológicos*, vol. XXXII, 2012.

SAMANES ARA, C., «La instrucción del procedimiento», *La responsabilidad penal de los menores* (Coord. Samanes Ara), El Justicia de Aragón, Zaragoza, 2003.

SÁNCHEZ MELGAR, J., «Nuevo marco de la dispensa a la obligación de declarar. A propósito de la Ley Orgánica 8/2021, de 4 junio», https://elderecho.com/nuevo-marco-de-la-dispensa-a-la-obligacion-de-declarar-a-proposito-de-la-ley-organica-8-2021-de-4-junio.

SANZ HERMIDA, M.ª A., *El nuevo proceso penal del menor*, Ediciones de la Universidad de Castilla-La Mancha, Cuenca, 2002.

«La mediación en la justicia de menores», *Mediación: un método de ¿conflictos* (Dir. González-Cuéllar Serrano), Colex, Madrid, 2010.

SECRETARÍA GENERAL DE LA ORGANIZACIÓN DE LOS ESTADOS AMERICANOS, *La violencia de género en línea contra las mujeres y niñas: Guía de conceptos básicos, herramientas de seguridad digital y estrategias de respuesta*, https://www.oas.org/es/sms/cicte/docs/Guia-conceptos-basicos-La-violencia-de-genero-en-linea-contra-las-mujeres-y-ninas.pdf

SEMPERE FAUS, S., «La grabación audiovisual de la declaración del menor de edad: la prueba preconstituida y la eficacia de la cámara gesell en la reducción de la victimización secundaria», *Revista General de Derecho Procesal*, núm. 48, 2019.

SENÉS MOTILLA, C., «La competencia penal y en materia civil de los Juzgados de Violencia sobre la Mujer», *La Ley*, núm. 6371, 2005 (www.laley.net).

SERRANO MASIP, M., «Una justicia europea adaptada al menor: exploración de menores víctimas o testigos en la fase preliminar del proceso penal», *InDret, Revista para el Análisis del Derecho*, 2/2013.

SIBONY, R., SERRANO OCHOA, M.ª A. y REINA TORANZO, O., «La prueba y el derecho a la dispensa del deber de declarar por la testigo-víctima en los procedimientos de violencia de género», *Noticias jurídicas. Artículos doctrinales*, 2011 (http://noticias.juridicas.com/articulos/55-Derecho%20Penal/201104-23789125647522.html).

SORIANO IBÁÑEZ, B., «La fase de instrucción en el procedimiento de responsabilidad penal del menor. especial referencia al principio de oportunidad», Centro de Estudios Jurídicos, 2012, https://www.cej-mjusticia.es/sede/publicaciones

TAMARIT SUMAYA, J., «Procesos restaurativos más allá de la mediación: perspectivas de futuro», Cuadernos Penales José María Lidón, núm. 9, 2013, http://www.deusto-publicaciones.es/deusto/pdfs/lidon/lidon09.pdf

TINOCO PASTRANA, A., «La víctima en el proceso penal de menores», *Diario La Ley*, núm. 6202, 2005 www.laley.net

«Consideraciones sobre la tutela de la víctima en la justicia de menores», *Cuadernos de Política Criminal*, núm. 85, 2005.

TOMÉ GARCÍA, J., *El procedimiento penal del menor (Tras la Ley 38/2002, de reforma Parcial de la Ley de Enjuiciamiento Criminal)*, Thomson-Aranzadi, Pamplona, 2003.

VARONA MARTÍNEZ, G., *Justicia restaurativa desde la Criminología: mapas para un viaje inicial*, Madrid, 2018.

VALL RÍUS, A. M.ª, «Posibilidades y ventajas de introducir el coferencing o encuentros restaurativos en nuestro sistema jurídico», *Revista Aranzadi de Derecho y Proceso Penal*, núm. 71, 2023, (BIB 2023, 2182).

VALBUENA GARCÍA, E., *Medidas cautelares en el Enjuiciamiento de Menores*, Thomson-Aranzadi, Cizur Menor, 2008.

VIGUER SOLER, P.L., «Estatuto de la víctima, protección del menor y prueba preconstituida», *Diario La Ley*, núm. 9116, 11 de enero de 2018.

VILLACAMPA ESTIARTE, C., «Justicia restaurativa en supuestos de violencia de género en España: situación actual y propuesta político-criminal», *Polít. Crim.*, vol. 18, núm. 36, págs. 1-33.

«El maltrato singular cualificado por razón de género: debate acerca de su constitucionalidad», *Revista Electrónica de Ciencia Penal y Criminología*, núm. 9, 2007, http://criminet.ugr.es/recpc/.

VILLAMARÍN LÓPEZ, M.ª L., «El derecho de los testigos parientes a no declarar en el proceso penal», *InDret*, núm. 4/2012, www.indret.com

YUGUEROS GARCÍA, A.J., «Las dispensas procesales en el contexto de la violencia de género en las relaciones de pareja o expareja», *Aposta. Revista de Ciencias Sociales*, núm. 79, 2018.

III Plan de Justicia Juvenil de la Comunidad Autónoma de Euskadi (2008-2012), Servicio Central de Publicaciones del Gobierno Vasco, Victoria-Gasteiz, 2008.